생활선의 열쇠

생활 속에서 수행하고,
수행 속에서 생활하자!

생활선의 열쇠

生活禪鑰

정혜 지음
이명한 · 안영주 옮김

은주사

한국어판 서문

나와 여러 도반 스님들의 기억 속에서 5년 전 곡우는 가장 춥고 가장 스산한 날이었다. 왜냐하면 그날 은사이신 정혜 노스님께서 우리들 곁을 떠나셨기 때문이다. 그러나 이 5년 동안, 스님의 지혜, 말과 행동으로 가르쳐주신 스님의 모든 것, 그리고 생활선의 법유法乳의 은혜는 더욱 더 우리들 각자의 세포 속에 스며들었다.

스님의 저작을 읽으면, 우리들이 스님과 가까워질 수 있는 기회가 되고, 스님의 인격이 모든 사람의 생명에 가져다주는 깊은 영향을 바로 느낄 수 있는 기회가 된다. 다른 사형 사제들과 마찬가지로 출가한 그날부터 스님 곁에 있으면서 불법의 정신과 지혜의 젖으로 교육받을 수 있었던 것은 나에게는 비교할 수 없는 큰 행운이었다. 이런 지혜의 양분은 이미 우리들의 생명의 모든 세포 속에 스며들어 있고, 우리들의 사람노릇과 하는 일, 세계를 보는 눈, 문제를 처리하는 가치관, 행동방식, 사유방식 등등 모든 방면에 스며들어 있다.

스님께서는 생활 속의 수행, 수행 속의 생활이라는 생활선을 주창하셨다. 또한 스님께서는 선의 정신이 생활의 모든 곳에, 모든 순간에 녹아들게 하는 것을 중시하였기 때문에, 스님을 그리워하고, 스님을 기리게 될 때, 우리는 그분의 말씀과 행동의 가르침을 통하여 석가모니 부처님과 함께할 수 있게 된다. 또한 불법과의 강렬하고 진실한 연결감, 귀속감을 느끼게 된다.

이번에 이명한 선생과 안영주 선생 두 분이 긴 시간 동안 땀 흘려 노력한 덕분에 이 책이 출판되고, 한국의 독자들과 인연을 맺게 되었으니, 소승 명해는 기쁘기 한량없다. 또한 스승이신 정혜선사가 한국의 불교계, 선다계禪茶界와 맺은 특별한 인연이 저절로 떠오른다.

2001년에 '천하조주고불선다기념비天下趙州古佛禪茶紀念碑'를 조주 백림선사에 세우고, '끽다거喫茶去' 공안의 원류를 되새겨보며, 한국선종의 거장인 철감도윤 선사와 조주종념 선사의 형제적 우의를 기념하였다. 조주 백림선사와 한국 불교춘추사, 명원문화재단이 공동주최한 '한중우의조주고불선다기념비명韓中友誼趙州古佛禪茶紀念碑銘' 제막식과 '한중선다일미학술연토회韓中禪茶一味學術研討會'가 조주 백림선사에서 열렸다. 정혜선사가 먼저 '다도茶道를 통해 선도禪道를 깨닫다'라는 글을 발표하였고, 나 역시 그 법회에 참석하여 한국의 김용정金容正 교수, 송백운宋白雲 선사, 최석환崔錫煥 선생, 진제眞際 선사 등이 발표한 강연을 들을 수 있었던 것은 행운이었다.

2002년에 정혜선사는 부산 해운정사에서 열린 '국제무차선대법회國際無遮禪大法會'에 참석하였고, 이때 '인성人性을 고양하고 불성으로 돌아가자'라는 제목으로 강연하였다.

2004년 10월 8일 서울에서 거행한 명원차문화장 시상식에서, 정혜선사는 영예스럽게도 종신성취장終身成就獎을 수상했으며, 이 자리에서 '다선일미茶禪一味를 선양하기 위해 한국에 왔습니다'라는 글을 발표하였고, "이번 한국 방문은 다선일미를 한국에 전파하는 것이 목적"이라고 웃으며 말씀하셨다. 또한 '한중 차문화에 대한 회상'이라는 제목의 시도 썼다.

이제 『생활선의 열쇠』의 한국어 번역본이 출판되니, 나와 정혜선사 문하의 사형 사제들 모두 다시 한번 스승님의 지혜를 생각하게 되고, 인연因緣의 오묘함과 선禪의 생동성을 느끼게 된다. 나는 이 책으로 인해 정혜선사와 한국의 많은 선연禪緣들이 이어지기를 바라며, 이 수행법문이 중국에서와 같이 현대 한국인의 생활환경에도 도움이 될 것으로 믿는다. 또한 이 책이 현대사회의 끊임없이 일어나는 질곡 가운데서 생활선의 지혜를 펼치게 하고, 불법의 광명을 펼치게 해주기를 바란다. 나아가 한국어를 사용하는 세계 각 지역 사람들의 생활이 선과 일치되고, 또한 일체가 되는 데 도움이 되기를 바라며, 깨달음의 인생, 봉사하는 인생으로 나아가서, 지혜로운 삶과 원만한 삶을 누리기를 바란다.

2018년 여름 명해明海 씀

자서

"생활선"이란 명제의 의미는 "불법과 생활은 하나도 아니며, 서로 다른 것도 아니다"라는 것이다. 왜냐하면 깨달은 사람의 입장에서 보면, 생활이 바로 불법이고, 불법이 바로 생활이며, 세간과 출세간이 둘이 아니고, 번뇌와 보리도 둘이 아니며, 생사와 열반도 둘이 아니고, 이 세상(此岸)과 저 세상(彼岸)도 둘이 아니고, 일체의 대립을 융화하고, 일체처에서 중도를 지키는 것이다. 또한 인생은 깨닫고 봉사하는 것이고, 안락하고 자재하며, 즐겁고 조화롭게 생활하는 것이기 때문이다. 하지만 미혹한 사람의 입장에서 보면, 만법이 뒤엉켜 서로 대립하며, 생활과 불법은 둘로 나뉘어 있게 되고, 세간과 출세간은 물과 불처럼 서로 수용하지 못하고, 어디에서나 이원적 대립 상태에 놓여 있다. 인생은 이로 인하여 삼독이 끊임없이 출몰하고, 번뇌가 그치지 않고, 생사유전에서 벗어나지 못한다.

이런 두 가지 정신상태, 두 가지 생활상태에는 단지 글자 하나의 차이가 있을 뿐이다. 전자는 각覺자에 의해서 힘을 얻고, 후자는 미迷자에 의해서 집착하게 된다. 한 글자의 차이는 실제적으로는 단지 일념의 차이이다. 불법이 해결하고자 하는 문제가 바로 이 문제이고, 선이 해결하고자 하는 문제도 이 문제이며, 생활선이 해결하고자 하는 것 역시 이 문제이다. 인생은 미혹과 깨달음의 교차로에 있으며, 한 생각의 순간에 어떻게 미혹과 깨달음의 판단과 선택을 할 것인가? 이것이 바로 부처님이 설법하신 일대사인연一大事因緣인 것이다. 선은 불법의 핵심이며, 선의 종지는 "바로 사람의 마음을 가리켜서(直旨人心), 자신의 불성을 깨달아 실현하여 성불하게 한다(見性成佛)"는 것이고, 단도직입적으로 인생의 미혹迷惑문제를 해결하는 것이다.

생활선은 선을 우리의 일상생활 속에서 구체화하고 운용하는 것으로, 그 종지는 깨달음의 인생, 봉사하는 인생이고, 그 요령은 생활 속에서 수행하고 수행 속에서 생활하는 것으로, 노력할 것은 '지금 이 한 생각'을 장악하는 것이다. 깨달음도 바로 '지금 이곳'에 서고, 봉사도 바로 '지금 이곳'에서 하는 것이며, 수행도 바로 '지금 이곳'에서 하는 것이고, 증오證悟도 바로 '지금 이곳'에서 하는 것이고, 수용受用도 바로 '지금 이곳'에서 하고, 보임保任도 바로 '지금 이곳'에서 하는 것이다.

육조 혜능대사가 이렇게 말씀하셨다.

불법은 세간에 있는 것으로(佛法在世間)
세간을 떠나서는 깨달을 수 없다(不離世間覺).
세간을 떠나서 보리를 찾는다면(離世覓菩提)
마치 토끼의 뿔을 구하는 것과 같다(恰如求兔角).

이 게송은 불법은 이 세간을 벗어날 수 없고, 이 세간을 떠나서는 불법이 있을 수 없다는 것을 설명하는 것으로, 세간법의 깨달음과 정화, 해탈과 초월에 대하여, '지금 이곳'이 바로 불법이고, 불법과 세간이 둘이 아니라는 것을 의미한다.

근세의 중국불교를 부흥시킨 태허대사도 이렇게 말하였다.

오직 부처님만을 우러르니(仰止唯佛陀)
인간의 완성은 인격에 있다(完成在人格).
인격의 완성이 곧 성불이니(人成卽佛成)
이것을 진실이라고 부른다(是名眞現實).

이 게송의 의미는, 성불은 바로 인격의 구경원만究竟圓滿한 성취라는 것이다. 사람은 누구나 모두 불성을 가지고 있고, 사람은 누구나 모두 성불할 수 있다. 인격이 완선完善하게 된 때가 바로 성불한 때인 것이다. 인격의 완선함을 이루고자 한다면, 반드시 인생의 삼대문제에 명확하게 대처해야 한다. 이 삼대문제는 바로 생존문제, 생활문제, 생사문제이다. 이 인생의 삼대문제에 어떻게 대처할 것인가?

비록 대처하는 태도가 천차만별하고, 방법도 각양각색이지만, 우리가 만약 이 문제를 회피하지 않고, 적극적이고 명확하게 해결하려고 한다면, 불법이 제공하는 대답, 선이 제공하는 대답이 가장 현실적인 의미를 갖고 있다고 말할 수 있다. 불법, 선은 인생에 마주보는 태도를 가지고, 우리 인간이 생존하는 가운데 안신입명安身立命하고, 생활 속에서 명심견성明心見性하며, 생사 가운데서 생사를 초월하는 것을 추구한다. 인생의 삼대문제를 해결한 사람이 인격이 완선한 사람이고, 완전히 깨달은 사람이고, 부처가 되고, 조사가 된 사람이다.

불법과 세간이 둘이 아니고, 사람노릇과 성불하는 것이 둘이 아니다. 위의 두 분 대사님의 두 게송은 불법과 선의 심오한 이치를 모두 드러내서, 이것을 세상 사람들에게 보여 주는 것이고, 생명의 각성覺醒에 노력하는 사람들에게 보여 주는 것이다. 생활선이 깨달음의 인생을 살고, 봉사하는 인생을 사는 데 있어서 대면하는 문제가 바로 이런 것이다.

『생활선의 열쇠』는 1991년부터 2007년까지 십수 년 동안 쓴 글과 강연 원고들을 모아놓은 것이다. 내가 이 기간 동안 불법과 선을 전파하는 과정에서 이 시대에 어떻게 마주하였고, 생활에 어떻게 접근했으며, 인생을 어떻게 깨닫고, 어떻게 봉사했는지에 대한 사상의 궤적을 탐색한 결과물이다. 이 기간 동안 강연한 것 가운데 가장 많은 부분은 생활선에 관한 것이다. 그렇기 때문에 이 책은 생활선을 이해하는 하나의 열쇠가 될 수 있다. 이 책을 출판하기로 결정하였을 때, 출판사의 요청에 따라 나의 제자인 마명박馬明博 군이 원래 원고들에서 선별 작업을 해서 20개의 소제목으로 분류하였다. 소제목이 달라도 실제적으로는 내용이 서로 중복되는 경우도 있다. 인쇄하기 전에 나는 한가하고 평안한 생활 가운데서 시간을 내어 원고를 다시 한 번 신중하게 읽어보았고, 필요한 경우에는 수정도 하였다.

이 책이 세상에 나오게 된 것은 여러 사람의 도움이 있었기에 가능했다. 먼저 삼련서국三聯書局의 책임자들께 감사드리고, 장림張琳

여사의 노고에 감사드린다. 또한 마명박 군이 적극적으로 추진하고 편집해 주지 않았다면, 이런 형식의 책이 독자들과 인연을 맺을 수 없었을 것이다.

　불법은 인연을 말한다. 부처님이 이 세상에 출현하시고, 설법하여 중생을 제도하신 것도 인연이다. 불법은 본래 인연으로, 달마대사가 서쪽에서 오시어 불심인佛心印을 전하여 준 것도 인연이고, 선종이 창립된 것도 인연이고, 선이 중국과 여러 나라에서 특별하게 발전한 것도 인연이며, 생활선이 시대적 요청에 의해서 한 발 한 발 발전하게 된 것도 인연이다. 이런 내적 인연과 외적 인연들이 결합하여 비로소 『생활선의 열쇠』가 세상에 나오게 된 것이다. 모든 일이 인연이니, 결국 모든 일은 인연에 따라야 한다. 어떤 상황이든지 잘 파악하고, 인연에 따라 머물고, 상황에 따라 평안하게 생활하는 것이다. 선이 일종의 생활 방식, 생활 태도, 생활 내용이 되도록 해야 한다. 어디서나 생활선을 체득하고, 어느 때나 선생활을 유지해야 한다.

2007년 10월 12일
조주趙州 백림선사柏林禪寺 퇴거료退居寮에서
정혜淨慧

한국어판 서문 • 5

자서 • 9

1. 선이란 무엇인가?	17
2. 달마선 – 이입과 행입	38
3. 사조선 – 견처, 수행공부와 방법	77
4. 육조선 – 무념, 무상, 무주	102
5. 육조가 말하는 수행과 증오	126
6. 『육조단경』의 몇 가지 주요 개념	143
7. 임제선 – 일체의 지견을 없앤다	165
8. 임제선사의 법어	184
9. 조주선 – 평상심, 본분사	202
10. 선의 '무문관'	219
11. 생활선에 대하여	243
12. 생활선의 4개 기본원칙	252
13. 『반야심경』과 생활선	276

14. 우리의 마음을 잘 관리한다 302

15. 소를 길들이듯이 마음을 수행한다 321

16. 신앙, 인과, 양심, 도덕 342

17. 감사, 포용, 나눔, 결연 363

18. 생활 속에서 수행하고, 수행 속에서 생활한다 381

19. 번뇌를 처리하는 방법 407

20. 생활과 생사 421

미주 • 439

역자 후기 • 455

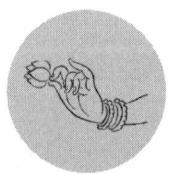

1 선이란 무엇인가?

우리가 말하는 선禪은 '육도六度'¹에서 말하는 선바라밀禪波羅蜜의 선이 아니고, '사선팔정四禪八定'의 선도 아니며, 선종禪宗에서 말하는 선이다. 선종의 선과 육바라밀의 선은 동일하다고 말할 수도 있고, 나누어서 둘이라고 말할 수도 있다. 또한 사선팔정의 선과 동일하다고 말할 수도 있고, 다른 점이 있다고 말할 수도 있다.

누구나 알고 있듯이 선종에는 네 구절로 된 이런 격언이 있다. "언교言敎 이외에 별도로 전하는 것으로, 문자로는 설명할 수 없으니, 바로 사람의 마음을 가리켜서, 자신의 불성을 깨달아 실현하여 성불하게 한다(敎外別傳, 不立文字, 直指人心, 見性成佛)."

이미 "언교 이외에 별도로 전하는 것으로, 문자로는 설명할 수 없다."고 말했다면, 언어문자는 제거해야 마땅한데 무엇 때문에 여전히 말을 하는 것인가? 그 이유는 언어문자를 빌리지 않으면 선에 들어가려 해도, 그 방법을 알아내서 입문하기가 매우 어렵기 때문이다. 그래서 육조혜능대사는 『단경』에서, 이른바 불립문자不立

文字는 결코 문자를 사용하지 않는다는 의미가 아니라고 말했던 것이다. 육조대사는 이렇게 말하였다. "직접적으로 불립문자를 말하지만, 이 불립不立 두 글자 역시 문자이다." 불립문자라는 것은 문자에 집착하지 않는 것일 뿐, 문자를 떠날 수는 없다. 언어문자를 '달을 가리키는 손가락'에 비유한다. 즉 "손가락으로 달을 가리켜 달을 보게 하는 것이니, 달을 얻었으면 손가락은 잊어버려야 한다(因指見月, 得月亡指)." 이것이 바로 언어문자의 기능이다.

나는 선의 기원에 대하여 두 가지로 나누어 설명하고자 한다. 하나는 인도에서의 기원이고, 또 하나는 중국에서의 기원이다.

인도의 선의 기원에 대해서 말하자면, 부처님이 만년에 열반에 이르렀을 무렵, 어느 날 영산회상에서 꽃 한 송이를 대중들에게 들어보였다. 거기에 모인 헤아릴 수 없이 많은 사람과 천인天人들은 부처님의 뜻이 무엇인지를 알지 못하였다. 이때 가섭존자迦葉尊者 한 분만이 얼굴에 미소를 지었다. 부처님이 이때 말씀하셨다. "나의 불법의 진수(正法眼藏)인 열반의 오묘한 마음(涅槃妙心), 즉 실상무상實相無相의 미묘한 법문은 문자로 설명할 수 없는 것이니, 언교 이외의 별도의 계승을 마하가섭摩訶迦葉에게 맡긴다."[2]

이것이 바로 선종에서 말하는 선禪의 기원이다.

이 공안公案의 의도는 단지 선은 "언교 이외에 별도로 전하는 것으로, 문자로는 설명할 수 없으니, 바로 사람의 마음을 가리켜서, 자신의 불성을 깨달아 실현하여 성불하게 한다."라는 것을 제시하는 것일 뿐이다. 이는 현대의 학술적, 역사적, 고증학적 안목으로는 이해할 수 없다. 이런 일이 실재적으로 있었는가, 없었는가? 이 일은 역사적 사실인가, 전설인가? 등등의 문제들은 사실상 선과 아무런 관계가 없다. 왜냐하면 선이 설명하고자 하는 것은 역사적 사실도 아니고, 전설도 아니기 때문이다. 설사 역사적 사실이라고 하더라도 선을 설명해 내지는 못한다.

그러므로 부처님이 영산회상에서 꽃을 들어 대중에게 보여주었다는 이 공안이 바로 '인도에서의 선의 기원'을 의미한다. 마하가섭 존자가 여래선如來禪의 제1조이고, 그 후 계승되어 28조인 보리달마菩提達磨에 이른 것이다.

보리달마는 여래선의 28조이자, 중국 조사선祖師禪의 초조初祖이다. 달마대사는 중국에 와서 전법하는 과정에서 많은 시련을 겪었다.

달마대사가 중국에 왔을 때, 중국에서는 불교의 교리가 매우 성행하던 시기였다. 당시 불교 교리의 기본적 형태는 이미 갖춰져 있었다. 이런 시대적 환경 속에서 달마대사가 중국에서 '교외별전, 불립문자'의 선법禪法을 전하는 일에는 상당히 큰 어려움이 따랐다. 달마조사가 남경에 도착하여 양나라 무제와 문답을 하였지만, 상호간에 이해와 소통이 불가능하였다. 그래서 달마조사는 금릉을 떠날 수밖에 없었고, 장안으로 통하는 길을 따라 북상하다가 나중에 하남성 숭산에 도착하게 되었다.

숭산 달마동에서 달마조사는 9년 동안 면벽을 하면서 한 사람이 오기를 기다렸다. 9년 면벽이라는 이 간단한 사실만으로도 당시 선종법문을 전파하는 일이 얼마나 어려운 일이었겠는가를 알 수 있다. 9년 동안의 기다림 끝에 신광神光이라는 승려가 숭산에 와서 달마조사에게 '안심법문安心法門'을 구하였다. 이 공안은 우리 모두가 아주 잘 알고 있는 사실이다. 신광은 나중에 혜가慧可라고 부르게 되는데, 이것은 달마가 신광에게 개명해 준 법명이다.

이조二祖인 신광은 달마에게서 안심법문을 듣고 깨달았는데, 이것이 바로 중국 선종의 시작이 된다.

2백여 년의 전승을 거쳐서 선종은 육조혜능六祖慧能에 이르게 된다. 육조 이전에는 모두 한 사람이 한 사람에게만 전승을 하게 되는데, 이것이 이른바 육대전등六代傳燈이다. 이 육대는 기본적으로 한 사람에게만 전한 단전單傳이다. 왜 단전인가? 여러 사람에게 전하는 다전多傳을 하고 싶지 않은 것이 아니라, 전할 만한 사람을 얻기가 어려웠기 때문이다. 초조, 이조, 삼조, 사조에 이르는 전승 과정에서 믿음직한 전승 인물이 매우 적었다.

사조四祖는 호북성 황매현 쌍봉산의 도신道信대사이다. 사조 도신선사의 도량은 현재는 정각선사正覺禪寺라고 부른다. 여기는 매우 좋은 곳으로, 인재를 배출하는 곳이다. 선종에서는 사조 때부터 도량을 설립하기 시작하였고, 이 도량이 전법의 근거지가 되었다. 문헌에 의하면, 사조를 "선문을 크게 열고, 그를 따르는 사람들을 널리 받아들였다."고 기술하고 있다. 이는 선종이 사조에 이르러 조금씩 새로운 국면으로 전개되었다는 것을 말한다.

사조에 이르러 전법에서도 새로운 국면이 열리었고, 경제생활의 측면에서도 새로운 방도를 모색하기 시작하였다. 즉 스스로 농사지어 먹고 사는 자급자족의 생활을 확립할 수 있었고, 실제적으로 전법의 곤경에서 벗어날 수 있었다. 이런 사실에서 당시 대부분의 신도들은 모두 교학 중심의 법사들에 의해서 장악되었다는 것을 알 수 있다. 그래서 당시에는 곧바로 마음을 직관하여 깨닫는 심지법문心地法門의 전파가 많은 사람들에게 받아들여지기 어려웠다. 신도들이 없다면 승려들의 생활은 매우 어렵게 된다. 중국에서는 인도나 동남아시아처럼 승려들의 탁발걸식이 통용되지 않았고, 신도들도 없으니 승려들의 생활은 매우 힘들었고, 결국 산중에서 스스로 농사지어 해결하는 자급자족을 할 수밖에 없었다. 그래서 선수행이 중심이 된 사조의 도량에서는 5백여 명의 승려들이 함께 수행하면서 스스로 밭을 일구고, 스스로 농사지어서 생활하였다. 이후에 사조가 오조에게 전법하고, 오조가 육조에게 전법하여, 선종이 중국에서 진정으로 꽃을 피우게 되었다.

중국 선종의 기원은 대략 아래와 같다. 달마조사가 그 시초를 열었고, 이조와 삼조가 그를 계승했으며, 사조·오조·육조가 정식으로 그 기반을 마련하였다. 선종은 육조 이후에 큰 발전을 이룩했지만, 이 2백여 년의 전승과 발전의 여정에서 힘든 전법 과정을 거쳐야 했다.

선이란 도대체 무엇인가? 선종의 선이란 "바로 사람의 마음을 가리켜서, 자신의 불성을 깨달아 실현하여 성불하게 한다."는 것이다. 이런 선은 언어문자를 떠나 있는 것으로, 논리적 사고로 해결할 수 없으며, 오직 '언어로 언어를 초월하는' 방법을 사용하여 제시해줄 수밖에 없다. 결국 무엇이 선인가? 혹은 선이 무엇인가? 이것을 알고자 한다면, 오직 자신이 스스로 체득해야만 한다.

선은 무엇인가?

첫째, 선은 일종의 경지이다.

선종에 "사람이 물을 마셔보아야 그 물의 차가움이나 따뜻함을 스스로 알 수 있는 것과 같다."[3]라는 말이 있다. 이것은 어떤 경지인가? 이것은 깨달은 사람의 생활의 경지이다. 깨달은 사람은 부처이고, 부처는 어느 때나 모두 선의 경지에 있다. 부처의 모든 행동, 모든 언행이 선이 아닌 것이 없다. 그래서 "걷고 있을 때도 선이고, 앉아 있을 때도 선이며, 어묵동정語默動靜에서 편안한 것이다."[4]라고 말하는 것이며, 이것이 바로 깨달은 사람의 생활이다. "부처는 항상 선정에 들어 있고, 선정에 들어 있지 아니한 경우가 없다."[5] 이것이 바로 선의 경지이다.

우리는 외관상으로 부처의 평안함과 고요함, 자연스러움, 즐거움 등을 볼 수 있는데, 이런 것 역시 깨달은 사람의 생활경지다. 개오開悟한 사람은 아직 완전히 성불한 것은 아니지만, 이런 사람에게도 역시 이런 경지가 있을 수 있다. 이런 경지는 둘째 등급이다. 수행자나 선수행을 하는 사람에게도 어떤 때 이런 경지가 있지만, 이런 경지는 완전한 것이 아니어서, 지속적인 것이 못되고 불연속적이다. 이런 경지는 단계적으로 볼 때 부처의 경지와 차별이 있다. 이것은 행각승行脚僧의 경지로 셋째 등급이다.

"심心, 불佛, 중생衆生, 이 셋은 차별이 없다."[6]라는 말은, 우리 중생의 지견知見이 부처와 평등할 수는 있지만, 이것은 단지 본성本性의 평등일 뿐이고, 완전한 실천을 이룩한 결과로써 부처와 동등하다는 것은 아니다. 심을 말하고, 불을 말하고, 중생을 말하고, 평등을 말하지만, 이는 일종의 이론일 뿐이고, 일종의 사유에 의한 분별일 뿐이다. 이런 일체의 것은 모두 내던져버려야 한다. 오직 일체의 이론체계를 내던져버리고, 일체의 사유분별을 내던져버릴 때 비로소 우리는 선의 경지를 체험할 수 있다.

바꾸어 말하자면, 우리가 이원적 대립을 철저히 내려놓을 때, 이때가 바로 선의 경지이다. 결코 어떤 일정한 시기가 바로 선의 경지이니 그때를 기다리라고 말하는 것이 아니고, 모든 것은 '지금 이곳'일 뿐이다. 우리가 한 번 실험해 보아도 무방하다. 짧은 시간, 즉 1초, 2초, 3초 동안 우리는 이런 경지를 체험해 볼 수 있다. 효과의 측면에서 말하면, 선은 일종의 경지이고, 우리 모두 각자가 진정으로 해결하고자 하는 것도 바로 이것이다.

둘째, 선은 일종의 수용受用이고, 일종의 체험이다.

선의 경지는 볼 수도 없고, 만질 수도 없고, 오직 자기 스스로 체험하고, 자기 스스로 수용하는 것이다. 또한 이런 수용은 자기 자신만이 수용하는 것일 뿐, 타인과 공유할 수가 없다. 선의 수용과 체험은 오직 수행하는 사람에게만 있을 수 있고, 오직 증득한 사람만 획득할 수 있다. 만약 당신이 선수행을 하는 사람이라면, 이런 수용과 체험을 할 수 있을 것이다. 당신이 만약 선의 경지를 증득했다면, 당신은 바로 이런 수용을 획득할 수 있다.

하나의 예를 들어 보자. 음력 6월 3일 무더운 복날에 뜨거운 태양 아래를 걸어가고 있다. 이 때 우리가 가장 바라는 것은 무엇이겠는가? 현대에 사는 우리는 냉방이 잘 되어 있는 방으로 들어가는 것일 것이다. 만약 당신이 시원하게 냉방이 된 방으로 들어갔다면, 그 다음 당신의 느낌은 어떨까? 매우 시원하고 매우 편안할 것이다. 이런 느낌은 오직 당신 자신만 알 것이고, 이런 감각을 언어로는 표현해내지 못할 것이다. 다른 사람은 단지 당신이 방안에서 매우 편안하다는 것을 볼 수 있을 뿐, 당신의 그런 느낌을 다른 사람은 경험할 수 없다. 이런 체험은 공유할 수 있는 것이 아니다. 물론 이것은 공간의 이동에 따라 얻은 느낌일 뿐이다.

방금 말한 것처럼, 선은 직접적인 것이고, '지금 이곳'의 일이다. 선은 공간의 이동을 필요로 하지 않고, 역시 시간의 변화도 필요로 하지 않는다. 즉 '지금 이곳'에서, "이 일을 완성하는 것"이다. 옛날에 한 시인이 어느 선사가 매우 무더운 여름날 선의 수용을 체득한 일을 다음과 같이 묘사하였다. "사람들은 모두 미친 듯이 더위를 피하려드는데, 오직 선사만이 방에 앉아 나가지 않네. 선사라고 무더위 괴로움이 없으랴만, 단지 마음이 고요하니 저절로 시원할 뿐이다."[7]

"사람들은 모두 미친 듯이 더위를 피하려든다." 이 구절은 매우 무더운 여름날이면 누구나 피서하고 싶어서 여기저기를 찾아다니는데, 이 광경이 마치 미친 것처럼 보인다는 묘사다. "오직 선사만이 방에 앉아 나가지 않네.", 이 구절은 오직 참선 수행하는 사람만이 그렇게 미친 듯이 분주한 현상이 없다는 의미이다. "선사라고 무더위 괴로움이 없으랴만", 이 구절은 선사라고 무더위의 괴로움을 느끼지 못하는 것이 아니고, "단지 마음이 고요하니 저절로 시원할 뿐이다.", 즉 마음이 고요하니 저절로 시원하다는 것이다.

마음이 고요하다는 것은 어떤 상태를 말하는 것인가? 이는 앞에서 말한 것처럼, 덥다거나 덥지 않다거나, 시원하다거나 시원하지 않다거나 하는 이런 이원적 대립 상태가 존재하지 않는다는 것을 의미한다. 일단 이원적 대립이 있게 되면, 그 느낌은 즉시 다르게 된다. 이원적 대립은 무엇인가? 바로 우리 자신들의 분별망상이다.

명明나라 시대 자백존자紫柏尊者의 예가 이것을 잘 설명해준다. 자백은 진가眞可라고도 부르는데, 명나라 말기의 사대고승四大高僧 －자백紫柏, 감산憨山, 연지蓮池, 우익藕益－ 가운데 한 분이다. 어느 날 자백존자가 책을 읽다가 해가 저무는 줄도 모르고 있었다. 등불을 켜야 될 때가 되었는데도. 등불 없이 여전히 책을 읽고 있었고, 책의 글자들도 매우 분명히 보였다. 이때 감산대사가 등불을 들고 그의 방으로 찾아왔는데, 자백존자가 등불도 없는 상황에서 책을 읽고 있는 것을 보게 되었다. 그래서 "이미 날이 어두워졌습니다. 어떻게 아직까지 책을 읽고 있습니까? 글자가 보이십니까?"라고 말하였다. 자백존자는 감산대사가 '날이 어두워졌다'라고 하는 말을 듣자마자 바로 분별심이 일어났고, "어~ 날이 어두워졌군." 하고 인지하는 순간에, 눈앞이 바로 캄캄해지며 아무것도 볼 수 없었던 것이다.

이런 예는 매우 많다. 당나라 시대에 신라의 원효대사元曉大師와 의상대사가 불법을 구하려 중국으로 가고 있었다. 중국을 향해 가던 어느 날, 해가 지고 저녁이 오는데도 마을이나 숙소를 찾지 못하였다. 황량한 황야에서 숙소를 찾지 못한 것이다. 일행은 방법을 찾을 수 없어 노숙을 해야 하였고, 물도 없고 먹을 것도 없었다. 어두운 밤에 손을 더듬거리며 물을 찾아야 하였는데, 갑자기 아주 작은 굴을 찾을 수 있었고 그 안에는 약간의 물이 있었다. 그들은 허겁지겁 물을 마셨고, 물은 달콤하였고 매우 만족스러웠다. 그 다음날 아침에 일어나 보니 지난밤에 마셨던 물은 무덤의 관에서 흘러나온 시체 썩은 물이었다. 이때 일행 모두는 분별심이 일어났고, 바로 심한 구토를 그칠 수가 없었다.

하나의 사건이지만 분별과 무분별에 의해서 확연히 다른 두 가지 효과가 일어나게 되는 것이다. 무분별일 때가 바로 선의 경지이고, 선의 수용이다. 이 수용은 매우 분명한 것이다.

절에 가서 하룻밤 자는 것도 마찬가지다. 어느 행각승이 절에 들어와서 하루 묵어가고자 할 때, 방 하나를 내주어 자게 하면, 그는 매우 편안한 하룻밤을 보낼 것이다. 그러나 그 다음날 누군가가 그에게 어젯밤 그가 잠을 잔 방은 그 전날 사람이 병들어 죽었다거나 목매달아 죽었다고 알려주면 어떻게 될까? 그는 이 말을 들은 뒤에는 다시는 그 방에서 잠을 자려고 하지 않을 것이다. 그는 귀신이 있다고 느낄 것이다. 그런데 귀신은 어디에 있는 것일까? 귀신은 그의 마음속에 있는 것이다. 이것이 바로 분별이다. 이런 상황을 우리 모두 경험해 보았을 것이다.

분별과 집착은 사람을 죽이는 것으로, 이것이 이 세상의 모든 문제를 일으키는 근원이다. 만약 부처가 되고 싶고 조사가 되고 싶다면, 먼저 이 '분별망상'이라는 것을 제거해야만 한다.

선은 일종의 수용이고, 일종의 체험이다. 이 체험은 분별을 멀리 떠나서 무분별에 이르러야 한다. 왜냐하면 이 세상의 모든 것은 본래 평등한 것으로, 일체가 모두 평등하다. 차별은 단지 그것의 외면적인 상相일 뿐이고, 평등은 그것의 본성이다. 우리는 상을 떠나서 본성을 증득해야 한다. 이와 같이 획득한 수용만이 비로소 궁극적인 것이다.

셋째, 선은 일종의 방법, 일종의 수단이다.
이것은 선의 방편적 측면에서 말하는 것이지, 선의 궁극적 측면에서 말하는 것이 아니다. 당연히 궁극적인 것이 방편적인 것을 떠나 있는 것이 아니고, 방편적인 것도 궁극적인 것을 떠나 있는 것이 아니다. 둘이면서 하나이고, 하나이면서 둘인 것이다. 본질적으로 보면, 선은 견성의 방법으로 '직지인심直指人心, 견성성불見性成佛'을 의미한다. 이 방법의 궁극적 목표는 바로 직지견성直指見性으로, 우회하는 길을 가는 것이 아니다. 어떻게 하는 것이 직지直指인가? 우리 모두 각자가 자신이 바로 부처라는 것을 철저히 믿어야 한다. 철저하게 믿어서 반신반의해서도 안 되고, 털끝만큼의 의심도 있어서는 안 된다. 그러고 나서 이런 관념의 지도를 따라서, 부처로서 요구되는 모든 것을 단번에 완수하는 것이다. 이것이 바로 '직지인심, 견성성불'이다. 이른바 '직지인심, 견성성불'은 현대의 언어로 표현하면 바로 '단번에 부처의 위치에 이르는 것', 이것이 '직지'다.
이 방법은 일종의 동태적 방법이다. 죽은 방법이 아니고 살아 있는 방법으로, 사람에 따라, 때에 따라, 장소에 따라 변화가 있는 것이다. 석가모니 부처님이 꽃을 들어 대중에게 보여주셨는데, 바로 이런 방법을 사용한 것이다. 가섭은 말을 하지 않고 오직 미소만 지었을 뿐이다. 선이 중국에 전파된 뒤에도 염화시중의 방법을 사용했을까? 선종의 전등록傳燈錄이나 어록語錄 안에서는 아마도 이 방법을 사용한 경우를 다시 볼 수가 없을 것이다. 하지만 어느 조사도 꽃을 들어 보이지 않았지만, 설사 어느 조사가 모방해서 꽃을 들어 보였고, 누군가 미소를 지었다 해도, 아니 집안이 떠나가게 웃었다 해도 쓸데없는 일이다. 왜냐하면 그는 여전히 견성하지 못했기 때문이다. 그러므로 이 방법은 흉내낼 수 없는 것이다. 어느 조사가 그렇게 하거나, 또는 자기 멋대로 하거나, 우리가 어떻게 그가 깨달았다는 것을 알 수 있겠는가? 이것은 견처가 있는 스승이 있어야 하고, 또한 견처가 있는 제자가 있어야 하는 것이다. 서로 묵계黙契하고, 마음과 마음이 서로 통하여 일치해야 한다.

선종에 "죽은 방법으로 사람을 이끌지 마라"[8]는 말이 있는데, 이것은 선에는 하나의 고정된 모식模式이 없기 때문이다. 고대의 조사들이 학인을 이끌 때, 매우 다양한 방법을 사용했는데, 총괄해서 1,700여 개의 공안이 있다. 이 1,700 공안이 바로 1,700 종류의 방법이다. 이것들은 단지 선종의 어록에 기재된 것으로, 만약 기재되지 않은 것들까지 포함시킨다면 아마도 훨씬 많아질 것이다.

이런 선을 운용하여 대중을 이끈 방법과 수단들은 사람에 따라 다르고, 장소에 따라 다르고, 때에 따라 달리했으며, 이치에 부합하고 기회에 부합하며, 원활하게 운용하고, 계속해서 변화하고, 계속해서 발전하여 현재에 이르게 되었다. 그래서 '생활선生活禪'이 출현하게 된 것이다.

넷째, 선은 하나의 길이다.

선은 하나의 방법인데, 이런 방법이 있고, 이런 길이 있다면 한번 따라가 볼 수가 있을 것이다. 그렇다면 선은 어떤 형태의 길인가? 선은 지혜를 탐색하고 개발하는 길이다. 우리 인간은 누구나 "여래의 지혜와 덕상德相을 갖추기를 바라지만, 단지 망상집착으로 인하여 증득하지 못한다." 우리는 무슨 방법을 사용하여 이것을 개발해야 하는가? 선은 우리에게 하나의 방법을 알려주고 있다. 그 하나의 방법이 있는데, 그 방법은 바로 "당장에 즉시 결단하고, 바로 감당하는 것(當機立斷, 直下承當)"이다. 이 방법은 매우 간편하지만, 그러나 매우 어려운 일이다. 이것을 "벽이 매우 높이 솟아 있어 들어갈 문이 없다(壁立萬仞, 無門可入)."라고 말한다. 그러나 눈앞에 아무리 높다란 벽이 솟아 있는 상황이라 하더라도, 그래도 용기를 내서 성큼성큼 한 걸음씩 올라가지 않으면 안 된다.

선은 인생의 질곡에서 필사적으로 벗어나기 위한 길이다. 우리의 생활은 상대적 세계 안에 있고, 일체의 상대적인 것들은 모두 우리를 칼과 족쇄로 꽁꽁 묶어놓은 멍에, 즉 억압과 속박의 멍에와 같다. 그래서 우리는 해탈할 수도 없고, 자유자재하지도 못하다. 예를 들자면, 저녁에 우리가 휴식을 하고 싶고, 잠을 자고 싶은데, 만약 이때 망상이 수없이 일어나면, 침대에 누워서 이리저리 뒤척이게 되고, 잠을 자려고 하면 그럴수록 더 의식은 맑아지고 고통스러워질 것이다. 이때 무엇이 우리로 하여금 잠을 못 이루게 하는 것인가? 바로 망상이 못살게 구는 것이고, 분별이 못살게 구는 것이다. 만약 당신에게 망상이 없으면 침대에 오르자마자 잠이 들 것이다. 이렇게 쉽게 잠드는 사람도 많다. 그러나 더 많은 사람들이 저녁에 이런 저런 생각하기를 좋아하고, 이런 사람들은 눕자마자 잠드는 사람을 매우 부러워한다. 그러나 부러워해 보아야 쓸데없다. 왜냐하면 부러워하는 것 자체가 바로 일종의 집착이기 때문이다. 당신이 자고 싶으면 바로 자야 한다. 즉 마음을 두 가지로 쓰지 말아야 하고, 일체의 분별적인 멍에에서 벗어나야 한다.

선은 해탈을 추구하는 하나의 길이다. 질곡이 바로 족쇄이고 수갑이다. 질곡을 제거하면 즉시 해탈이다. 선은 이런 작용을 일으킬 수 있다. 종합적으로 말하면, 선은 생명을 원만하게 하는 길이다. 우리의 생명은 매우 많은 결함을 가지고 있는데, 이런 결함들은 모두 자기 스스로 만드는 것이지, 결코 우리가 본래적으로 가지고 있는 것은 아니다. 본질적으로 말하면 우리는 당연히 원만한 깨달음의 인생을 소유하고 있고, 원만한 깨달음의 생명을 소유하고 있다. 그러나 우리는 매우 많은 결함을 가지고 있는데, 그 이유는 바로 깨달을 수 없기 때문이고, 생명의 '지금 여기'로 돌아가지 못하기 때문이다. 결국 마음 밖에서 법을 구하고, 모든 것을 밖에서 구하려 하기 때문에, 원만할 수 없고, 자유자재할 수 없으며, 해탈할 수 없는 것이다.

절대로 질곡桎梏 밖에서 해탈解脫을 추구하지 말고, 생사生死 밖에서 열반涅槃을 추구하지 말고, 번뇌煩惱 밖에서 보리菩提를 추구하지 말아야 한다. 해탈은 일종의 무한한 자재이고, 일종의 철저한 자유이다. 이런 철저한 자유자재는 어디에 있는 것인가? 무한은 유한 속에서 실현하는 것이고, 열반은 생사 가운데서 찾는 것이다. 생사와 열반은 둘이 아니고, 무한과 유한도 둘이 아니며, 번뇌와 보리 역시 둘이 아니다. 이런 둘 사이에 어떤 막힘 혹은 간격이 있는 것인가? 여기에는 무명無明이 가로막고 있다. 즉 분별심이 있는 것이다. 당신이 당장에 무명, 분별심을 초월하면, '불이不二'가 바로 실현될 수 있다. 이른바 생사가 열반이요, 번뇌가 보리이며, 유한이 무한이라고 말하는 것이 바로 이런 도리다.

선이라는 길은 바로 우리에게 이런 사실을 알려주는 것이다.

다섯째, 선은 일종의 생활예술, 생활방식이다.

우리 같은 보통사람들의 생활에는 기본적으로 선의 초연성超然性, 초탈성超脫性이 없고, 참선수행자의 즐거움이나 편안함도 없어서, 모두가 고통 속에서 발버둥치고 있다. 그래서 무슨 생활의 예술이라고 이야기할 만한 것은 없고, 단지 땔감, 식량, 기름, 소금, 처자식, 늙은이와 어린이 등등의 문제만 있을 뿐이다. 당연히 승려들도 여러 가지 번뇌가 있다. 그러나 승려의 번뇌는 좀 고상하게 말하기를 '배움을 추구하는 것', 또는 '선지식을 찾아다니는 것'이라고 한다. 옛사람이 "절이 없는 것은 걱정하지 않고, 단지 도가 없는 것을 걱정한다."라고 말했는데, 이는 누구나 수행해서 일정한 수준에 도달하고, 도업道業에서 성취가 있기를 희망한다는 것을 의미한다. 도가 있게 되면 반드시 절이 있게 된다. 자신의 집에서 선을 공부하는 사람 역시 번뇌가 있는데, 오늘 참선이 좋다고 하면 참선을 하고, 내일 염불이 좋다고 하면 염불을 하거나, 아미타불이 곧바로 자신을 서방 극락정토로 데려다 주리라 생각하거나, 사바세계는 너무나도 고통스러우니 이 사바세계에는 머물고 싶지 않다는 등등의 번뇌가 있다. 선을 공부하지 않는 사람의 번뇌는 더욱 많고 고통도 더 커서 한 마디로 다 말할 수 없다. 이런 생활 속에 무슨 예술이 있겠는가! 설사 예술가라고 하더라도 그의 생활 전체가 예술과 동일하지 않는 것이다.

선수행자의 생활은 진실로 일종의 예술이라고 할 수 있다. 백장선사가 출가자의 생활을 표현한 이런 시를 한 수 썼다. "운이 좋아 복전의(가사)를 입은 스님이 되었으니, 이 세상에 한가한 사람이 하나 늘었다. 인연이 있으면 머물고 인연이 다하면 떠난다. 모든 것은 맑은 바람에 흰 구름 떠다니듯 맡겨둔다."9 이 세상에서 선수행을 하는 사람은 진정으로 한가하고 편안한 사람으로, 이렇게 생활의 예술성이 매우 높다는 것을 알 수 있다. 간간히 불어오는 청풍淸風, 둥실둥실 떠가는 백운白雲, 이것이 선수행하는 사람의 생활과 같은 것으로, 자연스럽고 편안한 생활 그 자체다. 우리 같은 일반 사람들이 자연스럽고 편안한 생활을 말하지만, 어찌 진정으로 자연스럽고 편안한 생활을 누리고 있다고 하겠는가?

여기서 120세까지 생존한 조주趙州선사에 대해 말해보자. 그의 어록을 보면 바로 발견할 수 있는 것이, 조주선사의 일생은 인생 전체가 예술화한 생활이었다는 것이다. 바로 초탈, 자유, 자재의 생활이었다.

어떤 사람이 와서 조주선사에게 불법을 물었다. "어떻게 수행을 하여야 합니까?" 그는 이렇게 대답했다. "잠시 앉아 계십시오. 내가 아직 해야 할 일이 있습니다." 그는 무슨 일을 했을까? 그는 화장실에 갔다오더니 그 손님에게 이렇게 말하였다. "수행이라는 것은 다른 사람이 대신할 수 없는 것이라는 것을 알아야 합니다. 내가 화장실에 갔다 왔는데, 이런 작은 일도 다른 사람이 대신해 줄 수 없습니다. 하물며 수행이라는 이런 큰일은 어떻겠습니까? 입으로만 수행을 말해보았자 소용없습니다. 반드시 성실하게 수행하여야 합니다."

조주선사는 이런 방법을 사용하여 설법하였다. 만약 수행하지 않는 사람이 이렇게 설법했다면, 사람들은 정신병자라고 말할 것이다. 그러나 조주선사가 말하면, 사람들은 믿는다. 왜냐하면 그는 덕망이 있는 승려이고, 흡인력이 있는 분이기 때문이다. 이 얼마나 자연스럽고, 얼마나 편안한 모습인가!

한 번은 어느 학인스님이 와서 조주선사에게 물었다. "조사가 서쪽에서 온 의미가 무엇입니까?" 그는 손가락으로 가리키며 "뜰 앞의 측백나무다(庭前柏樹子)."[10]라고 말했다.

당신이 동쪽을 말하면 그는 서쪽이라 대답하고, 당신이 남쪽을 말하면 그는 북쪽이라 대답한다. 마치 서로 아무 관계도 없는 것 같다. 그러나 실제적으로 그는 아주 명백하게 당신에게 서쪽에서 온 의미가 무엇인지를 말해주고 있다. 즉 일체 모든 것은 눈앞에 완전하게 드러나 있다는 것이다.

또한 "차나 한 잔 마시고 가시오(喫茶去)."라는 공안이 있다.

1. 선이란 무엇인가? 33

학인스님이 그를 찾아오니, 조주선사가 그에게 물었다. "스님은 여기에 처음 온 것입니까, 두 번째 온 것입니까?" 학인스님이 대답했다. "저는 처음 왔습니다." 조주선사가 말했다. "차나 한 잔 마시고 가시지요." 또 다른 학인스님이 조주선사를 찾아왔다. 조주선사는 그에게 물었다. "스님은 여기에 처음 오신 것입니까? 두 번째 오신 것입니까?" 학인스님이 대답했다. "저는 두 번째 왔습니다." 조주선사가 말했다. "차나 한 잔 마시고 가시지요." 그때 원주가 조주선사 옆에 서 있었는데, 그는 이해할 수가 없었다. 그래서 조주선사에게 물었다. "첫 번째 온 스님에게 차나 한 잔 마시고 가라고 하셨는데, 손님과 주인의 관계에서 예의를 갖추어야 하니, 차나 한 잔 마시고 가라고 할 수 있습니다. 두 번째 왔다고 하는 스님으로 말할 것 같으면, 두 번째 온 것이니 손님이라고 할 수 없는데, 무엇 때문에 그에게도 똑같이 차나 한 잔 마시고 가라고 하십니까?" 조주선사가 원주의 이름을 부르니 원주가 대답을 하였다. 조주선사가 말했다. "자네도 차나 한 잔 마시고 가시게나."

이는 얼마나 수준 높은 예술인가! 그는 이런 일종의 자연스럽고 편안한 상태에 있으면서, 우리에게 불법佛法의 대의를 말해주고 있는 것이다. 선은 생활의 예술이고, 선사·선수행자의 생활은 예술화한 생활이다.

또한 선은 일종의 생활방식이다. 이런 생활방식은 어떤 것을 말하는가? 모든 존재의 실상이 눈앞에 온전하게 드러나 있는 것이다.

우리 누구나 모두 배고프면 밥 먹고 잠이 오면 잠잔다. 이렇게 하면, 우리는 수행하고 있는 것이 아니겠는가? 그렇지 않다! 우리는 밥 먹을 때에도 이런저런 분별을 한다. 이것은 맛있네, 저것은 맛이 없네, 이것은 신맛이네, 저것은 맵네, 이것은 달고, 저것은 쓰다 등등. 또한 우리는 잠을 자려고 할 때에도 수백 가지 생각을 하며, 이리저리 뒤척이며 잠을 이루지 못하고, 잠을 이루지 못하면 더욱 잠을 자려고 노력한다. 이런 상황은 잠을 자는 것이 아니고 발버둥치는 것이다. 밥을 먹는 것도 아니고, 먹으면서 분별하는 것이다. 이 요리는 매운 것이고, 이것은 두부요리고, 이것은 먹을 수 있는 것이다 등등 계속해서 분별한다. 선수행자의 생활방식과 그가 모든 문제에 대처하는 방식은 이원적 대립을 초월한 가운데서 살아가는 것이다. 이것은 무분별 속에서 생활하는 것이다.

우리 같은 일반 사람이 선수행자의 이런 생활방식의 수준에 이르지 못했을 때는 절대로 이것을 모방해서 행동하면 안 된다. 이것을 모방해서 행동하면 엉망진창이 되고 만다. 왜냐하면 우리는 그 경지에 이르지 못하였고, 그런 수용이 없기 때문이다. 이런 모방은 남의 흉내를 내다가 더 추하게 되는 꼴이 되고 만다.

선은 일종의 생활예술이고 생활방식이며, 깨달은 사람의 생활이 드러난 것이며, 깨달은 사람, 수행자의 생활내용이다.

여섯째, 선은 영원한 행복이고, 진정한 즐거움이다.

선의 최종목적은 영원한 행복을 달성하는 것이고, 진정한 즐거움을 획득하는 것이다. 선은 상쾌하고 편안함을 누리는 것으로, 일체의 대립을 초월한 원만함이고, 생사를 벗어난 대자재大自在이며, 생사에도 머무르지 않고 열반에도 머무르지 않는 절대적 자유이다. 즉 선은 생명의 고유한 모든 활력을 충분히 방출하는 것이다. 우리 인간은 본래 부처의 십력十力, 사무소외四無所畏 등 여러 가지 공덕과 지혜를 가지고 있고, 삼신三身을 원만히 구족하고 있는데, 무엇 때문에 실현하지 못하는가? 무명망상無明妄想의 먼지에 덮여 있기 때문이다.

　단지 선수행의 방법을 통과하고, '직지인심, 견성성불'이라는 일종의 초월체험을 통과하면, 바로 생명의 고유한 능력과 활력을 방출해낼 수 있고, 진정으로 일체에 장애가 없으며, 구경해탈을 이룰 수 있다. 시방세계에 인연이 있으면 머물고, 인연이 다하면 떠나며, 국토를 장엄하고, 중생을 이롭고 즐겁게 한다. 그저 이렇게 할 뿐이다.

　선의 궁극적 목표와 부처가 말로 가르친 모든 불법의 목표는 일치하지만, 단지 그 방법이 다를 뿐이다. 말로 가르치는 모든 불법은 직지直指가 아니고, 간접적으로 한 걸음 한 걸음 실천해 나가는 것이다. 선은 한 걸음에 달성하려는 것으로, 순간에 초월해서 바로 구경각에 진입하는 것이다(頓超直入). 선과 말로 가르치는 모든 불법과의 구별은 바로 이 점에 있다.

　선은 이런 영원한 행복, 진정한 즐거움을 획득하는 것으로, 만약 근기가 좋고 지혜가 있는 사람이라면 한순간에 이루어낼 수 있다. 근기가 열악한 사람이 마음대로 따라할 수는 없다. 왜냐하면 근기가 좋은 사람은 일종의 축적이 충분히 있는데, 근기가 열악한 사람의 축적은 충분하지 않기 때문이다. 이것은 장사하는 것과 같다. 만약 수십억 원의 큰 거래를 상담하고 있다면, 자본이 충분히 있는 사람은 바로 결정해서 상품을 사들인다. 이것이 이 상인의 축적이다. 표면적으로 볼 것 같으면 순간(頓)으로, 한 걸음에 달성한 것처럼 보인다. 그러나 그의 힘든 노력이 그 이전에 있었기 때문에 가능한 것으로, 이것은 그의 과거생의 축적의 결과이다. 축적이 충분하지 못한 사람, 자본이 충분하지 못한 사람은 천 원짜리 거래도 성공하기 어렵다. 이런 사람은 그저 천천히 할 수밖에 없다. 선을 배우는 것도 이와 같다. 그러므로 선수행자는 선근善根을 배양하고, 선연을 널리 맺고, 복전을 많이 만들고, 복덕인연을 계속해서 축적하고, 선인선연善因善緣을 끊임없이 확충하고 배양해야 한다.

선은 무엇인가? 나는 소동파蘇東坡의 견도시見道詩(원제: 관조觀潮) 한 수를 빌려서 말하고 싶다.

여산의 안개비와 절강의 조수는 절경이라 하여(廬山烟雨浙江潮)
가보지 못한 한이 끝내 사라지지 않더니(未到千般恨不消)
갔다가 돌아와 보아도 별일이 없구나(及至歸來无一事).
여산의 안개비와 절강의 조수는 절경이라(廬山烟雨浙江潮).

일체 모든 것은 본래 온전히 드러나 있다. 이렇게 저렇게 말하는 것은 모두 과정일 뿐이다.

~2~ 달마선 – 이입과 행입

선은 본래 은산철벽銀山鐵壁과 같아 들어갈 문이 없다. 만약 선에 들어갈 문이 실제로 있다고 말한다면, 그 문 역시 단지 방편일 뿐이다. 그래서 어떤 사람이 조주선사에게 "개는 불성이 있습니까, 없습니까?"라고 물었을 때, 그는 단지 "무無" 한 글자로 대답했던 것이다. 이 공안은 훗날 선종의 화두 가운데 하나가 되었다.

송나라 시대에 무문혜개無門慧開선사가 『무문관』이라는 책을 한 권 썼다. 이 책을 시작하는 첫째 구절에서 "부처님은 마음을 종지로 하고, 무문無門을 법문法門으로 삼는다고 말하였다."[11]고 했다. "부처님은 마음을 종지로 한다고 말하였다."라는 구절의 근원은 『능가경』의 「일체불어심품一切佛語心品」이다. "무문을 법문으로 한다."는 것은 선기禪機[12]를 말하는 것이라 해도 되고, 불법의 진정한 방법이라 말해도 된다.

무문無門은 바로 선으로 들어가는 문이다. 불법이 중시하는 것은 법에는 정해진 법(定法)이 없다는 것으로, 정해진 법은 법이 아니다. 그래서 엄격히 말하자면, 선의 진여무상眞如無相의 경지는 분명히 들어갈 문이 없는 것으로, 하나의 은산철벽이다. 역대 조사들은 학인을 접견하고 인도하기 위해서, 어쩔 수 없이 '들어갈 문이 없다'는 전제 아래 '방편의 문'을 열지 않을 수 없었다. 이른바 백천법문이나 천칠백 공안 등은 모두 '선의 문'이다.

선문禪門에 들어가고자 한다면, 먼저 보리달마대사가 선의 문지방을 어떻게 들어갈 수 있는지 가르쳐준 것을 이해하여야 한다.

달마대사는 중국 선종의 기초를 다진 인물이다. 기초를 닦은 것은 하나의 종파를 세운 것일 뿐만이 아니라, 또한 자신의 사상의 종지와 수행법문을 확립하여 다른 종파와 구별되게 한 것이다. 달마대사에게 한 편의 법문이 있는데, 전문적으로 선문에 들어가는 방법을 설명하고 있다. 이것이 바로『약변대승입도사행관』이다.

달마대사가 가르친 선수행의 방법이 바로 '이입사행二入四行'이다. '이입'은 '이입理入'과 '행입行入'이다. 사행은 보원행報冤行, 수연행隨緣行, 무소구행無所求行, 칭법행稱法行이다.

이 500여 자의 글 앞쪽에 담림曇琳법사의 서언이 있다. 이 서언에서 담림법사는 우리에게 매우 중요한 정보를 제공하고 있다. 그러나 지금까지 선문이나 학술계에서는 이 정보를 중요하게 다루지 않았다. 이 서문에서는 달마조사의 간단한 생평生平과 선법禪法의 성취를 소개하는 것 이외에, 달마선법의 '사구구결四句口訣'을 언급하고 있다. 어떤 법문을 수행하든지 이 구결은 매우 중요하다. 이 사구구결은 "이와 같이 마음을 편안히 하고(如是安心), 이와 같이 실천하며(如是發行), 이와 같이 대상에 따르고(如是順物), 이와 같이

2. 달마선- 이입과 행입

방편을 쓴다(如是方便)"로, 이것은 달마조사가 혜가慧可스님과 도육道育스님 두 제자에게 직접 말해준 것이다.

이 네 가지 '여시如是' 가운데서, 첫째 구절인 '여시안심如是安心'이란 "이와 같이 마음을 편안히 하는 것이 벽관壁觀이다."라고 설명한다. 달마조사가 숭산에서 9년 면벽을 하였고, 그의 안심법문이 바로 면벽이기 때문이다. 둘째 구절인 '여시발행如是發行'이란 "이와 같이 실천한다는 것은 사행四行을 실천하는 것이다."라고 설명한다. 셋째 구절인 '여시순물如是順物'이란 "이와 같이 대상에 따른다는 것은, 비방하고 혐오하는 것을 방어하는 것이다."라고 설명한다. 넷째 구절인 '여시방편如是方便'은 "이와 같이 방편을 쓴다는 것은, 버리고 집착하지 않는 것이다."라고 설명한다.[13]

이 네 구절은 매우 중요한 말이다. 이것은 달마대사가 직접 전한 것이고, 또한 달마대사 이후 선문의 모든 선법의 원천이기도 하다. 담림법사가 이 서문을 쓸 당시에 그는 이것이 바로 달마대사가 전하는 참된 도(眞道)라고 생각하였다.

이 네 구절을 가지고, 달마대사가 어떻게 우리를 선문에 들어설 수 있도록 가르치고 있는가를 간단하게 분석해 보면 다음과 같다.

먼저 "이와 같이 마음을 편안히 하는 것이 면벽이다."를 설명해 보자.

당나라 시대 규봉종밀圭峰宗密선사의 『선원제전집도서』에서 달마의 선법을 총결하여 이렇게 말하고 있다. "벽관으로 사람에게 마음이 편안해지는 것을 가르친다."의 벽관壁觀은 다음 네 가지를 포괄하고 있다. 즉 "밖으로는 모든 인연과 단절하고, 안으로는 마음이 헐떡이지 않으며, 마음이 담벼락과 같아야 도道에 들어갈 수 있다."[14]

우리가 마음을 편안히 하고자 하면, 마음을 담벼락 같이 되도록 해야 한다. 이 담벼락은 흙담도 아니고 진흙담도 아니며, 은으로 된 산이고 철로 된 벽이다. 이 담벼락은 파리나 모기도 뚫고 들어갈 수 없고, 어떤 세균도 침범할 수 없다. 이것을 "마음이 담벼락 같다."라고 말한다. 이 마음이 담벼락처럼 철저히 지키게 해서, 어떤 번뇌망상이나 세간의 물욕이 침범할 수 없도록 해야 한다. 우리는 이런 비유를 해볼 수 있다. "마음의 만리장성을 쌓자!" 이 만리장성을 무슨 용도로 사용할 수 있을까? 사회인들은 이것으로 부정부패를 방지할 수 있다. 우리 같은 수행자들은 이것으로 무명·번뇌·망상이 일어나는 것을 막을 수 있고, 외적인 모든 물욕이 우리를 침범해 오는 것을 막을 수 있다.

마음을 담벼락처럼 만들려 하면, 반드시 "밖으로 모든 인연과 단절해야 한다." 외재하는 일체의 인연들을 그것들이 그것들대로 있게 놓아두어서, 서로 방해하지 않아야 한다. 외재하는 인연과 단절한다고 하지만 단절할 수 없고, 단지 일체 존재들로 하여금 그것이 존재하는 곳에 그대로 있게 하고, 서로 방해하지 않고, 그것과 반연하지 않으면 자신과 관계가 없는 것이다. 왜냐하면 일체의 것은 모두 "천하에 본래 일이 없는데, 범인凡人이 스스로 어지럽히는 것"[15]이기 때문이다. 무슨 번뇌가 있어 우리 마음속으로 뛰어 들어오는 것이 아니고, 번뇌는 모두 우리 스스로 만드는 것이고, 모두 우리의 반연에 의한 것이다. 우리가 모든 존재로 하여금 그의 본래 자리에 안주하게 하고 반연을 하지 않으면, 이것이 바로 '밖으로 모든 인연과 단절하는 것'이다. 무엇이 연緣인가? 고통, 즐거움, 걱정, 기쁨, 그리고 너와 나를 구별하고, 옳고 그름을 구별하는 것, 이런 것 모두가 연이다. 말하기는 쉽지만, 실천하기는 매우 어렵다. 정말 대단히 어려운 일이다.

동산洞山선사가 우리를 가르치기 위해서 이런 이야기를 하였다. 우리 수행인은 마음속의 다양한 반연에서 방비하여야 한다. 마치 독충이 있는 지역에 들어갔을 때는 반드시 물 한 방울도 몸에 묻지 않도록 경각심을 가져야 하는 것과 같다. 고충蠱蟲은 흡혈충으로, 과거에는 강소·광동 등의 지역에 있었다. 흡혈충병은 매우 쉽게 전염된다. 감염된 물을 한 모금만 마시거나, 또는 단지 흡혈충이 있는 곳에 발을 가까이 하기만 해도, 이 독충은 바로 몸속으로 침투해 들어오고, 이렇게 감염되면 일생동안 빠져나올 수 없다. 우리 수행인은 반드시 일체의 반연심攀緣心을 이런 독충으로 보아야 한다. 독충이 있는 지역에 들어갈 때, 선을 배우는 사람은 물 한 방울도 몸에 묻게 해서는 안 된다. 일체의 너와 나, 옳고 그름, 고통과 즐거움, 걱정과 기쁨 등에 이렇게 대처할 수 있고, 고도의 경계심을 유지한다면, 도道 닦는 일이 성공하지 못할까 걱정할 필요가 없다.

안으로는 "마음속에 헐떡거림이 없어야 한다."라고 말한다. 선수행의 마음 쓰는 측면에서 말할 것 같으면, 우리의 마음은 쓸수록 더욱 세심해야 한다. 수식관數息觀을 수행하는 것을 예로 들어 설명해 보면 다음과 같다. 식(息, 호흡)은 풍風, 천喘, 기氣, 식息 네 가지 상이 있다.[16] 우리가 호흡에 마음을 쓸 때, 풍風에 마음을 쓰면 안 되고, 천喘에 마음을 써도 안 되고, 기氣에 마음을 써도 안 되며, 오직 식息에 마음을 써야 한다. 식의 상태는 마치 실낱같이 하고, 있는 것 같기도 하고 없는 것 같기도 하게 해야 한다. 식에 마음을 쓰면, 호흡은 쓸수록 점점 더 세밀해진다. 그 다음 단계는, 관조觀照하고, 각조覺照하는 역량이 끊어지지 않게 하고, 기복이 있게 하지도 말고, 진실로 매우 면밀하게 해야 한다. 시시각각 '지금 이곳'을 잘 관조해야 한다. 이것 역시 '마음속에 헐떡거림이 없는 것'이다.

'밖으로 모든 인연과 단절하고, 안으로는 마음이 헐떡거리지 않음'을 해내면, 바로 마음이 담벼락처럼 된다. 마음이 담벼락과 같으면, 일체 내외의 반연에 의한 방해를 첫눈에 간파할 수 있고, 제법諸法의 본질이 무엇인지, 제법의 실상이 무엇인지 확실히 볼 수 있다. 제법의 본질, 제법의 실상은 바로 "인연에 의하여 생성된 것은 자성이 없고, 자성이 없으므로 공空한 것이다."[17] 이 세 가지를 해내면 선문에 들어갈 수 있고, 도에 들어갈 수 있다. 이것이 바로 달마대사가 말한 구결의 첫 번째 구절인 "이와 같이 마음을 편안히 하는 것이 면벽이다."는 의미다.

이와 같이 마음을 편안히 하는 면벽이 궁극적인 것이라 할 수 있는가? 아직은 아니다. 이것은 입도入道라고 부르는데, 즉 도에 입문한 것이다. 이것은 단지 출발점일 뿐이다. 과거에 주은래周恩來 총리가 쓴 시에 "면벽 십년으로 벽을 무너뜨린다(面壁十年圖破壁)."라는 구절이 있는데, 이것은 달마대사의 이 공안을 말한 것이다. 면벽이 목적이 아니고, 이 벽을 꿰뚫는 것이 바로 목적인 것이다. "면벽 십년으로 벽을 무너뜨린다." 이 구절은 매우 의미심장한 말이다.

세간의 언어로 설명하면, 한 번의 비약이고, 한 번의 돌파다. 수행의 언어로 설명하면 바로 개오開悟이다. 그러므로 말하기를 마음을 담벼락처럼 만든 뒤에, 다시 이 담벼락을 무너뜨려야 한다. 이래야지 진정으로 모든 것을 운명에 맡길 수 있고, 인연에 따라서 중생을 제도할 수 있으며, 인연에 따르지만 변하지 않고, 변하지 않으면서 인연에 따르는 것이다.[18] 이렇게 해낸다면, 이것이 바로 수행이 완숙해진 것이고, 하나의 결과가 있는 것이다.

이 구결의 둘째 구절은 "이와 같이 실천한다는 것은 사행四行을 실천하는 것이다."이다.

이 '사행'은 실제적으로 내재적 심태心態를 유지하는 것이다. 안심安心은 총체적 목표이고, 안심법문安心法門을 구체적으로 현실화하는 것은 네 가지 수행 방법, 즉 '보원행, 수연행, 무소구행, 칭법행' 등을 말한다. 마음이 편안하게 되면, 이 사행의 요구에 근거하여 안심 이후의 생활을 해나가야 한다.

셋째 구절은 "이와 같이 대상에 따른다는 것은, 비방하고 혐오하는 것을 방어하는 것이다."이다.

이것은 달마대사가 홍법弘法하는 사람이나, 전도하는 사람에게 요구한 것이다. 무슨 요구인가? 보현보살십대원왕普賢菩薩十大願王에서 말한 "항상 중생에 순응하라(恒順衆生)."와 같은 것이다. 어떻게 하는 것을 대상에 순응하는 것이라고 할 수 있는가? 바로 '비방하고 혐오하는 것을 방어하는 것'이다. 어떤 일을 하든지 중생들로 하여금 의심을 품게 하지 말고, 승려의 품위를 떨어뜨리는 짓을 하지 말아야 한다. 일을 할 때는 반드시 중생들로 하여금 '믿지 않는 사람을 믿게 하고, 이미 믿고 있는 사람은 그 믿음이 더욱 돈독해지도록 해야 한다.' 우리가 한 가지 일을 하더라도, 절대로 믿음이 없는 사람이 믿지 못하게 하거나, 이미 믿고 있는 사람이 믿지 않게 되는 이런 역효과가 발생하지 않도록 해야 한다. 만약 그렇게 한다면 상반되는 작용이 발생하여 바로 비방하고 혐오하게 된다. 비방하고 혐오하는 것으로 인하여, 선을 배우는 목적을 달성할 수 없고, 구체화할 수도 없다.

넷째 구절은 "이와 같이 방편을 쓴다는 것은, 버리고 집착하지 않는 것이다."이다.

방편은 지혜를 달리 말한 것이다. 지혜가 없는 사람은 무엇을 방편이라고 하는지도 이해하지 못한다. 초조가 수행에는 방편이 필요하다고 하였고, 이조·삼조·사조·오조·육조 역시 모두 이런 방편을 계승하였다. 역대 조사들의 교화생애를 살펴보면, 중생을 이롭게 하는 데는 반드시 방편이 필요하다는 것을 알 수 있다. 중생을 이롭게 하는 지혜방편을 구비하는 것은 보살도菩薩道의 중요한 내용 가운데 하나다. 『화엄경』에서 보살이 중생을 이롭게 하는 10가지 수행법문을 말하고 있는데, 이 10가지 수행법문이 십도十度이다. 즉 시施, 계戒, 인忍, 진進, 정定, 혜慧, 방方, 원愿, 력力, 지智 등이다. 이 가운데 일곱 번째가 바로 방편이다. 방편지方便智는 보살이 중생을 이롭게 하는 10개 법문 가운데 하나다.

『화엄경』에 매우 유명한 두 구절이 있다. "방편으로 중생을 제도하는 것을 잘 알고, 지혜롭게 세속의 일을 불사佛事로 간주한다."[19] 세속의 일을 떠나서 불사가 따로 있는 것이 아니고, 세속의 일 가운데서 불사를 하는 것이다. 이 말을 보면, 방편이 얼마나 중요한 것인가를 알 수 있다. 방편은 대지혜로, 바로 세상살이의 지혜이고, 중생제도의 지혜다. 이런 지혜의 요점은 일체의 집착을 완전히 깨끗하게 제거하는 것, 바로 '버리고 집착하지 않는 것'이다. 집착이 있는 것이 바로 장벽이 있는 것으로, 장벽이 있으면 지혜가 없다. 우리는 현재 사면이 담벼락으로 둘러싸여 있다. 이 담벼락을 장벽이라 한다. 장벽이 있기 때문에 오직 창을 통해서만 비로소 밖의 한 줄기 광선을 볼 수 있을 뿐이다.

'버리고 집착하지 않는 것'은 무슨 의미인가? 이는 사면의 장벽을 철저히 무너뜨리는 것이다. 사면의 장벽은 무엇인가? 바로 집착이다. 집착을 『금강경』에서는 '상에 집착하는 것(住相)'이라고 불렀다. 『금강경』에서 '유주有住'와 '무주無住'를 말하고 있는데, 집착이 있으면 유주고, 집착이 없으면 무주다. 『금강경』은 우리가 집착하지 않고 마음을 내야 한다(無住生心)는 것을 알려준다. 즉 "마땅히 주하는 바 없이 마음을 일으켜야 한다(應無所住而生起心)."이다. "주하는 바 없음(無所住)"은 집착이 없는 것이다. 비록 조사가 말한 것이 단지 몇 마디 간단한 말이라 하더라도 그것은 대승경전 가운데 가장 긴요한 법의法義를 농축하여 제시한 것으로, 수행의 요령이 된다.

아래 문장은 당시 보리달마를 따라서 공부하던 제자인 담림법사가 달마조사의 『이입사행』, 즉 『약변대승입도사행관』을 기록할 때 쓴 서문이다. 보리달마조사의 안심법문의 요점에 대한 총결總結로, 문장이 매우 훌륭하다.

"(보리달마는) 머나먼 곳에서 산 넘고 바다 건너 중국에 와서 교화하였다. 마음을 잃어버린 사람들은 신앙에 귀의했지만, 편견이 있는 사람들은 그를 비방하였다. 그때 도육, 혜가 등 이 두 사문만이 비록 연배는 뒤였지만, 훌륭한 뜻은 높고 깊었다. 스승을 만나는 행운을 얻어, 수 년 간 그를 모셨다. 겸손하고 공경한 마음으로 묻고, 스승의 말뜻을 잘 이해하였다. 보리달마는 그 정성에 감동하여 진도眞道로 그들을 가르쳤다. 그들로 하여금 이와 같이 마음을 편안하게 하고, 이와 같이 실행하며, 이와 같이 대상에 따르고, 이와 같이 방편을 쓰게 하였다. 이것이 대승의 안심법으로, 사람들로 하여금 어떤 오류도 없게 한다. 이와 같이 마음을 편안히 하는 것은 면벽이고, 이와 같이 실행한다는 것은 사행四行을 실행하는 것이며, 이와 같이 대상에 따르는 것은 비방하고 혐오하는 것을 방어하는 것이고, 이와 같이 방편을 쓴다는 것은 모든 집착을 버리는 것이다."[20]

이 문장을 자세히 곱씹어서 마음에 간직하고, 그런 뒤에 수행과 생활 속에서 차츰차츰 구체적으로 실천한다면, 수많은 녹음테이프를 듣는 것보다도 더 좋고, 수많은 불경을 읽는 것보다도 더 좋으며, 많은 스님들을 찾아보는 것보다도 더 나은 일이라고 나는 생각한다. 오직 진정으로 원천적인 불조의 심요心要를 파악하면, 불교수행의 지름길을 획득할 수 있고, 이 길을 똑바로 가면 된다. 공연히 모퉁이를 돌아다니거나, 수많은 굽은 길을 갈 필요가 없는 것이다.

비록 이와 같지만, 가야 할 길은 여전히 가야 하고, 사용해야 할 수행 공부 방법 역시 사용해야 하며, 마땅히 지불해야 할 짚신 값 역시 갚아야 한다. 조주화상이 80세에도 여전히 행각을 하였고, 그 역시 "한 가지 일도 없는 곳에 이르러서야, 비로소 짚신 값을 헛되이 지불했음을 알았네."[21]라고 말하였다. 한 가지 일도 없는 곳에 이르지 못했으면, 짚신 값은 당연히 꼼꼼히 지불해야 하는 것이다. 마음에 한 가지 일도 없는 곳에 도달했을 때, 비로소 짚신 값을 헛되이 지불했다고 말할 수 있다. 마땅히 지불할 돈을 지불하지 않으면, 마음속의 집착 역시 내려놓을 수 없고, 던져버릴 수 없는 것이다.

아래에서는 보리달마의 선수행에 대한 문장 전체로 되돌아가서 살펴보도록 하자. 보리달마의 이 글은 제목까지 포함해서, 『약변대승입도사행관』이라 부르고, 대략 510자의 한자로 되어 있다. 현재는 선법이 유행한 지 천여 년이 되었고, 선종이 성립된 지도 천여 년이 되었기 때문에, 모든 것이 정형화되었다. 그때에는 선이 현재처럼 이렇게 안정적인 호칭이 아니었다. 당시에는 선을 어느 때는 '도道'라고 부르기도 하고, 어느 때는 '심心'이라고 부르기도 했으며, 어느 때는 '불법대의佛法大意'라고 부르기도 하고, 어느 때는 '서래의西來意' 혹은 '조사서래의祖師西來意'라고 부르기도 하는 등 여러 종류의 호칭이 있었다. 당시에는 '도'라고 부르는 호칭이 비교적 보편적이었다.

도道는 인도 산스크리트어의 '보리'를 번역한 것이고, 나중에 '보리'를 '각覺', '각오覺悟'로 번역하였다. 보리를 '도'로 번역했는데, 이것은 무슨 의미에서 이런 번역을 하였는가? 수행할 수 있고(能修), 증험할 수 있고(能證), 실행할 수 있다(能行)는 의미에서, 우리가 목표에 도달할 수 있는 길을 가도록 인도한다는 측면에서, '보리'를 '도道'로 번역한 것으로, 이것은 도로의 의미이다. 당시에 선을 불법 대해大海에 들어가는 하나의 길로 간주했는데, 그래서 선 역시 '도'이다. 그러므로 '대승입도사행大乘入道四行'이라 말한 것이다.

이 사행은 실제적으로는 '행입'의 내용이다. 이 글에서 보리달마가 이렇게 말하고 있다. "도에 들어가는 데는 여러 갈래 길이 있지만, 요약해서 말하면 두 가지를 벗어나지 않는다. 하나는 이입理入이고, 하나는 행입行入이다." 선에 들어가는 길은 매우 많지만, 귀납해서 보면 '이입'과 '행입' 두 종류다. '이입'은 선에 들어가는 정문正門이고, '행입'은 선에 들어가는 보조적인 것이다. 방법에는 정문이 있고 보조적인 것이 있으며, 주된 것이 있고 그 다음에 해당되는 것이 있다. 그러나 이 두 가지 가운데 어느 하나도 없어서는 안 되며, 둘 중 어느 한쪽만 중시해서도 안 된다.

당연히 이입理入이 근본이다.

무엇을 이입이라고 하는가? 보리달마는 매우 중요하고 규정적인 전제를 제공하고 있다. "이입이란 것은 언교에 의지해서 종지를 깨닫는 것을 말한다."[22] 우리는 "언교에 의지해서 종지를 깨닫는다."라는 전제에서 다음 사실들을 알 수 있다. 선종의 창시인은 경이나 교의 문자를 배제해야 한다는 말을 하지 않았고, "종지는 교를 떠나지 않는다(宗不離敎)."고 말하였다. 뿐만 아니라 교를 전제로 삼고, 지도로 삼고, 방편으로 삼아서 선종에 진입해야 한다는 것이다.

이때 말하는 교敎는 말로 가르치는 언교言敎이다. 종宗은 최종적 목적이며 귀착점이다. 사물의 본질을 충분히 파악하는 것, 이것이 바로 종宗이다. 그래서 보리달마 때부터 '종宗'과 '교敎' 두 글자의 위치를 매우 명확하게 안배하고 있으며, 이 둘 가운데 어느 하나만을 중시할 수 없는 것이다. 왜냐하면 언교는 결국 모두 부호에 지나지 않기 때문이다. 마치 하늘에 달이 있고, 우리가 손가락을 이용하여 가리키면, 총명한 사람은 달을 보게 되고, 총명하지 못한 사람은 그저 손가락만 보게 되는 것과 마찬가지다. 만약 손가락을 통하여 직접 달을 보게 되면, 이것을 "언교에 의지해서 종지를 깨닫는다."라고 한다. 만약 그저 달을 가리키는 손가락만 보고, 달을 보지 않는다면, 그것은 '교 때문에 종을 보지 못하는 것이 되고 만다.' 그러므로 일체의 언교는 달을 목표로 그것을 가리키는 것일 뿐, 언교가 사물 자체는 아니다.

다시 비유해서 말하면, 우리가 밥을 먹을 때, 만약 실제적으로 음식물을 접촉하여 그것을 가져다가 입속으로 넣지 않는다면, 뱃속은 여전히 비어 있게 된다. 이런 것을 "먹을 것을 말로만 하고, 남의 보물을 세기만 한다."라고 하는데, 말을 하면 할수록 배는 더욱 고파지고 만다. 그렇기 때문에 우리는 언교를 배척할 수 없지만, 그렇다고 언교에 필사적으로 집착하여 내려놓지 않으면 이 또한 큰 잘못이 된다.

이 세상의 일체의 분쟁, 일체의 문제는 모두 지식이나 이성의 활동 범위 내에서 발생한다는 말이 있다. 이 말은 어떤 심각한 후과後果를 발생시키며, 나에게 어떤 영향을 미치는 것일까? 나에게 어떤 손해를 끼치게 되는 것일까? 세간법世間法의 측면에서 말하자면,

우리 모두 서로 간에 집착을 가지고 있기 때문에, 한마디 말 때문에 서로 다른 결과를 낳게 된다. 우리는 모두 집착 속에서, 부호 속에서 왔다 갔다 하며 빙빙 돌고 있기 때문에, 자신의 본성이 매몰되고 가려지게 된다.

그래서 보리달마는 우리에게 "거짓과 허망함을 버리고 진실로 돌아가고, 정신을 집중하여 벽관해야 한다. 자신도 없고 타인도 없고, 범인도 없고 성인도 없으며, 성인과 범인이 동일하다. 의지를 견고히 하여 움직이지 않으며, 더욱 언교에 따르지 않아야 한다."[23]는 이런 수행을 요구한다.

"언교에 의지해서 종지를 깨닫는다."라고 말하지만, 그러나 그 언교를 실재하는 것으로 간주해서는 안 된다. 경전의 가르침에 "심心, 불佛, 중생衆生, 이 셋은 무차별無差別이다."고 말하지만, 우리는 이것에 집착해서는 안 된다. 만약 당신이 진실로 이 셋이 차별이 없다고 생각하고, 현재의 자신이 진실로 부처라고 생각하며, 이것에 집착한다면, 당신은 잘못 생각하고 있는 것이다. 비록 "심, 불, 중생, 이 셋은 차별이 없다."라고 말하지만, 그러나 우리의 마음은 아직도 여전히 객진번뇌客塵煩惱에 덮여 있다. 이것은 마치 우리의 현실은 아직도 '주인이 집을 관장하고 있는 것이 아니고, 손님이 집을 관장하고 있는 것'과 같다. 그러므로 우리는 여전히 수행의 과정, 무명번뇌를 하나하나씩 제거하는 과정이 필요한 것이다. 우리가 충분히 이렇게 실행할 수 있으면, 자연스럽게 "이理와 부합하고, 분별이 없으며, 고요하고 무위함"[24]에 이르게 된다. 이것을 '이입理入'이라고 한다.

여기서 말하는 '이입'은, 실제적으로는 선의 올바른 수행(正修), 올바른 행위(正行)에서 출발하는 것이며, 수행의 관건을 파악하는 것이다. 수행의 관건은 바로 수행의 핵심, 수행의 실상, 수행의 근원, 수행의 본질을 파악하는 것이다. 만약 수행의 중심 목표가 무엇인지를 잃어버리고, 단지 보조적 방법 속에서 이리저리 방황하면, 이것을 "근본을 포기하고 말단을 쫓아가는 것(舍本逐末)" 혹은 "본말이 뒤바뀐 것(本末倒置)"라고 부른다. 그러므로 선법을 수행하려면 먼저 근본을 찾아내야 한다. 근본만 찾아내면 진정으로 들어갈 문을 갖게 된다. 근본을 찾아내지 못하면 들어갈 문이 없다.

이제까지 달마의 사상에 대하여 초보적 이해를 하였다. 이제 다시 선종에서 말하는 일련의 사상 혹은 수행방법을 살펴보면, 사실상 모두 보리달마의 이런 가르침 속에서 그 근원을 충분히 찾아낼 수 있다. 비록 이 문장은 문자상으로 보면 선을 말하고 있지 않는 것처럼 보인다. 그러나 전체의 의리義理는 모두 선과 밀접한 관계가 있기 때문에, 선을 배우는 입문적 방편, 혹은 기본교재라고 말할 수 있다.

'이입理入'의 측면에서 유념해야 할 필요가 있는 것은, "언교에 의지해서 종지를 깨닫고, 모든 생명이 있는 존재는 동일한 본성을 가지고 있다는 것을 깊이 믿는다."[25]는 것을 확실하게 아는 것이다. '확실하게 아는 것', 이것이 불가능한 이유는 바로 '객진번뇌에 의해서 가려져 있기' 때문이다. 그러므로 우리가 "거짓과 허망함을 버리고 진실로 돌아가는 것"을 충분히 해낼 수 있어야 한다. "거짓과 허망함을 버리고 진실로 돌아가는" 유일한 방법은 바로 "마음을 집중하여 벽관하는 것(凝住壁觀)"으로, 우리의 마음을 담벼락과 같이 만들어서 일체의 객진번뇌에 침식당하지 않도록 하는 것이다. 객진번뇌는 단지 나와 너, 옳고 그름의 분별에 있을 뿐이다. 어떻게 하면 마음을 집중하여 벽관을 할 수 있는가? 이것의 기본적 요구는 "자신도 없고 타인도 없고, 범인도 없고 성인도 없으며, 성인과 범인이 동일하고, 의지를 견고히 하여 움직이지 않고, 문자에 의지하지 않는 것"[26]으로, 이것이 바로 '응주벽관凝住壁觀'의 기본적인 요구다.

이른바 '행입行入'은 선을 배우거나, 기타 법문을 수행하는 데 있어서 총체적으로 요구되는 것으로, 조행助行, 즉 보조적 행이라고 할 수 있다. 조행이 비록 보조적 작용을 하지만, 그렇다고 이것이 중요하지 않다는 것은 아니다. 우리는 행입의 사행이 불교의 모든 수행법문을 포함하고 있다고 말할 수 있다. 보기에는 매우 간단한 사행으로 보일 수도 있지만, 그러나 이것을 깊게 이해하고, 그 내용을 진정으로 납득할 때 비로소 그 중요성을 알 수 있다.

이입은 실제적으로 깨닫는 방법과 경지를 말한다. "거짓과 허망함을 버리고 진실로 돌아가고, 정신을 집중하여 벽관해야 한다. 자신도 없고 타인도 없고, 범인도 없고 성인도 없으며, 성인과 범인이 동일하다. 의지를 견고히 하여 움직이지 않으며, 더욱이 언교에 따르지 않아야 한다." 이것은 방법을 말하는 것이다. "이理와 부합하고, 분별이 없으며, 고요하고 무위하다." 이것은 경지를 말하는 것이다. 깨달음의 방법을 통과하여 깨달음의 경지에 도달했다고 해서, 여기서 바로 멈추는 것이 아니고, 불성에 의한 작용을 일으켜야 한다. 어디에서 작용을 하는 것인가? 사행四行에서 작용을 하는 것이다. "행입이란 사행을 말한다. 기타 모든 행은 모두 여기에 들어 있다."²⁷는 의미는 수행에는 무량의 법문이 있을 수 있고, 무량의 법문은 모두 사행 속에 포함되어 있다는 것이다. "무엇이 사행인가? 첫째는 원한에 보답하는 행(報寃行), 둘째는 인연에 따르는 행(隨緣行), 셋째는 아무것도 구하는 것이 없는 행(無所求行), 넷째는 법에 따르는 행(稱法行)이다."

①

"무엇을 보원행報寃行이라고 하는가? 수도하는 사람이 만약 고통을 받게 되면 마땅히 이렇게 말해야 한다. 나는 지난날 수만 겁의 생애에서 근본을 버리고 말단적인 것을 따랐으며, 윤회를 거듭하면서 수많은 원한과 증오를 일으켰고, 무한히 거스르고 해를 끼쳤다. 비록 금생에서는 잘못을 범하지 않았다 하더라도, 모든 것은 나의 과거생에 지은 죄와 악업의 결과이지, 하늘이나 다른 사람이 나에게 주는 것이 아니다. 그러므로 기꺼운 마음으로 인내하며 받아들이고, 원망하거나 하소연하는 마음이 없어야 한다. 경에서 이렇게 말하였다. '고통을 당해도 걱정하지 않는다.' 왜 이런가? 이는 불교의 진리를 깨달아 사물의 이치를 분명히 알기 때문이다. 이 마음이 일어날 때, 이치와 상응하고, 원망의 근원을 알고 수행한다. 그러므로 보원행이라고 한다."²⁸

사행의 제일 행은 '보원행'이라고 한다. 선을 배우는 사람이 되어서, 만약 어떤 고난의 경우를 만나거나, 다른 사람이 자신을 억울하게 원망하는 경우를 만났다면, 이때 어떻게 해야 하는가? 이것이 바로 '보원행'이 말하고자 하는 내용이다.

옛사람이 "덕으로 원한에 보답한다."라고 말하였다. '보원행'은 실제적으로 인욕바라밀이다. 인욕바라밀을 수행하지 않으면, 수행 상에서 어떤 결실을 얻으려 해도 얻을 수 없다. 이 세상의 모든 일에 대해서 하나하나를 분명하고 명확하게 알고, 도리에 부합하게 하고, 모든 사람이 자신의 뜻에 따르게 하는 등, 이런 것은 불가능하다. 세상사가 이와 같다면, 어떻게 대처해야 하는가? 반드시 '고苦를 만나도 걱정이 없어야 한다.' 만약 '고를 만나도 걱정이 없음'을 실행할 수 없고, 하늘을 원망하거나 남을 탓하는 생각이 일어난다면, 마음을 담벼락처럼 하려고 해도 불가능하다.

보원행을 수행하는 요점은 무엇인가? 조사가 이렇게 말하였다. 수도하는 사람은 고난을 만났을 때, 이것은 모두 나 자신이 "지난 날 수만 겁의 생애에서 근본을 버리고 말단적인 것을 따랐으며, 윤회를 거듭하면서 수많은 원한과 증오를 일으켰고, 무한히 거스르고 해를 끼쳤던" 일이 불러온 과보라고 생각해야 한다. 현재 나의 생애에 비록 잘못이 없었다 하더라도, 이 고난은 모두 지난 생애에 만든 죄업의 소치이며, 현재에 이르러 악업의 과보가 성숙된 것이다. 이것은 하늘이 내린 것도 아니고, 다른 사람이 준 것도 아니다. 일체의 고과苦果는 지난 생애의 고인苦因의 소치다. 그러므로 고과가 없기를 바란다면, 오직 고인을 심지 말아야 할 뿐이다. 현재 이런 고과를 얻었다면, 기꺼이 인내하며 받아들이고, 어떤 원한도 없어야 한다. 오직 자기 자신에게서 그 원인을 검토해야 한다. 이는 보기에는 소극적인 것 같지만, 사실은 적극적인 것이다. 오직 이렇게 할 때만 고苦가 연속되는 것을 근본적으로 막을 수 있다. '이와 같은 원인에 이와 같은 결과가 있다(如是因, 如是果).'는 인과도리를 명백하게 알게 되면, 이때 비로소 원한의 마음을 없앨 수 있고, 진정한 도道에 진입할 수 있다. 이런 수행법문을 '보원행'이라 부른다.

인간은 이 세간에 살면서 고난을 겪게 되고, 반드시 뜻대로 되지 않는 일이 아주 많이 있기 마련이다. 인생의 각종 고품는 자연계에서 오는 것도 있고, 사회에서 오는 것도 있고, 또한 마음속의 각종 번뇌에서 오는 것도 있다. 자연계의 고는 생生, 노老, 병病, 사死 등이고, 사회나 가정의 고는 구하지만 얻을 수 없는 고(求不得苦), 원한과 증오의 대상을 만나는 고(怨憎會苦), 사랑하는 것과 헤어지는 고(愛別離苦) 등이다. 마음속의 고는 오음치성고五陰熾盛苦이다. 이 팔고八苦는 함께 모여 있으며, 생명은 마치 펄펄 끓는 기름 솥 속에서 날마다 고통당하고 있는 것과 같다. 구부득고求不得苦, 원증회고怨憎會苦, 애별리고愛別離苦, 생고生苦, 노고老苦, 병고病苦, 사고死苦, 오음치성고五陰熾盛苦 등이 팔고다. 오음五陰은 오온五蘊과 같은 것으로, 색色·수受·상想·행行·식識 등은 몸과 마음을 조성하는 것과 그 활동을 포괄하고 있다. 이 몸과 마음의 활동에 의한 고는 어떤 다른 고와 비교할 수 없을 만큼 심하다. 육체와 심념心念은 시시각각 활동을 하고 있어서 한 번도 멈춘 적이 없다. 이것이 '오음치성고'다. 설사 매우 크고 화려한 집에 살고, 거액의 재산을 가지고 있고, 처첩이 집안에 가득하더라도, 여전히 마음속에 번뇌는 가득히 차 있으며, 또한 어떤 사람이 아무리 빈곤하게 살더라도 마음속의 번뇌가 빈곤 때문에 줄어들지 않는다. 비록 고의 현상은 서로 각각 다르지만, 고의 내용은 도리어 보편성을 가지고 있는 것이다.

사실이 이와 같은데, 우리는 어떻게 대처해야 하겠는가? 이 사실을 변화시킬 수 있겠는가? 변화는 불가능하다. 이른바 "나무는 고요하려고 하나, 바람이 멈추어주지를 않는다."라는 말이 있는데, 바람이 내내 불고 있으니, 잎을 움직이지 않게 하고, 가지를 움직이지 않게 하는 것은 근본적으로 불가능한 것이다. 그렇다면 어떻게 해야 하는가? 오직 우리 자신의 주관을 변화시켜서 마음속의 무명無明이라는 바람을 정지시켜야 한다. '심념心念이 대상에 집착하지 않아야' 비로소 도와 상응할 수 있다. 그러므로 오직 정신을 집중하여 벽관하고, 자신도 없고 타인도 없게 하며, 무슨 고통이 닥치더라도 마음이 움직이지 않게 해야, 비로소 고통을 만나도 걱정이 없게 된다. 이렇게 되지 못하면, 우리는 날마다 시달리게 되고, 시시각각 시달리게 되고, 매분 매초마다 시달리게 된다.

그러므로 우리는 반드시 현실에 정확히 대처해야 하고, 고의 시련을 받아들이고, 고의 시달림으로부터 탈출해 나와야 한다. 어떻게 하면 고에서 탈출할 수 있는가? 고의 원인을 알아야 가능하다. 오직 고의 원인을 알고, 고와 정면으로 대처할 때, 이때 비로소 고를 초월할 수 있다. 고의 원인을 알지 못하면 그것을 초월할 방법이 없다.

②

"무엇을 수연행隨緣行이라고 하는가? 중생은 무아이고, 업연業
緣에 의하여 돌고 돈다. 괴로움과 즐거움을 함께 받는데, 이것은
모두 인연에 따라서 생기는 것이다. 만약 좋은 과보를 얻어 부귀
영화를 누린다면, 이것은 과거 세상에서 지은 업에 의한 것이다.
현세에서는 누리지만, 인연이 다하면 모두 없어지고 말 것이다.
어찌 기뻐할 일이겠는가? 얻고 잃는 것은 인연에 따를 뿐, 마음
에 더하거나 줄어드는 것이 없고, 기쁜 일에도 마음이 움직이지
않고, 묵묵히 도에 따를 뿐이다. 그러므로 수연행이라고 한다."[29]

둘째를 '수연행'이라고 부른다. 인간이 이 세상에 사는 데 있어
서, 모든 것은 인연이다. 고苦도 인연이고, 낙樂도 인연이고, 잘한
것도 인연이고, 잘못한 것도 인연으로, 우리에게는 선택의 자유가
없다. 무더운 여름날이 오면 완전히 벗어날 방법이 없고, 추운 겨울
이 오면 그저 순응할 수밖에 다른 도리가 없다. 좋은 환경을 만났
다고 욕심 부릴 수 없고, 나쁜 환경을 만났다고 회피할 방법도 없
다. 그러므로 모든 것을 인연에 따르라는 것이다. 이를 현대적 표현
으로 한다면, 환경에 적응하는 능력을 양성하는 것이다. 옛사람이
'적자생존適者生存'이라 말하였다. '적適'의 의미가 바로 인연에 따
르는 것으로, 어떤 환경에도 잘 적응하고 편안해 하는 것이다.

"중생은 무아이고, 업연業緣에 의해서 돌고 돈다. 고와 낙을 함께
받는데, 모두 인연에 의해서 생긴다." 여기서 '중생무아衆生無我'의
의미는 우리 모두는 주인이 될 수 없다는 것이다. '나'는 스스로 주

재할 수 있다는 것을 의미하고, '무아'는 스스로 주인이 될 수 없는 것을 말한다. 주인이 되지 못하는 것은, 다른 사람이 강요해서가 아니고, 모두 지난날의 숙업宿業에 의한 것이다. 업業이 있으면 고가 있다. 업에는 선업과 악업이 있다. 선업도 만약 무루선無漏善이 아니면 여전히 윤회 속에 있게 된다. 오직 무루선업無漏善業을 이룩했을 때만 비로소 윤회를 받지 않고, 고해苦海를 벗어나게 된다. 과거에 수행한 유루선업有漏善業과 옛날의 악업이 함께 섞여 있기 때문에, 현재 생활 속에서 얻게 되는 과보는 "고와 낙을 함께 받는다", 즉 고도 있고 또한 낙도 있는 것이다. 이런 낙樂은 궁극적인 낙이 아니다. 낙은 불경의 분석에 의하면 '괴고壞苦'라고 부른다. 왜 괴고라고 부르는가? 왜냐하면 그것은 절대적인 것이 아니고, 영원한 것도 아니며, 그것은 변화 속에 있기 때문이다. 일체의 낙은 모두 일시적일 뿐이다.

불경에서는 삼고三苦, 즉 고고苦苦·괴고壞苦·행고行苦 등을 말한다. 인생에서 고는 고고이고, 낙樂은 괴고이며, 불고불락不苦不樂은 행고가 있을 뿐, 낙이라고 말할 만한 낙이 없다. "사람은 천 일 동안 즐거울 수 없고, 꽃은 백 일 동안 아름다울 수 없다.", "세상에 끝나지 않는 연회는 없다."[30] 이런 속담들도 모두 낙이 지나고 나면 고가 오는 것이라는 것을 말하고 있는데, 낙 자체가 고인 것이다. 현재 이렇게 많은 사람들이 발심하여 사원에 와서 며칠 동안 청정한 생활을 지낼 수 있는 것이, 결코 간단한 일이 아니다. 그러나 우리는 보다 많은 사람들이 사치스럽고 호화롭고 방탕한 생활을 추구하고 있다는 것을 생각할 수 있다. 우리는 그런 생활이 고인지 낙인지 잠시 말하지 말고, 단지 사치스럽고 방탕한 생활을 할 때, 그 사람의 속마음이 얼마나 성실하고, 얼마나 편안한지를 보면 되는데, 사실 그런 생활 속에서도 속마음은 고통으로 가득 차 있게 된다. 이런 복잡한 심태心態는 그야말로 수많은 형태가 있다. 그런 사람들이 신나게 춤추고, 곤드레만드레 취해도, 실제적으로 그 마음은 편안하지 못하다. 이런 모든 것이 낙은 일시적인 것이고, 고는 항상적이라는 것을 말해주고 있다.

그렇다면 우리처럼 수도하는 사람의 고와 낙은 무엇인가? 수도하는 사람의 입장에서 볼 때, 입을 것과 먹을 것이 있고, 그리고 법法이 있으면 바로 낙이 있다. 이런 생활이면 즐거운 생활이라 할 수 있다. 법은 있고 먹을 것이 없으면 고와 낙이 반반으로, 수행은 할 수 있지만, 배가 고픈 고통이 따른다. 만약 불법도 없고 밥도 없다면, 이는 완전히 모두 고통이다. 수행하는 사람의 고락은 이 정도일 뿐이다. 사조 승찬대사는 개산開山하여 대중들을 이끌게 되었을 때, "밥 한 그릇 먹으면, 굶주림의 고통은 없앨 수 있다."³¹는 정도의 생활을 요구하였다. 배가 고프면 마치 부스럼이 난 것 같고, 밥 한 그릇 먹으면 굶주림의 고통이 사라지고, 그렇게 되면 안심하고 수행할 수 있다. 수도하는 사람은 낙에 대하여 아주 많은 것을 요구해서는 안 되고, 그저 먹을 밥 한 그릇, 잠자는 방 한 칸이면 수행을 할 수 있으니, 이 정도면 충분한 것이다. 이런 것들이 모두 수연행이다.

'수연隨緣'이라는 말은 사람들이 매우 자주 사용하고 있는데, 그래서 구두선口頭禪이 되어 버렸다. 그렇다면 실제적으로 수연은 무엇인가? 무엇 때문에 수연해야 하는가? 사람들은 별로 심각하게 따져볼 생각이 없어 보인다. 달마조사는 여기서 무엇이 수연인가에 대하여 설명하고 있다. 달마조사는 수연은 일종의 수행법문이라고 생각하고 이렇게 말한다. "수연행이란, 중생은 무아이고, 인연의 업에 의하여 돌고 도는 것이다. 괴로움과 즐거움을 함께 받는데, 이것은 모두 인연에 따라서 생기는 것이다."

우리는 무엇 때문에 수연해야 하는가? 우리 누가 자기 자신을 자기 자신이 주재할 수 있는가? 넓은 환경에서 좁은 환경까지, 태어나서 죽을 때까지, 우리같이 이런 길 잃은 중생들은 어떤 한 사건에서도, 또한 일분, 일초의 짧은 시간에도 스스로 주인 노릇을 못하고 있다. 우리의 생명은 모두 인연업력因緣業力에 따라 변화하고 있다. 업력은 무엇인가? 업력은 자기가 과거 여러 생애의 수많은 겁 동안 누적된 다양한 종류의 염정선악染靜善惡의 인과사실因果事實이며, 그래서 모두 '연업緣業'이다. 현재 우리의 모든 것은 과거 다생다겁의 선악 인과사실에 따라서 쉼 없이 변화하고 있는 것이다. 천상에 있거나, 인간 세상에 있거나, 선도善道에 있거나, 악도惡道에 있거나, 결코 육도六道의 윤회에서 벗어날 수 없다.

이런 윤회의 과정 가운데 상대적인 낙樂이 있다. 그래서 "고와 낙을 함께 받는다."고 말한다. 삼선도三善道의 낙이 삼악도三惡道보다 많고, 천상의 낙이 인간세계보다 많다. 수많은 윤회 가운데, 고도 받고, 낙도 받는다. 과거에도 이와 같고, 현재도 이와 같다. '수受'는 '감수感受'이다. 수에는 세 종류가 있다. 즉 고수苦受, 낙수樂受, 불고불락수不苦不樂受 등이다. 만약 인생에서 커다란 전환이 없다면, 고

락감수의 차이는 항상 그렇게 명확한 것이 아닌데, 이런 수가 불고불락수다. 예를 들어보자면, 지금 내가 마시고 있는 이 차는 진정으로 고인가, 낙인가? 이때 나의 생명에 큰 충격이 없기 때문에, 이 차는 입속에 들어가도 불고불락하다. 그러나 생명이 커다란 충격에 휩싸인다면, 이 한 잔의 차는 매우 중요하게 변화하게 된다.

고락의 감수는 주관적 측면에 의해서 결정되기도 하고, 또한 객관적 측면에서 결정되기도 한다. 그러므로 이런 모두는 결코 고립적인 것이 아니고, 모두 '인연에 의해서 일어난다(因緣所生).' 즉 모든 것은 조건의 결합에 의해서 이루어진다. '인연'이 바로 조건이다. 우리는 멀리 있는 일에서 찾을 필요도 없이, 우리 가까이 있는 사실로도 이를 증명할 수 있다. 현재 이 강연을 하고 있는데, 강연을 구성하는 여러 가지 일 가운데서, 인연에 의해서 이루어지지 않은 일을 찾을 수 있을까? 어느 한 가지 일이라도 고립되어 있어서, 어떤 조건도 필요로 하지 않고도 존재할 수 있는 그런 일을 찾아볼 수 있겠는가?

만약 '인연소생因緣所生'의 관념이 시시각각 매우 명확해서 우리의 정신적 경지를 이룬다면, 당신은 연기를 볼 수 있을 것이다. 연기를 보면 바로 법을 본 것이고, 법을 보았다면 바로 부처를 본 것이다. 그러므로 깨달음이란 매우 용이하다. 이 일체가 연기이고, 일체가 연생緣生이며, 고립된 일이란 있을 수 없다는 것을 진실로 파악했다면, 바로 깨달은 것이다.

불법의 가장 궁극적 지점은 '일체법은 인연에 의해서 생긴 것'이다. 그렇다면 이것을 이해하는 것이, 도대체 인생에 대하여 무슨 의미가 있다는 것인가? 매우 큰 의미가 있다. 인연공생因緣共生의 도리를 분명히 알면, 번뇌를 끊어낼 수 있고, 집착을 제거할 수 있고, 아집我執도 내려놓을 수 있고, 법집法執도 내려놓을 수 있다. 모든 것이 연기하는 것이고, 연생緣生한 것이라면, 집착을 할 무슨 이유가 있겠는가? 만약 우리가 집착을 하면, 자신이 모든 것을 주관하려고 하고, 남의 제약을 받지 않고 자유롭고 싶고, 자신이 하고 싶은 대로 하고 싶고, 나의 의견이 가장 좋고, 모든 것은 나로부터 시작되어야 하며, 도대체 남은 고려대상이 되지 않는다. 만약 어떤 사람이 모든 일이 자신의 의지대로 이루어져야 하고, 나의 의지는 절대 변할 수 없다고 생각한다면, 이것이야 말로 얼마나 어리석은 일이겠는가!

'나(我)'가 모든 번뇌의 화근이고, 생사의 화근이며, 세간의 모든 문제의 화근이다. 서로 다투고, 서로 투쟁하는, 이 모든 것은 무엇 때문인가? 모두 '내(我)'가 만들어 내는 일이다. 부처님은 일체 문제의 총근원, 총화근을 우리에게 제시하여 주었다. 그런 다음에 우리로 하여금 '일체법은 자아가 없음'을 실현하도록 하고, 우리로 하여금 '수연'하고, '수연행'을 수행하게 한다. 수연행 세 글자는 매우 간단하지만, 연에 따르는 것은 쉬운 일이 아니다.

"만약 좋은 과보를 얻어 부귀영화를 누린다면, 이것은 과거 세상에서 지은 업에 의한 것이다. 현세에서는 누리지만, 인연이 다하면 모두 없어지고 말 것이다. 어찌 기뻐할 일이겠는가? 얻고 잃는 것은 인연에 따를 뿐, 마음에 더하거나 줄어드는 것이 없고, 기쁜 일에도 마음이 움직이지 않고, 묵묵히 도에 따를 뿐이다. 그러므로 수연행이라고 한다."

보원행은 역경逆境에 대해서 말한 것이고, 수연행은 순경順境에 대해서 말한 것이다. 명예를 예로 들면, 많은 경우 사람들은 명예를 얻은 뒤에, 그 명예 앞에서 그 명예를 얻은 원인을 잊어버린다. 사람의 의지는 때때로 어려움 속에서 연마되어 나온다. 그러나 일단 사업이 성공하고, 환경이 순조로우면, 바로 그 사업성공의 원인을 잊어버리고 만다. 다시는 그 순경이 어떻게 주어졌는지를 되돌아 보지 않는다. 순경은 선인善因에 의해서 얻어지는 것으로, 지금 그것을 얻었다 하더라도, 인연이 다하면 사라지고 마는 것이다. "모든 법은 인연에 의해서 생기고, 모든 법은 인연에 의해서 소멸한다." 또 "인연이 모이면 존재하고, 인연이 흩어지면 소멸한다."[32] 이런 것이 세간사인데, 무슨 즐거운 일이 있겠는가? 즐거워할 필요가 없는 것이다. 마땅히 평상심을 유지하고, 이런 기초 위에 계속해서 선인을 쌓고, 생명이 조금씩 발전해 가도록 해야 한다. "얻고 잃는 것은 인연에 따르고, 마음은 늘어나거나 줄어드는 것이 없으니, 기쁜 일에도 마음을 움직이지 않고, 묵묵히 도에 따른다." 이利, 쇠衰, 훼毁, 예譽, 칭稱, 기譏, 고苦, 락樂 등을 '여덟 가지 바람(八風)'[33]이라 하는데, 이 팔풍에 의해서 마음이 움직이지 않으면, 바로 도와 상응하는 것이고, 인연에 따라 행동하는 것이다. 그래서 '수연행隨緣行'이라고 이름 붙인 것이다.

③

"무소구행(無所求行)이란 다음과 같다. 세상 사람들은 오래도록 미혹한 상태에서 어디서나 탐착하고 있다. 그래서 그것을 '구求'라고 이름 붙인 것이다. 지혜 있는 사람은 진리를 깨달아 당연히 세속과 반대로 하니, 안심무위하고, 형편에 따라 생활한다. 일체 만물은 모두 공하니, 바라거나 좋아하는 것이 없다. 선업(공덕)과 악업(흑암)은 서로 따라다닌다. 그러므로 삼계에 오래 사는 것은 불타는 집안에 있는 것과 같고, 육신이 있으면 모두가 고통인데, 누가 편안할 수 있겠는가? 이것을 깨달으면, 모든 것을 내려놓고, 생각하는 것을 그치어 구하는 것이 없게 된다. 경전에서 이렇게 말하였다. '구하는 것이 있으면 모두 고통이고, 구하는 것이 없으면 즐거움이다.' 구하는 것이 없는 것이 진정으로 도행이라는 것을 분명히 알 수 있다. 그러므로 무소구행을 말한 것이다."[34]

셋째는 '무소구행無所求行'이다. 그것이 고수苦受이건, 낙수樂受이건, 불고불락수不苦不樂受이건, 모든 것은 인연에 따를 뿐, 무엇을 추구하고 집착하는 마음이 없는 것이다. "세상 사람들은 오래도록 미혹한 상태에서 어디서나 탐착하고 있다. 그래서 그것을 '구求'라고 이름 붙인 것이다." 세간 사람들은 무아의 도리를 분명히 알지 못하고, 일체 모든 것이 인연에 의해서 생긴 것이라는 것을 분명히 알지 못하여, 어리석고 미혹한 어둠 속에 있는 것이다. 마치 한 줄기 빛도 없는 어둡고 긴 밤 속에 있는 것과 같아서, 집으로 돌아갈 길도 찾지 못하고 있는 것이다. 그래서 어디서나 탐착한다. 모든 것에 대하여 온 마음을 다해 추구하거나, 아니면 무슨 방법을 찾아내서건 포기하려고 한다. 추구하는 것이건, 포기하는 것이건, 모두 구하려는 것이다. 구하는 것이 있으면 바로 고苦가 있는 것이고, 만족함을 아는 것이 바로 항상 즐거울 수 있는 것이다.

세간의 사람들은 지혜가 없기 때문에, 구함이 없는 것(無求)을 실천할 수 없다. "지혜 있는 사람은 진리를 깨달아서 당연히 속세와 반대로 살아간다." 지혜 있는 사람은 무아의 도리를 이해했기 때문에, 일체의 것이 모두 인연에 의해서 생긴다는 것을 이해했기 때문에, 다시는 세간 사람들과 같지 않고, 오히려 반대로 살아간다. 생각하는 것이나, 말하는 것이나, 행동하는 것, 모두가 당연히 세간 사람들과는 완전히 상반되게 산다. 어떻게 상반되게 사는가? 세간 사람들은 어디서나 집착을 버리지 못하고, 무슨 일이나 추구하게 되지만, 지혜 있는 사람은 일체를 인연에 따르고, 어떤 환경에도 잘 적응하고 만족해한다. 어떤 집착에 의한 추구나 목적을 가져서는 안 되고, "안심무위하고, 형편에 따라 생활한다. 일체 만물은 모두 공하니, 바라거나 좋아하는 것이 없다." 어떤 목적을 달성하려고 하는 것보다는 성실하게 조건을 만드는 것이 더 좋다. 일체는 모두 조건의 결합에 의한 것이고, 조건이 성숙되지 않으면, 즉 인연이 도래하지 않으면, 추구하는 목표 역시 실현할 수가 없다.

덕성을 수양하고, 복을 쌓는 것은 바로 선인善因·선연善緣, 즉 좋은 인연을 창조하고 배양하는 것이다. 끊임없이 선인·선연을 배양하면, 악연은 그치게 된다. 선연이 성숙되면, 현세의 악인惡因을 현세에 되갚는 일이 뒤로 미루어질 수 있다. 만약 선인·선연을 배양하지 않으면, 악인·악연은 미리 갚게 된다. 이것은 인간의 의지에 의해서 바꿀 수 있는 법칙이 아니다. 구하는 바가 없다는 것(無所求)은 어떤 일도 하지 않는다는 것이 아니고, 유리한 조건을 적극적으로 창조해서 장래에 좋은 성과를 얻을 수 있게 하는 것이다. 농사를 짓지 않고 그저 수확을 얻으려 한다거나, 혹은 아주 작은 노력을 해놓고서 매우 큰 수확을 얻으려 하는 것, 이런 것이 바로 구하는 것이다. 오직 농사를 열심히 지을 뿐, 수확을 따지지 않는 것, 이것이 바로 구하는 바가 없는 것이다. 수도하는 사람이 무소구를 충분히 실천하면, 도에 매우 가깝게 간 것이다. 또한 이것 자체가 바로 도 가운데서 실천하는 것이라고 말할 수 있다.

사람의 마음속에 미혹이 있으면, 행위상에서 모든 일에 집착과 추구함을 드러내게 되고, 그가 얻은 과보 역시 그의 생각과 행위에 상응하게 된다. 이른바 과보는 자신이 처한 사회 환경, 자연 환경, 그리고 자신의 몸과 마음의 상태 등이다. 보통 사람의 몸과 마음의 세계에서는 '공덕과 흑암이 서로 따라다닌다.' 공덕과 흑암은 공덕천功德天과 흑암녀黑暗女인데, 이는 『열반경』에서 나오는 것으로, 선업과 악업을 대표한다. 공덕은 바로 선업으로, 백업白業이라고도 부르는데, 선량한 행위와 품덕品德에 의해서 주어지는 좋은 과보이다. 흑암은 악업으로, 흑업黑業이라고 부르기도 하는데, 추악한 생각과 언행에 의해서 따라오는 고苦의 과보다. 시시각각 인간의 운명을 따라다니며, 잠시도 떠나지 않는 것이 바로 선과 악이라는 두 가지 업이다.

"삼계에 오래 머무는 것은 불타는 집안에 있는 것과 같다." 왜냐하면 '나(我)'가 실재한다는 것에 집착하고, 매사에 자신을 위하여 바쁘게 살고, '무아'의 도리를 명백하게 이해하지 못하고, '무소구'를 실천할 수 없기 때문이다. 그래서 오래도록 삼계에 살거나, 혹은 천상에서, 혹은 인간세상에서, 혹은 삼악도 등에서, 계속해서 육도를 윤회하면서 고통을 실컷 받게 된다. 이것이 바로 사방이 불타고 있는 집안에 있는 것과 같다. 이 얼마나 고통스러운 일인가!

"몸이 있음으로 모든 고통이 생겨나는데, 누가 편안할 수 있겠는가?"라고 말한다. 무엇 때문에 온갖 고통이 있는가? 몸이 있기 때문이다. "마음은 악의 근원이고, 형체는 죄악의 집합소다."라는 말의 의미는, 자기 자신에 집착하는 마음은 자신을 만족시키기 위하여 온갖 것을 추구하는 마음으로, 일체 죄악의 근본이라는 것이다. 내가 실재한다는 것에 집착하면, 나 자신에 속하는 신체가 있게 된다. 일반 사람들의 신체는 물질적인 육체이고, 무색계에 도달한 천인은 비록 물질적인 육체는 없지만, 여전히 정신적인 신체는 존재한다. 이런 신체, 그것이 물질적인 것이든, 정신적인 것이든, 모두 아집에 의해서 존재하는 것이다. 이런 신체가 있으면, 고가 있고, 낙이 있는 것을 면할 수가 없고, 고락에 의한 누적도 피할 수 없다. 그래서 "형체는 죄악의 집합소다(形爲罪藪)."라고 말하는 것이다. '수藪'는 '모이는 곳'의 의미로, 신체는 일체의 죄악, 죄보가 모이는 장소인 것이다.

"이것을 깨달으면 모든 것을 내려놓고 생각을 멈추어 구하는 것이 없게 된다." 이 문장이 의미는, 나 자신이 모든 죄악의 근원이라는 것을 분명히 이해하게 되고, 나 자신을 위하여 여러 가지를 추구하는 것이 여러 가지 고통을 가져오는 것이라는 것을 분명히 이해하게 되면, 그러면 '모든 것을 내려놓고', 마음속의 여러 가지 탐욕을 소멸시켜야 한다는 것이다. 이로부터 '무소구無所求'의 경지에 이르게 된다. '제유諸有'는 바로 '삼유三有'를 말하는 것으로, 욕계존재(欲有)·색계존재(色有)·무색계존재(無色有), 즉 욕계·색계·무색계 등 삼계를 말한다. 세분하면 '구유九有', '이십오유二十五有' 등등이 있다.

"구하는 것이 있으면 모두 고통이고, 구하는 것이 없으면 즐거움이다."라고 말하는데, 여기서 우리는 하나의 명확한 판단을 내릴 수 있게 된다. 즉 오직 '무소구'를 실천하는 것만이 진정으로 수도하는 것이라고 말할 수 있다. "구하는 것이 없는 것이 진정으로 도행道行이라는 것을 분명히 알 수 있다." 이 말을 바꾸어 설명하면, 일단 당신이 추구하는 바가 있게 되면, 당신의 행위가 선하거나 악하거나 상관없이, 그것들은 모두 수도하는 것이 아니고, 생사의 업을 만들어 내고 있는 것이다. 그러므로 수행은 반드시 '무소구행無所求行'을 실천해야 한다고 말하는 것이다.

④

"칭법행稱法行이란 다음과 같다. '성품은 청정하다는 이치'를 지목하여 법으로 삼는다. 이 이치는 일체의 상이 모두 공空하기 때문에, 오염도 없고 집착도 없으며, 이것도 없고 저것도 없는 것이다. 경에서 이렇게 말한다. '법에는 중생이 없다. 왜냐하면 중생이라는 때(垢)를 벗어났기 때문이다. 법에는 자아가 없다. 왜냐하면 자아라는 때를 벗어났기 때문이다.' 지혜로운 사람이 만약 이 이치를 이해하고 믿을 수 있으면, 당연히 법에 부합하는 행동을 한다. 법체法體는 아끼려는 것이 없으니, 자신의 신체나 생명, 재산을 보시하더라도 아까워하는 마음이 없다. 삼공三空을 명백하게 알면, 어떤 것에도 의지하지 않고, 어떤 것에도 집착하지 않는다. 단지 때를 제거하고 중생을 교화시킬 뿐, 어떤 교화의 상相도 갖지 않는다. 이것은 자신에게도 이익이 되고, 남에게도 이익이 되는 것이며, 또한 보리의 도道를 장엄하는 것이기도 하다. 보시는 이렇게 하는 것이고, 나머지 다섯 가지도 역시 이렇게 하는 것이다. 망상을 제거하고 불도를 수행하는 것은, 육도六度를 수행하지만 행한 바가 없는 것으로, 이것이 바로 칭법행이다."[35]

넷째 사행은 칭법행稱法行을 설명하고 있다. '칭稱'은 '서로 잘 어울리다, 서로 부합하다' 등의 의미이다. '칭법행'은 행위는 반드시 법法과 서로 어울리고 부합해야 한다는 뜻이다. 그렇다면 '법'은 무엇을 지시하고 있는 것인가? 바로 '성정지리性淨之理'를 지시한다. 불교의 교리에서 어떤 경우에는 일체의 사물을 법法이라 부르기도 하고, 어떤 경우에는 여러 가지 수행 방법을 법이라 부르기도 한다. 달마조사가 여기서 특별하게 강조하여 법이라고 명칭하는 것은, 바로 '성정지리'라는 법이다.

무엇이 '성정지리性淨之理'인가? 성性은 바로 자성이고, 불성이고, 우리 각각의 본래면목이다. 우리 각각의 자성은 본래 청정한 것으로, 일체의 번뇌무명에 의해서 오염되지 않는다. 그러므로 그것은 '성정지리'이고, 진여법신이며, 또한 연기법이다. 연기법의 법칙에 따라서 행동하면, 이것이 바로 '칭법행'이다.

연기법, 불성, 진여, 우리의 본래면목, 이것은 어떤 것일까? 달마조사는 "이 이理는 일체의 상이 모두 공하기 때문에, 오염도 없고 집착도 없으며, 이것도 없고, 저것도 없는 것이다."라고 말한다. 우리의 진여불성은, 위에서 말한 허망부실한 것들은 모두 실재하지 않고, 오직 있는 그대로의 지금 이곳의 이것일 뿐이다. 그것은 일체의 어떤 것에 의해서도 오염되지 않고, 그것은 어떤 사물에도 집착하지 않으며, 그것은 자아와 타인을 구별하는 차별상이 없고, 그것은 오로지 평등할 뿐이다. 이는『유마경』에서 말하는 "법에는 중생이 없다. 왜냐하면 중생이라는 때를 벗어났기 때문이다. 법에는 자아가 없다. 왜냐하면 자아라는 때를 벗어났기 때문이다."[36]와 같은 의미이고, 우리의 본래면목은 중생상이 없고, 아상도 없다. 또한『금강경』에서 말한 "무아상無我相, 무인상無人相, 무중생상無衆生相, 무수자상無壽者相"과도 같은 의미이다. '아我'가 있다는 것에 집착하면, 이것이 바로 '아상我相'이다. '아상'이 있게 되면, 이 '아我'를 만족시키기 위하여 여러 가지를 추구하게 되는데, 이런 것들이 바로 '자아의 때(我垢)'이다.

집착하게 되면 나(自我)가 있게 되고, 그러면 바로 타인과 자아라는 분별을 일으키게 된다. 이것이 인상人相이다. 인상이 있게 되면, 바로 인간과 기타 생명들과 분별을 일으키게 되고, 이것이 바로 '중생상'이다. 이런 차별관념이 있게 되면, 결국 자신을 첫째 위치에 놓고, 다른 사람은 둘째 위치에 놓게 된다. 그래서 오직 자신의 이익만을 생각하게 되고, 다른 사람의 이익을 침범하게 되어 버린다. 중생상이 있게 되면, 스스로 인간이 만물의 영장이라고 생각하고, 이 세계의 주재자·통치자가 된다. 이렇게 되면 자연 환경을 아무렇지 않게 파괴하며, 인생의 허망한 짧은 쾌락을 추구하게 되고, 또한 자의적으로 기타 유정중생有情衆生의 생명을 짓밟으며, 다양한 잔악한 행위를 하게 된다. 그러므로 진정한 의미의 인간이 되고자 한다면, 반드시 '아상'에서 벗어나야 하고, '중생상'에서 벗어나야 한다. 즉 아상의 때에서 벗어나야 하고, 중생상의 때에서 벗어나야 한다. 그래야 비로소 우리 자신의 본래면목을 회복할 수 있고, 청정한 자신으로 되돌아갈 수 있다. 그러므로 지혜가 있는 사람이 만약 이 도리를 분명히 알고 믿으면 당연히 법에 따라 행위할 수 있다. 자신의 생각과 언행을 우리의 본래면목, 진여불성, 연기법의 도리와 완전히 일치되게 해야 한다.

어떻게 하면 일치할 수 있을까? 이 사행 가운데, 앞의 삼행은 악을 없애는 데 중점이 있고, '칭법행'은 선행을 하는 데 중점이 있다. 앞의 삼행은 부숴 없애는 데 중점이 있고, '칭법행'은 일으켜 세우는 데 중점이 있다고 말할 수도 있다. 무엇을 일으켜 세운다는 것인가? 일체의 선행을 일으켜 세우는 것이고, 육도만행六度萬行을 일으켜 세우는 것이다. '법체法體에 아낄 것이 없으니, 자신의 신체, 생명, 재산을 보시해도 마음에는 아까움이 없다. 삼공을 완전히 이해하여, 의지하거나 집착하지 않고, 때를 제거하고 중생을 교화시키지만, 중생을 교화했다는 상도 없다.' 이것이 대승보살도의 수행이고, 무량무변의 법문이라고 말할 수 있다. 그러나 개괄하면, 육도六度에 일체 법문을 모두 포함시킬 수 있다.

육도 가운데서 보시가 보살도 수행의 첫걸음이다.『금강경』에서 대승보살도의 수행을 말할 때, 석가모니 부처님께서 보시를 예로 들어 설명하고 있다.『화엄경』등 대승경전에서 초지보살 수행의 중점을 말할 때도 역시 원만보시바라밀圓滿布施波羅蜜을 요구하고 있고, 여기서 달마조사 역시 보시바라밀을 가지고 대승보살도의 수행을 설명하고 있다.

보시를 수행하는 것과 '성정지리'는 무슨 관계가 있을까? 또는 어떻게 보시를 수행해야 성정지리와 상응한다고 말할 수 있을까? 성정지리와 상응하는 것이 바로 반야바라밀과 상응하는 것이다.『대반야경』에서, 모든 수행법문은 반드시 반야바라밀과 상응해야 한다고 말한다. 반야바라밀과 상응하는 것이 바로 대지혜와 상응하는 것이다. 대지혜와 상응해야 비로소 구경원만한 열반에 도달할 수 있다. 이것 역시 달마조사가 말한 '칭법행'이다. 보살이 보시를 수행해야 하는 데 있어서 그것의 전제조건이 있다. 그 전제조건은 '성정지리'는 본래 인색함과 탐욕이 없다는 것이다. 무엇 때문에 인색함과 탐욕이 없는 것인가? 왜냐하면 그것은 무아이고, 자아와 타자他者도 없고, 완전히 평등하기 때문이다. 남을 이롭게 하는 것이 바로 자신을 이롭게 하는 것이고, 자신을 이롭게 하는 것이 바로 남을 이롭게 하는 것이다. 그러므로 "법체는 아끼려는 것이 없다"라고 말한 것이다. 이미 "법체는 아끼려는 것이 없기" 때문에,

당연히 "자신의 신체나 생명, 재산을 보시하더라도 아까워하는 마음이 없다."

보시에는 세 종류가 있다. 첫째는 신보시身布施, 둘째는 명보시命布施, 셋째는 재보시財布施 등이다. 신보시는 자신의 재능이나 역량, 지혜를 보시하는 것으로, 이로써 중생을 이롭게 하는 것이다. 명보시는 몸과 마음을 무량세계에 봉헌하는 것으로, 부처님 은혜에 보답하는 것이라고 한다. 이른바 "법을 위하여 몸을 잊는 것(爲法忘軀)"이라는 것은, 불법을 널리 퍼뜨리기 위하여, 중생을 이롭게 하기 위하여, 생명을 바치는 것도 가치 있는 일이라는 의미다. 이른바 재보시는 재산을 모두 중생을 이롭게 하고, 사회에 봉사하는 일에 사용하는 것이다. 대수행을 하는 사람은 마땅히 이렇게 보시해야 하고, 조금도 아까워해서는 안 된다. 이렇게 보시를 수행해야 비로소 반야바라밀과 상응할 수 있고, 법에 따라 행한 보시인 것이다.

법에 따라 행한 보시는 반드시 "삼공三空의 이치를 명백히 알아서, 어떤 것에도 의지하지 않고, 어떤 것에도 집착하지 않으며, 단지 때(번뇌)를 제거하고, 중생을 교화시킬 뿐, 어떤 교화의 상相도 갖지 않는다." 이것이 바로 "주는 사람, 받는 사람, 그 물건 등 이 세 가지가 모두 공한" 삼륜체공三輪體空의 보시이다. 주는 사람, 받는 사람, 그 물건 등 이 세 가지는 모두 연기한 것이기 때문에 그 본성이 공하다. 그러므로 집착하여 실유實有한 것으로 여기지 말아야 한다. 집착하여 실유하다거나, 집착하여 실재한 것으로 여겨서, 나는 보시하는 사람이고, 너는 보시 받는 사람으로 생각하고, 내가 너에게 얼마나 보시했다고 생각한다면, 이것은 상에 집착한 보시이다. 상에 집착한 보시의 공덕은 한계가 있다. 대수행을 하는 사람은 보시하는 것을 자신의 본분의 일로 간주한다. 이런 마음을 가져야 '어떤 것에도 의지함이나 집착함 없이' 할 수 있는 것으로, 무상無上의 불과佛果를 얻기 위하여 의도적으로 중생에 이익 되는 일을 하는 것이 아니고, 보시하면 받게 되는 복덕을 탐내서 하는 것도 아닌 것이다.

보시를 수행하는 것은 오직 마음속의 번뇌나 때를 제거하기 위한 것이고, 이기성이나 탐욕, 그리고 아집을 제거하기 위한 것이다. 보시를 행할 때 마땅히 자신의 마음에 이런 때가 있나 없나를 시시각각 반성해야 한다. 만약에 이런 때가 있다면, 공부가 아직 제대로 되지 않은 것이니 계속해서 노력해야 한다. 이런 때가 없다면, 보시바라밀이 원만하게 이룩된 것이다. 우리가 보시를 수행하면, 자신의 마음속의 때를 충분히 제거할 수 있을 뿐만 아니라, 동시에 기타 중생을 감화시킬 수도 있다. 이런 모두가 자연스러운 것이지 의도적인 것은 아니다. 보시 수행은 스스로 자신의 마음을 깨끗하게 하고, 기타 유정有情 존재들도 감화를 받을 수 있게 된다. 그러나 반드시 '보시한다는 상이 없어야' 한다.

이렇게 보시를 행하면, "이것은 자신에게도 이익이 되고, 남에게도 이익이 되는 것이며, 또한 보리의 도를 장엄하는 것이기도 하다." 불교를 배우는 많은 사람들이 흔히 중생을 제도하는 일은 자신이 먼저 수행을 끝낸 이후, 깨달은 이후, 부처가 된 이후에나 시작할 수 있는 일이라고 생각한다. 그러나 사실상, 만약 이타적인 일을 실행하지 않는다면 성불하는 것은 절대로 가능한 일이 아니다.

우리가 자기 자신을 잘 관리하고, 보시를 실천하는 것 역시 자기를 이롭게 하는 것으로, 자리와 이타를 분명히 나눌 필요는 없다. 만약 이 양자를 엄격히 나누어 버리면, 자리 역시 자리가 아니고, 이타 역시 이타가 아닌 것으로, 아무것도 아닌 것이 되고 만다. 나는 불교를 배우는 사람은 누구나 모두 이 문제를 잘 생각해 보기를 희망한다.

'보시는 이렇게 하는 것이고, 나머지 다섯도 역시 이렇게 하는 것이다.'라는 의미는, 보시를 수행하는 것은 이런 것이며, 나머지 오도五度, 즉 지계·인욕·정진·선정·지혜 역시 이와 같다는 것이다. 목적은 모두 '망상을 제거하고 불도의 수행'을 위한 것이다. 이처럼 '육도를 수행하지만 행한 바가 없는 것, 이것이 바로 칭법행이다.'

🌙 사조선 – 견처, 수행공부와 방법

전체 선수행 과정은 처음부터 끝까지 세 가지 문제를 중심으로 전개된다. 첫째는 견처見處 문제이고, 둘째는 수행공부 문제이며, 셋째는 방법 문제다. 어떤 법문을 가지고 수행을 하든지, 먼저 해결해야 할 것은 바로 이 세 가지 문제다. 즉 견처, 수행공부, 그리고 방법이다. 견처가 분명하지 못하면, 맹목적 수행을 하거나 잘못된 수행을 하게 되고, 수행공부가 완숙하지 않으면, 견처가 얼마나 좋던지 간에 영원히 목표에 도달할 수 없다. 수행공부를 하고, 견처가 있다 하더라도, 방법이 적합하지 않으면 역시 오류가 있을 수 있다. 그러므로 선을 공부하는 사람은 이 세 문제를 매우 중시해야 하고, 반드시 세심한 주의를 기울이고 조금도 소홀히 해서는 안 된다.

앞에서 달마선법인 '이입理入'과 '행입行入'을 소개하였다. 여기서 이입은 견처이고, 행입은 수행공부다. 견처는 이론이고 세계관이며, 수행공부는 실천이다. 현대의 언어로 설명하면, 이입은 전략적 사상에 해당하고, 행입은 전술에 해당하는 것으로 구체적 방안이고 진행 순서라 할 수 있다. 또한 이입과 행입은 이론과 실천이라고도 말할 수 있다.

아래에서는 '수행공부가 무엇인가? 견처가 무엇인가? 방법은 무엇인가?' 이 세 문제를 가지고 사조가 가르친 선법을 설명하고자 한다.

첫째, 수행공부의 문제

도신道信선사는 중국 선종의 사조四祖로, 서기 580년에서 651년까지 생존하였다. 중국 선종의 역사에서 도신선사는 중요한 선사 가운데 한 분으로, 매우 관건적인 인물이다. 왜냐하면 도신선사는 그 이전의 각종 선사상과 수행방법을 계승하였고, 사상이 매우 풍부하기 때문이다. 도신선사는 선종의 역사에서 그 전의 사상을 계승하고, 그 후의 사상을 계발한 인물이다.

도신선사는 달마 이래 『능가경』에 의한 이심전심以心傳心의 전통 방식을 계승하였고, 동시에 『문수설반야경』에서 말하는 '일행삼매一行三昧'를 수행법문으로 하는 새로운 실마리를 마련하였다. 이런 것이 직접적으로 오조 홍인의 '동산법문東山法門'의 개시와 육조 혜능의 '조계돈교曹溪頓敎'의 홍기에 영향을 주었다.

도신선법의 내용은 매우 특별한 점이 있다. 사조선四祖禪의 사상이 매우 풍부하다고 앞에서 설명했는데, 만약 조목조목 모두 설명한다면 중점을 파악하기가 어렵고, 특색도 없다. 사조가 말하는 선법은 '염불선念佛禪'인데, 이것은 『문수설반야경』에서 말하는 '일행삼매'다.

사조가 제시한 "염불선"과 오늘날 우리가 말하는 정토종 수행의 염불과는 구별되는 점이 있다. 정토종의 염불에서는 이미 아미타불이라는 한 분의 부처님이 결정되어 있으며, 이 부처님을 염할 때는 명확한 목표가 있다. 즉 염불하면서 부처를 단단히 기억하고, 바로 눈앞에 나타나기를 기원하며, 반드시 부처를 만나보고자 하는 것이다. 부처를 만난 뒤에는 서방극락세계에 왕생하기를 바라는 것이고, 정토에 왕생하기를 바라는 것이다. 이것이 바로 현재 정토종을 수행하는 근본 목표다. 도신선사의 '염불선'은 어느 부처님을 염할 것인가를 자신이 먼저 스스로 결정하도록 한다. 석가모니불을 염해도 되고, 아미타불을 염해도 되고, 약사불을 염해도 되며, 아축불, 성취불을 염하는 것 등 모두 가능하다.

사조의 '염불선'의 근거는 어디에서 온 것인가?

먼저 『능가경』의 제일품인 '일체불어심품一切佛語心品'이다. "일체불어심품"에 대해서 선종의 이해와 일반 사람들의 이해에 서로 다른 점이 있다. 선종에서는 이 품이 모든 부처의 마음을 가장 중요시한다고 이해한다. 제일품에서 불심佛心, 즉 모든 부처의 마음이 가장 중요하다고 보고 있다는 것이다. 그래서 염불선의 이념을 『능가경』에 근거하여 모든 부처의 마음이 제일 중요한 것이라고 확정한다. 모든 부처의 마음은 중생의 마음이고, 중생의 마음 역시 모든 부처의 마음이다.

두 번째 근거는 문수사리보살이 말한 『마하반야바라밀경』인데, 일반적으로 『문수설반야경』이라고 부른다. 이 경전은 '일행삼매一行三昧'를 중점적으로 말한다. 삼매三昧는 무슨 의미인가? 삼매는 바로 '정定', '정정正定', '등지等持'다. 등지의 의미는 정定과 혜慧를 평등하게 유지하는 것이다. 왜냐하면 삼매는 완전히 정定의 문제만이 아니고, 반드시 혜慧를 기초로 해야 하고, 혜가 선도하도록 해야 한다. 그래서 정과 혜 사이에 기본적으로 평형의 상태를 유지하도록 해야 한다. 우리가 평소에 누군가가 일을 제대로 잘 처리했을 때, 그 사람을 칭찬하는 말로 그대는 '이 가운데 삼매'를 얻었다고 말한다. 이것은 '삼매'라는 의미를 인용한 것일 뿐이지만, 그러나 이로부터 삼매의 중요성을 설명해 볼 수 있다.

『문수설반야경』에서 말하는 '일행삼매'는 무엇인가? 이것은 바로 "염불심이 부처다(即念佛心是佛)"라는 것이다. 염불하는 이 마음, 이것이 바로 부처인 것이고, 바로 부처와 일체이며, 부처와 완전한 통일체가 되는 것이다. 우리의 망념妄念은 바로 범부이다. 무엇 때문에 염불심이 바로 부처라고 말할 수 있는가? 염불하는 마음이 바로 깨달은 마음이고, 망념은 바로 범부의 마음이기 때문이다.

일행삼매의 기본적 요구는 염불하는 마음이 바로 부처라는 것을 분명히 알고, 확실하게 믿는 것이다. 이 전제 아래서, "하나의 부처님을 마음에 두고, 오직 부처님 명호만을 부른다."[37] 이것은 정토종에서 부처님의 명호를 가지고 염불하는 것과 동일한 점이다. 서로 다른 점은 일행삼매에서는 특정한 어떤 부처님만을 염불하는 것이 아니지만, 정토종을 수행할 때는 오직 아미타불만을 염불한다. 그리고 이 방법으로 수행할 때는 "부처님 계신 쪽을 향하여, 단정한 자세로 바르게 서서, 부처님께 마음이 끊어지지 않고 일념으로 계속해야 한다."[38] 이것은 『대세지보살염불원통장』에서 "육근을 잘

잡도리하고, 맑은 생각을 끊임없이 계속한다."³⁹고 말한 도리와 기본적으로 일치한다.

우리가 한 분 부처님을 선택하면, 이 부처님이 어느 세계에 계시는지, 그 세계가 어느 방향인지를 알고 있다. 예를 들자면, 우리가 서방극락세계의 아미타불을 염불한다면, 우리는 서쪽을 선택하고, 자세를 바르게 하고 앉아서 아미타불에 온 마음을 두고, 오직 일념으로 아미타불 명호를 불러야 한다. 이 과정 가운데서, 우리는 과거·현재·미래 등 삼세의 모든 부처님을 만나 볼 수 있는 것이다. 이것이 일행삼매에서 한 분의 부처님 명호를 부르고, 염념상속念念相續할 때의 기본적인 요구 사항이다.

이때에 염불선 역시 반드시 해야 할 진행절차가 있다. 예를 들면, 일행삼매를 수행하거나, 염불선을 수행할 때는 먼저 단정히 앉아 실상을 염한다(端坐念實相). 그렇다면 '단정히 앉아 실상을 염한다'는 것은 무엇인가? 과거에 몸과 마음으로 저지른 과실이나 죄악을 참회하여, 몸과 마음을 아주 청정하게 하고, 그런 뒤에 부처의 세계에 진입하는 것이다.

『보현관경』에 이런 구절이 있다. "모든 업장은 망상으로부터 생긴다. 만약 참회를 하고자 한다면, 단정히 앉아 실상을 염해야 한다."⁴⁰ 사조는 이 말을 이용하여 우리에게 "단정히 앉아 실상을 염해야 한다."고 가르쳤으며, 이를 통해 우리가 몸과 마음을 철저하게 깨끗이 씻어서, 진실로 청정한 몸과 마음으로 부처의 세계로 들어갈 수 있게 하였다.

실상을 염하는 것은 "일체의 법은 연기에 의하여 존재하는 것이고, 그 본성은 공하다고 보는 것"⁴¹으로, 일체법이 공하다고 보는 것이다. 일체의 법이 연기에 의하여 존재하고 그 본성이 공하다고 확실하게 볼 수 있으면, 근본적으로 우리의 몸과 마음을 정화시킬 수 있다. 왜냐하면 연기에 의하여 존재하는 것은 그 본성이 공하다는 것을 보고, 모든 법의 이런 실상을 보면, 우리가 가지고 있는 모든 집착을 충분히 제거할 수 있기 때문이다. 집착을 제거해 버리면, 의혹을 일으키거나 업을 만들어 내는 일을 계속하지 않게 된다.

여기서 "연기에 의하여 존재하는 것은 그 본성이 공하다"의 공에 대해서 논의해 볼 필요가 있다. 일체법이 모두 명명백백하게, 확실하게 여기에 존재하고 있는데, 무엇 때문에 불교에서는 도리어 일체법은 공한 것이라고 말하고 있을까? 매우 쉽게 세상 사람들의 오해를 불러일으킬 수 있을 것이다. 불교에서 일체법이 공하다고 말하는 그 전제는 무엇인가? 그 이유는 일체법이 연기한다는 것, 즉 인연에 의하여 존재하기 때문이다. 인연을 현대의 언어로 표현하면 바로 '조건'이다. 연기에 의하여 존재한다는 것은, 일체법의 존재는 모두 조건적이라는 것을 말한다.

이런 관점에 근거하여, 우리는 어떤 일이 아무 조건도 필요로 하지 않고 발생할 수 있고, 존재할 수 있고, 발전할 수 있는가를 생각해 볼 수 있다. 작은 것에서 큰 것까지, 천상의 것에서부터 인간에 이르기까지, 우리는 이런 사물, 즉 어떤 조건도 필요로 하지 않고 존재할 수 있는 사물을 하나도 찾아낼 수 없다. 일체 만법은 모두 상호 조건적인 것으로, 그것들은 이런 조건 속에서 각각 자신의 위치에서 안주하며, 또한 무질서하지 않다. 이것을 "법이 법위法位

에 있으니 이 세상의 사물은 상주常住한다."⁴²라고 부른다. 이미 일체 모든 법이 조건적 존재라는 것을 인정했다면, 그 기본적 상태는 조건의 이합집산에 의한 것이기 때문에 불안정성과 잠시성을 갖게 된다. 이런 의미에서 일체의 모든 법은 조건의 조합이다. 조건의 조합이라고 한다면, 그 본성은 본래 공한 것이다. 그러므로 성공性空이라고 이름 붙인 것이다. 그렇다고 물질이 없다고 말하는 것은 아니며, 단지 어떤 사물도 그 실재성을 획득할 수 없다는 점을 말한다. 그렇다면 '상相'은 있는 것인가, 없는 것인가? 상은 여전히 있는 것이지만, 단지 실체적 본성이 없다는 것이다.

그러므로 선을 배울 때는 공空과 유有, 성性과 상相, 유有와 무無 등 이런 기본관념들을 돌파해야 한다. 이렇게 되려면 아주 긴 시간을 들여서 노력을 해야 한다. 만약 우리가 일체 사물이 모두 조건적 존재이고, 무조건적 사물은 하나도 있을 수 없다는 것을 진정으로 분명하게 안다면, 불교에서 말하는 아집·법집, 아공我空·법공法空·연생성공緣生性空 등 이런 모든 도리에 대하여, 우리는 천천히 조금씩 파악해 나갈 수 있다. 불교의 공의 의미를 파악하지 못하고서, 불교의 정신이나 불교의 정수를 파악한다는 것은 불가능하다.

불교가 불교인 까닭은 일체의 사건과 사물의 가상假相을 초월하여, 그 실상을 보여주기 때문이다. 초월하는 것이 출세出世이고, 초월하지 못하면 세간世間이다. 사물의 실상을 보면 출세이고, 사물의 실상을 보지 못하면 세간에 있는 것이다. 실상을 보지 못하면 번뇌이고, 사물의 실상을 보면 보리지혜다. 이것을 "세간에 있으면서 세간을 초월한다(卽世而出世)."라고 부른다. 이 세간에 있으면서 세간을 초월할 수 있기 때문에, 차안이 바로 피안이다. 피안세계와 차안세계는 결코 두 개의 세계가 아니고, 하나의 세계에 있다.

단정히 앉아 실상을 염하는 사람은 일체의 업장이 모두 망상에 의해서 생기는 것이고, 망상 역시 조건에 의해서 생성되는 것으로, 연생법緣生法이라는 것을 철저하고 분명히 알아야 한다. 만약 한눈에 망상이 연생하는 것으로, 그 본성이 공하다는 것을 꿰뚫어 볼 수 있다면, 다시는 집착하지 않게 된다. 그러면 업장은 뜨거운 태양 아래서 눈이 바로 녹아버리는 것과 같이 즉시 소멸되고 만다. 그러므로 이렇게 말한 것이다. "죄는 마음에 의해서 생기는 것이니, 마음으로 참회해야 한다. 마음이 멸하면 죄 역시 없어진다. 마음이 없어지고 죄가 사라지니 둘 모두 공한 것이다. 이것을 진참회眞懺悔라고 부른다."[43]

단정히 앉아 실상을 염하는 것, 이것이 일행삼매에 들어가는 첫째 조건이다. 둘째 조건은 『대품반야경』에 근거하여 제시한 "염불할 때 염불 이외에 어떤 생각도 없는 것, 이것을 염불이라 부른다.", "염불하는 마음을 '염불할 때 염불 이외에 어떤 생각도 없는 것'이라고 부른다.", 또 "이 염불의 마음을 '어떤 생각도 없는 것'이라고 부른다."고 말한 것이다.[44] 이것이 한 차원 높은 것이다. 염불하면서 '어떤 생각도 없는 것'을 실행하고자 하면, 일상적인 득실을 따지는 마음으로 염불해서는 안 되고, 어떤 소득도 바라는 것이 없는 마음으로 염불해야 한다. 이것은 바로 염불을 할 때에 어떤 요구도 해서는 안 된다는 것이다. 즉 "땅을 갈고 김을 매는 일에만 집중해라. 수확이 얼마나 될 것인가는 생각하지 말라."는 격언과 같은 의미다. 이것이 바로 염하는 바가 없는 것을 염하는 것이다.

  염불을 할 때, 염불하는 주체와 염불의 대상을 의식해서는 안 된다. 이것이 염하면서 무념인 것이고, 무념이면서 염하는 것이다. 왜냐하면 염불을 할 때 우리는 이런 마음으로 부처님께 다가가야 하는 것이지, 어떤 다른 바람이 있어서는 안 된다. 만약에 다른 바람이 있게 되면, 그것은 머리 위에 또 다른 머리를 얻는 것처럼 부질없는 일이 된다. 그래서 경전에서 "마음을 떠나 달리 부처가 없고, 부처를 떠나 달리 마음이 없다. 염불念佛이 바로 염심念心이고, 마음을 구하는 것이 바로 부처를 구하는 것이다."[45]고 하였다. 이렇게 염불하면 자연스럽게 선정에 들어갈 수 있다.

  셋째는 염불을 할 때는 반연심攀緣心을 일으키지 말아야 한다. 반연심은 무엇을 말하는가? 예를 들면, 염불할 때 부처를 보는 것을 바라기도 하고, 신통이나 감응을 얻기를 바라기도 하는데, 이런 것들 모두가 반연심이다. 이런 반연심이 있으면, 부처를 만나볼 수도 있고, 감응이 있을 수도 있지만, 그러나 이런 것은 믿을 만한 것이 못된다. 왜냐하면 감응은 정상적인 것일 수도 있고, 또한 비정상적인 것일 수도 있기 때문이다. 또한 허다한 외재적 사물들을 비록 눈으로 볼 수는 없지만, 그러나 그것들이 일종의 능력을 가지고 시시각각 우리를 좌우할 수 있기 때문이다. 이런 능력은 적극적인 것일 수도 있고, 또한 소극적인 것일 수도 있다. 옳은 것일 수도 있고 사악한 것일 수도 있으며, 부처일 수도 있고 마귀일 수도 있다. 만약 옳게 파악하지 못하여, 일단 마귀에 의해서 이용되고, 마귀가 자신의 몸과 마음에 들어와 버리게 되면, 이런 것을 일반적으로 수행에서 오류가 드러난 것이라고 말한다. 이것은 바로 반연심에 의해서 일어난 일이다. 반연심을 일으키지 말고, 모든 것을 그 자체의 자연스러움에 맡기고, 시시각각 염불念佛이 바로 염심念心이고, 마음을 구하는 것이 바로 부처를 구하는 것이라는 것을 분명히 인식하고 있어야 한다. 이런 기본적 요점을 분명히 파악하면, 어떤 소극적이거나 사악한 것들의 방해에 의해서 교란당하지 않는다. 그러므로 일체의 외재적인 것들에 대해서 반연심을 일으키지 말고, 일체의 사물을 평등심, 또는 다른 생각이 없는 마음(無二心)으로 대해야 한다. 이렇게 하는 것이 굽은 길을 적게 걸을 수 있고, 더 나아가서는 굽은 길을 걷지 않게 될 수 있다.

넷째, 일행삼매, 염불선을 수행할 때, 바라보는 마음과 보여지는 대상으로써 부처를 모두 배제해야 하고, 바라보는 주체와 보여지는 대상의 경계를 차츰차츰 해소해야 한다. 처음 시작할 때는 여전히 주체와 대상이 있을 수밖에 없는 것으로, 시작하자마자 이런 경지에 이르러 주체와 대상이 바로 사라지게 할 수는 없다. 여전히 한 발 한 발 나아갈 수밖에 없다. 오직 한 발 한 발 주체와 대상이 모두 사라지는 경지에 이르러, 일체의 외연, 즉 적극적인 것이나 소극적인 것들이 모두 우리를 교란시키지 못하게 되었을 때, 비로소 진정으로 부처와 함께하는 인간이 될 수 있다.

이것들이 바로 사조가 말하는 일행삼매를 수행하거나, 염불선을 수행하는 데 있어서 마땅히 파악해야 할 몇 가지 요구사항이다.

도신선사는 『관무량수경』의 가르침에 근거하여, 심心과 불佛의 관계를 비교적 명백하게 설명하였고, 또한 명쾌하게 처리하여 모든 중간 매개물들을 완전히 배제하였다. 이것은 우리의 마음으로 하여금 현장에서 바로 초월할 수 있고, 초월하여 부처와 평등하게 될 수 있게 하였다. 이른바 "이 마음이 바로 부처이고, 이 마음으로 불도를 이룬다."[46]는 것이다. 만약 이 점을 충분히 체득할 수 있고, "마음이 바로 부처이고, 이 마음으로 불도를 이룬다."는 도리를 알게 된다면, 모든 부처의 법신이 우리 마음속으로 들어올 수 있고, 바로 "마음, 부처, 중생 이 셋은 차별이 없다."는 경지에 진정으로 도달할 수 있다. 염불선이 여기에 이르렀으면, 최고조에 이른 것이고, 삼매의 경지에 진입했다고 말할 수 있다. 이때 우리는 불佛이 바로 심心이고, 심 밖에 다른 불이 없으며, 심과 불이 동체라는 것을 확실히 알 수 있고, 자기 스스로 부처와 조금도 다름이 없는 경지에 도달했다는 것을 원만히 체득하게 된다.

"마음이 바로 부처이고, 이 마음으로 불도를 이룬다"는 경지에 도달하고자 한다면, 반드시 다섯 가지 조건을 구비해야 한다. 이 다섯 가지 조건은 무엇인가?

첫째, 심체心體를 알아야 한다. 심체를 아는 것은 견처 문제다. 우리 각자의 마음의 본성은 청정하고, 마음의 본체는 부처와 동일하다. 이것이 바로 인간의 심체의 본질이다. 만약 우리가 심체의 본질을 떠나서 부처를 찾으려 한다면, '절대 찾을 수 없다'고 말할 수 있다.

둘째, 마음의 작용을 알아야 한다. 즉 우리의 마음은 본체로부터 작용을 일으킨다는 것을 알아야 한다. 심체는 고요하면서, 항상 자각 속에서 작용한다(覺照). 이것이 심체의 작용이다. 만약 각조覺照

할 때 들띠시 불안하다고 말한다면, 그것은 고요히면서 항상 작용하는 것이 아니고, 마음에 파도가 일어나는 것으로, 일체의 망념이 들떠 일어나는 것이다. 반드시 작용이 일어날 때 고요함을 유지해야 하고, 이럴 때 일체의 혹업惑業이 진여불성으로 바뀔 수 있고, 일체 번뇌가 보리지혜로 바뀔 수 있다.

셋째, 항상 깨어 있어 정지되지 않게 해야 한다. 각覺, 각성覺性, 각조覺照 등은 끊임없이 유지되어야 한다. 부처의 법계法界는 무엇인가? 부처의 법계는 하나인 실상이다. 우리가 하나인 실상을 분명히 인식한다면, 우리의 몸과 마음의 세계는 실상과 상응할 수 있다. 실상과 상응하면, 바로 항상 깨어 있어 정지되지 않는다.

넷째, 자신의 공적空寂함을 보아야 한다. 공적은 바로 인상이 없고, 아상이 없고, 중생상이 없고, 수자상이 없는 것으로, 사상四相이 모두 공한 것이다. 그래서 우리의 몸과 마음의 세계와 일체의 망념들이 모두 공적한 상태에 있게 해야 한다.

다섯째, 하나의 목표에 집중하고 그것을 바꾸지 않는다(守一不移). 이것은 하나의 방법 문제로, 이 방법은 목표를 바꿀 수 없다는 것이다. 일단 목표를 바꾸게 되면, 우리가 일행삼매를 실행하는 것이 어렵게 되고, 일심불란一心不亂의 상태에 도달하는 것이 어렵게 된다. 활동하든지 정지하든지 간에, 오직 마음을 하나의 목표에 집중하고 그것을 바꾸지 않으면, 불성을 분명히 볼 수 있고, 빨리 선정의 문에 들어갈 수 있다.

이것이 사조도신선사가 가르친 염불선이고, 또한 도신선법의 수양공부다. 염불선의 실질적 내용은 바로 일행삼매다.

둘째, 도신선사의 염불선의 견처는 무엇인가 하는 문제

도신선사의 염불선의 관점은 대체적으로 한 구절로 개괄해 볼 수 있다. 바로 "만법은 방촌方寸을 떠나지 않다."라는 것이다. 도신선사는 '방촌方寸'이라는 형상화한 비유를 이용하여 우리의 마음을 설명한다. 그가 말하는 이 마음은 우리의 육단심(肉團心; 心臟)이 아니다. 그러나 육단심에 붙어 있는 것도 아니고, 육단심에서 떨어져 있지도 아니며, 밖에 있는 것도 아니고, 안에 있는 것도 아니고, 중간에 있는 것도 아닌 것, 이것이 바로 우리 마음의 상태다. 도신선사가 '마음을 떠나지 않음(不離方寸)'을 말하는데, 무슨 장점이 있는 것인가? 아미타불의 진신眞身이 자신의 마음속에 있다는 생각으로 염불수행을 할 때, '마음을 떠나지 않음'은 마음을 한 곳에 집중하는 데 도움이 된다. 이렇게 하면 매우 편리하게 일행삼매에 들어가고, 선정의 경지에 들어갈 수 있다.

도신선사의 제자 가운데 유명한 이는 오조홍인五祖弘忍 이외에 우두법융牛頭法融이 있다. 그러므로 사조도신은 실제적으로는 두 개의 종파를 낳은 것이다. 하나는 선종 자체이고, 다른 하나는 우두종牛頭宗이라 부르는 종파이다. 우두종 역시 여러 대를 거쳤고, 몇 분의 대선사를 배출하였다. 도신선사가 우두법융선사를 만나 인도할 때, 매우 훌륭한 말을 해주었다. 그가 우두법융에게 이렇게 말하였다. "수천 가지 법문은 모두 방촌方寸으로 돌아간다. 강가의 모래알처럼 수많은 묘덕들도 모두 마음에 그 근원이 있다. 일체의 계율의 문, 선정의 문, 지혜의 문, 신통변화 등 모든 것은 우리 스스로 충분히 갖추고 있는 것으로, 너의 마음을 떠나 있지 않다."[47]

이 모두가 그가 말한 견처 문제다.

우리의 마음은 본래 모두 갖추고 있는데, 단지 망상에 의해 가려져 있어서, 한 줄기 광명도 드러낼 수 없을 뿐이다. 우리는 반드시 이런 견처를 가지고 있어야 한다. 그렇지 않으면, 우리의 노력이 모두 헛된 것이 되고 만다. 예를 들자면, 우리가 보물을 찾아내려고 한다면, 먼저 이곳에 보물이 있다는 것을 확실히 알아야 하고, 그러고 난 뒤에 비로소 발굴을 진행해야 한다. 그렇지 않으면, 온종일 발굴해 보아야 아무것도 찾지 못할 것이다. 이렇게 되면 헛된 노력이 아니겠는가? 그렇기 때문에 우리는 "수천 가지 법문은 모두 방촌으로 돌아가고, 수천 가지 법문은 자신의 마음을 떠나 있지 않다. 마음을 떠나서 따로 부처는 없고, 부처를 떠나서 따로 마음이 없다."는 것을 분명히 알아야 한다. 그래서 "이 마음이 바로 부처이고, 이 마음으로 부처를 이룬다."고 말한다. 강가의 모래알처럼 많은 묘덕, 즉 삼십이상, 팔십종호, 십력十力, 사무외四無畏 등 일체의 훌륭한 공덕은 모두 마음에 그 근원이 있는 것으로, 자신의 마음을 떠나 있는 것이 아니다. 선을 배우려 한다면 '계정혜' 삼학으로부터 수행을 시작해야 한다. 일체의 계문戒門, 정문定門, 혜문慧門, 신통변화 등 이런 여러 가지 공덕과 지혜는 우리 자신이 본래 가지고 있는 것으로, 역시 모두가 '방촌方寸', 즉 마음을 떠나 있는 것이 아니다.

비록 우리가 강가 모래알 같이 많은 묘덕을 충분히 갖추고 있다고 말하지만, 그러나 현실 생활 속에서 우리가 날마다 대면하는 것들은 기본적으로 어찌할 수 없는 것들이고, 발버둥치게 하는 것들이고, 고통스러운 것들뿐이다. 이것은 무슨 까닭인가? 내가 생각하기에는 출가한 승려들이거나, 자기 집에서 선을 배우는 사람이거나, 진정으로 깨닫기 전에는 모두 이런 것들을 피할 수 없다. 그 이유는 우리가 마주하는 이 세계는 어찌할 수 없는 것들을 제거하더라도 여전히 어찌할 수 없는 것이 있고, 발버둥치게 하는 것을 제거하더라도 여전히 발버둥치게 하는 것이 있게 되기 때문이다. 이렇게 되는 원인은 우리가 스스로 자신의 주체가 될 수 없기 때문이다. 그렇기 때문에 진정으로 어찌할 수 없는 데서 빠져나오고, 발버둥치는 데서 벗어나고 싶다면, 진실로 수행을 해서 대지혜를 얻고, 대자재를 얻어야 한다. 진실하게 수행하지 않으면 영원히 벗어날 수가 없다.

이에 대하여, 도신선사는 일찍이 이렇게 가르쳤다. "일체의 대상 사물에 대하여 분별만 하지 않으면, 바로 스스로 여여하다."[48] 강가의 모래알같이 수많은 묘덕들은 모두 마음에 그 근원이 있는데, 우리가 발버둥치는 일이나 어찌할 수 없는 일을 대면할 때는 어떻게 해야 하는 것인가? 이런 일체의 대상 사물에 대하여, 그것들을 분별하지 말고, 하나의 실상을 가지고 대응하여야 한다. 모든 것을 분별하지 않으면, 모든 것이 자재하고, 모든 것이 여여하다.

일체의 어찌할 수 없는 것과 번뇌는 모두 우리의 분별심에서 나온다. 여기서 한 번 생각을 해 보자, 우리가 날마다 대면하는 이 세간은 도대체 무엇일까? 이 세간이란 어떤 하나의 구체적 사건을 말하는 것은 아니다. 이 세간이란 우리가 각종 이념을 사용하여 만들어 낸 것으로, 그것은 결코 실재하는 것이 아니다. 우리가 온종일 번뇌를 하는데, 사실상 결코 외재적인 것들이 우리로 하여금 번뇌하게 하는 것이 아니고, 우리 자신의 내심內心에서 스스로 잘못 만들어 내고 있는 것이다. 다른 사람들이 본래 자신을 매우 잘 대우해주고 있는데, 자기 스스로 생각하기를 '사람들이 자신에게 다른 마음이 있다'고 생각한다. 그 이유는 자신과 대화를 나누려하지 않는다거나, 자신을 바로 쳐다보지 않는다고 생각하기 때문이다. 이런 것들은 모두 자신의 마음속에서 꾸며낸 것이다. 이런 것을 분별이라고 부른다. 젊은 사람이거나 나이든 어른이거나를 막론하고, 이 점을 이해한다면, 우리의 번뇌는 모두 자기 스스로 만들어 낸다는 것을 분명히 알게 될 것이다.

도신선사가 "대상 사물에는 좋고 나쁨이 없고, 좋고 나쁨은 마음에서 일어난다."[49]고 말하였다. 밖에 있는 세계가 바로 경연境緣이다. 이 경(境; 대상)과 연(緣; 인연)은 좋은 것도 아니고, 나쁜 것도 아니다. 무엇이 좋은 것이고, 무엇이 나쁜 것인가? 좋고, 나쁨은 모두 우리의 마음이 분별을 하는 데 있는 것이고, 모두 우리의 마음이 잘못 만들어 낸 것이다. "마음이 만약 이름을 억지로 만들지 않는다면, 망상이 어디서 일어날 것인가?"[50] 우리의 마음이 외재적 세계에 대하여 각양각색의 가명假名을 만든다. 즉 좋은 것, 나쁜 것, 노란 것, 하얀 것, 뚱뚱한 것, 마른 것, 이씨, 김씨 등등. 이런 가명이 있게 되면, 이어서 망상이 있게 된다. 우리가 안배하지 않고, 구성하지 않고, 쓸데없는 말을 하지 않는다면, 망상이 어디서 일어나겠는가? 이런 언어의 세계, 부호의 세계, 개념의 세계 등이 우리의 머리를 어지럽게 해서 방향을 잃게 만든다. 그래서 우리 자신이 결국 자기 자신과 맞서 스스로 괴롭힌다고 말하는 것이다.

불교에서는 언어의 세계를 명언세계名言世界라고 부른다. '명언'이란 '개념'이다. 우리는 날마다 결코 실재적 세계에서 진정으로 생활하고 있는 것이 아니라, 개념의 세계 속에서 생활하고 있다. 일찍이 "감각을 따라 가자"라는 유행가가 있었는데, 사실상 우리는 생활하는 가운데, 비교적 직접적인 감각을 따라 살 수 없고, 간접적인 개념을 따라 살고 있으며, 결코 구체적 사물을 따라 생활하는 것이 아니고, 우리가 그 사물에게 지어준 이름(名相)과 개념을 따라 생활하고 있다.

불교에서 "연기를 보는 사람은 법을 보고, 법을 보는 사람은 부처를 본다."[51]고 말한다. 연기를 보는 것이 바로 진실한 사물을 보는 것이고, 진정으로 그 사물과 접촉하는 것이다. 예를 들어 말하면, 우리가 지금 눈으로 보지 않고 손으로 어떤 물건을 만지고 있을 때, 마음은 분별하지 않고, 단지 직접적으로 접촉하고 있을 뿐인 경우이다. 우리의 마음이 한 번 발동하여 생각을 하고, 눈을 떠서 한 번 쳐다보면, 이것이 본래 하나의 전화기라는 것을 알 수 있는데, 이때 바로 마음속에서 분별이 일어난다. 즉 이 전화기는 얼마짜리인가? 이것을 내가 집으로 가져갈 수 있을까, 없을까? 세상의 모든 일은 이렇게 우리에게 다가온다. 우리는 개념의 세계 속에서 살고 있고, 언어의 세계 속에서 살고 있을 뿐, 진정으로 실재적 세계에서 생활하고 있는 것이 아니다.

"망상이 일어나지 않으면, 진심眞心은 두루 퍼진다."[52] 마음이 만약에 이 진실한 세계에 각양각색의 차별적 이름(名相)을 부여하지 않는다면, 우리에게 망상이 있을 수 없고, 그렇게 되면 우리의 진심이 바로 드러나게 되고, 지혜로써 관조하지 지식으로 분별하지 않게 된다. 마치 거울이 사물을 비추는 것과 같은 것이다. 우리가 지혜를 통하여 세계를 관조할 때, 일체는 모두 매우 아름답고, 매우 원만하다. 그러나 우리가 지식을 통하여 분별을 일으키게 되면, 즉 일체가 나로부터 출발하게 될 때, 모든 것은 번뇌로 가득 차게 된다. 즉 이 사람은 나를 좋게 대하고, 저 사람은 나를 나쁘게 대하고, 이 사건은 나에게 이익이 되고, 저 사건은 나에게 불리하다 등등을 생각하게 된다. 나로부터 출발하면, 즉 분별심으로 객관세계를 단편적으로 관찰하면, 결코 사물의 본래면목에서 출발하는 것이 아니며, 단지 아주 작은 범위에 머물게 된다. 그러므로 '진심이 두루 퍼지는 것'이 아니다.

염불선의 견처에 관해서, 도신선사는 그 근본적 요점은 "수천 가지 법문은 모두 방촌으로 돌아가고, 강의 모래알처럼 많은 묘덕은 모두 마음에 그 근원이 있다."고 생각하였다.

셋째, 염불선의 방법, 혹은 일행삼매에 진입하는 방법의 문제

도신선사가 말하는 선수행의 방법은 바로 "하나의 목표에 집중하고 그것을 바꾸지 않는다(守一不移)."이다. 나는 이 방법이 선수행의 요령일 뿐만 아니라, 우리가 모든 일을 하는 데 있어서도 하나의 요령이라고 생각한다. 어떤 일을 하든지 그 일을 성취하는 근본 방법은 바로 하나의 목표를 결정하고 나면 절대 동요하지 않는 것이다. 이 방법은 어디에서 온 것인가? 도신선사가 계승한 것은 남북조 시대 부대사傅大士의 방법이다. 도신선사는 "여러 경전의 선관禪觀의 방법은 매우 다양하지만, 부대사는 오직 '수일불이守一不移'의 방법만을 제시했다."고 말하였다. 부대사는 양梁나라 무제武帝 시대의 대단한 인물 가운데 한 사람으로, 미륵보살이 세상에 다시 온 것이다. 미륵보살이 이 세상에 현신한 사례가 있는데, 양나라 무제 시대의 현신은 부대사이고, 오대五代시대의 현신은 포대布袋화상이다.

사조가 이렇게 말하였다. "한곳에 집중하여 움직이지 않는다는 것은, 공정안空淨眼으로 주의해서 하나의 사물을 보는 것이다. 밤낮을 구별하지 않고 전념해서 항상 움직이지 않는 것이다. 혹시 마음이 산란해지면, 신속히 되잡아와야 한다. 마치 새끼줄로 새 다리를 매어놓고, 새가 날아가려 하면 끌어당기는 것처럼 해야 한다. 온종일 그치지 않고 보고 있으면, 완전히 사라져 깨끗하게 되어 마음은 스스로 안정된다."[53] '공정안'의 공은 일체법의 공을 말한다. 일체법이 공하다고 보는 눈은 바로 법안法眼이고 청정안淸淨眼이다. '일체법이 존재한다'고 하면, 이것은 공안이 아니고, 청정안이 아니며, 가려진 눈이다. "공정안으로 주의해서 하나의 사물을 본다.", 이 말은 법안으로 하나의 사물을 집중해서 주의 깊게 보는 것으로, 이것이 바로 수일守一이다.

오조홍인의 선법은 『십육관경』에서 말하는 태양 바라보기(看太陽, 觀太陽)에 의거하여, 태양을 멀리 혹은 가깝게 똑바로 바라보고, 하나의 가상적인 태양을 회상하면, 천천히 주의력을 집중할 수 있다. 이것은 유상有相으로부터 수행하는 것으로, 유상에서 무상으로 수행해나가는 것이다. 온 마음으로 부처님 명호를 집중하여 염불하고, 또한 주의해서 한 사물을 바라보고, 그 이름을 부르며, 염념상속念念相續한다. "밤낮을 구별하지 않고 전념해서 항상 움직이지 않는다."는 말은, 낮이건 밤이건 항상 그침이 없어야 한다는 뜻이다. 뜻을 굳건히 하고, 정진하여 게으르지 않고, 순수하여 오염되지 않고, 앞으로 나아가되 물러서지 않으며, 동요하지 말고 집중해야 한다. 이것이 총괄적인 요구다.

만약에 마음이 움직이면 어떻게 할 것인가? "혹시 마음이 산란해지면, 신속히 되잡아와야 한다."고 말한다. 만약에 마음에 망념이 일어나면 어떻게 할 것인가? 그는 매우 구체적으로 이렇게 말하고 있다. 즉 바로 손을 뻗어서 그것을 끌어오라고 한다. 이 의미는 망상이 일어날 때 그것을 따라가지 말라는 것이다. 만약 그것을 따라가면 잘못이다. 따라가지 말고 당장에 되찾아와야 한다. 그는 이런 비유를 들었다. "마치 새끼줄로 새 다리를 매어놓고, 새가 날아가려 하면 끌어당기는 것처럼 해야 한다." 새끼줄로 새의 다리를 묶어두었다면, 새가 날아가려 할 때 어떻게 하겠는가? 바로 그 새끼줄을 끌어당겨서 새가 날아가지 못하게 할 수 있다. 새는 마음을 비유한 것이고, '새끼줄'은 염불하는 일념一念을 비유한 것이다. 마음이 분산되려고 하면, 부처님 명호를 가지고 분산되는 마음을 되찾아오고, 주의력을 부처님 명호에 집중해야 한다. "온종일 그치지 않고 보고 있으면, 완전히 사라져 깨끗하게 되어 마음은 스스로 안정된다." 이와 같이 해야 한다. 이런 방법을 날마다 실천하고, 전념하여 움직이지 않고, 목표를 바꾸지 않으면, 우리의 마음은 자연히 상실되지 않고 깨끗하게 유지된다.

민연泯然은 소멸하여 없어진다는 의미로, 민연은 바로 일체의 망상을 그치는 것이다. 일체의 망상이 그치면, 우리의 마음은 자연히 안정된다. 당연히 '수일불이守一不移'는 이때 여전히 유심有心으로 작용하고 있는 것이지, 무심無心으로 작용하고 있는 것이 아니다. 그러므로 주체와 대상이 있다. 처음으로 선법을 배우는 사람은 반드시 유심으로부터 공부해야 하고, 주체와 대상이 있는 데서 시작하는 것이다. 유심의 작용에서 무심의 작용으로 나아가고, 주체와 대상이 있는 것에서부터 주체와 대상이 없는 것으로 나아가서, 주체와 대상 이 둘이 모두 사라지면, 이것이 바로 삼매의 경지를 얻은 것이다.

이렇게 말할 수 있다. 즉 오늘날에 이르기까지, '수일불이'의 방법은 각종 법문을 수행하는 근본이다. 이 방법은 부대사가 전한 선수행의 방법을 계승한 것이고, 또한 일체의 법문을 수행하는 기본 방법이라고 말할 수 있다. 일반적으로 선수행을 말할 때, 이 방법은 '심일경성心一境性'이라고 불렀다. 이는 마음을 하나의 대상에 집중하는 것으로, 경境은 대상을 의미한다.

'수일불이守一不移'라는 방법은 중국 전통 선법의 정수가 있는 곳이다. 이것은 인도불교에서 중국불교에 이르기까지, 하나의 계통으로 이어져 내려온 것으로, 모두 이와 같다.

사조선법의 수행공부, 견처, 방법, 즉 "일행삼매一行三昧", "만법은 방촌을 떠나지 않는다(萬法不離方寸).", "하나의 목표에 집중하고 그것을 바꾸지 않는다(守一不移)." 등을 소개하였다. 이제는 간단히 사조라는 인물을 소개하겠다.

사조는 7세에 출가하여, 12세에 삼조승찬을 따라갔다. 그는 12년 동안 삼조승찬과 함께하였고, 24세가 되었을 때, 삼조의 심지법문心地法門을 완전히 계승하였다. 그때 승찬은 광동성에 있는 나부산으로 가서 은거하였다. 사조는 법을 얻었지만, 아직 수계受戒를 하지 못하였다. 뒤에 육조 혜능 역시 이와 같았는데, 그는 법을 얻었을 때 아직 출가도 하지 않았고, 10여 년을 은거한 뒤에야 비로소 삭발수계하였다. 이렇게 볼 때, 불법은 평등한 것으로, 재가인이나 출가인이나를 막론하고 모두 법을 얻을 수 있다. 이것이 바로 득도견성에 있어서 불법의 위대성과 평등정신을 구체적으로 드러낸 것으로, 출가한 스님이 아니면 불가능하다고 할 수 없고, 재가인도 똑같이 득도할 수 있는 것이다. 이 두 분의 조사가 바로 분명한 사례다. 당연히 전법하는 데 있어서는 승상僧相을 드러내고 비구상比丘相을 드러내야 한다. 이렇게 해야 비로소 중생제도의 힘과 교화의 힘을 가질 수 있다. 왜냐하면 석가모니 부처님 역시 출가상出家相을 드러내서 중생을 교화했기 때문이다.

사조가 30여 세가 넘었을 때, 현재의 호북성 황매현 서산 쌍봉산에 정착하였다. 사조는 구체적인 선법을 제시한 것 이외에, 선종의 형성과 발전에도 중요한 공헌을 하였다. 이런 실천은 역대 선종의 전법방식을 바꾸어놓았다.

사조 이전 역대 선사들은 모두 산속 바위절벽 근처에 초막을 짓고 그곳에서 살았다. 사조는 이런 상황을 변화시켜, 쌍봉산 자락에 사원을 세우고, 수백 명의 학인들을 모아 교육하였다. 이렇게 되니 선종의 전승에 새로운 변화가 일어났다. 즉 근거지가 없던 상황에서 근거지가 있게 되었고, 분산 수행하던 상황에서 집단 수행이 가능해졌다. 이것은 뒷날 선종교단이나 선종교파의 성립과 발전에 도움이 되었다. 인원이 분산되면, 관리도 어렵고, 힘을 모으는 데도 불리한 것이다.

당시 황매 지방의 경제는 상당히 낙후된 상태였는데, 현대에 이르러서도 여전히 부유하지 못하다. 사조에게 수백 명의 인원이 함께 잠자고, 먹고, 마시고 하는 기본 생활은 커다란 문제가 되지 않을 수 없었다.

불교가 중국에 전래된 이래, 유가儒家는 '승려들은 생업에 종사하지도 않으면서 먹고, 직물을 만들지도 않으면서 옷을 입는다.'는 이유로, 계속해서 불교와 마찰을 일으켜 왔었다. 이 마찰은 실제적으로는 경제문제다.

중국은 농업을 중시하는 국가로, 탁발해서 먹고 사는 사람에 대해서 존중하지 않는 국가이다. 탁발해서 먹는 것은 거지인데, 누가 거지를 존경할 수 있겠는가? '게을러빠지고 세상물정 전혀 모르는 사람'이나 탁발해서 먹고 산다. 이런 중국인의 인식과 인도의 자연환경과 인정人情은 완전히 다르다. 인도에서는 탁발해서 먹고 사는 것이 존경을 받는데, 이는 수도인이라고 인식하기 때문이다. 그러나 중국에서는 이런 인간은 게으른 인간으로 취급한다. 그리고 이렇게 말한다. "이렇게 젊은 나이인데, 무엇 때문에 탁발해서 먹고 사는가? 일할 줄을 모른단 말인가?"

이런 경제문제를 해결하기 위하여, 사조는 하나의 방법을 생각해냈다. '우리 역시 두 손이 있지 않은가! 우리도 황무지를 개간하자! 일하지 않으면 먹지도 않는다! 먹을 것을 생산하여 밥 먹을 수 있고 기아에 허덕이지만 않는다면, 우리는 계속 수도를 할 수 있을 것이다.' 그는 이 방법을 사용하여 승단의 기본적 생활에 필요한 것들을 해결하였다. 이것은 중국의 불교 역사상에서 하나의 커다란 혁명이라고 말할 수 있다.

　사조가 '일하지 않으면 먹지도 않는다(不作不食).'를 실천하였고, 뒷날 백장선사가 완전히 이 정신을 계승하여 실천하였다. 사조는 '사원을 세워 승려들 수용하였고', 뒷날 마조馬祖는 총림叢林을 건설하게 된다. '마조는 총림을 세웠고, 백장은 청규를 마련하였다.'는 이 사실은 중국의 불교 역사상, 중국의 선종 역사상, 하늘과 땅이 뒤집히는 거대한 개혁이었다고 말할 수 있다. 이런 중대한 개혁이 없었다면, 중국불교의 오늘이 없었을 것이다. 당시에 무엇 때문에 이런 개혁을 하였는가? 그것은 중국의 현실에 적응하기 위해서였다.

　중국불교가 만약 이런 길을 걷지 않았다면, 오늘의 불교가 있을 수 없다. 무엇 때문에 이렇게 말하는가? 만약 이런 개혁이 없었다면, 당나라 무종이 멸법滅法을 시행했을 때, 불교는 철저하게 소멸되고 말았을 것이다. 불교가 소멸하지 않은 까닭은 바로 불교가 탁발을 하지 않고, 물가의 수풀 부근에 땅을 일구어 생활하면서, 식생활의 경제문제를 해결했기 때문이다. 뒷날 백장선사가 '하루 일하지 않으면, 하루 먹지 않는다(一日不作, 一日不食).'는 규범을 제창하여, 그가 해결하고자 했던 문제도 바로 이 문제이다. 경제적인 문제만 없다면 교단의 발전에서 가장 근본적 장애가 해소된 것이다.

선종이 '하루 일하지 않으면, 하루 먹지 않는다.'는 규범을 제창했는데, 이것은 중국불교의 우수한 전통 가운데 하나다. 특히 중국의 공산화 이후에, 우리는 중점적으로 이 우수한 전통을 발휘하였다. 공산화 이후, 불교가 계속될 수 있었고, 생존할 수 있었던 것도, 역시 호미자루에 의존했기 때문이다. 이 호미자루로 농사지을 수 있었고, 밥을 먹을 수 있었다. 이렇게 승복을 보존할 수 있었고, 불경을 보존할 수 있었고, 이런 모습을 보존할 수 있었으며, 불교 정신의 의지처가 있게 되었다. 그래서 비로소 오늘의 중국불교가 있게 된 것이다.

이것은 매우 엄숙하고도 중요한 교훈이고 경험이다. 이 점은 현재까지도 우리가 잘 음미해 볼 가치가 있다. 만약 우리가 역사의 교훈을 잘 결산하지 못한다면, 우리는 언제 어디서나 새로운 어려움에 처하게 될 것이다. 이것은 내가 고의로 과격하게 말해서 여러분을 놀라게 하려는 것이 결코 아니고, 이것은 내가 항상 생각하는 문제다.

개혁은 중국의 문화 배경, 사회제도 등에 적응하기 위한 것이고, 개혁은 불교의 중국화에 필수적인 길이다. 그러므로 이렇게 말할 수 있다. 사조의 중국불교에 대한 공헌, 선종의 성립과 발전에 대한 공헌은 주로 그의 사상, 조직 건설, 경제문제 해결 등에 구현되어 있으며, 후대의 불교를 위하여 그 기초를 마련한 것이다. 이 기초가 있었기 때문에, 그 후 오조, 육조가 있게 된 것이다.

4 육조선 – 무념, 무상, 무주

육조혜능대사는 중국 선종의 실제적 창립자다. 혜능은 중국 선종의 역사 내지 중국불교의 역사에서 그의 일거수일투족이 불교 전체에 중대한 영향을 끼친 인물이다. 만약 그가 없었다면, 중국불교의 역사는 또 다른 면모가 되었을 것이다. 왜냐하면 혜능과 같은 훌륭한 인물이 있어서, 중국불교의 지혜의 생명, 불법의 지혜의 생명이 오늘날까지 계속될 수 있었기 때문이다.

육조혜능의 선법을 소개하기 이전에, 먼저 두 가지 문제를 말해 볼 생각이다.

첫째, 중국불교의 역사상 이정표적인 인물이 세 사람 있다.

종교나 문화는 한 지역에서 다른 지역으로 전파되는데, 이때 반드시 본토화의 과정을 거치게 된다. 불교는 인도에서 중국으로 전파되었는데, 원상태 그대로 옮겨온 것이 아니다. 만약 일체가 원상태 그대로 중국으로 전파되었다고 말한다면, 불교는 중국에서 생존과 발전을 할 수 없었을 것이다. 중국의 불교 역사상에 매우 많은 고승·대덕들이 있었는데, 그들은 시기와 형세를 잘 판단하여, 매우 현명하게 불교의 본토화 개혁을 진행했으며, 중국문화의 토양에서 뿌리를 내리고, 꽃피우고, 결실을 맺도록 하였다. 이것은 매우 특이한 일이다. 요즈음 비록 인도 역시 불교를 새롭게 중시하고 있다고 듣고 있지만, 불교는 인도에서 중요한 위치를 차지하지 못하고 있다. 인도에도 몇 개의 사원이 있지만, 모두가 다른 국가 불교계의 지원 아래서 생존과 발전을 하고 있을 뿐이다. 이것은 매우 흥미 있는 일이다. 반대로, 인도 이외의 지역에서는 불교가 매우 왕성한 발전을 이룩하고 있다.

불교는 중국에 전파된 뒤에, 그 시작에서부터 매우 어려운 상황이었고, 발전도 매우 느렸다. 당시에 어떤 사람이 불경을 강술했거나, 혹은 한 권의 얇은 경전이라도 번역했으면, 이런 사람은 역사상에서 특별히 크게 기록되었다. 이런 점에서 볼 때 모든 상황이 매우 어려웠고, 현재의 형세와는 그야말로 함께 말할 수 없다는 것을 알 수 있다. 왜 이렇게 말하는가? 불교가 처음 전파될 때, 중국 본토 사람들에게 완전히 인정받을 수 없었기 때문이다. 현대 학자들의 말을 빌려 말하면 아래와 같다.

불교는 하나의 이질문화로써 중국에 들어와, 중국 민중이나 사대부들에게 받아들여지는 것은 매우 어려운 일이었다. 왜냐하면 불교의 관념과 중국 전통 문화의 관념이 동일하지 않았기 때문이다. 만약 불교로 하여금 중국에서 발전하도록 하려면, 혹은 불교로 하여금 중국에서 발붙이게 하려면, 반드시 매우 힘든 본토화 과정이 필요하였다. 현대적 언어로 설명하면, 불교는 인도의 것이니, 중국에서 생존하려고 한다면, 반드시 중국적 특색이 있어야 가능한 일이라는 것이다.

　불교의 중국화에서 가장 먼저 필요한 것은, 중국의 유학과 도가道家 문화에 적응하기 위하여 이론상에서 어떤 조정이 있어야 했다. 만약 조정을 하지 않으면, 중국인들이 받아들이는 것은 불가능했을 것이다. 계율을 예로 들어 보면, 그 가운데 하나가 '출가하면 다시는 조상과 부모에게 제사를 지내지 못한다'는 것이다. 가정을 떠난 이후에는 가족관계나 의무를 모두 없애버리고, 조상에게도 제사를 지내지 않게 된다. 다시 말하자면, 출가 이후에, 혹은 불교를 믿은 이후에는 금생금세의 부모에 국한되지 않고, 다생다세의 일체중생에게 효경孝敬해야 한다는 것이다. 즉 '모든 남자는 나의 아버지이고, 모든 여자는 나의 어머니다.'는 것이다. 이런 범효적泛孝的 관념은 도리어 구체적 효도관념을 희미하게 만들어 버리는데, 이런 점을 중국인은 받아들일 수 없었다. 그래서 뒷날 불경의 번역과 불교 교리의 발전과 보급에서 이런 점은 매우 많은 변화가 있었다.

　『범망경』에서 효孝가 바로 계戒라고 강조하여 "효를 계라 한다."[54]라고 하였다. 이런 관념이 있게 되면, 적어도 윗사람에게 곤란한 일을 하지는 않을 것이다. 불효한 사람은 윗사람에게 곤란한 일을 하게 된다. 중국인의 관념은 효자 집안에서 충신을 선발한다. 충신이 되고자 한다면 반드시 먼저 효자이어야 한다. 만약 불효자라면 충신이 될 수가 없다는 것이다. 한 국가에 충신이 없다면 그 국가는 안정될 수 없다. 이런 관점에서, 불교의 교리는 매우 큰 조정을 해냈고, 점차적으로 중국인들에게 받아들여질 수 있게 되었다.

그 다음으로, 생활의 측면에서도 불교는 상응한 조정이 있었다. 불교가 처음 중국에 전파되어 그 시작 단계에서는 탁발을 하여 생활을 유지하였다. 그러나 탁발을 하더라도 주는 사람이 별로 없었다. 또한 시작 단계에서는 맨발로 다녔지만 중국의 겨울은 너무 추웠고, 나무 아래서 잠을 잤지만 나무 아래는 불안전했으며, 기후도 너무 추웠다. 이런 것들은 모두 조정이 필요하였고, 조정하지 않으면 생존이 불가능하였다. 그러므로 반드시 집을 마련해야 하였고, 반드시 농토가 필요하였다. 이렇게 해야만 생존이 가능하였다.

당연히 예의禮儀 측면의 문제도 있었다.

불교가 중국에 전래되는 초기 3, 4백 년 동안이 가장 어려운 시기였다고 말할 수 있다.

동진 시기 도안道安법사에 이르렀을 때는, 불교가 중국에 전래된 지 4, 5백 년의 시간이 흐른 뒤였다. 도안법사는 중국 전통 문화에 대한 조예가 매우 깊은 분이었고, 동시에 불교에 대해서 비교적 전면적 이해가 있고, 연구에도 비교적 심도가 있는 법사였다. 불교가 중국 본토 문화에 어떻게 적용할 것인가 하는 측면에서, 도안법사와 그의 제자들은 매우 커다란 공헌을 하였다.

전체적으로 말하자면, 불교는 두 부분으로 이루어져 있다. 하나는 교리이고, 다른 하나는 교제敎制이다. 도안법사는 이 두 부분에 대하여 매우 큰 조정을 하여 불교가 중국의 풍토와 인정에 적응할 수 있게 하였다. 도안법사는 중국 최초의 승가제도, 강경제도講經制度, 공동주거제도 등을 창립하였다. 이것이 바로 도안법사가 교리, 교제, 생활상에서 개혁조치를 취하여 불교가 중국에서 생존과 발전을 이룩할 수 있게 한 것이다.

도안법사는 중국불교의 역사에서 선인들을 계승하여 계속 발전시킨 한 사람이라고 말할 수 있다. 그는 그 이전에 불교가 중국에서 전파된 경험을 총괄하였고, 또한 그 이후에 불교가 중국에서 계속 발전할 수 있는 환경을 조성하였다. 도안법사는 중국불교의 역사에서 하나의 이정표이고, 불교 중국화의 첫 번째 이정표적 인물이라고 할 수 있다.

두 번째 이정표적 인물은 바로 육조혜능스님이다.

육조혜능은 어떤 상황에서 불교의 중국화가 진일보할 수 있도록 하였는가? 육조 당시의 불교계는 각종 종파들이 연이어 성립되는 상황이었고, 이론 역시 매우 발전하고 있는 상황이었다. 불교 교리의 분석과 이론체계의 확립이 상당히 번쇄한 정도에까지 이르렀다고 말할 수 있다. 수행의 측면에서, 당시에 남방은 교리 중심의 이론을 중시하였고, 북방은 선정 중심의 정학定學을 중시하여, 각각 치중하는 측면이 달랐다. 혜능이 보기에, 당시 사람들이 불학 연구의 측면에서나 불법 수행의 측면에서, 가장 간단명료하고, 인간의 생명의 의의를 확실하게 파악할 수 있는 최상의 돈오 법문을 찾아내지 못하고 있었다.

당시에 영가永嘉선사가 있었는데, 그는 학술적으로 매우 조예가 깊은 천태종의 학자였으며, 이미 불법에 대하여 상당한 성취가 있었다. 그는 최종적인 간단명료한 방법을 찾아내 득도하기 위하여, 절강성에서 광동성까지 그 먼 거리를 멀다 하지 않고 육조혜능을 찾아갔다.

혜능을 참배한 뒤에, 스스로 탄식하며 이렇게 말하였다. "나는 젊어서부터 학문을 쌓고, 또한 경서를 연구하였다. 명상名相을 분별하느라 쉴 줄 몰랐고, 바다 속에서 모래알을 세는 것처럼 하니 그저 스스로 피곤할 뿐이었다. 도리어 여래에게 심한 책망만 들었으니, 다른 사람의 보물을 세어본들 무슨 이익이 있겠는가?"[55]

영가선사는 젊어서부터 오직 교리 연구에 치중하였고, 온종일 명상개념名相槪念 속에서만 빙빙 돌았다. 마치 바다 속에서 모래알을 하나하나 세는 것과 같았다. 바다 속에 모래가 얼마나 많은지 생각해 보라! 우리는 절대 바다 속 모래를 모두 셀 수가 없다. 바다 속 모래는 말할 것도 없고, 우리가 한 줌 모래를 세려 하더라도 며칠이 걸릴 것이다. 그는 육조혜능을 만난 뒤, 자신이 젊은 시절부터 해온 학습으로는 불교의 핵심을 진정으로 파악할 수 없고, 간단명료한 득도의 법문도 찾을 수 없다는 것을 스스로 깨달았다.

이런 배경 아래서, 육조혜능은 오조홍인으로부터 법을 전수받은 뒤, 중국의 남쪽에서 돈교법문頓敎法門을 건립했던 것이다.

육조혜능의 돈교법문은 "바로 사람의 마음을 가리켜서, 불성을 깨달아 실현하여 성불하게 한다(直指人心, 見性成佛)."는 것이다. 이것은 일체의 번쇄한 교리, 번쇄한 규범들이 혜능에게서 간소화된 것을 의미한다. 일체가 수행 위주고, 일체가 깨달음 위주며, 일체가 우리의 생명을 파악하는 것을 위주로 한 것이다. 그는 우리에게 한 권의 『단경』을 남겨 놓았다.

이 『단경』은 하나의 위대한 보장寶藏이라 할 수 있다. 이 책은 역사적으로 불교계 내부와 외부에서 중시를 받았다. 학자나 승려들의 중시를 받았을 뿐만 아니라, 심지어 정치 지도자들의 중시도 받았다. 모택동은 생전에 어디를 가든지 많은 책을 가지고 다녔는데, 그중에 두 권의 불교 서적이 들어 있었다. 하나는 『금강경』이고, 다른 하나는 『육조단경』이었다. 이 두 권의 경전을 항상 휴대하였다. 무엇을 하려고 휴대했는가? 마르크스레닌주의의 측면에서 볼 것 같으면, 그는 이 두 권의 책에 변증법이 충분히 들어 있고, 철학적 지혜가 충분히 들어 있다고 생각하였다.

육조혜능은 중국불교의 발전을 위하여 새롭고 넓은 길을 개척하였다. 여기서부터 선종이 정식으로 탄생되었고, 정식으로 건립되었다. 선종은 간결하고 명확한 수행방법, 단순 소박한 생활방식, 일하지 않으면 먹지도 않는다는 노동태도, 자연스럽고 대담한 승려의 풍모 등으로 인해서 세상에 널리 퍼져 나갔다. 그래서 당시에 거의 모든 사원이 모모선사某某禪寺로 이름을 바꾸었다. 이런 힘, 이런 신선한 바람은 한순간에 진부한 것을 신선한 것으로 바꾸어 버렸다. 즉 당시 교리에 치중하던 중국불교의 풍토에 갑자기 변화가 일어나게 되었고, 불교의 교리적 학문의 비교적 번쇄한 현상에 한 줄기 신선한 바람이 되었다. 이것은 중국불교가 발전하는 데 있어서 하나의 큰 걸음이 되었다.

수당 시기에 국가에서 불교를 중시하였고, 정부가 지지했으며, 사회 각층에서 많은 지원을 하였기 때문에 사원들은 매우 많은 농토를 소유하게 되었고, 승려들의 생활은 점점 부유해졌다. 생활이 부유해지니 두 가지 현상이 드러났다. 하나는 충분한 물질 조건을 이용하여 자신들의 수행을 열심히 하고, 불교를 더욱 발전시켰다.

그러나 다른 측면에서는, 물질 조건이 너무 풍부해지자 승려들은 이런 풍요가 있게 된 이유를 망각하게 되고, 이런 금전이 어디서 오는 것인지도 모르고, 어떻게 해야 세속에 물들지 않고 자신들의 순결을 지켜야 할지도 모르게 되었다. 그래서 이들은 바로 부패의 길을 걷게 되었다.

당대의 불교, 즉 당나라 무종武宗 이전의 불교는 좋은 측면이 주류를 이루었다. 그러나 부패도 매우 심해졌고, 결국 '회창멸법會昌滅法'의 도화선이 되었다. 회창멸법은 실제적으로는 7일 안에 발생한 일이다. 그 당시는 교통도 불편하고, 소식도 정확하지 않았으며, 방송국도 없었고, 신문도 없었으며, 컴퓨터도 없었다. 그런데도 7일 안에 전국의 모든 사원이 초토화되어 버렸다. 어떻게 이런 일이 가능했을까? 이는 당시 사원과 부패한 승려들에 대한 백성들의 원한과 증오가 극에 달했기 때문이다.

이때 사상가로 활동하던 사람들은 한유韓愈를 대표로 하는 일군의 사대부들이었다. 그들은 불교에 대하여 '인기인人其人, 여기거廬其居, 화기서火其書.'를 주장하였다. '인기인'은 승려가 된 사람들을 집으로 되돌려 보내라는 것이고, '여기거'는 사원을 백성들이 거주하는 곳으로 바꾸라는 것이고, '화기서'는 불교경전은 불태워버리고, 보살상은 녹여서 무기로 만들고, 모든 동기銅器를 파괴하라는 것이다.

당시 중국불교 전법의 책무를 실행할 수 있는 것은 오직 선종뿐이었다. 왜 그랬을까? 그 당시의 승려들은 현대의 승려들처럼 번거롭지 않았다. 현대 승려들의 복장은 일반인의 복장과 큰 차이가 있지만, 당시의 승복은 일반 백성의 복상과 별다른 차별이 없었다. 차별이 있다면, 단지 머리를 완전히 깎은 것뿐이었다. 당시에 선종의 승려들은 자신을 보호하고 불법을 보존하기 위하여 모자(관건冠巾이라고 불렀다)를 구입하여 머리에 쓰기만 하면 되었다. 모자를 쓰기만 하면 관청의 검사를 피할 수 있었고, 그들은 물가나 숲속으로 들어가 초가집에서 스스로 농사지어 먹고 살면서 참선수행만 하면 그만이었다. 그러나 경전의 문자에 의지하여 이론을 연구하는 승려들에게는 생존의 공간과 수단이 없었다. 단지 하나 남겨진 길은 줄줄이 사회로 되돌아가는 수밖에 없었다.

그 이후, 문자에 의지하는 불교의 여러 종파들은 '회창멸법'으로 인해서 다시는 홍성할 수 없었다. 즉 법상종, 화엄종, 천태종, 삼론종 등등이 여기에 속한다. 오대 이후에 이르러 조금씩 불교경전을 국외國外에서 다시 들여올 수밖에 없었다. 마치 현대의 문화혁명이라는 10년 동란動亂 이후 불교경전이 없어져버려서, 역시 천천히 밖에서 경전을 되가져왔는데, 이런 일은 이미 옛날에 있었던 일이다. 오대에 시작하여 청나라 때까지 끊임없이 한국과 일본에서 경전을 되가져와야 했다. 청나라 말기에, 양인산楊仁山 거사는 중국에서 없어진 경전을 계속해서 일본에서 되가져왔다. 법보法寶가 되돌아오는 역사는 거의 천 년의 시간 동안 계속되고 있는 것이다. 이로부터 우리는 '회창멸법' 사건이 중국불교에 준 상처가 얼마나 엄중한 것이었는가를 알 수 있다. 비록 천 년의 회복시간을 경과해서 천천히 경전을 되가져왔다고 하지만, 현재까지도 아직 많은 경전이 되돌아오지 못하고 있다. 예를 들자면, 사원규범, 제도, 문서 등의 서적들이 여전히 외국에 보존되어 있다. 당송 시기에 국외로 빠져나간 경전 원본 가운데, 일부는 일본에 보존되어 있을 뿐, 중국에는 없다. 중국인이 불교에 대한 구체적 사원제도를 포함한 많은 구체적인 것들을 연구하려고 하면, 일본의 어떤 사원이나 문서보관소에 가서 자료를 찾을 수밖에 없다. 이것은 당시에 승려들이 신중하지 못하였고, 자애를 모르는 것이 조성한 일종의 비극이다.

그러나 당시에 다행스럽게도 육조혜능대사가 전승한 선종이 있었다. '회창멸법'의 불교 금지령이 끝나자마자 각지에서 선사들이 연이어 출현하였고, 당시의 모든 사원이 선종사원으로 바뀌었다. 그 후 선종은 오가칠파五家七派가 잇따라 성립되었다. 만약 혜능의 이런 깃발이 없었고, 불교 역사상 이런 이정표적 인물이 없었다면, '회창멸법' 이후의 불교는 오늘날과 같지 못했을 것이다. 그래서 육조혜능을 중국불교사에 위대한 공헌을 한 대조사大祖師라고 말하는 것이다.

세 번째 이정표적 인물은 근대의 태허太虛대사다.[56]

시대도 진보하고, 문명도 진보하고, 사상도 진보하는 것이다. 불교도 발전하여 오늘에 이르렀다고 하지만, 이런 진보와 함께하고, 이런 끊임없는 진보에 적응하고, 끊임없이 발전하는 사회 환경에 적응해야 하는 것이 아니겠는가? 당연히 그렇게 해야 한다. 청나라 중기에 시작해서 청나라 말기까지, 신문화의 조류는 중국의 구식 문화의 대문大門에 끊임없이 충격을 주었고, 결국 문을 열지 않으면 안 되게 하였다. 문이 일단 부서져 버리면, 이런 조류의 힘을 막아낼 방법이 없다. 그래서 태허법사는 불교의 삼대혁명을 제시하었나. 즉 교리혁명敎理革命, 교제혁명敎制革命, 불교재산혁명(敎産革命)⁵⁷이다. 이런 주장은 곧바로 전체 불교계에 충격으로 받아들여졌다. 당시에는 소수의 사람들만이 이 주장에 찬성하였고, 대다수 사람들은 저항하거나 반대를 하였다.

당시 태허법사의 이런 사상은 결코 큰 환영을 받지 못하였다. 비록 그렇다고 하더라도, 이런 사상은 왕성한 생명력을 표현해내고 있는 것이다. 태허대사가 '인생불교人生佛敎'라는 개념을 제시했는데, 오늘날에는 이것이 발전하여 '인간불교人間佛敎'⁵⁸라는 개념으로 성립되었다. 상해 옥불사玉佛寺는 태허법사와 가장 밀접한 관계가 있는 사원이라고 말할 수 있다. 왜냐하면 그가 옥불사에서 열반하였고, 그의 매우 많은 활동들이 옥불사와 관련되어 있기 때문이다. 당시 옥불사에서 사원 일을 담당하던 몇몇 법사들은 모두 태허대사의 제자들이었기 때문에, 그가 그곳에서 홍법을 할 수 있었던 것이다.

다른 지역에서는, 태허대사의 제자라는 것이 알려지면, 모든 사원에서 그들을 배척하였고, 심지어 밥 한 그릇도 먹여주지 않았다. 그때 태허대사는 무창에서 불학원佛學院을 세울 구상을 갖고 있었으나, 사원들은 도와줄 생각이 없었고, 이개선李開先이라는 거사가 자신의 집을 태허대사에게 시주하여 무창불학원武昌佛學院을 세울 수 있었다. 당시 무창불학원의 학생이 귀원사歸元寺에 갔는데, 점심 때가 되어 점심을 먹으려 하자, 귀원사의 지객知客은 "너희들은 돌아가서 밥 먹어라. 여기에는 너희들에게 줄 밥이 없다."라고 말하였다. 이로써 당시 상황이 어떤 지경이었는지를 알 수 있는데, 사회와 불교계가 새로운 일-예를 들어 불학원을 세우는 것 같은-에 대하여 모두 보수적인 태도를 견지하였고, 진보적인 일은 배척하거나 거부하였다.

현재 우리가 뒤돌아보면, 오늘날 우리가 실행하고 있는 모든 것이 사실은 모두 태허법사의 족적을 밟아가고, 그의 사상을 하나하나 구체적으로 실천하고 있다고 말할 수 있다. 우리가 실천하고 있는 것은, 그의 목표에 비하면 아직 멀었다. 우리는 그가 제시한 목표의 백 분의 일도 이루지 못하고 있다.

서양문화, 서양의 과학기술, 그리고 서양의 생활방식 등이 중국에 유입된 이후, 중국 고유의 각종 문화는 방법을 모색하여 적응하거나, 생존하려는 노력을 하였다. 유가는 '신유학新儒學'사상을 제시하였고, 불교는 '삼대혁명'과 '인간불교'를 제시하였다. 이것들은 모두 신사조와 서로 적응하고, 생존공간을 확보하기 위한 노력이었다. 새로운 중국이 성립된 지 50여 년이 되었지만, 최근 20여 년에 이르러서야 다시 '인간불교'사상을 제시하였다. 1966년 이전에는 감히 제시하지 못하였다. 왜냐하면 이런 사상을 제시하면, '종교미화'라는 모자를 씌워서 비판했기 때문이다. 1978년 이후에야 비교적 사상의 개방이 이루어졌고, 종교도 사회주의 사회에 적응해야 한다고 느끼게 되었다. 어떻게 적응해야 할까? 바로 '인간불교'라는 사상으로 사회주의 사회와 서로 적응해야 한다.

세 번의 다른 역사의 단계 내지 다른 역사 시기에, 중국불교에 세 분의 이정표적 인물이 출현하였다. 우리가 연구해야 할 육조혜능선사는 이 가운데서도 가장 관건적인 고승高僧이다.

육조혜능의 선법을 말하려면, 필연적으로 『육조단경』을 벗어날 수 없다. 나는 먼저 간략하게 『육조단경』을 소개하고자 한다.

『육조단경』이 불교계 안팎의 인물들에게 중시를 받고 있는데, 이런 보편적인 환영을 받는 이유는 이 책이 지혜의 책이고, 수행의 책이며, 생명실천을 지도하는 책이기 때문이다. 이 책의 중요성이 이처럼 뛰어나기 때문에, 이 책의 문제점 역시 매우 많다. 무엇 때문에 이렇게 말하는가? 이것은 현대인들이 이 책에 대하여 문제가 매우 많다고 생각하기 때문이다. 이런저런 판본들이 있고, 상세한 것도 있고 간략한 것도 있으며, 옛것도 있고 현대의 것도 있다. 그래서 학술, 문화, 역사 등의 서로 다른 측면에서 연구를 진행하고 있다.

근현대에 가장 먼저 『단경』을 연구한 사람은, 5·4문화운동의 선봉장의 한 사람인 호적胡適이었다. 그는 스스로 '신문화의 기수'로 자임했다(뒷날 여러 가지 원인 때문에, 사람들이 그를 "신문화의 기수"로 인정하는가 여부는 따로 토론할 문제라고 할 수 있다). 그래서 신문화를 연구할 때 여러 가지 문제에 부딪히게 되고, 다양한 좌절을 맛보게 된다. 호적은 중국철학사를 쓸 때 많은 문제에 봉착하였고, 결국 수당 시기까지만 집필하고 더 이상 쓸 수가 없었다. 왜 그랬을까? 그가 불교를 이해하지 못했기 때문인데, 특히 중국불교를 이해하지 못했기 때문이다. 그래서 그는 다시 불교를 연구하기 시작하였다.

불교를 연구할 때, 그는 선종 연구부터 시작하였다. 왜냐하면 중국철학을 연구하고자 하거나, 중국불교를 연구하고자 한다면, 선종을 연구하지 않고서는 깊이 있는 연구가 불가능하며, 사실상 시작을 할 수 없기 때문이다. 특히 당나라 중기에서 송원 시기에 이르는 1천여 년의 유가문화사상과 선문화사상의 체계에서, 상호 관련성과 상호 영향은 서로 뒤엉켜 매우 복잡하다. 이 시기의 유가 혹은 이학가理學家의 사상을 연구하고자 하면 반드시 선禪을 이해하여야 한다. 선을 이해하지 못하면 그 사상의 근원이 어디에 있는지를 알지 못한다. 그래서 호적도 선종을 연구하기 시작하였고, 중국 선종의 실제적인 창시자는 육조혜능이었기 때문에 그는 육조를 연구했던 것이다. 육조 연구는 『단경』을 연구하는 것으로부터 시작한다. 그의 연구로 인하여, 한편으로는 『단경』이 보다 많은 사람들의 중시를 받았고, 다른 한편으로는 매우 많은 문제가 발생하기도 하였다.

우리가 일반적으로 불경의 유통 과정에서 볼 수 있는 『단경』의 판본 이외에, 비교적 간략한 판본이 돈황석굴 안에 있었다. 대략 100여 년 전에 돈황석굴의 장경동藏經洞이 한 도사道士에 의해서 발견되었는데, 이 발견은 의도하지 않은 우연한 것이었다. 이 도사는 장경동 안에서 날마다 담뱃대를 가지고 담배를 피웠다. 그의 담뱃대는 매우 길었고, 담배를 다 피우고 난 뒤에는 벽에다 대고 담뱃재를 툭툭 쳐서 털고, 다시 담배를 채워서 피우곤 하였다. 그는 날마다 그 벽을 담뱃대로 쳤는데, 어느 날 벽 한 곳을 쳤는데 안에서 소리가 울리는 것을 알아차렸다. 그는 벽의 안쪽이 비어 있을 것이고, 그 안에 무엇인가 있으리라고 생각하였다. 그는 슬며시 벽돌 한 장을 뽑아내고, 작은 불로 비추어 보다가 깜짝 놀라고 말았다. 그 안에는 서적들이 가득 쌓여 있었던 것이다.

당시에는 프랑스, 영국, 러시아, 이탈리아, 일본 등 여러 나라의 적지 않은 외국인들이 중국 서부에 와서 탐험을 하고 있었다. 이런 탐험은 전문적으로 중국 문물을 도둑질하는 것이었다. 매우 많은 탐험가들이 돈황으로 갔고, 천천히 그 도사와 결탁했는데, 그 도사는 오늘 한 권 팔아먹고, 내일 한 권 팔아먹고 하였다. 나중에는 스타인이라는 프랑스인이 아예 그 도사를 매수해 버렸다. 그를 매수하여 장경동을 열고 들어가서는 가장 좋은 것들만 모두 골라가 버렸다. 알려진 바에 의하면, 당시에 여러 수레의 문서와 경전을 실어 갔다고 한다. 이 사건은 중국문화의 일대 재난이었다.

당시 장경동 안에는 손으로 쓴 두 종류의 『단경』이 있었는데, 이 두 판본은 모두 외국인이 가져가 버렸다. 그 뒤에 장경동의 나머지 것들을 정리했을 때, 중국인이 하나의 판본을 발견하였고, 이 판본은 현재 중국에 남아 있다. 이 두 종류 세 판본의 내용은 대체적으로 동일하다. 현재 유통되고 있는 『단경』은 2만1천여 글자로 되어 있는데, 돈황본 『단경』은 단지 9천여 글자로 되어 있다. 돈황본의 발견은 학술계에서 유통본 『단경』에 대한 의혹을 불러일으키게 하였다. 많은 사람들이 현재 유통되고 있는 조계고본曹溪古本, 조계원본曹溪原本과 종보본宗寶本 등은 모두 문제가 있고, 나중에 수정된 것이며, 오직 돈황석굴의 장경동에 보존된 것만이 『단경』의 원래 모습이라고 생각하게 되었다.

그러나 돈황석굴의 장경동은 언제 봉합封合된 것일까? 대체로 지금으로부터 9백 년 전의 일이라고 할 수 있다. 그때 신강 지역은 불교문화 지역이었고, 서역 각 나라들은 모두 불교문화 지역이었다. 이슬람교도들의 침입 이후 불교도들에게 개종을 강압하였고, 개종하지 않으면 바로 죽여 버렸다. 당시에 일부 사람들이 불교문화를 보존하기 위하여, 모든 경전을 급하게 그런 동굴 속에 숨기게 되었고, 나중에 봉합해 버린 것이다. 돈황본 『단경』은 겨우 9백여 년 된 것이고, 『단경』은 만들어진 지 1,300년의 역사를 가지고 오늘에 이른 것이다. 그래서 돈황석굴에 있었던 『단경』이 가장 오래된 판본인가? 그것이 『단경』의 본래 모습인가? 하는 것은 큰 의문이 아닐 수 없다. 그래서 이 문제는 뜨거운 논쟁을 불러일으켰다. 중국에서 외국까지, 일본에서 서양에 이르기까지 이 논쟁은 현재까지 그치지 않고 계속되고 있다.

불교계에서는 아직도 현재 유통되고 있는 조계원본의 『단경』이 『단경』의 본래 모습이라고 믿고 있으며, 돈황석굴의 『단경』은 초록본抄錄本이라고 생각한다. 왜냐하면 『단경』에는 본래 『단경』이 만들어진 상황에 대한 내용이 있는데, 돈황본 『단경』은 이런 내용들을 모두 생략해버리고, 주로 법어만으로 구성되어 있기 때문이다. 이것은 마치 『사십이장경』과 같다. 현재 불교계와 학술계에서 『단경』 문제를 다루는 데 있어서 각 견해들의 차이가 매우 크다.

1980년대 초에 나 역시 두 편의 글을 썼는데, 그 내용은 『육조단경』에서 어느 판본을 표준으로 해야 할 것인가를 논증하는 것이었다. 내 생각으로는 마땅히 조계원본의 진실성을 믿어야 한다는 것이다. 왜 그런가? 조계원본은 육조의 진신眞身이 모셔진 곳에서 전승되어 온 것으로, 그곳에서 유통되고 있는 『단경』이 가장 믿을 수 있는 것이다. 육조의 진신은 1,300년의 비바람을 견디며 보존되어 현재에 이른 것으로, 10년의 대동란이라는 문화대혁명도 견디 냈다. 그렇다면 육조의 법어 역시 조계인曹溪人들에 의해서 보존되어 왔다는 것은 당연한 일이라 할 수 있다. 그러므로 이것은 의심할 필요가 없다. 설사 조계원본『단경』에 약간의 첨가된 부분이 있다고 하더라도, 그것은 아주 적은 분량이므로, 마땅히 조계원본의 진실성을 믿어야 한다. 조계원본『단경』의 구성은 매우 완정完整하고, 10장으로 나뉘어 있다. 『단경』을 연구하고, 『단경』을 학습하고자 한다면, 초록본인 돈황본을 사용하지 말고, 비교적 완정하고, 원래 상태를 보존하고 있는 조계원본을 사용하라고 나는 권하고 싶다. 이상에서 나는『단경』의 내용보다는, 이 경전이 중시를 받아 왔고, 또한 왜곡도 있어 왔다는 하나의 사실을 소개하였다.

육조혜능의 선법은 모두『단경』안에 드러나 있다.

『단경』의 내용은 매우 풍부한데, 나는『단경』에 대해서 어떤 평가를 하든지 간에 모두 지나치지 않다고 생각한다. 육조의 선법을 간단하게 소개한다면, 바로 삼구의 구결이다. 이 삼구구결三句口訣은 바로『육조단경』에서 말한 것이다. 즉 "나의 이 법문은 부처님 이래, 먼저 무념無念을 종지宗旨로 하고, 무상無相을 본체本體로 하며, 무주無住를 근본根本으로 한다."[59]

'무념, 무상, 무주', 이 '삼무三無'가 육조선법의 핵심이다.

'무념無念을 종지로 한다.'는 것은 무슨 의미인가?

무념은 불경에서 상용하는 하나의 명사이다. 내가 앞에서 사조선법을 소개할 때, 사조가『대품반야경』에 있는 "염하는 바가 없는 것, 이것을 염불이라고 한다. 어떤 것을 염하는 바가 없는 것이라고 하는가? 즉 불심을 염하는 것을 염하는 바가 없는 것이라고 한다."[60]는 구절을 인용했다고 소개하였다. 이 '염하는 바가 없음(無所念)'이 실제적으로는 바로 '무념'이다.

육조혜능의 삼구구결에서 '무념'은 인식주체에 상대적으로 한 말이다. '염念'은 인식활동을 하는 심心이다. '무념'은 마음이 대상(緣境)과 관계할 때 분별을 일으키지 않는 것이다. '무념'은 결코 마음이 목석처럼 어떤 반응도 없는 것을 말하는 것이 아니고, 반응은 있지만 분별은 없는 것을 말한다. 무념은 일체법을 인식하지만, 마음에 어떤 오염도 없는 것이다. 무념은 『금강경』에서 말하는 "색(色; 대상)에 머물러 마음을 내지 말고, 성향미촉법에 머물러 마음을 내지 말고, 마땅히 머무는 바 없이 그 마음을 내어야 한다."[61]를 말하는 것이고, 혹은 "마땅히 머무는 바 없는 마음을 내어야 한다(應生無所住心)."를 말하는 것이다. 무념은 우리의 의식이 전화되어 지혜가 된 것으로, 세속에 대한 분별이 없고, 진여眞如의 염念에 부합한다.

규봉圭峰선사가 『선원제전집도서』에서 이런 말을 하였다. 즉 "만약 외재하는 일체 대상의 공성空性을 이해한다면, 우리의 내심은 자연히 분별이 없고, 자연히 무념이다." 또 "염이 일어나면 즉각 자각하고, 자각하면 바로 무無이고, 이것이 바로 수행의 묘법이다. 그러므로 비록 만행을 수행하더라도, 무념을 종지로 한다."[62]라고 말하였다. 이것이 의미하는 것은, 일체 법문을 수행할 때 우리는 주관과 대상으로 나누어 분별하는 마음이 있어서는 안 되고, 시시각각 자신의 무분별의 마음상태(心態)를 유지하고 있어야 한다는 것이다. 만약 우리가 진정으로 진여와 합일하는 마음상태를 유지할 수 있다면, 우리는 시시각각 선정 가운데 있게 된다. 일체법을 수행할 때, 법상法相을 일으키지 않고, 수행한다는 상(修相)을 일으키지 않으며, 삼륜체공三輪體空[63]을 해내면, 이것이 바로 무념이다. 무념은 어떤 염두念頭도 없는 것과 같은 의미가 아니고, 분별하는 염이 없다는 것이다. 그러므로 무념은 육조혜능의 선법인 삼구구결의 근본이라고 말하는 것이다.

'무상無相을 본체로 한다.'는 것은 무슨 의미인가?

염念은 인연을 만들어 내는 마음이고, 상相은 인연이 일어나는 대상(境)이다. 밖으로 일체상一切相에서 벗어나야 한다는 것은, 우리가 사물을 인식할 때, 어떤 사물에 대하여 일체의 외재적인 것들을 억지로 덧씌우지 말고, 일체 사물의 본래면목으로 되돌려야 한다는 것을 말한다. 밖으로 일체상에서 벗어나는 것을 무상이라고 한다. 상에서 벗어나는 것이 바로 법체가 청정한 것이다. 일체의 모든 법은 본래 허다한 분별을 일으키는 명자상名字相과 심연상心緣相을 떠나 있다. 일체법이 각각의 명상名相을 갖게 되는 이유는, 모두 우리의 주관이 만들어 내는 것이지, 결코 그 자체가 본래 가지고 있는 것은 아니다. 그러므로 상을 마주하면 바로 상에서 벗어나야 한다.

이른바 무상이라는 것은 대상(境)[64]에 대하여 어떤 분별이나 집착을 일으키지 않는 것으로, 법체로 하여금 항상 청정하게 하는 것이다. 법체는 일체 사물의 본래면목이다. 일체의 모든 법은, 또는 일체상이라고 말할 수 있는데, 본래 청정한 것이다. 중생은 미혹에 집착하여 깨닫지 못하고, 헤아리고 분별하며, 가지가지 색상色相에 허망한 집착을 한다. 만약 상을 마주하지만 상에서 벗어날 수 있고, 사물을 인식할 때 집착에서 멀리 벗어날 수 있으면, 우리는 제법의 실상을 볼 수 있을 것이다.

무엇이 무상無相인가? 무상이 바로 실상이고, 제법은 실상을 본체로 한다. 그러므로 무상을 본체로 한다고 말하는 것이다.

사조도신선사는 『입도안심요방편법문』에서 일찍이 이렇게 말하였다. "중생의 근성根性은 한량없기 때문에, 설법 역시 한량없다. 설법이 한량없기 때문에, 그 의의도 한량없다. 한량없는 의의는 일법一法으로부터 생기는 것이다."[65] 이 무량의無量義는 결코 무량법無量法으로부터 생기는 무량의가 아니고, 일법으로부터 생기는 것이다. 이 일법은 무엇인가? 일법이란 것은 바로 무상無相으로, 일법이 바로 무상이다. 무상이라는 것은 제법의 실상인데, 무상이면서 무불상無不相이기 때문에 실상인 것이다. 여기서 무상은 일체법성의 공통성이 된다.

비록 일체법이 보기에는 모두 고립적인 것이지만, 그러나 실제적으로 일체법은 개체성을 가지고 있고, 동시에 공통성도 가지고 있다. 만약 일체법이 단지 개체성만 가지고 있고 공통성이 없다면, 우리는 그것을 파악할 방법이 없다.

'무주無住를 근본으로 한다.'는 것은 무슨 의미인가?

『유마경』에서 "무주근본無住根本으로부터 일체법을 세운다."[66]고 말하였다. 제법은 무주를 근본으로 하는데, 무주근본이라는 것은 바로 제법의 본질이며, 인간의 본성이다. 무엇 때문에 이렇게 말할 수 있는가? 무주無住가 바로 진여법성眞如法性의 또 다른 호칭이기 때문이다.

일체법은 모두 법성法性을 가지고 있고, 모두 법상法相을 가지고 있다. 법상은 구체적인 것이고 법성은 추상적인 것이며, 법상은 개별적인 것이고 법성은 공통적인 것이다. 법상은 제법의 차별상이고, 법성은 제법의 평등성이다. 법상은 구체적 사물이고, 법성은 법칙이다. 왜냐하면 일체법은 모두 그것들이 따르는 법칙이 있기 때문이다. 그렇기 때문에 우리는 비로소 그것을 파악할 수 있고, 인식할 수 있고, 분석할 수 있다. 만약 우리가 모든 사물 하나하나를 분석하려고 한다면, 바다 속에 있는 모든 모래알을 헤아리려는 것과 같은 곤경에 빠지고 말 것이다. 단지 제법의 공상共相만 파악하면, 제법의 본질을 파악할 수 있는 것이다.

그래서 육조혜능이 "무주를 근본으로 한다."까지 설명했을 때, 그는 "생각하는 가운데 지난 일을 생각하지 않는다(念念中不思前境)."라고 말했는데, 이것은 과거의 일을 다시 사량분별思量分別하지 말라는 것이다. "앞 생각, 지금 생각, 뒤 생각 등 생각이 끊임없이 계속된다(前念今念後念, 念念相續不斷).", 즉 우리의 생각은 항상 변화하고 있으며, 항상 대상에 따라 흘러가고, 일체법은 자신의 고정 불변한 성질을 가질 수 없으며, 인간의 인식능력 역시 고정된 개념을 인식능력의 고정된 본질로 삼아서도 안 된다. 그래서 선종이 제시하는 반야이론에서 "모든 법의 본성은 공하다(諸法性空)."는 것이 중요한 내용이 된다.

『유마경』에서 "무주근본으로부터 일체법을 세운다."고 말하였다. '무주無住'는 불교이론에서 매우 중요한 문제 가운데 하나이며, 또한 매우 큰 문제다.

현재 통용되고 있는 『유마경』은 구마라습鳩摩羅什이 번역한 것이다. 그때 구마라습의 제자로 승조僧肇대사가 있었다. 당시 그는 구마라습의 역경사업에 참여했는데, 그가 주석한 『유마경』은 당연히 구마라습 자신의 유마경에 대한 이해를 포함하고 있다고 말할 수 있다. 우리가 오늘날 『유마경』을 학습할 때, 반드시 승조의 『주注유마경』을 중시하여야 한다. 이것은 매우 중요한 문제이다.

승조가 "무주근본으로부터 일체법을 세운다."를 주석할 때, 어떻게 설명하고 있는가? 그는 이렇게 말한다. "법은 자성이 없고, 인연에 의하여 일어난다. 법이 일어나기 전에는 의지할 곳을 모르고, 의지할 곳을 모르기 때문에 주할 곳이 없다. 주할 곳이 없기 때문에, 유도 아니고, 무도 아니며, 유무도 아니면서, 유무의 근본이 된다."[67] 이것이 바로 "무주근본으로부터 일체법을 세운다."는 의미다.

일체법의 본질은 바로 무주無住다. 실제적으로 여기서 말하는 것은 "일체법은 자성이 없다."는 것이다. 만약 일체법이 자성을 가지고 있다고 한다면, 일체법은 생성될 수 없고, 일체법은 서로 융합될 수 없으며, 또한 동일 공간에 동시에 존재할 수 없다. 그렇기 때문에 일체법은 자성이 없고, 그러므로 무자성이라는 이 법칙성은 일체법의 근원이고, 법성法性이다.

'무주'사상은 대승불교에서 '무주열반無住涅槃', '무주삼매無住三昧' 등의 사상이 등장하게 하였다. 무주열반은 대승불교, 대승보살의 최고의 과위果位인데, 왜냐하면 대승보살은 큰 자비심으로 가엾이 여기는 정감을 가지게 되고, 널리 중생을 제도하기 때문이다. 그러므로 그들은 열반에도 머무르지 않는다. 보살은 또 큰 지혜로 지식과 번뇌라는 두 가지 장애를 제거해버렸기 때문에, 생사에도 머무르지 않는다. 이것을 불교 학습의 최고의 성취라고 한다.

일반 사람들은 모두 불교를 학습한 뒤에 열반의 세계에 들어갈 수 있기를 희망하지만, 그러나 우리 역시 번뇌중생으로써 불법을 익혔다는 것을 망각하고 있다. 우리는 불법을 익힌 뒤에 수행을 통과하여 천천히 약간의 수용을 얻게 된다. 이런 수용을 얻은 뒤에 천천히 비교적 높은 단계에 진입할 수 있다. 보다 높은 단계에 올라감에 따라서, 우리는 가끔 이전에 지나온 길을 망각하게 된다. 망각해버렸을 때는 어떻게 해야 하는가? 그때 우리는 마땅히 우리 자신과 모든 번뇌 중생은 똑같이 모두 고난 속에서 힘써 노력해서 빠져나왔다는 것을 생각해야 하고, 당연히 이렇게 자신에게 질문해 보아야 할 것이다. 즉 우리 자신은 이미 수용이 있고, 해탈을 획득했는데, 아직 해탈을 얻지 못한 사람들을 돌볼 것인가 말 것인가? 나는 전적으로 그들을 돌보아야 한다고 생각한다. 그래서 보살은 두 가지 장애(二障)를 제거할 수 있으며, 또한 큰 자비심이 있어서, 열반에도 머무르지 않고, 생사에도 머무르지 않는데, 이것이 가장 고상한 보살정신이라고 말한다. 무엇을 보살이라고 하는가? 이런 것을 보살이라고 한다. 무엇을 대승이라고 하는가? 이런 것을 대승이라고 한다.

만약 대승보살이 열반에 들어 다시 생사에 진입하지 않는다고 말한다면, 이것은 반드시 소승이다. 만약 오직 생사 속에만 있으려 생각하고, 열반이란 것을 알지 못한다고 말하면, 이런 사람은 불교를 배우는 사람이 아니고, 그저 생사에 얽매인 범부일 뿐이다. 이미 열반에도 머무르지 않고 또 생사도 초월했다면, 이것은 바로 불교 학습의 극치이며, 바로 불교 학습의 최고 성취다. 위산潙山조사가 백년 뒤에 산을 내려가서 물소가 되겠다고 발원을 한 것도 바로 이런 정신이며, 열반에도 머물지 않고, 생사에도 머물지 않으며, 인연 따라 중생을 제도하는 대승불교의 가장 이상적인 경지다.

육조혜능 선법의 사상은 "무념을 종지로 하고, 무상을 본체로 하며, 무주를 근본으로 한다." 이 세 구결을 구체적으로 실현해내는 것이다.

만약 우리가 이런 혜능의 사상을 잘 이해하고, 또 이런 사상을 선수행과 중생구제 과정에서 잘 운용하고, 무념·무상·무주의 사상을 사람노릇과 일의 지도이념으로 삼는다면, 우리 인생에 희망이 있고, 불법에 희망이 있으며, 사회에도 희망이 있고, 일체의 모든 일에 희망이 있을 것이다. 왜냐하면 우리가 편벽된 집착을 버리고, 편견을 버리며, 나와 남, 옳고 그름 등 모든 분별을 버리고, 우리 자신들이 진정으로 평화롭고 따스한 사회적 공동체에서 생활한다면, 이런 것이 바로 인간 정토의 실현인 것이다.

5 육조가 말하는 수행과 증오

선을 배운다는 것은 수행修行과 증오證悟를 벗어나지 않는다. 왜 수행을 해야 하고, 왜 증오를 해야 하는가? 우리의 인생에 미혹이 있고, 번뇌가 있고, 고통이 있기 때문에 수행하고 증오해야 한다. 그렇다면 어떻게 수행하고, 어떻게 증오해야 하는가? 이 문제에 대하여, 그 답은 무수히 많다고 말할 수 있다. 왜냐하면 부처가 말한 일체의 법문이 모두 어떻게 수행하고, 어떻게 증오해야 하는가를 가르치는 것이기 때문이다. 똑같이, 『단경』에서 말하는 일체의 도리도 모두 '수행'과 '증오'에 관한 것이고, 또한 그 내용도 매우 풍부하다.

『단경』에서 보여주고 있는 수행과 증오를 소개한다면, 나는 네 가지 제목으로 나누어 볼 수 있다고 생각한다.

① 본심을 알지 못하면, 법을 배워도 무익하다(不識本心, 學法無益).

② 일체 만법은 자성을 떠나지 않는다(一切萬法, 不離自性).

③ 입으로는 말하고 마음을 청정하게 하여 실천해서, 자신을 제

도하고, 타인도 제도한다(口說心行, 自度度他).

④ 원만한 보리지혜를 이루어 무소득으로 돌아간다(圓滿菩提, 歸無所得).

1) 본심을 알지 못하면, 법을 배워도 무익하다

우리는 무엇에 근거하여 수행하고, 무엇을 수행하는가? 이것이 바로 내가 여러분에게 소개하고자 하는 것이다. 즉 "자신의 본심을 인식하고, 자신의 본성을 보는 것"[68]이다. 이것이 우리가 선을 배우는 유일한 종지이고 목적이다. 『단경』의 제2품 「반야품」에서 이렇게 말한다. "선지식들아! 세상 사람들이 온종일 입으로 반야를 읊조리지만, 자성반야를 알지 못하면, 먹을 것을 입으로 말해보았자 배가 부르지 않는 것과 마찬가지다. 입으로 단지 공空만 말하면, 만 겁이 지나도 견성하지 못하고, 결국 아무 이익도 없는 것이다."[69] 여기서 볼 수 있듯이, "자신의 본심을 인식하고, 자신의 본성을 보는 것"이 수행하여 올바른 깨달음을 얻을 수 있는 첫째 방법이다. 본심을 인식하지 못하고, 본성을 보지 못하면, 비록 입으로 수행을 말하더라도, 그것은 맹목적 수행이고 눈먼 수련이 되며, 해탈을 이룰 수 있을지 없을지가 심각한 문제로 될 것이다. 우리는 불법이 개인의 '미혹(迷)'과 '깨달음(悟)'이라는 두 가지 심태를 둘러싸고 돌면서 교화를 전개하는 것이라는 것을 잘 알고 있다. 우리가 생사를 유랑하고, 육도를 윤회하며, 이를 벗어나지 못하는 이유는 본심을 인식하지 못하고, 시종 미혹의 상태에 놓여 있기 때문이다. 그러므로 조사가 "본심을 인식하지 못하면, 법을 배워도 무익하다."고 말한 것이다.

그렇다면 본심이란 무엇인가? 만약 우리의 마음을 구별해서 말하면, 진심眞心과 망심妄心이 있다. 우리의 수행은 "망심을 끝내고 진심을 인식하는 것"이다. '진심'과 '망심'은 무슨 관계인가? 답은 명확하다. 즉 진망은 하나의 본체(眞忘一體)로, 둘이 아니며(不二), 동일한 근원을 갖고 있다.

우리는 평소에 항상 이런 말을 듣고 산다. 즉 "번뇌가 바로 보리다(煩惱卽菩提)", "생사가 바로 열반이다(生死卽涅槃)" 등등, 이런 말의 관건은 바로 이 '즉卽'자에 있고, 문제는 어떻게 '즉卽'할 것인가에 있다. 번뇌를 떠나서 보리를 구하고, 생사를 떠나서 열반을 찾으려 한다면, 모두 당나귀를 타고 앉아 당나귀를 찾는 것(騎驢覓驢)과 같아서, 결국 어떤 결과도 얻을 수 없다. 번뇌와 보리, 생사와 열반은 결코 서로 다른 두 가지 것이 아니며, 결코 서로 외재적인 것도 아니다. '세간과 출세간'도 역시 이와 같다. 그것들은 결코 병렬적인 두 개의 세간이 아니고, 본질적으로 하나의 세간이다. '세간'과 '출세간'의 구분이 있게 되는 이유는 인간의 분별심 때문이다. 만약 분별심이 없고, 찰나찰나 생각생각이 자각자주自覺自主할 수 있다면, 세간이 출세간이고, 번뇌가 보리이며, 생사가 열반이다.

같은 이치로, 진망眞忘 역시 하나의 본체의 두 측면이고, 진을 떠나서 망이 없고, 망을 떠나서 진이 없는 것으로, 진망은 둘이 아니다. 이렇게 말하면 여러분은 이런 의문이 일어날 것이다. 즉 진심과 망심이 원래 둘이 아니라면, 우리가 무엇 때문에 수행과 증오를 해야 하고, 진심眞心을 찾는 노력을 해야 하는 것인가? 여기서 주의가 필요한데, 진망이 둘이 아니라고 하는 것은 본체와 과덕果德의 측면에서 말한 것이고, 중생들은 무분별지를 증득하기 이전에는 항상 이원적 분립의 상태에 있다. 말을 바꾸어 설명하면, 범부는 일반적으로 항상 무명상태에 놓여 있고, 진성眞性을 잃어버리고 온종일 망심을 쫓아다니고, 망심에 따라 이리저리 돌아다니며, 망심을 버리고 진심으로 돌아가는 것을 알지 못한다. 그러므로 우리는 역시 수행을 해야 하고, 수행을 통과하여 "운무를 걷어내어 파란 하늘을 보고", "망심을 제거하여 진심을 보아야 한다." 진심을 의지처로 하고, 진심을 의지처로 한 경지에 진정으로 도달하면, 망심은 다시는 존재하지 않고, 진심 역시 다시는 존재하지 않는다. 이때가 바로 진망이 일체로 둘이 아닌 것이다.

그러므로 육조는 진심은 망심 가운데 존재하고, 망심을 떠나서 달리 진심을 찾으려 한다면 절대 얻을 수 없는 것이라고 반복적으로 알려주고 있다. 관건은 망심이 일어날 때, 회광반조回光返照할 수 있어서, 그 본성이 공하다는 것을 인식하고, 본성이 공한 원리를 깨달을 수 있으면, 바로 망심이 진심이다. 『대승기신론』에서 그 기본적 원리를 "하나의 마음이 두 개의 문을 연다(一心開二門)."라고 했는데, 두 개의 문은 '심진여문心眞如門'과 '심생멸문心生滅門'이다. 심진여문은 진심이고, 심생멸문은 망심이다. 망심은 생멸이 있지만, 진심은 불생불멸하다. 진심은 청정한 본체(體)이고, 망심은 오염된 작용(用)이다. 만약 그 마음을 스스로 깨끗하게 할 수 있고, 그 마음을 자각하고, 그 마음에서 스스로 주인이 되고, 생멸심을 제거해버리면, 불생불멸하는 진심眞心, 즉 자각적이고 자주적인 깨달은 마음이 실현되어 나온다.

우리가 선을 배우는 것은 결핍도 잉여도 없는 원만한 경지를 추구하는 것이고, 생사와 열반을 동일하게 하는 것이라고 말할 수 있다. 만약 생사가 있고, 열반이 있다면, 이것은 아직 원만하지 않은 것으로, 여전히 상대적 상황에 놓여 있는 것이다. 상대적 상황에 놓여 있는 것이 바로 '둘(二)'이며, 상대적 상황이 사라진 것이 바로 '둘이 아닌 것(不二)'이다. 여기서 주의해야 할 것은, '불이不二'는 여전히 획득할 수 있는 하나의 '일一'이 있는 것이 결코 아니며, '불이不二'는 '일一'까지도 존재하지 않는 것이다. 만약 '일一'과 '비일非一'의 구분이 있다면, 그것은 여전히 상대적 상황에 놓여 있는 것으로, 아직 원만하지 않은 것이다. 그렇다면 어떻게 해야 이런 불이의 경지에 도달할 수 있는 것인가? 바꾸어 말하자면, 어떻게 해야 비로소 불이의 진심, 불이의 자성을 볼 수 있는 것인가? 그것은 오직 "지금 이곳을 파악하고, 과거, 현재, 미래 삼제三際를 단절하는 것"[70]을 이루어야 비로소 도달할 수 있다고 말할 수 있다.

이른바 삼제를 단절한다는 것은 바로 무분별심으로 현장에 편안하게 있는 것이다. 삼제는 과거, 현재, 미래를 의미한다. 지금 자신의 마음을 관조하고, 자신의 마음이 어디에 있는지를 살펴보면, 자신의 마음이 과거를 생각하고 있지 않으면, 미래를 생각하고 있거나, 현재 무엇을 하고 있고, 무엇을 생각하는지, 스스로 분명하지도 않고, 파악하지도 못하고 있다는 것을 쉽게 알 수 있을 것이다. 이것이 '생명이 방향을 잃어버린' 상태이다. 만약 우리의 마음을 한

곳에 전념할 수 있게 하고, 반연하지 않고, 산란하지 않고, 분주하게 추구하지 않고, 지금 이곳에 과거도 없고, 미래도 없으며, 현재에 대해서도 집착하지 않는다면, 이것이 바로 '삼제를 단절한 것'이다. 일단 삼제를 단절하면, 마음은 혼란스럽지 않고, 지금 여기에서 바로 편안하며, 분명하고 밝아서, 개오開悟와 견성見性이 멀지 않아 반드시 이루어질 것이다.

　삼제를 단절한 경지는 수행하는 사람, 깨달음을 구하는 사람에게는 일상생활 속에서 어느 때건 항상 체험할 수 있는 것으로, 결코 신비스러운 것이 아니다. 참선을 하든지, 염불을 하든지, 주문을 외우든지, 아니면 다른 방법으로 수행하든지, 오직 현장에 전념하고, 찰나찰나 모든 생각을 자각하면, 모두 삼제 단절의 경험을 체험할 수 있다. 그렇지 않다면, 역사에 등장하는 조사선덕 가운데, 돌멩이 하나를 주어 던져 대나무에 부딪치는 소리 때문에 깨달았는데, 그런 일은 불가능하고, 강을 건너다가 자신의 그림자를 보고 깨달았는데, 이런 일도 있을 수 없는 일이다. 또한 돼지고기 파는 곳에서, 새끼 돼지를 도살하면서 큰칼을 가져다 나무판대기 위에 한 번 내려치면서 "보시오! 어느 것이 비계가 적은 살코기이고, 어느 것이 지방이 많은 살코기인가?"라고 외치는 말을 듣고, 바로 깨달았는데, 이런 일도 있을 수 없을 것이다.

　무엇 때문에 한 사람의 수행자가 생활 속에서 어느 때건 모두 깨달을 가능성이 있다고 하는가? 그것은 명심견성明心見性에 대하여 부지런히 정신을 집중하여 추구하기 때문인데, 하나의 일에 온 정신을 집중하고, 마음이 늘 생각하며 잊지 않고, 그때마다 모두 지금 이곳(當下)을 떠나지 않고, 지금 이곳의 그 생각을 벼나지 않기 때문이다. 이것은 결코 쉽게 이루어 낼 수 있는 일이 아닌데, 그것은 지금 이것에 머물지 못하기 때문이다. 우리가 '지금 이곳'을 말할 때, 지금 이곳은 이미 과거가 되어 버린다. 지금 이곳은 본질상 머물 수 없는 것(無住) 이고, 대상화할 수 없는 것이다. 일단 대상으로 인식되면, 그것은 이미 지금 이곳이 아니다. 바꾸어 말하자면, 지금 이곳은 영원히 주객主客이 분리되지 않은 맑고 투명한 직각상태直覺狀態이다. 생각이 지금 이곳에 편안히 머물면, 이것은 실제적으로 마음이 공명무주空明無住하고, 집중하고 있으며, 무아인 그런 상태를 의미한다. 이런 것이 바로 진실한 수행공부다.

 염불하는 사람이 만약 이렇게 마음을 쓰고, 생각이 현장에 편안하게 머문다면, 그래서 서쪽을 생각하지도 않고, 동쪽을 생각하지도 않고, 자신을 생각하지도 않고, 아미타불도 생각하지 않고, 현장에서 하나의 불명佛名에만 집중하고, 염불하는데 문자 하나하나가 분명하고, 듣는데도 문자 하나하나가 분명하면, 실제적으로 이미 시간과 공간을 초월한 것이고, 삼제를 단절한 것이며, 아미타불과 상응한 것이다. '아미타불'은 '무량광無量光', '무량수無量壽'의 의미다. 무량광은 공간을 초월한 것을 의미하고, 무량수는 시간을 초월한 것을 의미한다. 아미타불과 상응하다는 것은 생각 생각이 지금 이곳에 편안하게 머물고 있는 것이고, 과거를 생각하지 않고, 미래를 생각하지 않고, 현재에도 머물지 않으며, 생각에 분별이 없는 것이다. 만약 이와 같이 할 수 있다면, 바로 부처와 합일한 것이다.

 지금 이곳(當下)을 장악하고, 삼제를 단절하는 것이 수행공부의 핵심이라는 것을 알 수 있다. 만약 명심견성明心見性을 하고자 한다면, 당연히 이것을 선결조건으로 삼아야 한다. 종합하자면, 수행에서 가장 중요한 요점은 명심견성을 하는 데 있고, 명심견성의 가장 중요한 요점은 지금 이곳(當下)을 장악하는 것이다.

2) 일체만법은 자성을 떠나지 않는다

『단경』「반야품」에서 이렇게 말한다. "자성은 만법을 포함할 수 있고, 만법은 모두 자성 가운데 있다."[71] 여기서 '만법萬法'은 출세간법을 포괄하고, 또한 세간법도 포괄한다. 현대철학에서 항상 말하는 물질, 정신, 지식 등도 모두 만법의 범위에 속한다. 만법은 현상의 측면에서 보면 천차만별하지만, 본성의 측면에서 보면 하나의 본체이지 둘이 아니다. 모두 마음에 의해서 드러난 것이다.

여기서 잠시 심心과 성性의 관계를 논의해 보자. 심과 성 이 두 개념은 일반적 의미에서 말하면, 서로 혼용할 수 없다. 심心은 넓은 의미와 좁은 의미가 있다. 넓은 의미는 심리적인 것과 심의 여러 가지 인식기능을 포함한다. 좁은 의미는 단지 심의 인식기능만을 지시하는 것으로, 심은 인식능력과 인식내용이다. 그리고 성性은 일반적으로 본성을 지시한다. 간단히 말하면, 넓은 의미에서 심은 진심眞心과 망심妄心의 구분이 있고, 진심이 바로 성이다. 심의 좁은 의미에서, 성性은 심의 본체(體)이고, 심心은 성의 작용(用)으로, 성性은 염정染淨, 생멸生滅의 구분이 없지만, 심心은 염정, 생멸의 구별이 있다. 이것은 일반적 이해의 측면에서 설명한 것이다. 그러나 『단경』에서는 심과 성을 항상 혼용하고 있으며, 분명한 구별이 없다. 우리는 "일체만법은 자성을 떠나지 않는다."라고 말할 수도 있고, "일체만법은 자신의 마음을 떠나지 않는다."[72]라고 말할 수도 있다. 『단경』에서 "마음은 광대해서 마치 허공과 같고, 그래서 만법을 저장할 수 있다.", "어찌 자성이 만법을 생한다고 생각이나 했을까?", "만법은 자성 가운데 있다."[73] 등등을 말하고 있는데, 모두 이 점을 설명하고 있는 것이다.

종합하면, '심心'을 말하든지 '성性'을 말하든지 간에 기본관념은 단지 하나로, 그것은 바로 '만법유심萬法唯心'이다. 우리가 보고 있는 산하대지, 우주만물, 육도중생, 시방법계 등등, 이 모두는 우리의 진여자성을 떠나 있지 않고, 이 모두는 우리의 인식심(識心)에 의해서 드러난 것이다. 저녁 예불 시간에 염불할 때 항상 "만약 삼세 일체불을 알고자 한다면, 마땅히 법계의 일체는 마음이 만들어 낸 것이라고 보아야 한다."[74]라는 구절이 들어 있다. 이 구절의 의미 역시 일체만법이 모두 우리의 심성心性을 떠나 있지 않다는 것이다.

수행에 있어서, 무엇 때문에 "만법은 자성을 떠나 있지 않다."는 이 점을 특별히 강조하는 것인가? 그 목적은 우리가 수행하는 과정 가운데, 모든 생각에서 스스로 그 마음을 깨끗이 하고, 모든 생각에서 스스로 그 의도를 깨끗이 하고, 마음을 본위로 하고, 밖에서 무엇을 추구해서는 안 되기 때문이다. 자성을 벗어나서, 바꾸어 말하면, 만약에 자신의 심령을 정화하는 데서부터 수행을 시작하지 않으면서, 해탈을 하고자 한다면 이것은 근본적으로 불가능한 일이다. 불법은 내적 반성을 강조하고, 우리가 일상생활을 하는 가운데 어느 때, 어느 장소에서나 자신의 행위와 생각을 바르게 하고 정화할 것을 강조한다. 또한 우리 심령 속에 본래 가지고 있는 광명과 지혜를 발굴하고, 우리의 마음에서 해탈을 구할 것을 요구하며, 마음 밖에서 정토를 찾지 말라고 한다. 부처는 우리의 마음속에 있으며, 정토 역시 우리의 마음속에 있는 것이다. 마음이 깨끗하면 바로 부처님 나라가 깨끗하다. 마음이 미혹하면 중생이고, 마음이 깨달으면 바로 부처다. 그러므로 수행의 본질은 바로 마음을 닦는 것(修心)이다. 마음이 해탈의 핵심이다.

이렇게 설명하면, 정토종의 입장과 서로 모순되는 것은 아닌가? 정토종에서는 분명히 우리에게 서방극락세계로 가서 태어나라 하고, 극락세계는 우리로부터 거리가 십만억 불토佛土라고 하는데, 이것은 마음 밖에서 법을 찾는 것 아니겠는가? 그러나 모순되는 것은 아니다. 왜냐하면 정토종도 최후의 경지를 설명할 때는 여전히 '유심정토唯心淨土', '자성미타自性彌陀'를 말하고 있기 때문이다. 염불하여 염불의 최고경지에 이르면, 서방극락세계와 우리의 자성은 일체가 된다. 부처와 자기 자신, 서방정토와 이 현실세계, 이것들은 둘도 아니고, 차별도 없으며, 모두 자신의 마음속에 있는 것이다. 아미타불과 극락세계가 모두 우리 마음속에 있기 때문에, 죽음에 이르렀을 때, 단지 정념正念을 일으키고, 부처님 명호를 잊지 않는다면, 즉시 한 생각에 서방에 왕생할 수 있다. 그러므로 정토종과 "만법은 자성을 떠나 있지 않다."는 관념은 일치하는 것으로, 결코 서로 모순되지 않는다고 말할 수 있다.

수행함에 있어서, 만약 "만법은 자성을 떠나 있지 않다.", "부처와 정토는 바로 자신의 마음속에 있다." 등 이런 관념을 인정한다면, 수행에서 더욱 자신감을 얻을 수 있고, 더욱 절실해질 수 있고, 더욱 구체적일 수 있으며, 여기에 어떤 신비하거나 미신적인 요소는 없다. 바꾸어 말하자면, 오직 열심히 수행하는 것으로, 오직 찰나찰나 모든 생각을 자각하고, 모든 생각이 자주적이며, 모든 생각이 현장을 떠나지 않고, 모든 생각이 청정하고 오염이 없으면,[75] 정토는 바로 눈앞에 있고, 해탈도 하나의 현실이 된다.

3) 입으로는 말하고 마음을 청정하게 하여 실천하면, 자신을 제도하고 타인도 제도한다

「반야품」에서 육조대사는 이렇게 말하였다. "선지식들아, 마하반야바라밀은 산스크리트어인데, 이 말의 의미는 큰 지혜로 저 언덕으로 간다는 뜻이다. 이것은 반드시 마음의 일이지 입으로 외우는 데 있지 않다. 입으로만 외우고 마음을 청정하게 하여 실천하지 않으면, 환영과 같고, 이슬이나 번개처럼 순간에 사라지고 만다. 입으로 외우고 마음을 청정하게 하여 실천하면, 바로 입과 마음이 상응하는 것이다."[76] 여기서 육조대사는 당시 불교계에서 '문자 중시', '학문 중시', '불경 강론 중시' 등이 성행하고, 실제적 수행을 중시하지 않는 폐단에 대응하여, '수행'의 중심적 위치를 강조하였다.

불교를 배우는 데 있어서는 수행이 주가 되어야 하고, 입으로 말하는 데 머물러서는 안 된다. 입으로 말하고 마음이 청정하여야 하고, 마음과 입이 하나가 되어야 한다. 불교를 배우는 것은 불교라는 학문을 연구하는 것이 아니다. 불교라는 학문은 지성적인 것이고, 불교를 배우는 것은 실천적인 것이다. 불교를 배우는 목적은 해탈하기 위해서다. 불법에는 삼장三藏 십이부十二部가 있고, 불제자가 된 사람이 경전을 깊게 이해하는 일은 당연하고 매우 중요한 일이다. 그러나 하나 주의해야 할 점이 있다. 불제자가 경전을 깊게 이해하는 목적은 사회의 일반 학자와 다르다. 그것은 자신의 학술적 성과를 위해서 하는 것도 아니고, 자신의 능력을 자랑하기 위해서도 아니며, 오직 대도大道를 이해하고 지혜를 획득하여, 자신의 수행을 올바로 하기 위해서다.

불법은 실천 속에 그 존귀함이 있다. 불법의 정신이 일상생활, 직업활동, 학습생활 등에 관철될 수 있어야 한다. 이렇게 해야 비로소 진정한 불제자인 것이다. 어떤 사람이 불법이론에 대하여 만약 천 가지 만 가지를 말하면서, 한 구절도 실천하지 않는다면 기껏해야 말 많은 범부에 불과할 뿐이고, 불법을 이해하지 못하는 사람과 본질적으로 차이가 없는 것이다. 그러므로 진실한 수행자는 묵묵히 수행하는 것을 중시하지, 여기저기 아무 데서나 입으로 지껄이지 않는다. 도처에서 미친 듯이 지껄일 뿐, 몸소 체험하고 실천하지 않는 사람은, 왕왕 명예나 이익을 탐하는 무리들로, 불제자라는 깃발을 들고 있지만, 결코 진정한 불제자라고 할 수가 없다. 이런 점에 더욱 주의해야 한다. 말이 행동을 대신할 수 없고, 천만 마디 불법을 말해보았자 한 마디 불법을 수행하는 것만 못하다.

또 다른 측면에서 주의해야 할 것이 있다. 수행인이라면, 입으로 말하고 마음이 청정하여, 스스로 깨닫고 스스로 제도해야 하고, 나아가 대원심大願心을 발휘하여 타인을 깨닫게 해주고, 타인을 제도해야 한다. 불법을 배우는 사람은 스스로 해탈해야 할 뿐만 아니라, 타인도 해탈할 수 있도록 도와주어야 한다. 이것이 대승불교의 기본정신이며, 또한 우리가 성불하고, 구경해탈을 획득할 수 있는 근본적인 보증이다. 우리는 항상 보살도를 실천하고, 부처가 되고, 조사가 되어야 한다고 말한다.

그렇다면 무엇을 '보살'이라고 하는가? 무엇을 '부처'라고 하는가? '보살'은 '보리살타'의 줄임말이다. 그 의미는 '각유정覺有情', 즉 '깨달음을 획득한 유정'이고, '기타 유정들이 깨달음을 획득할 수 있도록 도와주는 유정'이다. 부처는 '스스로 깨닫고, 타인을 깨닫게 해주는, 깨달음이 원만한' 분이다. 보살과 부처의 문자적 의미에서 볼 것 같으면, 타인을 이롭게 하고, 타인을 깨닫게 하고, 타인을 제도하는 것이 그 근본정신이다. 바꾸어 말하자면, 타인을 이롭게 하지 못하고, 타인을 깨닫게 하지 못하고, 타인을 제도하지 못하면 불보살이라고 할 수 없다. 그러므로 불법에서 항상 말하기를, 보살도를 실행하는 사람은 반드시 "보리심을 원인으로 하고, 대비심을 근본으로 하며, 방편으로 종결을 하는 것"[77]으로 실행해야 한다. 여기서의 보리심, 대비심, 그리고 방편은 모두 중생 때문에 일어나는 것이다. 이른바 보리심은 위로는 불도를 구하고, 아래로는 중생을 교화하고자 하는 커다란 비원悲願이다. 그것의 핵심은 바로 대비심이다.

무엇을 대비심이라고 말하는가? 그것은 중생에 대한 연민, 동정심, 그리고 그들을 구제하고자 하는 마음이다. 이 마음은 분별이 없으며, 보편적이다. 대상에 대하여, 이 마음은 무한한데, 사람에 대해서뿐만 아니라 일체의 모든 생명에 대해서도 보편적이다. 자신과 가까운 사람들뿐만 아니라 일체의 인연이 없는 사람까지도 포함한다. 공간적으로도 무한하다. 즉 자신의 민족, 자신의 국가뿐만 아니라 일체의 다른 민족이나 국가에 대해서도 퍼진다. 또한 이 세계, 이 국토뿐만 아니라, 일체의 다른 세계, 다른 국토에도 퍼진다. 시간적으로도 무한하다. 즉 지금 이때뿐만 아니라, 염불하거나 참선할 때도, 깨어 있을 때도, 언제나 널리 퍼져 있어, 중단되지 않고, 항상 모든 생각이 이와 같아야 한다. 이런 대비심을 「보현보살행원품」에서는 보살수왕菩薩樹王의 '뿌리(根)'와 '물(水)'로 보았다. 타인을 이롭게 하고, 타인을 제도하려는 비원이라는 것이, 개인이 해탈하려거나 성불하려거나 조사가 되려는 길 위에서 얼마나 중요한 것인가를 알 수 있다. 타인을 이롭게 하려는 마음이 없는 것은 큰 나무에 뿌리가 없거나 물이 없는 것과 동일하다. 우리는 매일 아침 예불 시간에 '사홍서원四弘誓願'과 '삼귀의三歸依'를 한다. 사홍서원과 삼귀의의 정신이 바로 타인을 이롭게 하고, 타인을 깨닫게 하고, 타인을 제도하는 것이다. 진정한 수행인이 되려는 사람은 반드시 이런 자비심과 자신과 타인이 둘이 아니라는 보리심을 일으켜야 한다. 그렇지 않으면 대승불법을 수행하고, 위없는 불과(無上佛果)를 얻을 방법이 없다.

우리가 주의해야 할 점이 있다. 그것은 타인을 제도하는 것, 타인을 이롭게 하는 것, 타인을 깨닫게 하는 것 등은 결코 빈말이 아니며, 죽은 뒤에나, 성불한 뒤에나 할 수 있는 것도 아니다. 이와는 정반대로, 성불하기 위하여 수행하는 가운데 조금씩이라도 노력하고, 구체적으로 실행하는 것이다.

수행의 과정 또한 하나의 이타 과정으로, 이타利他와 자리自利는 결코 모순되는 것이 아니다. 왜냐하면 우리가 편안한 마음의 경지를 획득하는 것과 자신의 본성을 볼 수 있는 것 등을 방해하는 진정한 장애는, 밖에서 오는 것이 아니고, 마음속의 탐·진·치 삼독이다. 탐·진·치 등의 장애를 제거하고자 하면, 의식적인 이타의 과정을 통하여 자신의 마음을 확대시키고, 자신의 아집과 습기를 제거해야 한다. 이타 수행 없이 이런 장애와 습기를 제거한다는 것은 대단히 어려운 일이다. 그러므로 대승 수행 법문으로 간주하는 육도六度, 사섭四攝[78], 사무량심四無量心[79] 등은 모두 자비심, 이타를 근본정신으로 삼고 수행의 전체 과정을 관통하고 있다. 그러므로 수행인이 된 사람은 수행을 절대로 경전을 외우고 참선하며, 부처님을 예배하고 향을 태우는 것 등 형식적인 것에 국한해서는 안 되고, 널리 육도, 사섭을 수행하여, 자리와 이타를 실천해야 한다.

4) 원만한 보리지혜를 이루어 무소득無所得으로 돌아간다

마지막으로, '얻은 바 없는 마음(無所得心)'에 대하여 간단히 이야기하고자 한다.

우리가 수행하는 목적이 무엇인가? 바로 번뇌를 전환하여 보리로 만들고자 하는 것이고, 생사를 전환하여 열반으로 만들고자 하는 것이며, 티끌세상을 떠나 깨달음의 세계로 가는 것이고, 망령됨을 제거하여 진여의 자리로 돌아가고자 하는 것이다. 무엇 때문에 "무소득으로 돌아간다."고 말하는 것인가? 보리자성은 세상 사람들이 본래 스스로 가지고 있는 것이고, 원만한 복덕과 지혜도 세상 사람들이 본래 갖추고 있기 때문이다. 그것이 본래 가지고 있는 것이고, 밖에서 오는 것이 아니라면, 우리의 수행은 결코 무엇을 얻어 내는 것이 없고, 단지 본래 가지고 있던 것을 발굴해 내는 것에 불과하다는 것을 의미할 뿐이다. 그러므로 깨달은 사람과 범부의 구별은, 깨달은 사람이 무엇인가를 얻었다는 데에 있는 것이 아니고, 깨달은 사람은 일체의 집착과 반연을 내려놓는 것을 통하여, 본래 가지고 있던 보물을 드러내놓는 데에 있다. 이런 보물은 범부에게도 똑같이 갖추어져 있는 것이지만, 단지 번뇌, 습기에 의해서 가려져 있고, 열리지 않았을 뿐이다.

우리가 이 점을 분명히 이해하면, 수행은 본질적으로 번뇌무명, 망상집착을 제거하는 것에 불과하고, 또한 보리자성을 확연히 드러나게 하는 것이지, 결코 무엇인가를 얻어내려는 것이 아니라는 것을 알 수 있다. 철저히 내려놓을수록, 더 많이 내려놓을수록, 해탈은 더욱 빨리, 더욱 쉽게 올 수 있다. 이렇기 때문에, 우리는 수행에 대해서 정견正見을 확립해야 한다. 그것은 바로 수행은 무엇인가를 얻어 내려는 것이 아니고, 이름을 날리고 자신의 이익을 도모하기 위해서도 아니다. 그저 내려놓기만 하는 것이요, 그저 봉사하는 것이요, 그저 내어주는 것이다. 불문佛門에 들어서면, 내려놓기를 준비해야 하고, 봉사를 준비해야 한다. 내려놓는 것은 인생을 깨닫기 위해서고, 내어주는 것은 인생에서 봉사하기 위해서며, 내려놓는 것은 더욱 철저하게, 더욱 성실하게 내어주기 위해서다. 수행하는 가운데, 내려놓기만 잘하면 자성은 분명히 드러난다. 봉사하기만 잘하면 마음은 허공처럼 광대해진다. 우리가 '얻은 바 없는 마음'을 강조하는 의도가 바로 여기에 있다.

6 『육조단경』의 몇 가지 주요 개념

사람들이 선을 공부할 때, 그 근본적인 문제들에 대하여 비교적 분명한 인식을 갖는 데 도움이 될 수 있도록, 『단경』의 몇 쌍의 중요한 개념을 선택하여 비교와 설명을 하고자 한다.

몇 쌍의 개념들은 다음과 같다.

① '돈頓'과 '점漸'의 문제

② '교외별전敎外別傳'과 '자교오종(藉敎悟宗; 교리에 의하여 종지를 깨달음)'의 문제

③ '불립문자(不立文字; 문자적 설명을 못함)'와 '불이문자(不離文字; 문자를 떠나지 않음)'의 문제

④ 선종과 정토종의 문제

1) '돈頓'과 '점漸'의 문제

『단경』속에서 '돈'과 '점'의 문제는 책 전체를 관통하고 있는 하나의 중요한 문제다. 육조대사는 바로 이 문제를 가지고 그의 일생의 교화를 전개하였다. 그러므로 선을 배우는 사람은 이 문제에 대해서 반드시 명확한 인식이 있어야 한다.

『능엄경』에서 이렇게 말하였다. "이치는 돈오할 수 있지만, 습기는 순간에 제거되지 않는다.[80]" 돈오頓悟는 교教의 측면에서는 '견도見道'라 부르고, 선종에서는 '개오開悟'라 부른다. 견도, 개오는 순간적 상황으로, 이른바 "미혹하면 수많은 겁을 지내지만, 깨달음은 순간에 이루어진다."[81]는 것이다. 얼마 전에 어떤 선수행자가 선종삼관禪宗三關의 문제를 제기하였다. '삼관'의 실제적 의미는 견도의 측면에서나, 깨달음의 경지에서, 깊고 얕음, 높고 낮음의 순서가 있다는 것이다.

역대의 조사들은 대오大悟 몇 번, 소오小悟 몇 번이라는 말을 하였다. 여기서 알 수 있듯이, 개오開悟가 비록 불성을 돈오하고, 인연법의 실상을 돈견頓見한 것이지만, 그러나 그것은 깊음과 얕음의 정도 차이를 가지고 있는 문제로, 결코 한 번 깨달음으로 모든 것을 해결할 수 있는 것은 아니다. 한 번 깨달음으로 모든 것을 해결한 그런 철오徹悟는 오직 부처의 경지에서나 있을 수 있는 것이다. 석가모니 부처님이 보리수 아래서 어둠 속의 밝은 별을 보고 우주 인생의 진리를 돈오하였고, 그로부터 49년 동안 설법 활동을 전개하였다. 이런 깨달음이 바로 돈오이고, 한 번 깨침으로써 모든 것을 해결한 것이다.

그렇다면 무엇이 '깨달음(悟)'인가?

깨달음은 일종의 생명의 커다란 돌파이고, 커다란 비약이다. 생명의 대돌파, 대비약의 경지는 오직 생명의 외롭고 처절한 투쟁을 통과해야만 비로소 도달할 수 있다. 생명의 외롭고 처절한 투쟁 없이 생명의 대돌파, 대비약은 있을 수 없는 일이다.

개오開悟란, 교종이거나 선종이거나 상관없이, 결국 한순간의 상황이다. 당연히 오직 '돈頓'만 있을 뿐, '점漸'은 없다. 이른바 "불성을 순간에 봄(頓見佛性)"이다. "불성을 순간에 봄"은 바로 "삼제를 앉아서 단절하고, 환하여 분명하다."[82]는 것으로, 마치 하늘의 번갯불에 눈 깜짝할 사이에 흑칠통이 파괴되고 창호지를 관통하여, 눈 앞의 암흑이 순간에 모두 사라져버리는 것과 같은 것이다.

개오에 관해서, 만약 돈과 점을 연계하여 보면, '점수돈오漸修頓悟'와 '돈오점수頓悟漸修'가 있다. 수행은 당연히 점차적으로 진행하고, 점차적으로 수준이 향상되며, 그 구별은 단지 먼저 점수를 한 뒤에 돈오하는 것이 있고, 또는 먼저 돈오를 한 뒤에 점수하는 것이 있다고 말할 수 있다. 육조대사 같은 분은 먼저 돈오하고 뒤에 점수하였다.

돈오와 점수의 관계에 대하여 비유를 들어 설명해 볼 수 있다. 우리가 저녁에 강당으로 들어갔는데, 강당 안에 아직 전등불이 켜있지 않아서 칠흑처럼 어두울 때, 강당 안에 무슨 물건들이 있는지 알려고 하면, 먼저 해야 할 일은 전등 스위치를 찾아내는 것이다. 그렇다면 개오는 무엇인가? 바로 강당의 전등 스위치를 찾아내는 것과 같다. 우리는 처음 온 사람들이기 때문에, 강당의 구조에 대해서 익숙하지 못하다. 이런 상황에서는 오직 이런저런 것들을 만져보거나, 이곳저곳을 찾아보아야 한다. 이렇게 만져보고 찾아보는 과정이 우리가 말한 점수와 흡사하다. 우리가 전등 스위치를 찾았을 때, 스위치를 한 번 누르면, 모든 강당은 순간적으로 밝아진다. 이것은 찰나적 순간의 상황이다. 이 찰나적 순간이 바로 우리가 말한 돈오이다. 실제적 개오는 결코 이렇게 간단하지 않고, 이것은 단지 하나의 비유일 뿐이다.

본질적으로 말하자면, 개오는 해탈로 통하는 수행의 길을 찾아낸 것을 말하는데, 그래서 교종에서는 그것을 '견도'라고 부른다. 견도見道의 도道는 세 가지 의미가 있다.

1. 경지를 의미한다. 이것은 수양공부를 통해서 자성을 본 것으로, 일종의 실제적 체험이고, 일종의 수용이다.

2. 도로, 즉 길을 의미한다. 개오를 하기 전에 우리는 우리가 가고 있는 수행의 길이 확실한지 어떤지를 모르며, 매우 미혹한 상태이다. 일단 개오를 한 뒤에는 전등의 스위치를 켠 것과 같은 것으로, 우리가 마땅히 어떤 길을 걸어가야 하는지를 알 수 있게 된다.

3. 방법을 의미한다. 길을 찾은 이후에, 이 길을 어떻게 걸어가야 하는 것인가? 여전히 하나의 방법 문제가 있게 된다. 엄격히 말하자면, 견도 이후가 비로소 진정한 수행의 시작이다. 그전에는 모두 탐색 단계에 속한다. 그러나 이 탐색 단계는 빼놓을 수 없는 부분이다. 또한 개오를 한 후에 결코 한 번에 최고 경지에 도달하는 것은 아니고, 여전히 긴 수행 과정이 필요하다. 점수돈오거나, 돈오점

수거나, 개오를 한 후에도 여전히 긴 시간의 수행을 경과하지 않으면 안 된다. 육조도 개오한 후에, 16년 동안 은거생활을 보냈는데, 이것 역시 실제적으로 하나의 점수적 과정이었다. 개오를 한 후에, 바로 세상에 나와서 홍법을 하는 것이 아니고, 구체적인 생활환경 속에서 점차적으로 조금씩 자신의 습기를 없애고, 자신의 번뇌가 사라지게 노력해야 한다. 즉 '보임保任'[83]의 과정이 있는 것이다. 이것이 바로 이른바 '깨달은 후에 수행한다(悟後起修)'는 것이고, 또한 교종에서 말하는 '수도修道'의 과정이다. 오직 견도, 수도를 통과해야만 비로소 최후의 '무학도無學道'[84]에 도달할 수 있다. 수도의 과정이 없이 진정한 해탈을 획득하는 것은 불가능하다.

이렇기 때문에, 선종과 교종을 서로 비교함에 있어서, 만약 어떤 다른 점이 있다면, 그것은 단지 견도見道의 방법상에서 선종이 교종에 비하여 좀 더 단순 명쾌하다는 것이고, 수도修道의 과정과 순서의 관점에서 보면, 근본적으로 다른 점은 없다. 왜냐하면 선종도 결국은 불교의 하나의 유파이고, 하나의 유기적 구성 부분이 있으며, 기타의 종파와 많은 공통점이 있기 때문이다. 만약 선종과 기타 종파와 비교하니 서로 완전히 다르다고 말한다면, 이것은 선종은 실제적으로 불교가 아니라는 의미와 같다. 그러므로 선종과 교종의 여러 종파의 관계를 볼 때, 우리는 인위적인 대립을 만들지 말고, 인위적으로 이쪽을 억누르고 저쪽을 일으켜 세우지 말아야 한다.

실제적으로, 불법은 본질적으로 말하면 돈점의 문제가 없고, 단지 중생들의 근기[85]에 영민함(利)과 우둔함(鈍)의 차이가 있을 뿐이다. 이른바 "법에는 돈점이 없고, 사람에게 영민함과 우둔함이 있다."⁸⁶는 것이다. 그러므로 선송을 이해하고, 『단경』을 학습할 때, 하나의 관념을 확립해야 한다. 그것은 바로 깨달음은 결국 찰나적 순간의 일이고, 한 번 깨달았다고 해서 모든 것이 완결된 것이 아니며, 깨달은 이후에도 여전히 수행이 필요하고, 깨달음의 경지도 여전히 계속해서 정도가 높아지는 과정이 있다는 것이다. 선종에서는, 개오하기 이전의 수행은 어떤 경우에는 맹목적성을 갖게 될 수도 있기 때문에, 오직 개오 이후의 수행만이 바로 참된 수행이라고 말한다.

  이쯤해서 여러분들은 아마도 하나의 의문이 생길 것이다. 즉 오늘날 선을 배우는 사람 가운데 몇 사람이나 개오할 수 있을까? 몇 사람이나 진수眞修 단계에 진입할 수 있을까? 선을 학습하는 데 인생의 반 이상을 소비하고도 여전히 깨닫지 못했다면, 수행공부를 낭비하고 있는 것일까? 문제를 이렇게 간단히 볼 수는 없다. 왜냐하면 깨달음(悟)에서 증오證悟와 해오解悟가 다르기 때문이다. 증오는 실제적인 체험이고, 해오는 수행의 길과 방법에 대한 일종의 지적 이해를 말한다. 우리는 한 번에 바로 증오를 할 수는 없지만, 해오를 할 수는 있다. 이 해오 역시 우리의 수행에 매우 중요한 것이다. 그러므로 우리는 항상 선지식과 친근하게 지내야 하고, 불법을 학습하고, 지적으로 불법에 대하여 정확하고 분명한 파악을 하는 데 힘써야 한다. 이것을 "불경을 깊이 이해하면, 지혜가 바다와 같다."고 말한다.

2) '교외별전敎外別傳'과 '자교오종藉敎悟宗'의 문제

선종은 "언교 이외에 별도로 전하는 것으로, 문자로는 설명할 수 없다. 바로 사람의 마음을 가리켜서, 자신의 불성을 깨달아 실현하여 성불하게 한다(敎外別傳 不立文字 直指人心 見性成佛)."를 표방한다. 만약 '교외별전'을 불교 이외의 또 다른 하나의 전승으로 이해한다면, 이것은 잘못된 이해다. 여기서 말하는 '교敎'는 마땅히 '말로 가르침(言敎)'으로 이해하여야 한다. 왜냐하면 선종은 '이심전심'을 강조하고, 개인의 생사문제를 마음에 의해서 해결하려는 것이지, 언어나 문자, 또는 개념 등으로 해결할 수 있는 것이 아니라고 생각하기 때문이다. 그러므로 선종은 그들의 수행법문을 '교외별전'이라고 부른 것이다.

실제적으로 각각의 종파들도 모두 언어나 문자를 초월한 진수실증眞修實證과 실제체험實際體驗을 강조한다. 이런 체득은 언어나 문자로 대신할 수가 없다. 이것은 언교를 벗어난 일종의 진실한 수용이다. 왜냐하면 언어나 문자는 일종의 추상적인 것이고, 일종의 보편적인 지시로, 심각한 한계를 가지고 있기 때문이다. 이것은 개체적인 것, 현장의 실재적 느낌을 전달할 수가 없다. 예를 들어보자면, 내가 지금 여러분에게 "날씨가 추워졌고, 눈이 내리며, 모두 얼어붙었다."라고 말한다면, 이때 여러분들은 추위를 느낄 수 있는가? 느끼지 못한다. 이것이 바로 언어의 한계성이다. "밥을 말한다고 배고픔이 사라질 수 없고, 남의 보물을 세어본다고 빈곤이 구제될 수 없다.", 불교에서는 항상 이런 말로 사람들에게 경고를 하는

데, 이것은 언어나 문자에 집착해서 실제적 체험과 수증을 잊지 말라는 것이다. 만약 자신이 몸소 체험하고 힘써 실천하지 않는다면, 설사 아무리 많은 책을 읽었다 하더라도, 단지 보물을 남 대신 세어주는 일이 되고, 자신에게는 아무 이익도 없다.

여기서 주의할 필요가 있다. 즉 선종에서 말하는 '교외별전'은 실제적 수증과 체험을 언어나 문자로 대신할 수 없고, 또한 언어나 문자로 전달할 수 있는 것도 아니다. 오직 스스로 체득해야 한다는 것을 말하는 것이다. 그렇다고 결코 경전을 멀리하고 교리에 반역하라는 것도 아니고, 경전을 보지 말라는 것도 아니다. 바꾸어 말하면, 한편으로는 경전을 많이 읽고, 다른 한편으로는 경전에 집착하지 말 것이며, 경전을 실재하는 것으로 생각하지 말라는 것이다. 언교에 대한 올바른 태도는, 당연히『능엄경』에서 말한 "손가락을 통해 달을 본다(因指見月)"와 같은 것이다. 경전의 문장은 손가락에 해당하고, 경전을 읽는 것은 달을 보기 위한 것이기 때문에, 손가락을 실제적인 달로 간주하여 이에 집착해서는 안 된다. 선을 배우는 사람이 만약 단지 언교에만 집착하고 실질적 수행을 하지 않으면, 영원히 견성을 할 수 없고, 영원히 해탈할 수 없다. 똑같이 만약에 다른 어떤 극단적 길을 가면서, 경전을 보지 않고, 선지식과도 친밀하게 지내지 않고, 그저 혼자서 맹목적 수행, 엉터리 수행만을 한다면, 이 역시 좋은 결과가 있을 수 없다. 사실상 언교를 떠나서 깨닫고자 한다 하더라도, 우수한 근기를 갖지 못한 사람은 거의 불가능하다.

『단경』을 보면 명백하게 알 수 있는데, 육조대사도 오도에서 전법에 이르기까지 언교를 한결같이 매우 중시하였다. 그가 처음 오도했을 때도 『금강경』을 들었기 때문이다. 조계에 도착한 뒤에, 『열반경』을 들었기 때문에 '바람과 깃발(風幡)'의 놀라운 논쟁을 내놓았던 것이다. 뒷날에 무진장無盡藏 비구니가 『열반경』을 암송하여 자신에게 들려주는 것을 듣고서 『열반경』의 핵심을 설명해 주기도 하였다. 그의 제자 가운데는, 『법화경』을 염송하는 사람도 있고, 『능가경』을 염송하는 사람도 있었는데, 그는 한 번 듣고서도 그 경전의 핵심을 정확하게 해석하여 제자들에게 설명하여 주었다. 그러므로 육조대사는 결코 언교를 배척하지 않았다. 『단경』에서 그는 여러 차례 제자들에게 이렇게 훈계하고 있다. 즉 「무상송無相頌」을 많이 독송하고, 오직 그의 「무상송」에 근거하여 여실하게 수행하면, 바로 명심견성을 할 수 있고, 개오를 할 수 있다고 하였다. 여기에는 이유가 있다.

  어떤 선사가 전문적으로 『법화경』을 독송했지만, 오래도록 아무 결과가 없었다. 그래서 혜능대사를 찾아가 가르침을 요청하였다. 육조는 "당신은 『법화경』 속에 있는 어떤 구체적 명상名相에 집착하여 내려놓지 못하고 있는데, 그래서는 안 되고, 자신의 심성과 결합시켜서 법의法意를 체득해야 한다"고 말해주었다. 이 말을 듣고 그 선사가 이렇게 말하였다. "그렇다면 이제 『법화경』을 독송하지 말아야 하는 것입니까?" 이에 대하여 육조대사는 매우 명확하게 대답해주었다. "경전에 무슨 잘못이 있겠는가? 잘못은 자신에게 있다. 경전은 도를 방해하는 어떤 요소도 없으며, 단지 어떤 마음으로 경전을 파악하는가의 문제일 뿐이다." 우리는 여전히 『법화경』

을 독송하고, 이것에 의지해서 부처의 지견을 깨달아야 한다. 그러나 독송을 할 때, 마음이 『법화경』을 부려야 하는 것이지, 『법화경』에 의해서 자신이 부림을 당하지 않도록 해야 한다. 이 과정을 '언교에 의지해서 종지를 깨닫는 것(藉敎悟宗)'이라고 부른다.

자교오종藉敎悟宗과 교외별전敎外別傳은 결코 모순되지 않는다. 종지는 스스로 직접 얻는 것으로, 문자와는 상관이 없으니, 그래서 '교외별전'이라고 말한다. 그러나 이 종지를 증오하려고 하면, 반드시 언교의 지도를 빌려야 하고, 언교의 인도 아래서 진수실증을 하는 것이다. 언교의 지도가 없다면 맹목적 수행, 엉터리 수행에 빠질 수 있다. 그래서 "언교에 의지해서 종지를 깨닫는다."고 말한다.

선종에서 강조하는 '교외별전'이 지시하는 것은, 개오 이후의 언어를 초월한 실제체험과 수용이다. 이런 실제체험과 수용은 우리 자신이 직접 체득해야 하는 것이지, 언어나 문자를 희롱하는 것으로 도달할 수 있는 것이 아니다. 그러므로 선종은 초조달마에서부터 육조혜능에 이르기까지, 한 계통으로 이어져 내려왔다. 한편으로는 "마음으로 마음을 인가하다(以心印心)", "마음으로 마음을 실증하다(以心證心)"를 강조하며, 언교에 집착하지 않았다. 다른 한편으로는 그들도 언교를 배척하지 않고, 언교를 독송할 것을 요구했으며, 반드시 자신의 심성과 결합시켜서 실수실증實修實證을 진행하였고, 경전에서 말하는 도리道理를 하나하나 자신의 마음, 자신의 본성에 회귀시키고, 하나하나의 생명활동의 현장에서 구체화되도록 하였다. 이렇게 하는 것이 바로 수행의 정도다. 사실상 언교의 측면에서도 역시 이렇게 가르쳤는데, 이른바 "경전을 따라서 경지에 들어감(隨文入觀)"이 바로 그런 의미다. 나는 불교뿐만이 아니라 세상의 모든 학문도 마찬가지라고 생각하는데, 우리가 진정으로 그것을 파악하고자 한다면, 당연히 자신이 직접 실제적 체험, 실제적 운용을 해보아야 하기 때문이다. 앞에서 많은 설명을 하였는데, 총결하면 세 가지로 정리할 수 있다.

  1. 개오의 경험은 언어를 초월한 언어 밖의 일로, 언어를 통하여 도달할 수 없고, 반드시 진수실증眞修實證을 하여야 한다.

  2. 선종의 종지와 경전의 가르침은 통일적이고, 서로 위배되지 않으며, 또한 서로 분리할 수도 없다. 경전의 가르침은 형식이고, 종지는 내용이며, 경전을 배우는 것은 종지를 마음속에 새겨 넣어 합일하기 위함이다.

  3. 선지식의 지도와 인증이 없는 상황에서, 수행의 경험과 경지에 대한 인식은 경전의 가르침에 의지하여야 한다. 한마디로 말하면, 선종을 수행하는 것도 기타 다른 법문을 수행하는 것과 마찬가지로 경전의 가르침을 떠날 수 없다.

3) '불립문자不立文字'와 '불이문자不離文字'의 문제

'불립문자不立文字'의 진정한 함의에 대하여, 육조대사는 『단경』에서 매우 분명하게 설명하였다. 즉 "이른바 문자를 세우지 않는다는 것은, 결코 문자를 사용하지 않는다는 것이 아니다."[87]라 하여, '세우지 않음(不立)'과 '사용하지 않음(不用)'이 서로 다른 의미임을 설명하였다. '입立'은 집착의 의미로, '문자를 세운다(立文字)'는 문자에 집착하는 것을 의미한다. 당신에게 손가락으로 가리키는 달을 보라고 하는데, 당신은 달을 보지 않고, 고집스럽게 손가락만 붙들고 놓지를 않는 것, 이런 것을 문자에 집착한다고 말한다. 육조혜능이 이렇게 말하였다. "공에 집착하는 사람은 경전을 비방하고, 간단히 문자를 사용하지 않는다고 말한다. 이미 문자를 사용하지 않는다고 말했으니, 당연히 언어를 사용하지 않아야 한다. 단지 이 언어라는 것은 문자의 상일 뿐이다.", "간단히 문자를 세우지 않는다고 말하는데, 이 불립不立 두 글자 역시 문자다. 누군가 말하는 것을 보면, 그 사람은 문자에 집착하고 있다고 비방한다. 너희들이 반드시 알아야 하는 것은, 스스로 미혹한 것은 어쩔 수 없지만, 불경을 비방하는 일이 있는데, 불경을 비방하지 말라, 그 죄가 매우 크다."[88] 육조대사의 위 두 구절은 '불립문자不立文字'와 '불용문자不用文字' 이 둘의 의미를 나누어서 아주 분명하게 설명하고 있다.

문자를 사용하지 않는다고 하는 것은 잘못된 것이다. 왜냐하면 언어문자를 떠나면, 불법은 전파 내지 계승될 수 없고, 교화 역시 전개할 수가 없으며, 사람과 사람 사이의 교류 역시 심각한 제한을 받게 되기 때문이다. 그러므로 '불립문자'의 정확한 해석은, 그 내용상 문자를 떠나는 것이 아니며, 동시에 문자에 집착하지 않는 것이라고 말한다. 삼장 십이부 경전이 모두 문자를 사용하여 표현한 것이고, 전체『단경』도 문자기록을 사용한 것이다. 문자를 떠나버린 것이라면, 우리가 오늘날 어디서 부처의 위대한 가르침을 이해하고 깨달을 수 있으며, 어디서 선종의 근본정신을 이해할 수 있겠는가? 단지 불경뿐만이 아니고, 이 세상 모든 지식을 파악하고자 한다면, 언어와 문자의 이런 편의를 빌리지 않을 수 없다.

우리는 문자를 떠나지 못한다. 그러나 문자를 선용하되, 문자에 집착하지는 말아야 한다. 문자는 우리가 불법의 세계에 진입할 수 있는 필요한 수단이다. 옛사람들은 문자를 문을 두드리는 기와조각에 비유하였다. 우리가 전각 안으로 들어가고자 하는데 문이 잠겨 있다면, 어떻게 전각 안에 있는 사람이 우리가 들어가고자 하는 것을 알게 할 수 있겠는가? 우리는 기와조각 하나를 주워서 문을 두드리면 될 것이고, 문이 열린 뒤엔, 기와조각은 내버리면 된다. 그러나 문이 열리기 전에는 기와조각을 내버릴 수 없고, 문이 열릴 때까지 계속해서 두드려야 할 것이다.

『금강경』에서는 언어, 문자를 배에 비유하고 있다. 우리가 생사의 고해를 건너고자 하면, 반드시 한 척의 배를 빌려야 한다. 이 배가 바로 언어·문자를 사용하여 만든 경전의 말씀이며, 우리가 아직 피안에 도착하지 못했을 때는 반드시 이 배를 잘 보호하고 이용해야 한다. 그러나 피안에 도착한 뒤에는 그것을 버리면 된다. 여기서 알 수 있는 것은, 불법이 아주 매우 오묘하며, 아주 매우 변증법적이라는 것이다. 불법을 배울 때, 반드시 지혜를 충분히 갖추어야 하고, 잘 체득하고, 잘 운용해야 한다. 언교와 문자에 매몰되지 말고, 또한 맹목적으로 경전의 가르침을 버리지 말아야 한다. 가장 좋은 방법은 문자를 떠나지 않고, 또한 문자에 집착하지도 않고, 문자를 잘 사용할 줄 알아야 하고, 문자에 의해서 부림을 당하지 않도록 해야 한다.

4) 선종과 정토종의 문제

대부분 사람들이 모두 하나의 관념을 가지고 있는데, 그것은 단지 부처의 명호를 듣기만 해도, 자기도 모르게 정토법문이라고 연상하게 되는 것이다. 그러나 반드시 주의해야 할 것은 정토법문淨土法門과 칭명염불稱名念佛은 결코 완전히 동일한 것이 아니라는 것이다. 정토법문의 범위가 칭명염불의 범위보다 훨씬 더 광범위하다. 바꿔 말하면, 정토로 회귀하는 것은, 칭명염불 같은 이런 수행법문의 최종 지향점이고, 동시에 모든 불교종파의 최후 귀착점이다. 중국불교사를 한 번 되돌아보면, 선종이 발전하여 송과 원나라 시대를 거치면서 차츰차츰 정토종과 합류하고, 여러 대선사들도 개오한 뒤에는, 최후로 모두 정토에 마음을 두고, 정토를 귀의처로 삼았다. 이것이 송원宋元 시대 이후 중국불교가 보여주고 있는 가장 명확한 특징 가운데 하나다. 그렇다면 이것은 그런 선사들이 '선종은 최종목적을 달성할 수 없고, 오직 정토종만이 최종목적을 달성할 수 있다고 생각했다'는 것을 의미하는 것인가? 나는 이렇게 이해해서는 안 된다고 생각한다.

사실상 정토는 모든 불교가 해결하고자 하는 가장 근본적인 문제다. 불교에서 말하는 최종목적은 각자의 수행과정에서, 복덕과 지혜를 함께 수행하고(福慧雙修), 정과 혜를 함께 유지하여(定慧等持), 최후에 원만한 불과를 성취하는 것이다. 부처를 '복혜양족존福慧兩足尊'이라고도 호칭하는데, 이 호칭은 "스스로 깨닫고, 타인을 깨닫게 도와주며, 각행覺行이 원만하다."[89]는 의미다. 성불의 목적은 바로 '정토를 장엄하고, 중생을 성숙成熟시키는 것'인데, "의보依報와 정보正報를 장엄하고 청정하게 하는 것"이라고도 부른다. 정토를 장엄하는 것은 모든 사람 각각의 의보의 측면에서 말하는 것이고, 중생을 성숙시키는 것은 모든 사람 각각의 정보의 측면에서 말한 것이다.

우리가 선수행을 하는 최종 목적은 바로 우리의 정보장엄正報莊嚴과 의보장엄依報莊嚴을 성취하는 것이다. 이른바 정보는 우리가 과거 업력을 원인으로 해서 얻어진 몸과 마음의 존재 상황을 말한다. 정보장엄은 우리의 몸과 마음을 장엄하는 것으로, 우리의 몸과 마음을 번뇌, 무명, 오탁, 그리고 오온의 집합에 의한 유루적 범부 상태에서 벗어나 청정하고, 편안하고, 지혜로운 무루적 성각상태聖覺狀態로 전화시키는 것이다. 이른바 의보는 우리의 생명이 의존하여 생존하고 있는 산하대지, 우주만유를 말한다. 의보장엄은 우리의 생활환경을 미화하는 것을 말한다. 불교를 배워서 도달하는 최후의 경지는, 정보와 의보, 즉 몸과 마음, 그리고 환경이 동시에 도달한 청정하고, 원만하며, 최종적이고, 장엄한 상태이다. 이것이 바로 불교의 각 종파들이 모두 공통적으로 추구하는 궁극적 목표다.

이런 점에서 볼 것 같으면, 정토종과 선종, 그리고 기타 종파들 사이에 어떤 본질적 구별도 없다. 만약 어떤 구별이 있다고 말한다면, 그것은 단지 수행의 방법상에서 다른 점이 있을 뿐이다. 정토종은 아미타불의 원력이 수승하다는 것을 강조한다. 아미타불은 수행과정에서 48가지 큰 바람(大願)을 갖는데, 그 가운데 하나의 바람으로 이렇게 말한다. "만약 내가 부처가 된다면, 어떤 중생이든지 단지 나의 명호를 마음속에 기억하고, 나의 원력과 상응하면, 그는 나의 정토에 왕생할 수 있다." 바로 이런 관점에서 "부처를 마음속에 기억하고 부처를 염하면, 눈앞에서 바로 부처를 볼 수 있다."[90]는 미타정토 수행법문을 전개하였다. 청정한 선업善業, 즉 정업淨業을 닦는 사람이 서방정토에 왕생하기를 바라고, 아미타불의 본원과 상응하기만 하면, 서방정토에 왕생할 수 있다. 이런 정토를 지향하는 방법은 부처의 원력과 중생의 원력이 서로 일치하는 기초 위에서 만들어진다.

만약 좀 더 상세히 설명해 보자면, 염불법문이 비록 염불을 방편으로 삼고 있지만, 그러나 본질적으로는 여전히 마음을 깨끗이 하는 것을 근본으로 삼고 있다. 이른바 "신구의 삼업을 청정하게 하는 것은 육근을 굳게 지키는 것이다."[91]가 바로 이 의미다. 이 점에서 볼 것 같으면, 정토종과 선종 그리고 기타 종파들 역시 모두 서로 통하는 것이다. 바꾸어 말하면, 정토법문이건 선종법문이건 모두 최후에는 한 지점에 귀결되는 것으로, 그것은 바로 마음이 깨끗하면 세상도 깨끗하고, 마음이 깨끗하지 않으면 세상도 깨끗하지 않은 것이다. 부처는 모든 사람 각자의 마음속에 있고, 정토 역시 모든 사람 각자의 마음속에 있는 것인데, 그 관건은 우리의 마음이 청정할 수 있는가의 여부에 있다. 만약에 자신의 마음을 청정하게 할 수 있으면, 그 현장이 바로 정토인 것이다.

다시 말하면, 오직 정보正報를 장엄하면, 의보依報 역시 반드시 장엄할 수 있다. 즉 심령이 정화되면, 환경 역시 반드시 정화될 수 있는 것이다. 선을 학습하는 우리 같은 사람들은 오직 도를 깨달고, 자신의 운명의 방향을 장악하여, 자신의 정토를 성취하는 것이다. 이것이 이른바 "왕생하려 하면 바로 극락세계에 왕생을 하지만, 극락세계로 간다 하는 것은 실제로는 가는 것이 아니다.", "마음이 정토이고, 자성이 미타이다."[92] 그러므로 선과 정토는 분명히 본질상 차별이 없다고 말한다. 대체로 정토법문을 선양할 때, 그 설명의 최후 결론은 결국 오직 "마음이 정토이고, 자성이 미타이다."에 이르게 된다. 이것은 결코 자기 자신의 심성心性 이외에, 우리가 찾아야 할 또 다른 어떤 정토세계가 있다는 것을 말하는 것이 아니다. 이것이 내가 말하고자 하는 첫째 요점이다.

둘째 요점으로 말하고자 하는 것은, 참선과 염불이라는 이 두 가지 수행법문이 결코 칼로 자르듯이 분명하게 나누어질 수 없다는 것이다. 고대에, 심지어 사조도신스님 시대에 유행했던 선법 중에는 염불이 있었고, 이를 '염불선念佛禪'이라 불렀다. 염불 법문은 삼학 가운데서 선정禪定에 포함된다. 고대의 선법 가운데 '육념법六念法'이라는 것이 있었는데, 이것은 전적으로 선정 수행에 의해서 강구하는 것이다. 이 육념은 바로 염불念佛, 염법念法, 염승念僧, 염시念施, 염계念戒, 염천念天이다. 선정을 획득하려면 반드시 하나에 집중하는 것을 통과하여, 망념을 멈추고, 마음과 대상이 모두 명정해져야 비로소 가능하다는 것을 우리는 알고 있다. 그렇다면 우리는 이 육념 가운데 어떤 것이든 하나를 선택하여 집중하면 된다. 그리고 당연히 이 육념 가운데서는 염불이 가장 좋은 방법이다.

왜 염불이 가장 좋은가? 부처의 공덕이 가장 크고, 지혜가 가장 크고, 신통이 가장 크기 때문이다. 그래서 부처가 자비심으로 중생을 보살피는 힘, 중생을 감화시키는 힘이 강력하다. 그러므로 온 마음을 기울여 염불하면 감응과 수용을 획득할 수 있는 것이다. 육념 가운데서 염불, 염삼보念三寶의 공덕이 가장 크다. 항상 부처님 명호를 염하고, 항상 삼보를 염하면, 우리는 망심을 제거할 수 있고, 한 곳에 마음을 집중할 수 있고, 선정을 획득하고, 지혜를 발휘하고, 번뇌를 끊을 수 있다. 그러므로 육념법문의 측면에서 볼 것 같으면, 염불법문은 당연히 선법에 귀착되는 것인데, 단지 아미타불 신앙이 보편적으로 유행한 뒤에, 염불법문은 선법과 병렬적인 하나의 수행법문이 되었고, 그래서 하나의 특수한 법문이 되었을 뿐이다. 아무리 그렇다 하더라도, 선법에서 염불은 마음을 한군데 모으고, 망념을 없앨 수 있는 하나의 방편으로 삼아서 광범위하게 사용된다.

그러나 참선의 측면에서, "선도 생각하지 않고, 악도 생각하지 않을 때, 무엇이 너의 본래면목인가?"[93]라는 화두를 참구하는 것을 예로 들어 설명하자면, 당연히 수행공부상에서 염불과는 구별된다. 간단히 말하면, 참선參禪의 참參은 지혜력을 사용하는 것이고, 염불의 염念은 선정의 힘, 즉 정력定力을 사용하는 것이다. 그러나 염불 역시 참선과 결합할 수 있는데, 한편으로는 염불을 하고, 한편으로는 '염불하는 사람은 누구인가?(念佛者是誰)'라는 의심을 일으키는 것과 같다. 이렇게 하면, 이것이 바로 선정과 지혜를 함께 유지하는 것(定慧等持)이고, 사마타와 위파사나를 함께 운용하는 것(止觀雙運)이다.

종합해서 말하면, 마음을 한 곳에 모아 청정하게 한다(攝心歸淨)

는 측면에서 보면, 참선과 염불은 어떤 차별도 없지만, 마음을 밝게 하여 본성을 본다(明心見性)는 측면에서 보면, 매우 큰 차별이 있다. 참선이 보다 직접적이고, 보다 단도직입적이다. 참선은 정定과 혜慧를 동시에 겸용하고, 정토염불은 대체로 정定을 위주로 한다. 만약 선과 정토의 근본적 귀착점의 관점에서 보면, 당연히 이들 사이에 어떤 다른 점도 없다. 왜냐하면 이것들은 모두 중생을 제도하고, 국토를 장엄하는 것을 목적으로 삼고 있기 때문이다.

위에서 설명한 것은 선종과 정토종의 동일한 점과 다른 점에 관한 것이다. 다음으로 셋째 문제를 설명하고자 한다.

중생의 근성은 천차만별하고, 그들의 수행과정 중의 발심 역시 각 사람마다 서로 다르다. 만약 대승의 보살정신의 관점에서 설명해 본다면, 수행을 하는 중생은 대체로 아래 세 분류로 나누어 볼 수 있다.

첫째 부류는 이 사바세계에서 각종 고통과 번뇌를 충분히 맛보았기 때문에, 사바세계를 싫어하고, 이곳을 떠나고 싶은 강력한 욕망을 갖게 되는데, 그들은 곧바로 이 세상을 떠나서 행복한 세상, 안락한 세상으로 가서 영원히 되돌아오지 않기를 희망하게 된다. 이런 부류는 극락세계에 왕생하고 아미타불과 친근하기를 원한다. 이런 부류는 정토종 수행에 적합하다.

둘째 부류는 비록 이런 각종의 고통을 경험하고, 이 세계의 고통의 본질을 보았지만, 그러나 그들은 앞의 부류들과는 발심이 다르다. 그들은 자비심이 매우 크고, "스스로 깨닫고 남을 깨닫게 도와주고, 자신에게도 이롭게 하고, 남에게도 이롭게 하며, 스스로를 제도하고 남도 제도해준다."⁹⁴는 정신을 가시고 있다. 그러므로 그들이 비록 사바세계를 싫어하여 떠나고 싶고, 극락정토를 바라지만, 그러나 그들은 단지 자신만 깨달은 존재가 되는 것을 원하는 것이 아니라, 이 세계를 개조하고, 이 세계를 정토로 변화시키고자 한다. 이 부류들은 비록 정토수행을 하여 극락세계에 도달하고 원만한 경지에 도달했지만, 그러나 무한한 자비심과 보리심을 일으켰기 때문에, 그 후에 다시 큰 자비심을 갖고 이 세상에 돌아와서, 중생구제의 위대한 바람을 실현하고자 한다.

셋째 부류는 둘째 부류보다 그 발심이 더욱 더 위대하다. 그들은 자신의 생사와 고통을 도외시하고, 오직 중생제도와 중생을 도와주는 것을 자신의 임무로 생각한다. 이른바 "자신의 안락을 구하지 않고, 오직 중생이 고통에서 벗어나기만을 원한다."⁹⁵는 정신이다. 그들은 일종의 지장보살과 같은 "내가 지옥에 가서 그들을 구원하지 않으면, 누가 지옥에 가서 그들을 구원할 것인가?"⁹⁶의 정신을 가지고 있다. 이런 부류는 우리가 보통 말하는 '대보살근기大菩薩根器'를 가진 사람이다. 그들은 극락세계에 가는 것이 급선무가 아니고, 사바세계에서 그 중생에 따라, 그 형편에 따라, 중생을 위하여 그 고통을 담당하고, 중생의 의지가 되어 주는데, 이런 수행을 모든 중생을 구제할 때까지 계속하여, 스스로 보리를 증명한다. 마치 현재 내가 주지로 있는 백림선사의 조사였던 조주화상 같은 분을 말한다. 조주화상은 120세까지 살았는데, 그의 말년에 어떤 우수한 제자가 그에게 질문을 하였다. "큰스님, 스님의 수행이 이렇게 훌륭하고, 공덕도 이렇게 많은데, 백년 뒤에 어디로 가시려 하십니까?" 조주화상은 매우 간단명료하게 이렇게 대답하였다. "나는 지옥으로 간다." 그 제자는 이 말을 이해할 수 없었다. "아, 큰스님께서는 이렇게 훌륭한 수행을 하셨는데, 여전히 지옥에 가신단 말입니까?" 조주화상은 이렇게 대답하였다. "내가 지옥으로 내려가지 않는다면, 누가 너를 제도해 주겠느냐?"[97]

이런 세 부류의 발심은 그들 각자의 왕생에 대한 서로 다른 관점을 결정한다. 그래서 수행법문의 선택, 예를 들어, 참선수행을 선택하는가? 아니면 정토수행을 선택하는가? 등등의 수행선택에서 차별이 있을 수 있다. 자비심이 많고, 발심이 크고, 기꺼이 모든 것을 바로 책임질 수 있고, 아집이 극히 적은 사람이라면, 이런 사람들은 참선수행을 더 좋아한다. 이와 상반되는 부류의 사람들은 정토수행에 적합하다. 말세중생은 근기가 천박하고, 아집이 강하고, 이기적이고, 마음에 품은 생각이 위축되고, 고통과 피로를 두려워한다. 그래서 적지 않은 사람들이 이런 사람은 정토수행에 적합하다고 생각한다. 나 역시 여기에는 분명한 도리가 있다고 확신한다.

그러나 말세중생 가운데도 대근기인 사람들이 어느 정도 있다고 생각한다. 사실상 근기의 크고 작음은 대비심을 일으키는지 아닌지, 보살심을 일으키는지 아닌지에 달려 있다. 대비심과 보리심을 유지하면, 보살도를 실행할 수 있고, 기꺼이 중생을 대신해서 고통을 받아들인다. 이런 사람은 정토수행을 해서 왕생을 원하지 않고, 오히려 사바세계에 머물러 있는 것을 소원한다. 동시에 생사의 고해 속에서 대비심이 있는 것과 대비심이 없는 것은 생명에 대한 느낌이 매우 다르다. 전자는 고통을 즐거움으로 전환시킬 수 있지만,

후자는 도리어 말할 수 없는 심한 고통을 당한다. 수행하는 사람이 일단 대비심을 일으키면, 타인을 위하여 칼 숲이나 불바다에도 들어갈 수 있고, 기름 솥에도 들어갈 수 있다. 이런 수행자는 어떤 것도 아까워하지 않고, 어떤 두려움도 없다.

"솔개가 불을 껐다(老鷹救火)"는 이야기가 있다. 이 이야기는 석가모니 부처님이 수행할 때, 어느 날 큰 산에 불이 났는데, 산림 속에서 많은 동물들이 불타 죽는 것을 보게 되었다. 그는 마음속에 무한한 자비심이 일어났고, 그래서 한 마리 솔개로 변하였고, 바다로 날아가서 날개에 물을 적셔 와서 불을 껐다. 불이 매우 맹렬하게 타올랐는데, 단지 한 마리 솔개의 날개에 얼마나 많은 물을 적셔올 수 있었겠는가? 이렇게 해서 정말로 그 큰불을 끌 수 있었을까? 사실상 어떻게 할 수 없었을 것이다. 그러나 석가모니 부처님은 그렇게 인내심을 갖고 끝까지 노력하였다. 자신의 능력이 적다고 두려워하지 않고, 오직 꾸준히 쉬지 않고 노력하면, 언젠가는 목적을 달성할 수 있는 것이다. 이것이 바로 대자비大慈悲, 대원력大願力, 대용맹大勇猛의 구체적 실천과 표현이다.

7. 임제선 – 일체의 지견을 없앤다

선을 배우는 사람은 반드시 선에 대한 명확한 개념이 있어야 한다. 특히 선종에서 말하는 선에 대하여 명확한 개념이 있어야 한다. 중국의 선종은 인도에서 전래된 불교와 관계가 있지만, 그러나 중국 선종에는 대단한 창조성이 있다. 중국 선종은 불교의 사상을 진정으로 일상생활 속에서 구체화하였다. 중국 선종은 일종의 이론도 아니고, 일종의 사유방식도 아니다. 선종은 생명의 전체이며, 인격의 전체다. 이것이 선종의 선의 가장 중요한 특징이다.

선은 매우 생기 있는 것으로, 선은 논리적으로 추리할 수 없으며, 선은 이론 체계를 이용하여 이론적으로 구성할 수 있는 것이 아니다. 논리적 추리, 이론적 구성, 이런 것들은 선종의 선에 대하여 아무런 소용이 없다. 그래서 중국의 선종은 참신한 것이라고 말한다. 중국 선종의 가장 뛰어난 점은 바로 우리 각각의 개체생명의 주체성, 자각성을 발휘하게 하는 것이다.

선은 어디에서나 자신의 주관적 능동성을 충분히 발휘하는 것을 강조하고, 타인에게 의지하지 않고, 자신의 힘으로 해탈을 추구한다. 오직 자신의 힘을 발휘할 때에만, 비로소 진정으로 자신의 운명을 변화시킬 수 있고, 자신의 운명을 창조할 수 있다. 선종에서는 부처가 말한 경전을 포함하여 모든 언어문자는, 인간의 주체적 정신을 진정으로 발휘하는 데 있어서, 일종의 장애일 뿐이라고 생각한다.

당나라 말기에서 오대시대, 북송시대에 이르는 선종의 어록을 읽거나, 혹은 『경덕전등록』을 한 번 자세히 잘 음미해보면, 선사들이 주체적 정신을 어떻게 강조하고 있는지 발견할 수 있다. 무엇 때문에 선종에서 부처를 꾸짖고 조사를 욕하는 것일까? 만약 우리가 부처나 조사의 말에 지나치게 집착한다면, 이것은 자신의 주체적 정신을 발휘하는 데 있어서 일종의 방해물이고, 일종의 장애물이기 때문이다. 그러므로 선종은 불견佛見, 법견法見[98] 등을 모두 제거하여 깨끗이 하고자 하는 것으로, 이런 사람이어야만 비로소 자신의 주체적 정신이 드러날 수 있고, 비로소 자신의 주인이 될 수 있다.

이런 사상은 당나라 말기의 임제선에서 가장 철저하고 두드러지게 실현되었다. 임제선사의 어록은 분량이 많지는 않지만, 당시의 불교에 대하여 한바탕 매서운 비판을 하고 있다. 그는 이런 방식으로 우리가 자신의 본래면목, 즉 선도 생각하지 않고 악도 생각하지 않는 본성을 찾아내서 드러내게 한다. 그래서 그는 일체의 집착을 제거하고, 일체의 지견知見을 없애야 한다고 말한다.

임제선사는 남쪽에서 법을 얻었지만, 남쪽에서 법을 널리 펼치지는 않았고, 하북성 정정현 지역에서 법을 널리 펼쳤다. 그의 어록에 "폐허가 된 사원이 있었는데, 그 이름이 임제원이다."[99]라는 언급이 있다. 이 사원은 동위시대에 창건되었다. 그는 이곳을 선택하여 거주하였다. 이곳에 거주한 시간은 그렇게 길지 않았는데, 계속해서 전란이 발생하였고, 사원이 파괴되었기 때문이다. 그 후에 장군 한 사람이 정정현에 있는 자신의 옛집을 임제선사에게 보시했는데, 임제선사는 이곳에 거주하면서 여전히 임제원이라고 불렀다. 이곳이 바로 현재 임제사가 있는 곳이다. 임제사의 옛 사원은 호타하 근처에 있다. 우리가 오늘날에도 여전히 "호타의 정종正宗이 조도祖道의 진정한 전승이다."[100]는 선게를 읊고 있지만, 현재의 임제사와 호타하는 상당히 멀리 떨어져 있다.

『임제어록』에서 가장 많이 등장하는 문제는 바로 이른바 '무위진인無爲眞人' 개념이다. 우리 각각의 마음속에는 진정한 인간을 가지고 있지만, 실제적으로 현재 활동하고 있는 것은 모두 가짜 인간이라는 것이다. 그렇다면 이 진인은 어디에 있는 것인가? 이 진인은 볼 수도 없고, 만질 수도 없지만, 그러나 한순간도 자신을 떠난 적이 없다. 우리는 그에게 접근할 수도 있고, 그와 융합하여 일체가 될 수도 있다. 그러나 우리는 그에게 확정된 지위를 줄 방법이 없다. 그래서 '무위진인'이라고 말한다.

임제선사는 법문을 할 때 항상 이렇게 말하였다. "하나의 무위진인이 있는데, 이것은 모든 사람의 면전에서 밝게 빛나고 대지를 진동시킨다!"[101] 이 말의 의미는, 무위진인은 시시각각 작용을 일으키고 있는 것으로, 우리의 일상적인 모든 말과 행동, 마음을 일으키고 생각을 하는 것, 이 모든 것이 이 무위진인의 표현이라는 것을 말한다. 이 무위진인은 무엇인가? 만약 억지로라도 그것에 이름을 붙인다면, 그것은 바로 불성이다. 부처님의 가르침에 근거하면, 우리 각자의 중생성은 여러 층의 껍질로 되어 있기 때문에 이 껍질을 하나하나 벗겨내야 하고, 최후에 마지막 껍질을 벗기면 비로소 불성을 볼 수 있다. 임제선사는 '불이不二'에서 출발하여, 불성과 중생성, 무위진인과 범부를 하나로 간주하였다. 그는 중생을 떠나서 부처라고 말할 만한 것이 없다고 인식하였다. 중생이라는 이 현실을 떠나서 따로 부처라는 것이 어디에 있다는 것인가? 그래서 그는 더욱 단도직입적으로 시원스럽게 우리 각자의 생명의 본원을 드러내 보였다. 자성불自性佛 관념은 『육조단경』에서 반복적으로 제시되었는데, 이것을 임제선사가 보다 더 구체화하여 '무위진인無位眞人'이라고 하였다.

임제선사가 또 다른 하나의 관념을 제시했는데, 그것은 "어느 곳에서나 주인이 되면, 지금 서 있는 현장이 모두 진리다(隨處作主, 立處皆眞)." 무엇이 입처立處인가? 입처는 바로 지금 이곳이다. 이것은 이 현장을 떠나서 진리라고 말할 만한 것이 없다는 것을 말한다. 현장이 바로 진리이며, 진리는 구체적인 것이며, 추상적인 것이 아니다. 진리 혹은 불성이라고 부르는 것은 한순간도 우리 자신을 떠난 적이 없다. 단지 우리가 눈으로 보지만 보지 못하는 것이고, 귀로 듣지만 듣지 못할 뿐이며, 눈앞에 있지만 의식하지 못하고, 사용하면서도 알지 못하고 있을 뿐이다. 이른바 "사람들이 매일 사용하지만 알지를 못한다."라는 의미이다. 우리가 매일 사용하고 있고, 시시각각 사용하고 있으며, 일분일초도 그것을 떠나 본 적이 없다. 그런데 우리는 그것이 무엇인지를 모르고 있다. 이것이 바로 중생들의 미혹이다.

그러므로 선종은 "곧바로 사람의 마음을 가리켜서, 자신의 본성을 자각하고 실현하여 부처가 되게 한다(直指人心, 見性成佛)."를 주장한다. '직지直指'는 지금 여기에서 바로 당신에게 지시해서 보여주는 것으로, 당신으로 하여금 지금 여기에서 바로 떠맡아 책임지라는 것이다. 이렇게 하면 당신이 지금 여기에서 바로 부처라는 것이다. 우리가 만약 용감하게 지금 여기에서 떠맡아 책임진다면, 우리의 생명은 승화하는 것이고, 부처에게 요구되는 것을 자신에게 요구할 수 있으며, 부처의 마음으로 중생 각자의 마음을 변화시킬 수 있다. 직지는 바로 어느 한쪽으로도 치우치지 않는 것이고, 바로 급소를 찌르는 것이다. 직지의 목적은 견성성불하고자 하는 것이다.

그렇다면 무엇이 성性이고, 무엇이 심心인가? 심이 바로 성이고, 성이 바로 심이다. 심을 떠나서 성이 없고, 성을 떠나서 심은 없다. 이 도리를 명백하게 이해하게 되면, 바로 성불할 수 있다! 여기서 어쩌면 성불이 이렇게 용이한 일일까? 하고 의심할 수도 있다. 그러나 성불이 용이한 일이라고 생각하고, 그래서 지극히 용이하게 되면, 눈 깜짝할 사이에 극락세계에 들어갈 수도 있는 것이다. 용이하지 않는 일이라고 생각하면, 그것은 심오하여 헤아릴 수 없고, 어떤 한계도 없어서, 우리는 갈피를 잡을 수 없게 될 것이다. '지금 서 있는 이 현장이 모두 진리다(立處皆眞)'라고 말하거나, 혹은 '지금

서 있는 이 현장이 바로 진리다(立處卽眞)'라고 말하는데, 이런 도리는 매우 철저한 것이고, 또한 매우 확실한 것으로, 선종의 특색을 말해준다. 거의 모든 조사어록이 모두 이 점을 발휘하고 있다. 선종의 조사들이 선을 배우는 사람을 검증할 때에도, 역시 이 관점에 근거하여 계책을 세운다.

그렇다면 임제선사가 "곧바로 마음을 가리켜서, 자신의 본성을 깨달아 실현하여 부처가 되었고(直指人心, 見性成佛)", 현장에서 진리를 깨달았고(立處見眞), 그래서 자신의 일을 완수했다고 스스로 생각했다고 말할 수 있을까? 진정으로 지금 이 현장에서 분명히 알았으니, 수행을 완수했다고 말할 수 있을까? 이것은 단지 임제선사가 대우스님의 가르침에 홀연히 "원래 황벽스님의 불법도 이와 같구나!(原來黃檗佛法無多子!)"[102]라고 말한 것과 같을 뿐이다. 그렇다면 이 다음에는 어떻게 해야 하는 것인가? 열심히 보임保任을 잘 해야 한다.

무엇이 보임인가? 조동종曹洞宗의 조산본적曹山本寂선사는 이렇게 말하였다. "만약 독충이 있는 지역을 지나게 되면, 물 한 방울도 적시지 마라."[103] 이런 보임공부는 비구스님이 250가지 계율을 지켜야 하는 것보다 훨씬 더 엄격하다고 말할 수 있다. 단지 이 한 구절만으로, 계·정·혜 삼학이 모두 이 가운데 포함되어 있는 것이다. 그러므로 우리가 만약 진정으로 선종의 방법에 의한 수행을 하고 증험하면, 그것은 반드시 계·정·혜 삼학을 충분히 갖추게 된다.

어떤 사람이 조사들에게 "어떻게 하는 것이 계·정·혜입니까?"라고 질문하면, 조사들 대부분은 이렇게 대답하였다. "내가 있는 이곳에는 이런 쓸모없는 가구가 없다."[104] 왜 쓸모없는 이런 가구는 없다고 말하는 것인가? 이 말은 결코 그들이 계·정·혜를 중시하지 않는다고 말하는 것이 아니다. 왜냐하면 그들은 이런 순서에 따라서 수행을 하지 않을 뿐이고, 한 생각에 계·정·혜를 모두 갖추고 있기 때문이다. 그들의 방법은 순서를 따라서 하는 수행보다 더욱 직접적이고, 더욱 철저하다.

깨달은 뒤에 하는 수행의 문제에 대하여, 임제선사는 매우 유명한 게송 하나를 남겼는데, 선을 좋아하는 많은 사람들은 대부분 이 게송을 보았거나, 읽어본 적이 있을 것이다. 그러나 모든 사람이 반드시 이 게송을 중시하는 것은 아니다.

끊임없이 생멸하는 생각을 어떻게 해야 할까?
한없는 지혜로 관조하는 것을 그대에게 알려주노니,
자성은 형상도 떠났고 이름도 떠나서 사람들이 알기 어려우니,
지혜의 취모검을 사용하고 바로 바로 갈아서 칼날을 세워둬라.
臨流不止問如何? 眞照無邊說似他,
離相離名人不禀, 吹毛用了急須磨. (『景德傳燈錄』卷12)

이 게송은 무슨 도리를 말하고 있는 것인가? '임류부지臨流不止'는 증오 이후에 내심의 미세한 생각들, 잠재의식 속에 있는 선념善念·악념惡念과 무기無記의 생각 등등이 쉬지 않고 일어나고 소멸하는 것을 말한다. '문여하問如何?'는 이런 때에 그것들에 어떻게 대처할 것인가의 문제를 의미한다. '진조무변眞照無邊'은 가장 견고

7. 임제선- 일체의 지견을 없앤다 171

하고 날카롭고, 가장 철저한 지혜를 가지고 그것들을 관조하는 것을 말한다. '설사타說似他'는 내가 이 방법을 너희들에게 알려주고 있다는 것을 말한다. '이상이명인불품離相離名人不稟', 자성은 '상相'이 없고, 또한 '명名'도 없는 것이다. 그러므로 사람들이 그것을 파악하는 것이 쉽지 않다. 그러나 이때 매우 주의를 해야 하는데, 무엇을 주의해야 하는가? 임제선사는 하나의 비유를 든다. "취모용료급수마吹毛用了急須磨", 취모는 취모검吹毛劍으로, 입으로 가을 기러기의 깃털을 칼날 위로 한 번 불면, 깃털이 바로 두 동강이 나는 칼이다. 이는 칼날이 비교할 수 없이 매우 예리하다는 것을 설명하는 것이다. 날카로운 칼은 우리의 지혜를 비유하는 것으로, 어떤 미세한 생각이 한 번 일어나기만 하면, 우리는 지혜를 사용하여 어떤 망설임도 없이 바로 그것을 절단해 버려야 한다. 칼이 매우 예리하다고 하더라도, 한 번 사용한 다음에는 바로 칼을 다시 갈아야 한다. 이것은 우리가 개오한 이후에도 여전히 항상 각조覺照를 분발시켜야 한다는 것이다. 개오했다고 해서 모든 일이 순조로운 것은 결코 아니다. 이것이 바로 보임이다.

보임은 수행에 있어서 하나의 중요한 단계다. 개오를 한 뒤에도 반드시 지혜로써 자신의 언행이나 마음과 생각의 활동에 대해서 항상 관조하고, 끊임없이 지혜가 심령에 충만하게 해야 한다. 임제선사가 비록 어떤 경우에는 부처를 꾸짖고 조사를 욕했지만, 그러나 그가 결코 원칙이 없었던 것은 아니며, 자신의 마음속 잠재의식에 털끝 하나도 남겨둘 수 없었기 때문이다.

오랜 세월 동안 임제선사는 계속해서 선종 조사들이 중시하였고, 또한 학술계와 문화계에서도 끊임없이 중시하였다. 임제선사의 이런 법맥이 천지를 뒤덮으며 천년 넘게 전승될 수 있었고, 현대에 이르러서도 사람들의 마음속에 깊이 받아들여지는 이유는 절대 우연이 아니다.

일본의 일부 학자들은 육조혜능 이후에 중국이 배출한 가장 훌륭한 대선사로, 한 분은 조주화상이고 한 분은 임제선사라고 말한다. 이 두 분 선사는 같은 시대 사람이다. 그러나 그들의 선풍은 서로 다르다. 어떤 학자는 자신의 연구를 통하여 이렇게 설명하였다. 조주선사는 노파심老婆心이 절실한데, 이는 마치 나이 많은 할머니가 집안의 모든 사람에게 두루두루 매우 세밀하게 관심과 친절함을 베풀고, 항상 마음을 놓지 않고 보살피는 것과 같았다. 이것은 우리가 항상 체험할 수 있는 자비의 품격이다. 임제선사는 마치 대장군이 적진으로 돌진하는 것과 같다. 부처가 오면 부처를 죽이고, 마귀가 오면 마귀를 죽이고, 하나의 법도 있을 수 없다. 이것은 불교의 최고 지혜의 경지를 충분히 실현해낸 것이다. 이 두 분의 선사는 한 분은 자비로 한 분은 지혜로 두 분이 함께 고대 선풍의 특색을 형성하였다. 이 일은 진정으로 대단한 일이다. 관심 있는 사람은 이 두 분의 어록을 읽어보고, 그들이 중국불교에 미친 거대한 영향을 진실로 이해하기 바란다. 이 두 분의 선사는 중국불교의 최고 성취를 충분히 대표할 수 있다. 왜냐하면 이분들은 불법을 인격화하였고, 생활화했기 때문이다.

임제선사를 말할 때, 임제선사가 학인을 만나서 인도하는 네 가지 방법인 '사료간四料簡'[105]을 설명하지 않을 수 없다. '사료간'은 임제선사가 제시한 것인데, 그 후로 선문에서 계속 응용되었다. '사료간'이 탄생한 배경은 이렇다. 어느 날 밤에, 임제선사가 저녁 설법을 할 때, '사료간'을 제시하였다. 그는 "나는 어느 때는 사람은 빼앗고(奪) 대상은 빼앗지 않고, 어느 때는 대상을 빼앗고 사람은 빼앗지 않으며, 어느 때는 사람과 대상을 모두 빼앗고, 어느 때는 사람과 대상을 모두 빼앗지 않는다."고 말하였다.

무엇을 '요간料簡'이라고 하는가? 학인의 근기에 따라 각각의 정도를 나누어서 가르치는 것이다. '간簡'은 제거의 의미로, 즉 마음속의 장애를 제거하는 것이다. 임제선사는 설법할 때, 그 말이 비교적 격렬하고, 우리처럼 우물우물하지 않다. 그는 때려야 하면 바로 때려 버리고, 몽둥이를 휘둘러야 하면 바로 몽둥이를 휘두르고, 끌어내려야 하면 바로 끌어내리고, 발로 걷어차야 하면 바로 걷어차 버린다. 어떤 겸손함도 있을 수 없다. 당신에게 어떤 문제가 있거나 어떤 집착이 있으면, 임제선사는 당신이 집착하고 있는 그 대상을 곧바로 빼앗아 버리고, 제거해 버린다.

우리 각자의 집착은 매우 심한데, 집착하는 것이 있으면 결코 쉽게 포기하지 못한다. 대부분의 경우에 그 집착을 빼앗으려 해도 빼앗을 수가 없다. 임제선사는 학인들이 집착을 제거할 수 있도록 돕기 위해 '빼앗는다(奪)'는 용어를 사용, 상대에게 맹렬하게 진공하여, 한순간에 그 집착을 제거해 버린다.

'탈인탈경奪人奪境'에서 인人은 주관이고, 경境은 객관이다. 혹은 인人은 아집이고, 경境은 법집이라고 말할 수도 있다. 아집이 비교적 심각하고 법집은 비교적 가벼운 사람에 대해서, 그는 사람을 빼앗고 대상을 빼앗지 않는다. 법집이 비교적 심각하고 아집이 비교적 가벼운 사람에 대해서는 대상을 빼앗고 사람을 빼앗지 않는다. 만약 법집, 아집이 모두 심각한 사람이라면 사람과 대상을 모두 빼앗아 버리고, 만약 아집, 법집이 모두 비교적 가벼운 사람이라면 사람과 대상을 빼앗지 않는다.

이것이 임제선사 '사료간'의 대체적 내용이다.

임제선사는 또 다른 어록에서는 다음과 같이 설명하였다. 학인을 인도할 때 나는 상대방의 근기가 어떤지를 본다. 중하中下의 근기를 가진 사람에게는 사람을 빼앗고 대상은 빼앗지 않으며, 중상中上의 근기를 가진 사람에게는 대상을 빼앗고 사람은 빼앗지 않고, 하등下等의 근기를 가진 사람에게는 사람과 대상을 모두 빼앗고, 상상上上의 근기를 가진 사람에게는 사람과 대상을 모두 빼앗지 않는다.

임제선사에게는 몇 분의 대 제자가 있는데, 그 가운데 극부상좌克符上座가 있다. 어느 날 극부상좌가 임제선사에게 질문을 하였다. "무엇을 '사람은 빼앗고 대상은 빼앗지 않는 것'이라 부릅니까?" 임제선사는 직접적인 설명을 하지 않고, 두 구절의 시를 말하였다. "봄볕 아래 만물이 대지에 비단처럼 펼쳐 있고, 어린아이 늘어뜨린 머리카락은 실처럼 하얗구나(煦日發生鋪地錦, 嬰孩垂髮白如絲)." '후일煦日'은 봄철의 태양을 말한다. 봄철의 햇빛은 만물을 생장하게 할 수 있어서, 꽃과 풀, 나무들이 모두 푸른 잎과 가지를 잘 생장시키고, 눈부신 햇살 아래 대지 위에 펼쳐지니, 마치 대지 위에 비단을 펼쳐놓은 것과 같다. 이것은 대상(境)을 지시한다. '영해수발백

여사嬰孩垂髮白如絲', 영해嬰孩는 어린이로 2살에서 6살 사이의 어린이를 말한다. 이런 어린이의 머리카락이 실처럼 하얗다는 것이다. 아이는 매우 어린데, 그의 머리카락은 도리어 실처럼 하얗게 되어 버린 것이다. 이 구절의 의미는 사람은 빼앗고 대상은 빼앗지 않는 것으로, 대상은 존재하지만 사람은 존재하지 않는 것이다. 어린아이의 흰 머리카락은 논리적으로 맞지 않는 말이다. 어린아이에게 어떻게 흰 머리카락이 자라날 수 있겠는가? 그러므로 반드시 이 사람은 부정하여 제거해 버려야 한다. 아집이 비교적 심한 사람은 먼저 아집을 제거해야 하니, 그의 아집이 대화하는 가운데 소멸할 수 있도록 한다.

극부상좌가 다시 질문을 하였다. "어떻게 하는 것이 '대상은 빼앗고 사람은 빼앗지 않는 것'입니까?"

임제선사가 대답하였다. "왕의 명령이 이미 천하에서 두루 실현되니, 장군은 변방에서 한가롭구나.(王令已行天下遍, 將軍塞外絶塵煙.)", '왕령이행천하편王令已行天下遍'은 사람을 지시하고, '장군새외절진연將軍塞外絶塵煙'은 대상을 지시한다. 이것은 대상은 빼앗고 사람은 빼앗지 않는 것이다. 국가의 주인이 명령을 내려서 잘 시행되고 있기 때문에, 변방에 있는 장군 역시 그 지방에서 편안하고 아무 일 없이 평화롭고 조용한 생활을 지낼 수 있고, 적에 대해서 늘 경계를 할 필요가 없는 생활이다. 이것은 나라가 태평하고 인민들이 편안한 생활을 하는 환경이다. 대상을 빼앗고 사람을 빼앗지 않는다는 것은 법집法執이 비교적 심각한 사람에 대한 하나의 지도 방법이다.

극부상좌가 또 "무엇이 사람과 대상을 모두 빼앗는 것입니까?"라고 질문하였다. 임제선사가 이렇게 대답하였다. "병주와 분주는 중앙정부의 믿음을 저버리고, 그 지방은 반동적인 독립생활을 하는 곳이 되었다(幷汾絶信, 獨處一方)." 병幷은 산서성 병주幷州로 현재의 태원이고, 분汾은 산서성 분주汾州로 현재의 분양이다. 당나라 시대에 오원제吳元濟라는 장군이 이 지방을 수비하고 있었는데, 이 지방은 그의 독립국이 되어 버렸다. 그래서 그는 중앙정부의 명령을 따르지 않았고, 중앙정부는 해마다 그곳을 정벌하려 하였다. 그러나 그의 성이 매우 견고했기 때문에, 그의 성을 빼앗을 수가 없었다. 그는 매우 견고한 성에서 중앙정부에 복종하지 않는 독립적인 생활을 하였다. 임제선사는 이 일에 빗대어 아집과 법집이 모두 매우 심각한 사람에 비유하였다. 이런 상황에서는 사람과 대상을 모두 빼앗는 방법으로 사람들을 인도하고 있다.

극부상좌가 또 다시 "무엇이 사람과 대상을 모두 빼앗지 않는 것입니까?"라고 질문하였다. 임제선사가 이렇게 대답하였다. "왕은 옥좌에 오르고, 농부는 즐겁게 노래하는구나(王登寶殿, 野老謳歌)." '왕등보전王登寶殿'은 국왕이 보전寶殿으로 올라가는 것으로, 그 의미는 조정을 잘 관리하고, 국가를 태평하게 만든 것이다. '야로野老'는 농촌에서 농사짓는 사람들이다. 국가의 정치가 깨끗하니, 인민은 편안하게 생활하며 즐겁게 노동한다. 농부들이 한편으로는 노동을 하고 한편으로는 즐겁게 노래를 부르며 생활하는 것이다. 이것은 아집과 법집이 비교적 가벼운 사람은 이런 체용體用이 하나인 방법으로 인도하는 것을 비유한 것이다.

'사료간'의 방법은 임제선사가 학인을 인도하는 데 사용하는 하나의 방편법문으로, 이것을 공식화할 수도 없고, 확정된 방법으로 생각해서도 안 된다. 왜냐하면 이런 방편을 일단 하나의 모식模式으로 고정시켜 버리면, 그것은 바로 생명력을 잃어버린다. 비록 이렇다고 하더라도, 역대의 선사들은 '사료간'을 임제종 선풍의 가장 특징적인 방법으로 생각하였고, 심지어 임제종의 종지라고 말하였다.

임제의 선풍은 훗날에는 기본적으로 모두 공식화되어 버렸다. 예를 들자면 '삼구三句', '삼현三玄', '사빈주四賓主' 등이다. 그러나 이것들도 원래는 임제선풍의 매우 생명력 넘치는 것들이었는데, 훗날에는 생명력을 상실한 판에 박힌 방법들로 변해 버렸다. 그래서 이 방법으로 진정한 인재人才가 된다는 것은 매우 어려운 일이 되어 버렸다. 무엇 때문인가? 사람을 인도하는 과정에서 누구나 따를 수 있는 원리가 있을 수 있고, 사용할 수 있는 방법이 있을 수 있다. 그러나 실제적으로는 우리가 만나는 사람들의 근기는 매우 다양하다. 비록 대체적으로는 분류를 나눌 수 있다고 하더라도, 이런 분류와 실제 상황은 그 거리가 너무 멀다. 그렇기 때문에 이것들이 선을 배우는 사람에게 진정으로 근기에 맞는 인도를 할 수 없다. 만약에 진정으로 선종의 생명력 있는 인도 방법을 회복할 수 있다면, '사료간', '사빈주'는 모두 버려두고 쓰지 않는 가구에 불과할 것이다.

이것이 임제선사의 '사료간'에 관련된 대체적인 의미다.

임제선사의 말과 그가 사람을 인도하는 구체적 방식은 결코 대단히 중요한 것이 아니고, 중요한 것은 임제선사의 그런 구법정신이다. 임제선사가 황벽스님의 절에서 20년을 보냈는데, 그는 황벽선사의 몽둥이(棒)와 할喝을 많이 경험하였다. 그는 지금 황벽선사가 자신을 때렸던 것을 회상하면, 마치 띠(茅草)가 몸을 스치는 것 같은 느낌이고, 근본적으로 자신을 때렸다는 생각이 없다고 말하였다. 몽둥이로 때렸으니, 띠가 몸을 스치는 것같이 가벼웠을 리가 없는데, 그의 느낌은 띠가 몸의 가려운 데를 긁는 것 같았다고 한다. 이것은 무슨 까닭일까? 몽둥이로 맞는 것이 도리어 편안했다는 것으로, 그렇게 때려서 여러 가지 집착을 없애주었기 때문이다. 만약 황벽선사가 그를 몽둥이로 때리지 않았다면, 아마 임제선사도 없었고, 오늘날의 임제종도 없을 것이다. 임제선사의 구법과정은 매우 고통스러웠고, 그의 일생은 매우 힘들었는데, 이런 정황은 그의 어록에서 볼 수 있다. 하나의 종파를 이룩한 위대한 조사인 그는 일생 동안 밖에서 구걸하는 것에 의지하여 생활을 하였다. 이렇게 위대한 조사에게 있어서, 구걸하여 밥 먹고 생활하는 것은 바로 그의 본지풍광本地風光이다.

임제선사의 불법과 학인을 대하는 태도는, 일체의 문자지견文字知見・불견佛見・법견法見・마견魔見 등등을 모두 완전히 없애 버리는 것이다. 이렇게 해야 비로소 불성을 진정으로 드러나게 할 수 있다.

그러므로 임제선사의 어록에서 자주 부처를 꾸짖고 조사를 욕하는 격렬한 말들이 출현한다. 이른바 부처를 만나면 부처를 죽이고, 아라한을 만나면 아라한을 죽이고, 벽지불을 만나면 벽지불을 죽이고, 부모를 만나면 부모를 죽이라는 것이다. 왜 이들을 죽여야 하는 것일까? 왜냐하면 이곳에 아직도 망령된 견해가 있기 때문으로, 망령된 견해가 있으면 이것이 바로 생사의 근본이다. 부처를 만나면 부처를 죽이라는 것은 하나의 비유인데, 그 의미는 우리의 알음알이(知解), 망령된 견해를 완전히 깨끗하게 없애 버리라는 것으로, 몸에 실오라기 하나 걸치지 않은 것처럼 깨끗이 하고, 하나의 법法도 일으키지 않는 것이다. 임제선사는 부처를 배우고 불법을 배우는 목적은, 바로 그 누구에게도 미혹되지 않는 사람이 되는 것이라고 말한다. 그 누구에게도 미혹되지 않는 사람이 바로 임제선사가 항상 말하는 '무위진인'이다.

　임제선사와 같은 그런 분은 선종 역사에서 천 년에 한 번 출현하는 사람이다. 세상에서 그의 어록을 '어록 가운데 왕'이라 부르기도 하고, 어떤 일본학자는 『임제선사어록』이 세계 삼대기서奇書 가운데 하나라고 말하기도 한다. 이것만 보아도 우리는 임제선사가 선종 역사에서 차지하는 그 위치를 알 수 있다.

　여기서 여러분에게 임제선사와 관련된 공안을 하나 말하고자 한다.

　임제선사가 북방으로 오기 전에, 마조馬祖의 법손인 보화상좌普化上座라는 스님이 정정에서 불법을 널리 보급하고, 중생을 제도하고 있었다. 그는 거주지가 일정하지 않은 사람으로, 자신의 절도 없고, 임제사에서 살지도 않았다. 어떤 때는 임제사에 가기도 했는데, 그곳에 가면 사람들이 밥을 다 먹기를 기다렸다가, 부엌에 들어가서 있는 대로 먹었다. 생야채가 있으면 생야채를 먹고, 남은 밥이 있으면 남은 밥을 먹곤 하였다.

임제선사는 그의 후배였지만, 이 선배에게서 진정으로 견처를 배우기 위하여, 가끔 예의를 차리지 않고 비교적 저속한 말로 보화상좌에게 말을 하였다.

어느 날 임제선사는 보화상좌가 임제원의 부엌에서 생야채를 먹고 있는 것을 보고, "이놈의 당나귀가 나의 생야채를 훔쳐 먹네!"라고 말하였다. 보화상좌가 곧바로 큰 소리로 웃으며 "당나귀, 당나귀."라고 말하였다. 또 한 번은 보화상좌가 임제원의 부엌에서 밥을 훔쳐 먹고 있었는데, 또 임제선사가 보게 되었고, "너 이 도둑놈아!"라고 말하니, 보화상좌도 곧바로 "너 이 어린 종놈아!"라고 말하였다.

이 이야기로부터, 선의 작용이 얼마나 적나라赤裸裸한 것이고, 어떤 숨김도 없으며, 무한히 떳떳한 것이라는 것을 알 수 있다.

어느 날 보화선사가 자신이 죽을 생각이라고 말하였다. 그리고 정정부의 거리로 나가서, 스님들이 입는 도포 한 벌이 필요하다고 말하며 탁발을 하였다. 그 당시 그곳의 모든 사람이 이 스님을 잘 알고 있었기 때문에, 그가 도포 한 벌 구걸하면 누구나 줄 수 있었다. 그러나 사람들이 주기만 하면 거절하였다. 임제스님이 이 사실을 알고, 절집 일 보는 사람을 시켜서 관을 하나 사오라고 하였다. 마침 관을 사가지고 돌아올 때, 보화선사도 임제사에 도착하였다.

임제선사가 "제가 스님에게 도포를 하나 드릴 테니 가져가시지요."라고 말하였다. 보화스님은 관을 보자 그것을 등에 지고 길로 나갔다. 그리고 "내가 오늘 남문에서 왕생을 한다."고 외쳤다. 중국 사람들은 원래 광대놀음 보기를 좋아하니 남문으로 달려들 갔다. 그러나 밤까지 기다렸는데 스님은 죽지 않고 여전히 살아 있었다. 다음 날 스님은 다시 관을 등에 지고 다니면서, 오늘은 동문에서 죽겠다고 외쳤다. 사람들은 진짜로 알고 스님을 따라서 동문으로 갔다. 그러나 스님은 또 죽지를 않았다. 셋째 날에는 서문에서 죽겠다고 말하였다. 사람들은 여전히 그를 따라 갔으나 죽지를 않았다.

넷째 날이 되었을 때, 스님은 북문에서 죽겠다고 말하였다. 하지만 아무도 스님을 따라가지 않았고, 스님은 관을 등에 지고 북문으로 갔다. 그리고 관 속으로 들어가서 지나가는 사람에게 관에 못질을 해달라고 부탁하고, 자신은 관 속에 누웠다. 이때 스님을 3일 동안 따라다녔던 사람들이 다시 달려와서 "이 스님이 정말로 죽었구나!"라고 하였다.

사람들이 관 뚜껑을 열어 보았으나 보화선사는 관 속에 누워 있지 않았다. 멀쩡하게 살아 있던 사람이 관 속에 들어갔다고 해서 그냥 죽었을 리가 있겠는가? 관 뚜껑을 열어서 보았지만, 관 속에는 아무것도 없었던 것이다. 이때 사람들은 공중에서 나는 요령 소리를 들었는데, 사람들은 비로소 스님이 요령을 흔들면서 하늘로 올라가는 것을 알아차릴 수 있었다.

왜냐하면 스님이 평소에 밖에서 활동할 때, 항상 요령을 손에 들고 흔들고 다녔기 때문이다. 이 분은 훌륭한 대보살이었기 때문에, 자신이 죽겠다고 말하면 어떤 거리낌도 없이 바로 가서 죽을 수 있는 사람이었다. 그러므로 우리는 어떤 대상이나 상황을 볼 때 반드시 그 본질을 보아야 하고, 그 겉모습만 보고 그 사람을 파악해서는 안 되며, 일상적인 세속의 눈으로 보통사람과 달리 초탈한 사람을 평가해서는 안 된다.

보화선사를 현대인의 눈으로 보면 분명히 매우 어리석은 사람으로 보일 것이다. 그는 항상 익히지도 않은 음식, 식은 음식을 먹고, 어디를 가든지 누더기 옷을 걸치고 있었기 때문이다. 그러나 마지막 이 한 수를 보면, 그가 얼마나 대범하고 자유로운 사람이었는가를 알 수 있다. 이것은 진정으로 하나의 불가사의한 일이다. 우리가 출가한 스님을 볼 때, 반드시 눈에 보이는 현상을 통하여 그 본질을 보고, 그 겉모습을 통하여 그 내심을 보아야 하고, 반드시 세속의 인정이나 세속의 견해를 버려야 한다.

역사 속에서, 한산寒山선사·도제道濟선사·포대布袋화상 같은 분들은 모두 도덕적인 사람들로, 일반적인 눈으로 그들을 보아서는 안 된다. 수행인이 된 사람은 반드시 자신의 위의威儀, 교상敎相에 주의해야 하고, 아직 이런 분들의 경지에 도달하지 못했다면, 일부러 그분들의 행위를 배우려 해서도 안 되고, 그런 행위를 흉내내서도 안 된다. 그분들의 경지는 배울 수 있는 것이 아니다.

임제선사의 법어

아무리 어느 때나, 어느 곳에서나 참선을 할 수 있다고 하더라도, 참선수행의 시작 단계에서 그 환경은 매우 중요하다. 그래서 옛사람들은 참선수행을 시작할 때, 수행 장소의 선택을 중시하였다. 달마조사도 중국에 와서 소림사 뒷산의 달마동을 면벽수행의 장소로 선택하였다. 이런 수행 방식은 매우 오랜 전통이었다. 전불前佛, 후불後佛, 고불古佛, 금불今佛과 불교 이외의 성인들을 포함하여 모두 이런 수련 과정을 거쳤다. 수련 과정을 거치지 않고 우주, 인생의 근본 문제를 해결하려고 생각한다면, 기껏해야 세속적인 말 재주에 지나지 않는다.

참선수행에 필수적 환경은 옛사람들이 말하는 도량이다.

일단 도량이 있으면, 참선수행의 환경이 주어진 것이고, 이런 환경에서 인간의 내심세계와 참선수행이 상응해야 한다. 그렇지 않으면 수행은 성공할 수가 없다. 수행자가 고요하게 있지 못하면 수행이 되지 않고, 입을 다물고 침묵하지 못하면 수행이 되지 않는다. 진정으로 참선수행을 하는 사람은 모두 말을 적게 한다. 도가의 수행도 같은데, 말을 적게 하는 것을 매우 중시한다. 이른바 "입을 열면 원기가 흩어지고, 혀를 움직이면 시비가 일어난다."[106]는 것이다. 말을 많이 하는 사람은 음성을 통하여 정신력이 사라져 버리고, 얼굴색도 없어져 버린다. 그러나 대체로 참선수행에 성취가 있는 사람은 말수가 매우 적지만, 그의 한 마디 한 마디는 매우 무게 있고, 깊이 있으며, 지혜가 있다. 그래서 다른 사람들을 계발할 수 있다. 그러므로 일찍이 우익蕅益대사가 이렇게 말하였다. 즉 "한 마디 말만 해도 중생을 이롭게 할 수 없다."[107] 이 구절의 의미는 말을 하지 말라는 것이다.

그러므로 선을 배우는 사람은 반드시 자기 자신의 좋은 수행환경을 만드는 일이 중요하다는 것을 이해해야 하고, 또한 자신이 배운 것을 다른 사람들에게 나누어 주어야 하고, 다른 참선수행을 하는 사람들에게 좋은 수행환경을 제공해 주어야 한다. 참선수행을 하는 사람은 말을 적게 하고, 최대한 다른 사람을 불편하게 하지 않고, 모든 일은 법과 이치에 맞게 해고, 다른 사람들이 산란한 마음을 일으키게 하거나 그들의 수행을 방해하는 일을 피해야 한다. 그러면 동시에 자신도 쉽게 선과 상응하게 된다.

선문에 『선해십진』이란 책이 있는데, 이 책에는 전체 선해禪海에서 열 분 조사의 '진보珍寶'를 선택하여 놓았다. 『선해십진』의 제7편이 바로 임제선사의 법어다. 이 법어는 임제선사 사상의 정수다.

임제선사는 큰소리로 질책하는 방법을 습관적으로 사용하여 제자들을 개오하게 했는데, 이것이 이른바 '임제할臨濟喝'이다. 『임제선사어록』에서 매 칙則은 거의 모두 그 법어가 단지 10자나 20자로 되었거나, 심지어 몇 자가 한 편인 법어도 있다. 긴 문장으로 된 것은 극히 적은데, 소개하는 이 편은 예외적으로 상당히 길다.

이 법어에서 임제선사는 선을 배우는 우리에게 '자신의 진정眞正한 견해를 깨달을 것'을 요구하고 있다.

"조사가 말하였다. 일반적으로 학인들은 먼저 자신의 진정한 견해를 분명히 깨달아야 한다. 만약 자신의 견해를 깨닫게 되면, 생사에 의해서 오염되지 않고, 자유롭게 되며, 특별한 것을 스스로 갖추게 된다."[108]

이른바 "자신의 진정한 견해를 분명히 깨달아야 한다."는 것은 임제선사가 선을 배우는 사람들은 반드시 개오할 것을 요구하는 것이다. 이 '견해'는 문자를 통하여 얻는 지견이 아니고, 분명한 깨달음을 통해서 얻는 것이다. 이것은 다른 사람의 견해가 아니고, 자기 자신의 견해다. 자신의 진정한 견해가 바로 개오다. 자신의 진정한 견해를 깨달았다면, 바로 자신의 생사문제를 해결한 것이고, 자유의 세계로 들어간 것이다. 오는 것이건 가는 것이건 모두 자유자재하다.

불교를 배우는 일반 사람들은 대체적으로 하나의 목적이 있는데, 바로 죽을 때 잘 죽고, 죽음이 무엇인지 분명히 알고자 하는 것이다. 나는 이것이 불교를 배우는 유일한 목적이 되어서는 안 된다고 생각한다. 왜 죽음을 분명히 알지 않으면 안 된다고 하는 것인가? 이럴 필요는 없다. 단지 자기 자신만을 위해서는 안 된다. 자기 자신만을 위하여 죽음을 분명히 알고자 한다면, 아마도 죽음이 분명하지 못할 것이다. 왜냐하면 원력이 너무 작아서 자신을 지탱할 힘이 없고, 여전히 죽음도 분명하지 않을 것이기 때문이다. 만약 진정으로 보살심을 발휘할 수 있고, 모든 생애 동안 오탁악세로 가서 중생을 구제할 것을 발원하여, 마치 지장보살처럼 한다면, 죽음을 분명히 알 수 있다. 진정으로 보살심을 일으키면, 마음에 힘이 있게 된다. 마음에 힘이 있으면 죽음에 이른 그 순간을 충분히 장악할 수 있다. 죽음에 임박해서 일체의 번뇌와 고통이 눈앞에 닥쳤을 때, 원력이 없으면 견뎌낼 수 없고, 살고 싶어하고 죽음을 두려워하면 견뎌낼 수 없으며, 오직 대원력이 있을 때만 비로소 견뎌낼 수 있는 것이다.

생사를 견뎌낼 때, 비로소 자유롭게 되고, 비로소 특별한 것을 스스로 갖추게 되고, 일체의 특별한 현상이 모두 눈앞에 드러난다. 어떤 특별한 현상인가? 역대의 선종 조사들이 죽을 때, 흔히 여러 가지 신통을 드러내 보였었다. 서서 죽은 조사도 있고, 앉아서 죽은 조사도 있으며, 어떤 조사는 자다가 죽기도 하였다. 어떤 조사는 주위 사람에게 이렇게 물어보았다. 죽는 방법이 여러 가지 있는데, 거꾸로 죽은 사람도 있었는가? 어떤 사람이 "거꾸로 서서 죽은 사람은 없었다."고 대답하였다. 선사가 "그렇다면 내가 한 번 거꾸로 서서 죽어 보겠다."고 말하고는, 손은 땅에 대고 발은 하늘로 향하여 거꾸로 죽어버렸다. 이것이 바로 특별한 것을 스스로 갖추고 있는 것이고, 이것이 바로 생사에 자유자재한 것이다.

현교顯敎[109]를 수행하는 사람도 이따금 마지막 단계에서 이런 한 수를 보여주지만, 평소에는 드러내지 않는데, 이것은 유교문화와 매우 깊은 관계가 있다. 공자는 "괴이한 일, 힘 센 사람의 일, 정도를 어지럽히는 일, 귀신에 관한 일은 말하지 않았다."[110]고 한다. 누군가가 발 아래에서 물이 솟아나게 하든지, 머리 위에서 불을 뿜어내든지, 공자는 이런 것을 괴이하고 마음을 어지럽히는 것이라고 말하며 믿지 않았다. 선종의 조사들이 마지막 한 수로 보여주는 이런 자유는 유가에는 없으며, 불로장수를 추구하는 도가에도 없다.

"그러나 지금 얻지 못한 사람은, 그 병은 자신이 믿지 못하는 데 있다. 스스로의 믿음이 부족하면, 바로 일체의 경계에 바쁘게 끌려다니게 되어, 미혹에 막히고 업만 쌓게 된다."[111]

우리가 이런 자유를 얻지 못하고 있는데, 그 병의 뿌리는 우리가 자기 자신을 믿지 못하는 데 있다. 자기 자신이 부처인 것을 믿지 않고, 자기 자신이 부처라는 것을 책임지지 않기 때문에, 죽음에 직면했을 때, 아무리 바쁘게 서두르고, 다른 사람에게 부탁하여 염불을 하게 하더라도, 자신이 주인이 될 수가 없으니 소용없는 일이다. '다른 사람이 해주는 염불(助念)'이 완전히 소용이 없다고 말할 수는 없겠지만, 죽음을 맞이했을 때, 외적인 힘의 작용으로는 아마도 주체적이 되지는 못할 것이다.

여기서 우스갯소리 하나를 소개하겠다. 80살이 넘은 노인이 있었는데, 병이 들어 위급한 상황에 있었다. 가족들이 아미타불을 염불하였다. 그런데 그는 도리어 "너희들은 염불을 하지 마라, 아미타불이 와서 나를 정토세계로 데려가면 귀찮은 일이다. 나는 아직 죽고 싶지 않다!"고 말하였다. 가족들은 어떻게 해야 할까? 이 일은 실제로 있었던 일로, 내가 만들어 낸 이야기가 아니다. 세속의 인정과 세속의 일들이 사람을 그 속에 가두어두게 되고, 그래서 다음 생애에도 계속해서 여러 가지 죄업을 짓도록 한다. 이것은 자유가 아니다.

"여러분! 만약에 한 생각 한 생각마다 밖에서 구하는 마음을 쉬어버린다면, 바로 부처나 조사와 다르지 않다."[112]

한 생각 한 생각마다 추구하는 마음을 내려놓으면, 이때가 바로 부처이고 조사로서, 부처와 조사와 어떤 차별도 없다. 맛있는 것을 먹으려 하고, 놀기를 좋아하는 것, 이런 것만을 '추구하는 마음'이라고 말하는 것이 아니고, 생각하는 것 모두가 바로 추구하는 마음이다. 단지 이원적 대립이 있기만 하면, 주관과 객관의 대립, 생각의 작용(能念)과 생각의 내용(所念)의 대립이 있게 되면, 이는 바로 추구하는 마음이 있는 것이다. 최고의 경지에 이르게 되면 일체의 대립이 소멸하고, 오직 한 줄기 광명이 있을 뿐이다. 이 한 줄기 광명이 바로 구경반야대지혜究竟般若大智慧이다. 대지혜는 일체의 모든 것에 평등하게 밝은 빛을 비춘다. 이런 경지에 이를 때, 부처·조사와 어떤 차별도 없는 것이다.

"그대가 불조를 알고 싶은가? 그대 눈앞에서 지금 법을 듣고 있는 것이 바로 불조다."[113]

무엇이 불조인가를 알고 싶은가? 지금 귀를 통하여 법을 듣고 있는 이것, 이것이 누구인가? 지금 눈을 통하여 사물을 보고 있는 이것, 이것이 누구인가? 지금 바로 마음을 일으키고, 생각을 하고 있는 이것, 이것이 또 누구인가? 이런 구체적인 신통묘용을 떠나서, 어디서 부처를 찾고, 어디서 조사를 찾는다는 말인가? 사람들 각자의 현재 법을 듣고 있는 진성眞性, 이것이 바로 부처이고, 조사인 것이다.

어쩌면 우리도 어떤 한 순간에 이런 경지에 들어갈 수도 있다. 그러나 그 한 순간이 지나면 다시 번뇌망상의 상태로 되돌아가 버리고 만다. 만약 이 한 순간을 영원한 것으로 변화시킬 수 있다면, 우리는 바로 부처를 볼 것이고, 우리 자신을 장악하게 될 것이다. 참선수행 과정 속에서, 우리의 근본문제는 그 한 순간의 법신法身 실현의 경지를 장악하지 못하는 것이다. 마음을 고요히 가라앉히고, 그 한 순간의 청정심을 계속 유지할 수 있는지 시도해 보라. 그 청정심을 계속 유지하려면, 먼저 매우 안정된 환경 속에서 수행해야 하고, 안정된 환경 속에서 단련을 잘 했으면, 다시 시끄럽고 혼란스런 환경 속에서 운용을 해 보아야 한다. 이렇게 천천히 단련을 하다보면 동정일여動靜一如를 이루어낼 수 있다.

"그대의 믿음이 부족하기 때문에, 밖에서 찾으려 한다. 밖에서 얻은 것은 단지 문자선일 뿐, 부처나 조사와는 먼 거리에 있다."[114]

부처가 마음 밖에 있다고 생각하고, 부처가 기도하는 대웅전 감실 안에 있다고 생각하고, 하나의 돌덩이, 하나의 진흙덩이가 부처라고 생각하기 때문에 밖에서 찾으려 하는 것이다. 『금강경』에서도 "상相이 있는 것은 모두 허망한 것이다. 만약 모든 상이 상이 아니라고 보면, 곧 여래를 보는 것이다."[115]라고 말하고 있다. 진불眞佛은 자신의 마음에 있고, 자기 마음의 참부처(自心眞佛)는 밖에서 찾아서는 안 되며, 밖에서 찾은 것은 단지 상일 뿐이다. 밖에서 찾으려 하고, 설사 무엇인가 찾았다고 해도, 그것은 경전 속에서 획득한 약간의 도리에 불과할 뿐이다. 이런 것은 진정한 반야가 아니고, 스스로 드러내는 불성도 아니다. 언어, 문자는 실재적 의미와 관련이 없고, 진정한 부처의 경지와 매우 멀리 떨어져 있다.

"여러 스님들! 지금 바로 진정한 깨달음을 추구하지 않으면, 만겁 천생에 삼계를 윤회하며, 좋은 환경이나 나쁜 환경을 따라다니다가, 당나귀나 소에 잉태하게 될 것이다."[116]

여러분이 오늘 이런 진정한 돈오법문을 듣게 된 것은 행운이 아닐 수 없다. 만약 진정한 깨달음(眞悟)을 추구하지 않고, 바로 자기 자신이 부처인 것을 감당하지 못하면, 단지 만겁 천생 동안 계속해서 윤회하며 삼계를 떠돌면서, 좋은 환경에 있게 되거나, 나쁜 환경에 있게 되거나, 당나귀에 잉태되거나, 소에 잉태되거나, 사람에 잉태되거나 할 것이다. 어떤 경우는 난생으로, 어떤 경우는 습생으로, 어떤 경우는 화생으로 되기도 할 것이다. 사생육도에서 그 윤회는 끝없이 계속될 것이다.

"만약 그대가 믿음이 충분하면, 무엇이 부족하겠는가? 안, 이, 비, 설, 신, 의 육도六道가 신통한 빛을 발하는 것을 쉬어 본 적이 없다."117

만약 믿음이 충분하다면, 자기 자신이 용감하게 감당할 수 있고, 부처의 32상相 80종호種好가 자신에게 하나도 빠짐없이 갖춰지며, 일체의 모든 것을 스스로 구족하게 되고, 안·이·비·설·신·의 육근六根이 시시각각 빛을 발한다. 임제선사가 이렇게 말하였다. "하나의 무위진인이 그대의 육근 앞에서 빛을 발하고 대지를 진동시킨다."118 이것은 바로 육도신광六道神光을 설명한 것이다. 인간의 일체 활동은 모두 이 육도신광을 활용한 것이고, 모두 자성, 즉 불성이 작용을 일으키고 있는 것이다.

"한 생각의 깨끗한 빛이 그대의 법신불이고, 한 생각의 사량분별이 없는 빛이 그대의 보신불이며, 한 생각의 차별이 없이 평등한 빛이 그대의 화신불이다. 이 삼신三身이 바로 현재 법문을 듣고 있는 사람이다."119

우리의 자성 속에 부처의 법신, 보신, 화신 삼신三身을 갖추고 있다. 지금 이곳의 이 한 생각이 가장 진실한 것이다. 지금 이곳의 이 한 생각은 부처의 삼신을 갖추고 있다. 우리의 문제는 지금 이곳의 이 한 생각을 유지할 수 없기 때문에 생기는 것이다. 부처의 삼신은 바로 현재 법을 듣고 있는 사람이다. 여러분, 모두 이것을 믿을 수 있는가? 믿지 못하고 있는 것 같다! 어떤 사람이 이렇게 말하였다. "나는 늙은 할머니로 여전히 집안에 번뇌 가득한 일이 많이 있는데, 나의 어디에 부처가 있다는 말인가? 늙은 할아버지, 아들, 며느리 등 집안일들이 엉망진창인데, 어디에 부처가 있다는 말인가?" 사실상 부처는 무상無相이고, 법法은 분별이 없으며, "마음, 부처, 중생 이 셋은 차별이 없다."[120] 즉 상相의 차별이 없는 것이다.

어제 몸이 뚱뚱한 거사가 이 강연을 들으면서 단번에 경지에 진입하였다. 내가 추측하건대, 그 사람은 어제 적어도 '1분 동안 부처가 되었다.' 왜 이렇게 말하는가? 그는 어제 법문을 들은 뒤에 두 수의 게송을 썼다. 첫째 게송: "대천세계는 하나의 빈 집이고, 높은 산도 마른 풀도 모두 무로 돌아가고. 세상살이에서 언제나 무아이니, 극락세계에 부처가 하나 늘었네." 둘째 게송: "참선하여 깊은 곳에 이르니 분명하게 공이 드러나고, 달빛은 산하에 어렴풋이 비추인다. 고통도 없고 즐거움도 없으니, 연화좌에 앉아 부처가 되었구나."[121] 이래서, 나는 이 사람이 '1분 동안 부처가 되었다.'고 말한 것인데, 그는 저녁에 잠을 잤으며, 다시 인간 세계로 되돌아왔고, 자면서 평소처럼 코골이를 하였다. 당연히 이런 1분 동안의 체험이라도 대단한 것이다.

이런 1분을 보임하는 데 노력하는 것이 바로 참선수행의 출발점이다. 이런 인간의 마음을 진동시키는 순간을 유지해내는 것이 마음의 빛이 밝게 드러나는 순간이다. 마음의 빛(心光)이 바로 부처의 빛(佛光)이고, 불광佛光이 바로 심광心光이다. 이 한 생각 청정한 빛, 사량분별이 없는 빛, 차별이 평등한 빛을 보임하여, 그것이 영원히 빛을 발하도록 하고, 그것이 온 누리에 비치도록 해야 한다.

"밖에서 찾지 않으면, 이 세 가지 작용이 있다. 그러나 이 세 가지도 단지 이름일 뿐이다."[122]

마음으로 밖에서 찾지만 않으면, 법신, 보신, 화신의 세 가지 작용은 바로 드러나게 된다. 내가 언어를 사용하여 설명한 이 세 가지 작용은 모두 '이름이고 개념'으로, 모두 둘째 생각(第二念)이다. 우리가 선을 배워서 깨닫게 되는 것은 언어를 사용하여 표현해 낼 수 없는 부분이다.

"그러므로 이렇게 말하였다. 신(身; 三身)은 교리에 의해서 성립된 것이고, 토(土)는 본체(體)에 의거해서 설명한 것이다. 법성신, 법성토, 이것들이 빛의 그림자라는 것을 분명히 알아야 한다. 여러 스님들! 반드시 빛의 그림자를 희롱하는 사람을 식별해내야 합니다. 이것이 바로 제법의 본원이고, 일체법의 근본입니다."[123]

신身은 신체고, 토土는 국토이다. 색신色身이 있으면 반드시 색신이 의지하는 법성신法性身이 있고, 산하대지가 있으면 반드시 그것이 의지하는 법성토法性土가 있다. 사람은 누구나 하나의 정토를 가지고 있고, 사람은 누구나 삼신三身을 구족하고 있다. 하나의 꽃은 하나의 세계이고, 하나의 잎은 하나의 여래이다. 사람 각각의 마음 속에는 모두 하나의 세계가 있다. 왜냐하면 각각의 사람은 모두 그 자신의 망상과 분별이 있기 때문에, 각자가 보는 세계는 각기 다르다. 만약 망상과 분별을 벗어나면, 각자가 보는 세계는 일치하게 된다. 이런 모든 사람이 일치하는 세계를 법성토, 혹은 화장세계, 극락세계라고 부른다.

극락은 고통이 하나도 없는 것을 말한다. 그렇다면 극락세계는 어디에 있는가? 그대가 1분 동안 부처가 되었을 때, 극락세계는 바로 현재 눈앞에 있다. '극락세계에 부처가 하나 늘었다'고 말하지 않았던가? 그러나 부처가 하나 늘었다는 것은 당연히 일종의 체득일 뿐이라고 말해야 한다. 실제적으로는 대지와 중생이 모두 부처가 된다면, 중생이 하나도 줄어드는 것이 아니고, 부처 역시 하나도 증가하는 것이 아니다. 일체 모두 증가하지도 감소하지도 않는다.

'명지明知'는 인식작용이고, 망상분별이다. 우리의 망상분별은 마치 빛의 그림자와 같다. 눈은 사물을 볼 수 있고, 귀는 소리를 들을 수 있고, 입은 말할 수 있고 음식 맛을 볼 수 있으며, 신체는 촉감을 느낄 수 있고, 두 다리는 길을 걸을 수 있는데, 이런 것들은 모두 빛의 그림자이다. 그림자가 있다면, 필연적으로 그에 앞서 '진실한 실체'가 있어야 비로소 그림자가 있게 된다. 진실한 실체가 없다면, 그림자가 어디서 나올 수 있겠는가? 그러므로 "빛의 그림자를 희롱하는 사람을 식별해내야 한다."에서, 빛의 그림자를 희롱하는 사람은 바로 제법의 본원이고, 일체법의 근본이다. '식별해내는 것(識取)'이 우리가 수행공부를 해야 하는 바로 그곳이다. 단지 빛의 그림자만 이해하고, 빛의 그림자를 희롱하는 주체를 인식하지 못하면, 여전히 신발 신고 발바닥을 긁는 것처럼 그 실체에 도달하지 못한다. 빛의 그림자를 운용하는 주체를 확실히 아는 것, 이곳이 바로 완전한 휴식처다.

"여러 스님들! 사대색신은 설법을 할 수 없고, 설법을 들을 수 없습니다. 허공도 설법을 할 수 없고, 설법을 들을 수 없습니다. 그대 눈앞에 분명히 홀로 밝고 형체가 없는 것, 이것이 바로 설법을 할 수 있고, 설법을 들을 수 있는 것입니다."[124]

우리는 '심식心識'을 가지고 있고, 이 생명이 존재하고 있기 때문에 설법을 할 수도 있고, 설법을 들을 수도 있다. 죽은 시체가 누워서 설법을 할 수 있고, 설법을 들을 수 있겠는가? 이 시체는 그저 사대四大 아닌가? 그러므로 이렇게 말한 것이다. "사대색신은 설법을 할 수 없고, 설법을 들을 수 없습니다. 허공도 설법을 할 수 없고, 설법을 들을 수 없습니다."

설법을 할 수 있고, 설법을 들을 수 있는 것은, 오직 '그대 눈앞에 분명히 홀로 밝고 형체가 없는' 무위진인일 뿐이다. 무위진인은 어디에 있다고 분명히 말할 수도 없고, 어떤 말이나 개념으로도 설명할 수 있는 것이 아니라고 말할 수 있으며, 오직 '분명히 홀로 밝은 것'이라고 형용할 수 있을 뿐이다.

바람이 하나도 없는 방안에서 촛불을 켜면, 이 초의 불꽃은 밝고 선명하게 빛나고, 조금도 움직이지 않는다. 우리의 마음 역시 이와 같다. 오직 마음을 단련하여 밝게 빛나게 하고, 흔들리지 않게 할 때, 비로소 그것의 진실한 작용이 드러난다. 옛사람들은 "앞 것을 따르지도 않고, 뒤 것을 끌어들이지도 않는다(不續前, 不引後)."는 말로, 지금 이 한 생각이 '분명히 홀로 밝은'" 정황을 자주 형용하였다. '분명히 홀로 밝은' 현장의 한 생각(念)은 현재이고, '전前'은 과거이고, '후後'는 미래다. "앞 것을 따르지도 않고, 뒤 것을 끌어들이지도 않는다."는 것은, 바로 지금 이곳의 이 한 생각이 과거·미래·현재에 매어 작용하는 것이 아니고, 이것은 독립적이며, 어떤 사물과도 서로 연관되어 있지 않다. 일단 연관이 있게 되면 바로 망상이다. 참선수행은 지금 이곳의 이 한 생각을 독립시키는 것으로, 과거와 연관시키는 것도 아니고, 미래에 어떨 것이라고 생각하지도 않는다.

진정으로 철저한 깨달음(大徹大悟) 이후에 자신이 주체가 되는 것은, 당연히 또 다른 것이다. 그렇다면 철저한 깨달음 이후에는 어떻다는 것일까? 바로 화광동진和光同塵[125]하는 것이다. 지혜로 온누리를 골고루 밝게 비추고, 또한 어떤 것에 의해서도 차단되지 않는다. 열심히 노력하여 수행하는 첫 단계에서, 반드시 이 마음을 분명히 홀로 밝게 해야 한다. 이것이 참선수행의 요점이고 비결이다.

"그러므로 산승이 그대들에게 말하겠다. '오온으로 이루어진 신체 안에, 무위진인이 있어서 당당히 밖으로 드러나고, 추호의 간격도 없다. 어찌 식별할 수 없겠는가?'"[126]

우리의 오온의 신체 안에 무위진인이 있다. 오온의 신체와 사대의 신체는 서로 다른 두 종류다. 오온은 색, 수, 상, 행, 식이다. 오온이 존재해야 생명도 존재한다. 만약 사대의 신체에 의식(識)이 없다면, 수온, 상온, 행온 역시 없다. 사대는 지각知覺이 없는 것으로, 돌, 기왓장, 물, 진흙과 다르지 않다. 오온의 신체는 반드시 지각이 있다. 그래서 오온의 신체 안에는 '무위진인'이 있다. 이 '무위진인'은 오온의 신체 안에서 당당히 밖으로 드러나는 것으로, 우리 자신과 이 무위진인은 추호의 간격도 없고, 매우 가까이 있다. 이 '무위진인'은 바로 우리 자신이고, 지금 이곳에서 바로 식별해낼 수 있고, 지금 이곳에서 바로 파악할 수 있다.

"심법心法은 형상이 없지만 어디나 관통한다. 마음이 눈에 있으면 보는 것이고, 마음이 귀에 있으면 듣는 것이며, 마음이 손에 있으면 붙잡고, 마음이 발에 있으면 내달린다. 만약 마음이 일어나지 않으면, 어디서나 해탈이다."[127]

심법心法은 형상이 없고, 어디나 관통한다. 천진, 남경, 상해, 북경 어디든지 가려고 마음에 그 생각을 일으키면, 바로 그 순간에 그곳에 가 있게 되는 것이다. 이 한 생각을 하는 마음은 장소를 이

동하지 않고, 자리에서 일어나지도 않고, 시간적으로는 과거·미래·현재의 삼제를 관통하고, 공간적으로는 온누리에 두루 퍼진다. 이 한 생각을 하는 마음이 눈에 있으면 본다고 하고, 귀에 있으면 듣는다 하고, 손에 있으면 붙잡고 물건을 움직일 수 있고, 발에 있으면 내달리고 길을 걸을 수 있다. 마음이 일어나면 각종 법이 일어나고, 마음이 소멸하면 각종 법이 소멸한다. 마음이 만약 일어나지 않으면 어디서나 해탈이다.

"산승의 경지는 보신불과 화신불을 타파해 버렸다."[128]

임제선사가 말하는 것은, 자신의 경지는, 보신불과 화신불을 타파해 버렸다는 것이다. 그의 경지는 법신을 본 것이다. 그러므로 보신불과 화신불을 바로 타파해 버린 것이다.

"십지보살은 일용직 노동자와 같고, 등각·묘각은 형틀을 목과 발에 걸치고 있는 죄인과 같고, 나한·벽지는 진흙을 흠뻑 묻히고 있는 것과 같고, 보리·열반은 당나귀를 묶어 놓는 말뚝과 같다."[129]

임제선사는 또 강조해서 이렇게 말하였다. 십지보살은 마치 하인처럼 다른 사람을 대신해서 일하는 사람이고, 등각보살·묘각보살은 마치 목에 칼을 쓰고 발에 족쇄를 찬 범인 같다. 나한·독각은 마치 몸에 진흙을 뒤집어쓴 사람 같고, 보리·열반은 마치 당나귀를 붙들어 매는 말뚝과 같은 것이다. 왜 이렇게 말하는 것인가? 선을 배우는 사람이 만약 성인의 경지에 집착한다면, 이것은 바로 약에 집착하여 그것이 병이 되는 것과 같다. 오직 일체의 불견·법견이 완전히 소멸하여 하나도 남지 않을 때, 비로소 본지풍광이 드러난다.

"아마도 부처가 되려고 염불한다면, 설사 자재하더라도 여전히 헛되이 분별하는 것이다. 중생을 구제하려는 마음이 절실하다 하더라도, 반드시 이 자비심 역시 탐욕이라는 것을 알아야 한다."[130]

그러므로 이렇게 말한다. 단지 성불하려는 마음을 가지고 있다면, 설사 날마다 염불하고 자재하더라도, 여전히 허망분별 속에 있는 것이다. 중생을 제도하려는 마음을 가지고 있고, 아무리 자비심 넘치는 행위를 하더라도, 그것은 여전히 욕심을 드러내는 것에 불과하다. 진정한 참선수행자는 일체법에 대하여 집착하는 마음을 일으키지 않아야 한다. 이 점은 바로 부처가 『금강경』에서 "나는 제도한 중생이 하나도 없고, 한 마디도 말한 적이 없다"고 말한 것이다. 일체는 모두 무상無相이고, 일체는 무주無住하며, 일체는 모두 인연에 의해서 생성되는 것이니, 어떤 집착도 없다. 일단 무엇에 집착하면 한계성이 있게 되고, 일단 무엇에 집착하면 그 한 가지에 고정되어 버리고, 일단 무엇에 집착하면 그곳에서 죽게 된다.

주석에서 이렇게 설명하였다. "임제선사의 법어는 선서禪書에서 서로 인용하였다. 이 편의 이동異同에 대해서 누가 옳은지 알 수 없다. 매우 능력 있는 사람이 식별하는 것을 기다릴 수밖에 없다. 그러나 이 문장은 입도入道의 첩경이다. 만약 깨달음이 진실하지 못해서, 심식心識을 잘못 알게 되면, 고인의 비난을 살 것이다. 이것은 조사의 잘못이 아니고, 그대가 아는가 모르는가의 문제다."[131]

이 문장은 『선해십진』의 편집자인 도패道霈선사의 말이다. 그는 임제선사의 법어는 서로 다른 판본이 매우 많다고 말하였다. 그러나 가장 관건이 되는 점은 심식心識을 불성으로 인식하지 않는 것이다. 만약 그대의 깨달음이 잘못되었다면, 임제선사의 말이 잘못되었다고 비난할 수가 없다. 그것은 단지 그대 자신이 오해를 한 것일 뿐이다.

조주선 – 평상심, 본분사

'**평**상심平常心, 본분사本分事禪' 이 제목을 '조주선의 특색'이라고 바꿀 수도 있다. '조주선趙州禪'은 글자 그대로 조주화상의 선을 말한다.

'조주선'을 소개하기 전에, 먼저 간단히 조주화상趙州和尙을 소개하겠다.

조주화상의 법호는 종심從諗이고, 서기 778년에 태어나서 897년까지 활동하다 죽었다. 이 시기는 중국 당나라 말기에 해당하는데, 그는 120살까지 살았다. 조주화상은 나이가 많았고, 선학에 조예가 깊었으며, 독특한 선풍을 일으켰다. 그래서 사람들은 그를 존중하여 '조주화상'이라고 불렀다. 중국의 불교역사에서, 사람들은 그가 생활했던 '지명'을 사용하여 훌륭한 고승을 호칭하는 관습이 있었다.

조주화상은 원래 산동성에서 태어났는데, 그는 매우 어려서 출가하였다. 그의 머리를 깎아준 스님은 그의 고향 스님이었다. 조주화상의 법사法師는 남전보원南泉普願이다. 남전보원은 백장선사의 제자이고, 백장선사는 마조도일의 제자이며, 마조도일은 남악회양의 제자이다. 남악회양은 육조혜능의 제자이니, 조주화상은 육조 법맥의 제5대다.

남전보원선사는 매우 대단한 선사로, 속성은 왕王이다. 선종의 역사상 매우 많은 지역에서 그를 '왕노사王老師'라고 불렀다. 남전 역시 지역 이름으로 안휘 지양에 있는데, 현재의 지주시로 구화산 부근이다. 남전선사는 마조도일의 "평상심이 도다(平常心是道)."라는 선풍을 계승하였다. 마조어록을 읽어본 사람들은 모두 마조도일이 선도한 선풍은 '평상심'이 특색이라는 것을 알고 있을 것이다.

조주선사 혹은 조주선의 특색은 두 가지다. 하나는 남전보원선사를 계승한 "평상심이 도다"의 관점이고, 다른 하나는 "본분사로 사람을 대하는 것(本分事接人)"이다. "평상심이 도다"와 "본분사로 사람을 대하는 것"은 당연히 조주선의 가장 보편적 의미의 두 가지 특색이라고 말할 수 있다.

조주선사는 관음원觀音院(현재 백림선사柏林禪寺가 있는 곳)에 주석하면서 전법활동을 하였다. 당시에는 백림선사라는 이름이 없었다. 그래서 선종의 등록燈錄에는 '백림선사'라는 사찰 이름을 찾을 수 없다. 단지 조주화상이 조주성 동쪽의 관음원觀音院 혹은 조주趙州 동원東院에 주석했다고 기록하고 있을 뿐이다.

조주화상이 관음원에 주석할 때는 나이가 이미 80세였다. 그가 이곳에서 불법을 전파한 시간은 40년이나 되며, 그 영향은 매우 컸다. 그러나 관음원에 오기 전에 그가 불교를 공부한 시간이 적어도

65년이나 된다. 조주화상은 65년의 힘든 수행과정을 경험하고, 80세가 되어서야 비로소 전법활동을 시작한 것이다. 이런 숫자를 통하여 우리가 알 수 있는 것은, '수행이란 것이 얼마나 힘든 일인가! 그의 구법자세가 얼마나 신중한가!' 등등이다.

조주선사는 이렇게 시로 자신의 심경을 말하였다.

조주가 80년을 행각했는데(趙州八十猶行脚)
오직 마음이 고요하지 못하더라(只爲心頭未悄然).
갔다가 돌아와 보니 별일이 없구나(及至歸來無一事).
이제야 비로소 짚신 값만 헛되이 쓴 것을 알겠네(始知空費草鞋錢).

초혜전草鞋錢은 무엇인가? 현재의 언어로 말하자면, 바로 '학비學費'다. 돌아오지 못했을 때, 이 초혜비, 이 학비는 반드시 지불해야 한다. 오직 이 학비를 지불해야, 진정으로 수확이 있을 수 있고, 진정으로 집에 돌아올 수 있다. 이 때 비로소 '아! 나의 학비는 모두 헛되이 지불했구나!'라고 말할 수 있다. 학비를 헛되이 지불했다고 말할 때, 이미 어떤 성취한 바가 있는 것이다. 조주화상은 '짚신 값만 헛되이 쓴 것'을 알아차린 것인데, 그때가 그의 나이 80세였다. 우리는 여기서 수행하여 깨닫는 것이 얼마나 힘든 일이고, 얼마나 긴 시간을 수련해야 비로소 목표를 달성할 수 있는가를 알 수 있다. 목표에 도달한 뒤에는 어떻게 해야 하는 것인가? 여전히 계속 수행해야 한다. 짚신 값을 헛되이 쓴 것을 알았다는 것이, 결코 '깨달은 뒤에는 영원히 휴식을 할 수 있다'고 말하는 것과 같은 말이 아니다.

조주화상이 관음원 주지를 했기 때문에, 당나라와 송나라 시대에 조주관음원은 매우 흥성하였고, 종풍도 매우 진작되었다고 말할 수 있다. 요나라와 금나라 시대에, 백림선사는 한 차례 율종律宗의 도량이 되기도 하였다. 그러나 원나라 시대에 임제종의 선사가 다시 이곳을 선종의 도량으로 회복시키고, "율종도량을 선종도량으로 개혁하였다."고 말하였다. 그 후, 명나라, 청나라 시대에 이르기까지 이곳은 여전히 선종의 도량이었다. 청나라 옹정황제는 조주화상의 선풍, 어록을 높이 평가하였다. 『어선어록』에서, 옹정황제는 조주화상의 어록에 서문을 썼는데, 그는 조주화상을 달마대사 이래, 육조혜능 이후, 매우 특색 있고, 견처가 매우 투철한 대선사로 인식하였다. 비록 우리가 '황제가 한 말'을 판단의 기준으로 삼지는 않더라도, 옹정황제가 일찍이 선종 공부를 하였고, 또한 당시와 그 후의 일부 대선사들에 의해서 인가를 받았다는 것은 인정할 수 있다. 이 점은 불교계와 학계에서 모두 공식적으로 인정하고 있다. 그래서 옹정황제의 말은 당연히 그 근거가 있다고 말할 수 있다.

현대 일본의 선학계에서 중국 선종을 연구하는 학자 가운데 가장 유명한 학자는 아부정웅阿部正雄이다. 그의 저술에서, 육조혜능 이후 가장 대표적인 선사 두 분을 제시하고 있는데, 한 분은 임제선사이고, 다른 한 분은 조주화상이다. 그는 이 두 분 가운데, 한 분은 지혜를 대표하고, 다른 한 분은 자비를 대표한다고 말한다. 즉 임제선사는 지혜를 대표하고, 조주화상은 자비를 대표한다.

이제, 나는 네 가지 측면에서 조주선의 특색을 설명하고자 한다.

먼저, 조주선의 첫째 특색인 "평상심이 도다"를 설명하겠다. 이 말은 조주화상의 어록공안에 나온다. 『조주선사어록』에서 다음과 같이 말하고 있다.

조주화상이 남전보원선사를 참방했을 때, "무엇이 도입니까?"라고 질문하였다. 남전선가 "평상심이 도다."라고 대답하였다. 조주화상은 한 걸음 더 나아가서 "여전히 평상심으로 나아가야 합니까?"라고 물었다. 이것은 '우리가 평상심을 닦아 나아갈 수 있습니까? 어떻게 평상심을 닦아 나아갈 수 있습니까?'라는 의미이다. 남전은 "그 방향으로 가려고 한다면 바로 어그러진다!"라고 말하였다. 이것은 평상심을 향하여 나가려 마음먹으면 바로 잘못된 것이라는 의미다. 그곳으로 나아가려 생각하고, 어떤 추구할 목표가 있다고 생각하면, 이미 그것은 평상심이 아니라는 것이다. 도는 바로 우리 마음속에 있는 것으로, 우리는 그것을 본래적으로 가지고 있다. "그 방향으로 가려고 한다면 바로 어그러진다!" 이 얼마나 심각한 말인가! 조주화상은 이때에도 아직 분명히 이해하지 못하고, 계속해서 "하려고 하지 않으면 어떻게 이 도를 알 수 있을까요?", 즉 내가 그 목표를 향해서 가지 않는다면, 어떻게 그것이 도라는 것을 알 수 있겠는가?라고 질문한 것이다. 조주화상은 그 스승의 "평상심이 도다"라는 말을 여전히 지식의 측면에서 이해하고 있다는 것을 알 수 있다. 남전선사는 이어서 이렇게 대답한다. "도는 지에 속하지 않고, 부지에도 속하지 않는다(道不屬知, 也不屬不知)." 즉 도를 지知에 속하는 것으로 이해하는 것도 옳지 않고, 부지不知에 속하는 것으로 이해하는 것 또한 옳지 않다. 지는 망상이고, 부지는 무기다. '만약 확실히 의심할 수 없는 도에 도달했다면', 즉 진정으로 도의 경지에 도달하면, 마음은 밝은 달이 허공에 높이 떠서 만물을 밝게 비추며 여여부동如如不動하는 것과 같다. 이런 '온 세상을 평등하게 비추고 있는 밝고 둥근 달처럼 원만한' 경지가 바로 평상심이다. 이때에 이르러 조주화상은 비로소 '심오한 도리를 일순간에 깨달은 것'으로, 홀연히 개오한 것이다.

현대인들이 '평상심'이라는 말을 일상적으로 사용한다. 예를 들자면, 어떤 사람이 훌륭한 명예를 획득하면, 그 사람에게 호의적인 사람들이 절대로 너무 흥분해서 좋아하지 말고, 평상심으로 그 명예를 대하라고 충고한다. 왜냐하면 어떤 사람이 훌륭한 명예를 얻었거나, 혹은 한 순간에 많은 재물을 획득했을 때, 너무 흥분한 나머지 한 순간에 황천길로 가는 경우가 있기 때문이다. 이런 일은 일상생활 속에서 자주 듣게 된다. 그러므로 그것이 명예이건 불명예이건, 그것을 받아들일 수도 있어야 하고, 내려놓을 수도 있어야 한다. 즉 항상 평상심으로 대하고, 지나친 집착을 말아야 한다.

선종에서의 평상심은 매우 높은 경지로, 보통 사람이 해낼 수 있는 것이 아니다. 그러나 우리가 평상심이라는 선미禪味가 매우 농후한 높은 경지에 물을 한 방울 섞어 좀 부드럽게 만들고, 이것을 일상생활에서 활용하면, 매우 효과적인 것이 될 수 있다. 그것은 명예나 불명예 앞에서 마음을 평정하게 하는 데 도움이 될 것이고, 지나친 흥분에 이르지 않도록 할 것이다.

평상심을 유지하는 것은 결코 쉬운 일이 아니다. 우리의 어린 시절에, 내일이 설날이라고 듣게 되면, 흥분해서 저녁에 잠을 자지 못하였다. 왜냐하면 설날에는 새 옷을 입을 수 있었기 때문이다. 비록 나는 아주 어려서 출가했지만, 비구니 스님 한 분이 나를 보살펴 주었고, 해마다 설에는 새 옷을 입혀 주었다. 그래서 새해의 전날 밤에는 잠을 이룰 수 없었고, 설날 새 옷 입는 것을 기다렸다. 현재 20살쯤 되는 사람들은 이런 마음을 이해할 수 없을 것이다. 왜냐하면 그들은 매일 새 옷을 입을 수 있고, 매일 맛있는 음식을 먹을 수 있기 때문이다. 어린아이들의 이런 마음을 '동심童心'이라고 부르는데, 이런 마음이 그들의 신체에 큰 위해를 일으키지는 않는다. 그러나 나이가 좀 많은 사람이 만약 어린아이처럼, 어떤 일에 흥분하고 마음을 가라앉히지 못하면, 예를 들어 내일 무슨 즐거운 일이 있다거나, 혹은 내일 무슨 특별히 유쾌하지 못한 일을 만나게 될 것을 알게 되면, 마음이 조급해지고, 잠을 이루지 못하고, 먹지도 못하고, 편안하게 앉아 있지도 못하게 된다. 이렇게 되면 매우 위험하다. 이런 상황은 몸과 마음에 일종의 손상을 주게 된다. 이것은 동심이 아니고, 일종의 걱정하는 마음으로, 평상적이 아닌 마음이다.

그러므로 우리는 선의 이런 평상심을 가지고, 생활 속의 일체의 비방과 칭찬, 명예와 이익, 좋은 것과 나쁜 것 등에 대처해야 한다. 우리는 사회생활의 많은 상황에 마주하고, 그것들을 받아들이고, 처리해야 하며, 그러고 난 뒤에는 내려놓아야 한다. 그러나 우리는 어떤 마음으로 그것들을 마주하고, 받아들일 것인가를 좀 더 분명히 알아야 한다. 바로 평상심을 사용하는 것이다. 평상심을 가지고 그것들을 마주하고, 받아들이고, 처리하고, 내려놓아야 한다. 이것이 우리가 일상생활 속에서 수행하는 매우 중요한 방법의 하나다.

평상심을 진정으로 유지하는 것은 결코 쉬운 일이 아니다. 조주화상은 65년의 연마를 통하여 비로소 이런 최고의 경지에 도달할 수 있었다. 현재 우리의 생활환경과 과거의 생활환경은 매우 다른데, 그 복잡함이 얼마나 심각한지 알기도 어렵다. 오늘날 우리가 받는 유혹은, 당나라 시대, 청나라 시대, 심지어 10년 전과 비교한다면, 사실상 함께 논할 수도 없다. 한편으로는 우리의 선근善根이 천박하고, 다른 한편으로는 우리가 마주하고 있는 유혹이 너무나도 강렬하며, 선을 배우는 시간은 너무 적다. 그래서 개오 역시 이전과 비교하면 더욱 어렵다. 그러므로 만약 조금이라도 진리와 상응했다면, 우리는 백 배의 신심과 백 배의 노력으로 이것을 보존하고, 또한 생활 속에서 잘 운용해야 할 것이다.

"평상심이 도다"라는 것은 조주선의 첫째 특색이다. 이 특색은 이미 오늘날 우리의 사회생활의 여러 측면에 침투해 있다. 누구나 모두 평상심을 말하는데, 이것은 선의 힘이고, 선의 침투역량과 선의 생명력이 있는 곳이다. 누구나 날마다 평상심을 말하고, 날마다 평상심을 사용하고 있지만, 그러나 도리어 그것의 근원이 어디에 있는지는 모른다. 그 근원은 육조혜능에게 있고, 마조에게 있고, 남전보원에게 있으며, 조주선사에게 있다. 이런 것을 "백성들은 날마다 사용하면서도 모른다."[132]고 말한다. 나의 희망은 사업에 성공한 사람, 창업을 하고 있는 사람, 선을 배워서 성취가 있는 사람, 지금 선을 배우고 있는 사람, 이런 모든 사람들이 더욱 노력해서 이 평상심을 키우고, 이 평상심을 유지하는 것이다.

조주선의 둘째 특색은 "본분사로 사람을 대하는 것"이다. 현대의 유학자 마일부馬一浮 선생은 "平常心是道, 本分事接人〔평상심이 도이고 본분사로 사람을 대한다〕"라는 대련을 썼다. 마일부 선생은 중국 현대의 훌륭한 유학자이고, 훌륭한 선사이고, 훌륭한 서예가이고, 훌륭한 전각가이며, 훌륭한 학자이다. 그가 세상을 떠난 지 몇십 년이 되었지만, 그의 영향력은 아직까지 남아 있다. 홍일弘一대사의 출가인연도 마일부 선생의 도움이 있었기 때문이다.

'본분사本分事' 개념은 조주화상의 어록에서 자주 등장한다. 그는 "노승은 오직 본분사로 사람을 대한다."[133]고 말하면서, 만약 사람을 대하는 다른 방법이 있다면, 그것은 삼승십이분교三乘十二分敎의 방법으로, 노승과는 관계가 없다고 말하였다. 누구나 근본적으로 문제를 해결하고 싶으면, 나에게로 오면 된다. 그러나 만약 근본적으로 문제를 해결할 생각이 없다면, 다른 방법을 선택할 수 있겠지만, 이 노승과는 관계없는 일이라는 것이다. 이 노승은 오직 "본분사로 사람을 대하고", 이 방법으로만 가르친다. 조주화상의 이런 사람을 대하는 방법은 매우 뛰어나고, 훌륭한 방법이다. 현대어로 그를 말하면, 그는 '전문화하였고, 최첨단이다.' 사람은 누구나 본분사를 가지고 있다. 선종이 해결하고자 하는 문제, 불교가 해결하고자 하는 문제는, 바로 우리 각자의 본분사에 대해서, 이 본분사가 무엇이고, 이 본분사를 어떻게 해결하고, 해결한 뒤에 어떻게 해야 하는가, 등등의 문제다. 우리가 선과 접촉하고, 선을 배우는 이유는 바로 우리가 이 하나의 근본문제를 해결할 수 없었기 때문이다.

어느 해에 나는 홍콩에 있는 욱일집단旭日集團[134]의 양쇠楊釗 선생과 대화를 하였다. 양 선생은 매우 입담이 좋아서, 그가 말을 할 때 다른 사람이 중간에 끼어들 수가 없었다. 그와 함께 식사를 하였는데, 그가 자신이 불교를 배우게 된 과정을 설명하였다. 자신의 사업이 이미 일정한 수준에 도달했기 때문에, 먹고, 마시고, 입고, 즐기는 데 아무런 걱정이 없게 되었다. 그런데 이때 이제 더 무슨 일을 하여야 하는가? 일을 하는 것이 무슨 의미가 있는 것인가? 등등의 심각한 의문이 일어난 것이다. 그래서 이리저리 해결책을 찾아보게 되었다. 천주교도 찾아보고, 기독교도 찾아보고, 도교도 찾아보았다. 그러나 이 모든 것이 자신에게는 맞지 않았고, 결국 최후에 불교를 찾아냈다는 것이다. 불교를 찾은 이후에, 그 스스로 다시 일을 해도 의미있는 것이 되었다는 것이다. 그 의미는 무엇인가? 그는 "우리는 전적으로 자신만을 위해서 일할 수 없고, 우리가 하는 일은 모두 중생에게 보답하는 일이어야 한다."고 말하였다. 이것이 바로 보살의 본분사다.

나는 이렇게 생각한다. 선을 배우는 우리는 모두 이 지점에서 시작해야 한다. 먼저 단지 자신의 생활만을 위하지 말고, 전적으로 자신만을 생각하지 말고, 반드시 보다 많이 다른 사람을 생각해야 하고, 보살의 정신으로 자신에게 요구해야 한다. 만약 우리가 보살도를 실천하는 과정 속에서, 부단히 자아를 초월하고, 자신을 끌어올리고, 자신을 완선完善하게 하면, 자신의 본분사를 해결한 것이라 할 수 있다. 우리에게 각자가 80년의 시간 혹은 60년의 시간을 투자해서 본분사를 해결하라고 한다면, 그 가능성은 거의 없을 것이다.

양 선생이 본분사를 해결한 방법은 우리가 참고할 만한 가치가 있다. 우리는 이타利他의 정신을 통하여, 부단히 자신의 사업을 발전시키고, 또한 부단히 사회에 보답하며, 이런 과정 속에서 한 발 한 발 자신의 본분사를 해결하는 것이다. 본분사를 해결한다는 것을, 요즈음 유행하는 말로 표현하자면, 자신의 영혼을 정화하는 것이다. 비록 불교에서는 영혼이라는 말을 사용하지 않지만, 영혼을 말하지 않는 것이 영혼의 그림자도 없다는 것은 아니며, 사실은 불교에도 영혼의 그림자는 있다. 만약 영혼의 그림자가 없다면, 우리의 모든 노력은 어떤 의의도 없을 것이다. 이렇게 되면 이것은 단멸론이 되어 버리는데, 완선完善과 불완선不完善, 완미完美와 불완미不完美, 초월超越과 불초월不超越 등 이것들이 모두 똑같이 아무런 의미가 없지 않겠는가?

불교가 해결하려는 문제는 우리의 본분사다. 아무리 말해보았자, 본분사는 결국 우리의 본래면목을 찾아내는 것이다. 우리의 본래면목은 보리심·보살도·보살행 안에서 찾는 것이고, 동시에 보리심·보살도·보살행 안에서 구체화되는 것이다. 만약 우리가 본래면목을 찾아냈다 하더라도, 이타행을 실천하는 가운데서 그것을 운용하지 않는다면, 찾아낸 것과 찾아내지 못한 것에 무슨 구별이 있겠는가?

대승불교의 근본정신, 혹은 선의 근본정신을 말한다면, 모든 것은 이타로부터 출발하는 것이지, 자기로부터 출발하는 것이 아니며, 이타를 행하는 가운데 자기에게 이익도 있는 것이다. 이것은 어느 정도 마르크스주의와 같다. 마르크스는 무산계급은 오직 모든 인류를 해방한다는 전제 아래서, 비로소 자신을 철저하게 해방할 수 있다고 생각하였다. 실제적으로, 만약 진정으로 이렇게 실천할 수 있다면, 이것 역시 일종의 보살정신이다. 태허선사가 『스탈린전』을 읽고 난 뒤에, 책에다 몇 마디 써놓았다. 즉 스탈린은 불교의 보살정신을 가지고 있는데, 단지 애석한 것은 그가 자비심이 부족한 것이다. 왜냐하면 그가 너무 많은 사람을 죽였기 때문이라고 썼다. 태허선사가 이 말을 한 것은 일본과의 전쟁시기였다. 그가 그때 스탈린에 대해서 이런 평가를 하였다는 것은, '현명한 외로운 외침'이라고 말할 수 있다. 이것은 그의 선견지명을 보여주고 있다. 한 시대의 위대한 스승인 그가, 이 문제를 이렇게 보았다는 것은, 분명히 우리가 생각해 볼 가치가 있다.

　『조주선사어록』에 두 개의 공안이 있는데, 하나는 '조주관趙州關'이라 부르고, 또 하나는 '조주교趙州橋'라고 부른다. 이것을 조주선의 셋째 특징과 넷째 특징이라고 할 수 있다.
　조주어록에서 여러 차례 '조주관'을 말하고 있다. 그러나 주의해야 할 것이 있는데, 실제적인 조주관과 그가 여기서 말하고 있는 조주관이 함축하고 있는 의미가 서로 다르다. 먼저 조주관은 하나의 지리적 개념이다. 운거산에 가본 사람은 모두 아는데, 운거산의 첫째 산문山門을 조주관이라고 부른다. 『조주선사어록』에서 말하는 조주관은 일종의 선의 경지를 말한다.
　송나라 시대에 무문혜개선사가 있었다. 그는 조주어록에 있는 "개는 불성이 없다(狗子無佛性)"는 공안을 정련精鍊하여 하나의 '무

無'자로 만들었으며, 이것을 "선문제일관禪門第一關"으로 삼았다. 이 '무'자 공안은 조주선의 일관이고, 또한 선종의 일관이기도 하다. 그래서 '무문관無門關'이라 부르기도 한다. '무문관'은 '조주관'에서 진화한 것이다.

"개는 불성이 없다", 이 공안은 어떤 연유가 있는가?

어떤 스님이 조주선사에게 물었다. "개에게도 역시 불성이 있습니까, 없습니까?" 조주선사는 "무無."라고 대답하였다.

연이어서 대화는 계속되었지만, 무문혜개선사는 그것들은 무시해버리고, 단지 앞쪽의 이 구절만을 움켜잡았다.

일본사람들 역시 이와 같이 하였다. 즉 단순히 하나의 '무無'만 제시하고, 이것을 선종의 제일관으로 삼아서 수행하였다. 일본의 선사들은 족자를 쓸 때, 어떤 경우에는 단지 "僧問趙州: 狗子還有佛性也無? 州云無." 이 구절만 쓴다. 州는 조주이고, 云은 말하는 것이다. 어떤 경우에는 단지 '주운州云'이라 쓰고, 그 뒤에 아주 커다랗게 '무'자를 쓰기도 한다. 일본의 선사들은 항상 설법을 끝낼 때 마지막으로 큰소리로 '무無-!'라고 외친다.

어느 해, 백림선사 보광명전 낙성식에서, 일본의 복도경도福島慶道선사가 조주탑 앞에서 향을 올렸는데, 향을 올리고 난 뒤, 그는 사구게를 말하고, 끝에 큰소리로 '무無.' 한 마디를 외쳤다. 그때 절 안의 모든 측백나무와 탑이 흔들리고 진동하는 것을 느낄 수 있었는데, 그 느낌은 대단하였다! 이런 것이 선의 정신이다.

무문혜개선사는 조주화상의 "개는 불성이 없다(狗子無佛性)."의 '무無'자, 이 '무문관無門關'이 선종의 제일관이라고 말한 것이다.

『능가경』에서 "무문이 법문이다(無門爲法門)."라고 말하는데, 이 역시 같은 의미다. 문이 없지만, 역시 법문이다. 참선수행하여 도를 깨치려 한다면 반드시 이 문을 통과해야 하고, 이 문을 통과하지 못한다면 선에 들어갈 생각도 말아야 한다.

'무無'는 무슨 의미인가? 대혜종고大慧宗杲의 시대에 이르러 비로소 그 의미가 진정으로 드러나게 되었다. 그는 어떻게 그 의미를 분명하게 드러냈을까? 그는 '무無'는 '유무有無'의 '무'가 아닌 것으로, 아무것도 없다는 것이 아니며, 또한 '허무虛無'의 '무'도 아니라고 말하였다. 여러분들은 그것을 지식개념으로 생각하지 말아야 하고, 또한 그것의 의미를 사유로 추측하지 말아야 하며, 이리저리 생각해서 이런 의미군, 저런 의미군 하며 억측하지 말아야 한다. 그는 이런 모든 생각이 옳지 않다고 말한 것이다. 무는 그저 무일 뿐이며, 그것은 전체인 것으로, 그것은 이원적으로 대립적인 것이 아니다. 유무의 무는 이원적으로 대립적인 것이다. 무문관의 무는 이원적으로 대립적인 것이 아니고, 대립의 상대가 없는 것이다.

내 생각으로는, 대립의 상대가 없는 무無의 경지는, 당연히 불법의 최고 경지이고, 또한 모든 철학의 최고 경지이기도 하며, 또한 우리의 생활 속에서의 최고 경지이기도 하다. 생활 속에서 최고의 경지, 가장 확실한 체득은 당연히 '무'이며, 어떤 다른 무엇인가가 아니다.

그대가 고개를 끄덕이는데, 왜 끄덕이는가? 그대가 고개를 끄덕이는 의미가 무엇인지 나는 알 수 없다. 그대가 깨달은 바는 오직 그대 자신만이 분명히 안다. 그대가 미소 짓고 있는데, 왜 미소를 짓는가? 이것 역시 알 수 없다. 그대가 무엇인가 깨달음이 있었기 때문에 미소를 짓는 것이다. 만약 그대가 만족하지 못했다면, 만족하지 못한 모습을 보였을 것이다. 그대가 이런 행동을 하였다 하더라도, 그대 마음속의 느낌은 다른 사람이 느낄 수 없는 것이고, 공유할 수 없는 것이다. 사람 각자의 마음속의 느낌은 공유할 수 없다. 이 공유할 수 없는 것은 무엇일까? 이것이 바로 무無의 경지다.

우리의 생활 속에서 이것은 하나의 보편적 현상이고, 매우 낮은 차원이라 하더라도, 그것은 하나의 실제적 존재다. 기독교나 천주교를 포함하여, 그 신도가 최종적인 최고의 체득에 도달했다면, 그 역시 표현할 방법이 없고, 역시 '무'를 사용하여 표현하지 않을 수 없으며, '무'를 사용하여 표현하는 것 역시 일종의 어찌할 수 없는 방법일 뿐이다. 진실한 그 맛을 '무'라 말한다고 해도 역시 군더더기일 뿐이다. 그러나 인간은 서로 교류해야 하고, 서로 소통해야 하고, 마음으로 체득한 것을 방법을 찾아서 전달해야 한다. 그러므로 어떤 부호를 사용하여 표현해야만 한다. '무'자 역시 이와 같은 것이다. '무'는 대지혜이고, 무루의 지혜이고, 선의 최고 경지이며, 불교의 최고 경지이고, 생활의 최고 경지다.

'무'는 눈빛으로 교류할 수 있는 것이지, 언어를 사용하여 교류할 수 없는 것이다. 왜냐하면 언어로 말한 것은 모두 '유有'로, 말한 것은 모두 '무無'가 아니다. 수행 과정 속에서, '무'는 일종의 방법으로, '무'자 공안을 참구한다고 말한다. 이 공안을 참구할 때, 일체 모든 것을 깨끗하게 없애버리고, 모든 것을 비워버려야 한다. 모든 이원적으로 대립적인 것을 마음속에서 완전히 소탕하여 깨끗하게 되었을 때, 이때는 하나의 법도 성립하지 않고, 한 생각도 일어나지 않게 된다. 안타깝게도 절대다수의 사람들은 5분도 지나지 않아서 바로 두 번째 생각(第二念)이 떠오르게 된다. 짧게는 1분도 지나기 전에 두 번째 생각이 떠오르고, 많아야 일념, 이념, 삼념, 사념을 유지하고 나면 바로 망념이 끼어들고 만다.

선을 배우는 것은 이처럼 쉽지가 않다. 또한 우리가 선을 배울 때 마주하게 되는 마음의 환경은 이처럼 험준하다고 말할 수도 있다. 인간이 마주하는 환경의 험준함의 정도가 마음 환경의 험준함의 정도가 된다. 그러므로 '무'자를 참구하려면, '무'자가 자기 마음의 모든 공간을 점령하게 하고, 마음속에 다른 어떤 것도 없게 해야 한다. 이때에 이르면, 자신의 '본성'을 스스로 볼 수 있는 희망이 있게 된다. 만약 '무'가 자기 마음의 모든 공간을 점령하게 할 수가 없다면, 직접 자신의 '본성'을 보는 일이, 어찌 말처럼 그리 쉬운 일이겠는가!

넷째 특색은 '조주교趙州橋'이다. 조주 지방에 실재하는 조주교가 있으며, 그것은 수나라 시대에 건설된 것이다. 그러나 조주어록에서 말하는 조주교는 주로 정신적 다리(橋)를 말한다. 다리는 이 언덕과 저 언덕을 연결하고, 남쪽과 북쪽을 연결하고, 혹은 동쪽과 서쪽을 연결해서, 사람들의 왕래를 편리하게 하는 것이다.

조주어록에 이런 기록이 있다. 어떤 스님이 조주에게 물었다. "무엇이 불법입니까?(如何是佛法?)" 조주화상은 단지 "조주교趙州橋" 세 글자를 말하였다.

여러분은 생각해 보기 바란다. 불법과 조주교가 도대체 무슨 관계가 있는 것인가? 그 스님이 한 걸음 더 나아간 질문을 하였다. "왜 조주교입니까?" 조주화상이 대답하였다. "당나귀도 건네주고, 말도 건네준다." 다리는 당나귀도 건네주고 말도 건네주는 것으로, 당나귀나 말 모두 다리 위로 지나다닌다. 불법이 이와 같지 않은가? 불법은 바로 하나의 다리로, 일체 중생은 이 다리를 통과하여 번뇌의 이 언덕에서 보리열반의 저 언덕에 도달하게 된다. 사람은 이 다리 위를 지나가야 하고, 기타 일체 중생도 모두 이 다리 위를 지나가야 한다. 불법은 이런 작용을 하는 것으로, 중생의 짐을 지는 작용을 하고, 중생을 인도하는 작용을 한다. 이것은 일종의 대지大地의 정신이고, 보살의 정신이다. 다리는 사람은 건널 수 있지만, 소나 말은 절대로 건너지 못한다고 말하지 않는다. 당나귀도 건네주고, 말도 건네준다고 말한 것은, 평등하여 어떤 분별도 없기 때문에, 당나귀나 말도 이 언덕으로부터 건너갈 수 있고, 일체 중생 모두 이 언덕으로부터 건너갈 수 있다. 이것을 "널리 중생을 제도한다"고 한다. 이것이 바로 불법이다. '조주교'는 조주화상의 선법 안에 있는 대자대비의 정신을 구체적으로 드러낸 것이다.

그러므로 조주선법의 셋째 특색과 넷째 특색은 각각 자비와 지혜를 대표하고 있다. 조주관은 대지혜이고, 조주교는 대자비이다. 이 두 공안으로부터 우리는 '깨달음의 인생(覺悟人生)'의 대지혜와 '봉사하는 인생(奉獻人生)'의 대자비를 이끌어낼 수 있다. 이것이 내가 제창하는 생활선의 근본 바탕이다.

10 선의 '무문관'

이미 '선의 무문관無門關'이라고 말했지만, 내 생각으로는 이 관문關門, 이 선의 관문에 진입하고자 하더라도, 본래 문이란 것이 없으니, 말하는 것 일체가 모두 군더더기일 뿐이다. 왜냐하면 "말로 하는 것은 모두 허망한 것"[135]이기 때문이다. 즉 말로 하는 것은 단지 하나의 설명일 뿐, 이것으로는 절대로 선의 본질에 진정한 접촉을 할 수가 없기 때문이다. 그러므로 '무문관'을 설명하는 것은 매우 어렵다. 그러나 나는 선을 설명해보기 위하여, 언어부호를 통하여 무문관의 의미에 대한 이해에 조금이나마 도움이 될 수 있도록, 무설無說의 기초 위에서, 무설의 전제 아래서 사족을 다는 정도로 약간의 소개를 하고자 한다.

먼저 이 '무無'자를 설명해 보겠다.

'무無'는 불교철학, 불교수행의 최고 경지이고, 또한 유가철학, 도가철학에서도 최고 경지다. 중국의 유가와 도가 철학의 이른바 '대도무문大道無門'과 불교철학의 일체 만물의 최초 기원은 모두

'무'자에 귀결된다. '무'자는 산스크리트어의 첫째 자인 '아阿'로, 밀종密宗에서는 "아阿자는 본래 불생不生이다."[136]라고 말한다. 왜냐하면 일체 만법은 모두 인연에 의해서 생성되는 것으로, 각각의 법法은 여러 인연의 결합이기 때문이다. 각각의 인연 역시 여러 인연의 결합이고, 이런 인연의 결합은 끝없이 계속된다고 할 수 있다. 그래서 계속해서 그 인연을 추적해 가면, 결국 무시無始에 도달하게 되어서 그 시작을 찾아낼 수 없다. 오늘 이 강연회를 예로 들어보자. 무엇 때문에 오늘 이 강연회가 있게 되었을까? 인연으로 분석해보면, 석가모니 부처님의 영산회상에까지 거슬러 올라가게 된다. 다시 부처님의 영산회상에서부터 거슬러 올라가면, 부처님의 삼대아승지겁의 수행, 행도行道, 중생구제로 이어지고, 이렇게 끝없이 앞으로 또 앞으로 거슬러 올라가면 무시에 이를 수밖에 없다. 또 우리가 이 법회를 기점으로 미래로 나아가면서, 이로부터 일어나는 각종 영향을 하나하나 추적한다면, 그 추적 역시 끝이 없다고 말할 수 있다. 하나의 사건도 이와 같고, 이 세상의 만사만물이 모두 이와 같다. 모든 사건의 하나하나는 모두 과거로 되돌려 추구해도 결국 무시로 귀결되고, 그것의 시작을 찾을 수 없으며, 미래로 나아가도 결국 그 끝이 없으니, 이 사건이 언제 끝날지 그 끝을 찾을 수가 없다. 어디가 이 사건의 종점이란 말인가? 이런 의미에서, 불교는 일체법이 무생無生이라고 말한다. 어디가 그 사건의 시작점이고, 어디가 종점인지 추적할 수 없기 때문이다. 이것이 바로 불교의 관점이다.

다른 종교에서는 이 세상 만사만물의 시작점이 있었다고 생각한다. 이 시작은 무엇인가? 인도의 바라문교에서는 세계는 범천이 창조한 것이라고 말하니, 이것이 바로 시작이다. 그렇다면 범천은 누가 창조했는가? 더 이상 이 질문은 할 수가 없다. 서양의 기독교·천주교에서도 일체의 만사만물은 시작이 있다고 생각하고, 이 세계는 신이 창조한 것이라 한다. 그렇다면 신은 또 누가 창조한 것인가? 이 질문 역시 더 이상 할 수가 없다. 이것은 상당히 흥미 있는 일이다.

　나는 다음과 같은 이야기를 들은 적이 있다. 미국 학교에 비교종교학 과정이 있었는데, 어느 날 수업시간이었다. 그날 기독교·천주교와 불교에 대한 약간의 기본교리를 학습한 뒤에, 선생님이 질문을 하였다. 불교와 기독교는 무엇이 다른가? 이 문제는 상당한 사고가 필요한 문제다. 미국 아이들의 대답은 매우 간단하였다. 그들은 불교에서는 첫째 계란은 암탉이 낳은 것이라 생각하고, 기독교와 천주교에서는 첫째 계란은 암탉이 낳은 것이 아니라고 생각한다고 말하였다. 이 대답은 그 문제에 대한 상당히 생동감 있고 절묘한 해답으로, 불교와 기독교·천주교의 다른 점이 바로 여기에 있다. 왜냐하면 기독교와 천주교에서는 첫째 계란은 신이 만든 것이라고 생각하지, 암탉이 낳은 것이라 하지 않는다. 불교에서는 첫째 계란 역시 암탉이 낳은 것으로, 끝없이 추적하더라도 결국 어떤 시작점을 찾지 못하게 된다. 그래서 "시작과 끝이 없고, 안과 밖이 없으니, 억지로 이름 붙여 법계라 한다."[137]고 하였고, 『불교삼자경』의 처음 몇 구절에서, 일체 사물은 이렇게 시작과 끝이 없고, 안과 밖이 없다고 말하고 있다.

"아阿자는 본래 불생不生이다"의 '아'자를 중국에서는 '무'로 번역하였다. '무'는 반야의 최고 경지이고, 불법의 최고 경지이다. 중국불교 역사상 매우 유명한 불학佛學대사가 있는데, 그분의 이름은 승조僧肇이고, 4편의 논문을 썼다. 그 가운데 한 편이 『반야무지론』이다. 반야는 본래 진지眞知이고, 본래 최고의 지혜다. 그런데 승조가 "반야무지般若無知"라고 말한 것은 '무'를 사용하여 불교의 최고 지혜를 개괄한 것이다.

우리는 마음대로 '무'자에 어떤 자리매김을 하지 말아야 하고, '유무'의 '무'로 생각하지 말아야 한다. '무'는 아무것도 없다는 의미가 아니다. '무'는 반야 이론에서 주장하는 '공'이다. 삼론종三論宗의 『중론』에 나오는 게송 가운데 하나에 이렇게 쓰여 있다. "공의 도리가 있기 때문에 일체법이 성립한다."[138] 바로 '무'가 있기 때문에 비로소 일체법이 성립된다는 의미다. 이 '무'는 무엇을 지시하는 것인가? '무'는 일체법이 무자성하다는 것을 지시한다. 각각의 법은 모두 자성이 없고, 그러므로 각각의 법은 또 다른 법의 생존과 발전의 조건이 될 수 있다. 만약 각각의 법이 모두 자성이 있다고 하면, 각자 나는 나의 일을 하고, 너는 너의 일을 하게 되어, 서로 협력할 수가 없게 된다. 자성이 없기 때문에 자연적 조합이 가능하다. 이런 결합이 자연적인 것이라고 말하는 것이 단지 일반적인 생각일 뿐이라고 하더라도, 이런 결합은 "법이도리法爾道理[139]"를 구체적으로 드러낸 것이다.

인간이 태어나서 이런 환경 속에서 생활하는 것이 얼마나 오묘한 일인가! 코는 아래쪽으로 숙이고 있고, 귀는 양쪽에 위치하였고, 눈은 사물을 볼 수 있고, 배고프면 밥을 먹어야 한다. 당연히 이런 문제는 과학적으로 설명하면 분명한 설명이 되는 것 같기도 하다. 그러나 그런 설명도 상당히 억지스럽다. 도대체 눈, 귀 등은 왜 이런 모양으로 되어 있는 것인가? 법, 즉 모든 사물은 자연적으로 이와 같을(法爾如是) 뿐이다. 불교는 이 모든 것을 자연적인 것으로 인식하는데, 그것은 당연히 그 모양으로, 어떤 다른 모양이 될 수 없다. 자연히 그저 이런 사물들, 이런 도리들, 이런 현상들일 뿐이다. 이런 문제에 대하여 불교의 대답이 가장 지혜 있는 것이라고 말할 수 있다. 불교는 모든 존재를 "연기성공緣起性空"이라는 최고의 철학적 이념으로 귀납시키거나, 혹은 그것을 '무'로 개괄한다.

'무문관無門關'의 내력은 무엇인가? 선종의 공안을 본 적이 있는 사람은 모두 알 것이다. '무문관'은 조주화상의 유명한 공안에서 온 것이다.

어떤 사람이 조주화상을 참배하러 와서, 그에게 하나의 문제를 제시하였다. 그 사람이 "개에게도 역시 불성이 있습니까, 없습니까?"라 물었다. 조주화상이 바로 "무無", 즉 개에게는 불성이 없다고 대답하였다. 그 참배하러 온 사람이 한 걸음 더 나아가서 질문을 하였다. "일체 중생이 모두 불성이 있다 하였는데, 왜 개는 불성이 없다고 하십니까?" 조주화상이 "왜냐하면 개는 업식業識이 있기 때문이다."고 대답하였다. 이것이 하나의 공안이다.

불교에 대한 약간의 상식이 있는 사람이 이 공안을 판단한다면, 조주화상의 대답은 불교의 상식에 위배된다고 말할 것이다. 왜냐하면 불교의 상식으로 말하자면, 일체 중생은 모두 불성이 있기 때문에, 개에게만 불성이 없다고 말할 수 없다. 그러나 우리가 반드시 잊어서는 안 되는 것이 있다. 즉 이 '무'는 유무의 '무'가 아니고, 대립을 초월한 '무'이고, 이 '무'는 그대에게 생각의 단서를 주고자 하는 것이 아니다. 일반적 상황에 의할 것 같으면, 생각의 단서에 의해서 이 문제를 계속 생각하고, 계속 추구해 나갈 것이다.

그러나 조주화상의 대답은 마치 수문水門을 닫아버린 것처럼, 단번에 우리의 생각의 흐름을 끊어버렸고, 단번에 우리의 생각을 가로막아버린 것이다. 생각이 막힌 뒤, 우리 앞은 마치 매우 높은 산이 가로막고 서 있는 것처럼 나아갈 길이 없는 것과 같다. 또는 단번에 그대를 아주 깊은 낭떠러지 끝으로 밀어붙여서, 한 발만 더 나아가면 바로 떨어질 상황에 처해 있는 것 같다고 말할 수 있다.

만약 이런 때에 떨어져버릴 수 있다면, 이것이 바로 선종에서 말하는 "벼랑 끝에서 손을 놓아버리는 것"으로, 곧바로 진정한 초월을 실현할 수 있는 것이다. 선종의 수양공부는 바로 여기에 있는 것으로, 문답하는 가운데 그 의미와 결합되면, 바로 자신의 생각이 막혀버리고, 바로 높은 산이 눈앞을 가로막아 서는데, 이때 출구를 찾아내고, 몸을 돌릴 수 있는 곳을 찾아내면, 우리는 무문無門에 진입할 수 있다. 만약 여전히 지식 가운데서 빙빙 돌고만 있다면, 들어갈 곳은 없다.

여기서 오조법연五祖法演선사가 말한 이야기 하나를 소개하겠다. 이 이야기는 듣기에는 매우 저속해 보이는 것 같지만, 그러나 사실은 매우 흥미 있는 이야기다. 선종은 우리에게 문이 없는 곳으로 진입할 것을 요구하는데, 우리가 몸을 돌릴 수 있고, 국면을 전환시킬 수 있으면, 이것이 바로 자신의 능력이다. 이 이야기는 바로 이런 의미를 보여준다.

　옛날에 도둑 아버지가 아들 하나를 키우고 있었다. 도둑 아버지는 날마다 아들을 데리고 함께 도적질을 하였다. 그때는 현재처럼 열쇠를 따거나, 호주머니를 털거나, 은행을 털지 않았다. 옛날에는, 도둑이 물건을 훔치려면 먼저 그 집의 담장 아래쪽에 땅굴을 파고, 그 굴을 통하여 안으로 들어갔다. 우리처럼 나이가 많은 사람들은 이런 일을 잘 알고 있지만, 젊은 사람들은 잘 모르고, 단지 좀도둑들이 문을 따거나, 열쇠를 따는 것만 알고 있다.

　도둑의 아들이 17, 8세가 되었을 때, 아버지에게 말했다. "아버지! 날마다 저를 데리고 남의 물건을 훔치는데, 계속 이렇게 아버지만 따라 하다가, 어느 날 아버지가 움직이지 못하게 되면, 제가 어떻게 하겠습니까? 아버지가 가지고 있는 절묘한 비법을 몇 가지 가르쳐 주십시오. 그래야 저도 훗날 독립해서 생활을 할 수 있지 않겠습니까!" 아버지는 아들의 이런 말을 듣고 매우 기뻤다. '음! 녀석이 독립적으로 도둑질을 하려는 생각을 했다는 것은 그래도 녀석이 장래가 있다는 것이군!' 아버지는 언제 절묘한 수를 가르쳐 주겠다는 말은 하지 않고, 평소대로 도둑질을 나갔다.

　어느 날, 그들은 큰 부잣집으로 도둑질을 하러 갔다. 두 부자는 집안으로 들어갔는데, 집안에 장롱이 있었다. 과거의 장롱은 매우 컸기 때문에 많은 물건을 넣을 수 있었다. 아버지는 가볍게 장롱문을 열고, 아들에게 들어가서 물건을 꺼내오라고 말하였다. 아들이 장롱 속으로 들어가자, 아버지가 문을 잠가버렸다. 아들은 그 안에

갇혀버리고 말았다. 장롱 문을 잠그고, 아버지는 땅굴을 통해서 빠져나온 뒤에, 그 땅굴을 가시덤불로 막아버렸다. 그런 뒤에, 아버지는 다시 그 집의 대문 앞으로 가서, 집에 도둑이 들었으니 모두 일어나서 도둑을 잡으라고 큰 소리로 외쳤다. 선종의 말을 가지고 설명하자면, 이것은 사람을 사지에 몰아넣고, 이때 그가 국면전환의 기회를 찾아내는지, 못 찾는지를 보는 것이다.

아들 도둑은 이때 위급하기 짝이 없었다. '아! 아버지가 어떻게 나에게 이런 일을 일으키는 것일까? 이것은 분명히 나를 사지에 몰아넣은 것 아닌가?' 이때 아들 도둑은 마음속으로 어떻게 하면 이 위험상황에서 벗어날 수 있을지를 생각하였다. 그는 먼저 장롱 속에서 쥐 소리와 장롱 갉아먹는 소리를 냈다. 그 집 사람들이 들을 수 있도록 쉬지 않고 계속해서 소리를 냈다. 늙은 여자 안주인이 불을 켜들고 천천히 장롱 문을 열었다. 문을 열자마자 아들 도둑은 불을 훅 불어서 꺼버리고, 죽어라 밖으로 달아났다. 땅 구멍에 도착해서 빠져나오려 하는데, 구멍이 가시덤불로 완전히 막혀 있는 것을 보게 되었다. 이때 그는 구멍 옆에 있는 똥과 오줌을 넣어두는 통을 발견하였고, 똥과 오줌을 버리고 그 통을 머리에 뒤집어쓰고 가시덤불을 밀치며 빠져나왔다. 일단 사지에서 빠져 나온 것 같았는데, 아직도 뒤에서 집안사람들이 붙잡으려 따라오고 있었다. 멀리 가지 않아서 우물이 하나 있었고, 우물 옆에 큰 돌이 하나 있었다. 그는 뒷사람들이 급히 따라오고 있는 것을 보고, 큰 돌을 우물에 던져 넣으니 매우 큰 소리를 내며 바닥으로 떨어졌다. 어두운 밤이라 사람들은 도둑이 우물에 빠져 자살한 것으로 생각하였다.

사실 이것들은 모두 위기에서 빠져나오기 위한 계략이었다. 아들 도둑은 계략의 성공으로 무사히 집으로 돌아왔다.

아들이 집으로 돌아온 뒤 아버지를 원망하며 말했다. "오늘 어떻게 이렇게 못살게 할 수가 있습니까? 저를 죽이려는 속셈 아니었습니까!" 아버지는 아들에게 어떻게 탈출해 나왔느냐고 물었다. 아들은 아버지에게 탈출과정을 설명했지만, 그는 여전히 원망하는 마음이 가득하였다. 그러자 아버지가 말하였다. "좋다! 나의 묘수를 이미 너에게 가르쳐주었다. 그것이 바로 묘수다."

참선은 대체적으로 이와 같이 반드시 우리를 더 이상 길이 없는 막다른 길에 이르게 해서, 우리 스스로 자신의 국면전환의 기회를 찾아내도록 한다. 이렇게 해야 개오할 수가 있다. 비록 이 이야기는 상당히 저속하지만, 우리가 생사를 벗어나고, 진정으로 해탈에 이르고자 한다면, 이 이야기가 담고 있는 도리를 신중하게 생각해 볼 가치가 있다. 그래서 '무'자의 작용이 여기에 있다고 말하는 것으로, '무'는 우리에게 사고의 여지를 주지 않는 것이고, 우리가 말과 생각이 단절된 곳에서 국면전환의 기회를 잡을 수 있도록 하는 것이다. 선종의 많은 공안은 모두 이와 같다.

조주화상의 공안 가운데 "뜰 앞의 측백나무(庭前柏樹子)" 공안이 있다. 달마조사가 인도에서 중국으로 건너와서 전달한 법은 무슨 법인가? 그의 종지는 무엇인가? "무엇이 조사가 서쪽에서 온 뜻인가(如何是祖師西來意)?" 이것이 선종에서 옛날부터 큰 문제였고, 계속해서 사람들을 이 문제해결에 매달리게 하였다. 이 문제에 대하여 아마도 천 가지 이상의 답안이 있을 것이다. 그렇다면 조주화상의 답은 무엇인가? 어떤 사람이 "무엇이 조사가 서쪽에서 온 뜻입니까?"라고 물었을 때, 조주화상은 "뜰 앞의 측백나무다."라고 대답하였다. '뜰 앞의 측백나무'와 '조사가 서쪽에서 온 뜻'이 무슨 관계가 있다는 말인가? 만약 우리가 지식의 측면에서 이것을 이해한다면, 이것은 그야말로 질문에 대한 진정한 답이 아닐 것이다. 그러나 진정으로 선을 이해하는 사람은, 이 답이야말로 조사가 노파심에서 거듭거듭 살펴주는 진정한 마음이란 것을 느낄 것이다. 조주화상은 우리가 걸어갈 길이 없는 상황에서, 스스로 들어갈 곳을 찾을 수 있도록 도와주고 있는 것이다.

어떤 조사가 "무엇이 부처인가(如何是佛)?"라는 질문을 한 적이 있었다. 어떤 사람이 이와 같이 동산선사洞山禪師에게 물었다. "무엇이 부처입니까?" 동산이 대답했다. "마 세 근, 베 한 필(麻三斤, 布一匹)." 그는 이것이 바로 부처라 말하였다. 여러분은 마 세 근과 베 한 필이 어떻게 부처와 연관될 수 있는지 말할 수 있을까? 역시 앞의 예와 같은 도리로, 우리로 하여금 지식적 측면에서 분별하지 말라는 것으로, 우리의 생각을 단번에 단절시켜 버린 것이다. 생각이 단절된 뒤, 눈앞에 높은 산이 우뚝 서서 가로막고 있는 상황에서, 마음속 깊은 곳에 하나의 새로운 경지가 출현할 수 있다. 문학작품을 창작하는 사람들이나, 시를 쓰는 사람들이 가끔 이런 체험을 하기도 한다. 그러나 이런 체험은 그들에게 있어서 단지 아주 짧은 순간에 지나지 않고, 한 번 번쩍하는 순간 바로 사라져버리고 오래 지속되지 않는다. 그래서 그 자신의 사상에 진정으로 어떤 승화나 비약이 일어날 수가 없다.

조주화상의 '개는 불성이 없다.'는 공안으로부터 '무문관'이 나왔다. '무문관'은 선종 최고의 깨달음의 경지다. 선을 공부하는 사람들 가운데 많은 사람들이 이 공안을 참구하였고, 그래서 광범위하게 유행했으며, 공안의 중요한 하나의 사례가 되었다. 마치 법정에서 사건을 심리할 때, 모든 사건을 하나하나 자세히 분석할 수는 없고, 대표적 사건을 참조하게 되는 것과 같다. 선종의 공안 역시 이와 같고, 기본적으로 정형화되어 있다. 선종의 공안을 설명하는 책은 매우 많다. 관심 있는 사람은 『선종전서』를 읽어보기 바란다.

공안은 송나라 시대에 이르러 '고古'라고 불렀다. 일부 지방 사람들, 특히 호북에서는 사람들에게 이야기해 주는 것을 '관고欵古'라고 불렀고, 이야기해서 듣는 것을 '이야기를 하게 해서 듣는다(欵一個古仔聽).'라고 하였다. 광주 사람 역시 이야기를 '고자古仔'라고 부르고, '이야기를 하게 해서 한 번 들어 본다(欵一個古仔聽一聽).'라고 말한다.

아주 많은 선사들이 시게詩偈·송고頌古를 지었는데, 공안을 사구나 팔구로 묘사한 것이다. 북송시대 운문종雲門宗의 설두중현조사雪竇重顯祖師가 100개의 공안을 선별하여 찬송贊頌을 하였는데, 이것을 『송고백칙』이라 부른다. 뒤를 이어서 임제종의 원오극근선사가 『송고백칙』에 근거하여 하나하나 해석, 서술, 평론을 하였는데, 이것을 '평창評唱'이라고 부른다. 그 뒤에 이 책의 이름을 『벽암록』 혹은 『벽암집』이라고 하였다. 이 책은 당시 총림에서 널리 유행하였다. '벽암碧巖'은 호남 협산 영천선원靈泉禪院의 편액으로, 당시 영천선원방장원靈泉禪院方丈院의 명칭이었다. 왜 벽암이라고 불렀는가? 영천선원의 개산조사는 선혜善慧선사로, 그는 두 구절로 된 시로 자신의 깨달음의 경지를 묘사하였다. "원숭이가 새끼를 안고 높고 푸른 산에 돌아온 뒤, 새는 꽃을 입에 물고 푸른 옥 바위(碧巖) 앞에 내려앉네."¹⁴⁰ 뒷날 어떤 사람이 이 시에서 '벽암' 두 자만 사용해서 방장원의 명칭을 만들었던 것이다. 원오극근선사가 바로 그 방장원에서 이 책을 집필하였고, 그래서 책 이름을 『벽암록』이라 하였다.

당시 선문에서는 『벽암록』을 '선문의 첫째 책(禪門第一書)'이라 불렀다. 선당禪堂에서 생활하는 사람, 참선하는 사람들 모두 이 책 한 권을 소유하고자 하였다. 인쇄본이 없으면 손으로 베껴 쓴 책이라도 원하였고, 그래서 『벽암록』은 매우 유명한 책이 되었다. 왜냐하면 설두중현은 깨달음이 매우 깊고, 문학적 재능이 매우 높은 대선사였는데, 그의 문자는 매우 우아하고 아름다웠으며, 그의 『송고백칙』은 깨달음의 경지에서도 매우 출중하였고, 문자적으로도 최고 수준이라고 말할 수 있었기 때문에, 당시 참선하는 사람들의 중시를 받았다. 원오극근은 매우 대단한 대선사다. 그가 평창한 문자 역시 매우 우아하고 아름답다. 그래서 당시에 이 책이 매우 유행했던 것이다. 이 책이 유행한 이후에 '문자선'에 빠지기도 하였다. 사람들은 마음을 깨달으려 하지 않고, 전문적으로 책 속에서 사언팔구를 찾아내어 상대와 대화하거나, 맞고 틀리고를 따지는 짓들만 하였다. 이렇게 해서 '문자선' 혹은 '갈등선葛藤禪'이 만들어진 것이다.

원오극근의 제자 가운데 대혜종고라는 분이 있었는데, 그는 이런 상황이 세상 사람들의 눈과 귀를 해칠 수 있다고 생각하고,『벽암록』의 인쇄판을 파괴해버렸고, 다시는 유통시키지 못하게 하였다. 제자가 스승에 대하여 이렇게 심한 일을 한다는 것은 간단한 일이 아니다. 현대 우리라 하더라도 대역무도한 놈이라고 하지 않겠는가? 그런데 그 옛날에 스승의 저작의 인쇄판을 파괴해버렸던 것이다. 그러나 얼마의 세월이 지난 뒤에, 이 책은 다시 인쇄되어 유통되었다.

『벽암록』은 임제종의 공안에 대한 책이며, 백 가지 공안이 들어 있다. 조동종曹洞宗에는 『종용록』이란 책이 있는데, 역시 백 가지 공안으로 되어 있다. 이 두 개의 백 가지 공안은 서로 중복되는 곳도 있지만, 그러나 그들의 생각의 맥락이 서로 다르다. 임제종은 '간화선看話禪'이라 부르고, 조동종은 '묵조선默照禪'이라 한다. 이 두 종파의 생각의 맥락은 서로 다르고, 동일한 하나의 공안에 대해서 서로 다른 해석을 하기도 한다. 이 두 권의 책에서 모두 조주화상의 "개는 불성이 없다."는 공안을 제시하고 있다.

백여 년이 지난 뒤에, 임제종에서 또 다시 조사 한 분이 나오는데, 바로 무문혜개다. 그는 이 두 권의 책을 기초로 해서 정련하여 다시 48칙 공안을 선별하고, 책 이름을『무문관』이라 하였다.『무문관』의 제일칙 공안이 바로 '조주의 개(趙州狗子)'다. 무문혜개는 여기서 몇 구절의 대단히 훌륭한 말을 하고 있다. 그는 이렇게 말했다. "참선은 조사관을 꿰뚫어야 하고, 오묘한 깨달음을 얻으려면 마음 길이 끊어지는 것을 궁구해야 한다. 조사관을 꿰뚫지 못하고, 마음 길이 끊어지지 않으면, 나무나 풀에 의지해서 사는 도깨비일 뿐이다. 그렇다면 무엇이 조사관이라고 설명할 것인가? 오직 '무無'자 하나이고, 이것이 종문의 제일관이다. 그래서 선종 무문관이라 한다."¹⁴¹

'무문관'은 이렇게 등장한 것이다. 이 말은 조주화상의 "개는 불성이 없다"의 공안이 보여주는 '무'자가 선종의 관문이고, 참선하여 개오하려면 '무'를 문으로 삼아야 한다는 것이다. 무문無門이 바로 문門이며, 반드시 이런 정신으로 참선에 대처해야 한다.

이 『무문관』이란 책이 세상에 나온 뒤에, 선문의 중시를 받았고, 특히 일본으로 전파된 뒤에 계속해서 출판이 이루어졌으며, 항상 많은 사람들이 이 책을 연구하고 보급하였다. 중국의 선문에서는 이 책을 중시할 줄 모르는 것 같다. 최근 몇 년 동안 대만에서 이 책을 연구하는 사람이 있는데, 역시 일본 사람의 영향 때문에 이 책을 중시하기 시작한 것이다. 일본에서 이 책을 중시하는 것 이외에, 현재 선종이 전파된 서양의 유럽이나 미국, 그리고 여러 나라에서 『무문관』을 매우 중시하고 있다. 이 책은 영어로 번역되었을 뿐만 아니라, 헝가리처럼 작은 나라도 영어본을 사용하여 자국어로 번역하였다.

1977년 내가 헝가리에 갔을 때 불교대학을 참관하였다. 그곳에서 헝가리어로 된 책을 보았다. 비록 내가 헝가리 문자를 모르지만, 책 표지에 '관關'이란 한자가 있었다. 이 글자는 고대 일본의 한 선사가 쓴 것으로, 헝가리 사람이 그것을 책 표지에 인쇄한 것이고, 헝가리 문자를 가지고 '무문無門'을 썼고, 그 다음에 한자 '관關'을 넣은 것이다. 역시 '무문관'이었다. 내가 그들에게 이것이 무슨 책이냐고 물어보았더니,『무문관』이라고 설명해 주었다. 나는 마음속으로 생각하였다. '아! 우리 중국인은 너무나도 부끄럽구나! 중국인은 너무 부끄럽구나!' 우리는 자기 자신의 조상들의 것도 진정으로 이해하지 못하고 있는데, 도리어 이 책은 해외에서 이렇게 중시를 받고 있었다.

근자 몇 년 동안, 나는 백림선사에서 여러 차례 선칠禪七[142]을 지도했는데, 조주화상의 여러 공안을 말하지 않을 수 없었고, 그 가운데 '무無'자 공안도 당연히 포함되었다. 청나라 말기 이후에는 진정으로 '무'자 공안을 참구한 사람은 매우 적었다. 명나라 이전에는 모두 '무'자 공안을 참구하였으나, 명나라 이후에는 모두 '염불하는 것은 누구인가(念佛是誰)?' 공안을 참구하였다. 왜냐하면 선종과 정토종이 기본적으로 합류를 하였기 때문에, 조사들도 다른 방법이 없었다. 아미타불을 염할 때, "염불하는 것은 누구입니까? 그대는 나에게 한마디 해 보시오." 이렇게 반문하면, 이때 바로 "염불하는 것은 누구입니까?"의 공안이 출현하는 것이다. 그러나 가장 오래된 것은 역시 '무'자 공안이다.

일본 선종에는 "염불하는 것은 누구인가?" 이 공안은 없고, 그들이 참구하는 공안은 여전히 '무'자 공안이다. 1992년 백림선사 보광명전 개안식에 일본 임제종의 선사를 초대하였다. 행사가 끝난 뒤에, 일본 선사가 조주선사 탑 앞에 가서 향을 들고 참배하며, 사구게를 말했는데, 향어香語라고 불렀다. 현재 중국에서는 모두 법어法語라고 부르는데, 일본인은 향어라고 부른다. 이 일본 선사는 향을 들고 사구향어를 말한 뒤에, 바로 큰소리로 한마디 외쳤는데,

10. 선의 '무문관' 233

바로 '무'자였다. 그 '무'자가 울려 퍼지자 경천동지하였다. 그의 기력이 대단하였다. 그의 이름은 복도경도福島慶道이고, 일어와 영어를 할 수 있고, 영어로 선을 강의하는 수준이었다. 그가 그 '무'자를 소리 냈을 때, 마치 지붕의 기왓장이 모두 진동하여 쏟아져 내릴 것 같은 기세였다. 일본인의 선은 여전히 '무문관'을 근거로 하고 있고, '개는 불성이 없다.'의 이 '무'에 근거하여 참구하고 있다.

일본 선사가 기념으로 제자題字를 할 때, 그는 "주운무州云無" 세 글자를 썼다. '주州'는 조주趙州고, '운云'은 말하는 것이고, 그 다음이 바로 '무無'자이다. 왜냐하면 어떤 스님이 조주에게 물었다. "개에게도 불성이 있습니까, 없습니까?" "조주선사가 무라고 말했다.(州云: 無)" 일본 선사는 이 세 글자를 써준 것인데, 앞에서 한 말은 모두 생략해버리고 '州云無'만 쓴 것이다. 이것은 선의 맛(禪味)이 매우 풍부하다.

나는 여러분이 선을 좀 이해하거나, 혹은 반드시 선의 측면에서 마음의 경지를 열어보아야 한다고 생각한다. 이렇게 하면 영기靈氣가 있게 되고, 천박함에 빠지지 않게 된다. 왜냐하면 선은 매우 깊고, 매우 내향적인 것이지만, 참구해서 일정한 경지에 도달하면, 다시 매우 개방적이 된다. 매우 깊다고 하든지, 매우 내향적이라고 하든지, 개방적이라고 하든지 간에, 이런 맛이 선에는 모두 들어 있다.

'무문관'의 내역은 이와 같다.

그렇다면, 도대체 '무문관'은 어떻게 수행하는 것인가? 도대체 이 '무'자 공안은 어떻게 참구하는 것인가?

'무문관'을 주장한 가장 유명한 인물은 송나라 시대의 대혜종고라 할 수 있다. 그의 어록 여러 곳에서 '무문관'을 어떻게 수행하는지에 대해 설명하고 있다. 이 '무'자를 어떻게 대처할 것인가에 대해서, 그는 다음과 같이 설명한다. 즉 '무'를 유무를 가지고 이해하려 해서는 안 되고, '무'를 허무로 보아서도 안 되며, 문자적으로 이해하려 해서도 안 되고, 지식의 측면에서 곰곰이 생각해보아도 안 되는 등등 모두 여덟 가지 측면에서 설명하고, 이 '무'자를 참구할 때, 사량분별에 빠지는 것을 어떻게 피할 수 있는가를 설명한다. 그는 '무'를 무쇠로 주조한 철구슬로 여기고, 이 구슬을 입에 넣고 씹어야 한다고 말한다. 이 생철로 주조한 철구슬은 아무런 맛도 없지만 그것을 씹어야 한다. 씹고 또 씹으면, 마침내 이 철구슬은 씹혀서 부서지게 되는데, 이때가 바로 일정한 경지에 도달한 것이다. 그러므로 '무'자를 참구하는 것은 대단히 어려운 일이고, 이것은 하나의 비유다.

또 하나의 비유가 있는데, 이것은 상당히 저급하다. 마치 개가 뜨거운 인절미를 먹으려고 입 속으로 집어넣었는데, 목에 걸려서 삼키려 해도 삼킬 수 없고, 뱉으려 해도 뱉을 수 없는 상황과 같다고 말한다. 이런 상황 속에서 방법을 찾아내, 이 곤경으로부터 빠져나와야 한다.

세 번째 비유는 앞서 말한 도둑 이야기다. 사람들이 모두 나서서 도둑을 잡으려 하는데, 어떻게 가시덤불로 막힌 땅굴을 헤쳐 나올 것인가, 완전히 출로가 없는 상황에서 출로를 어떻게 찾아야 하는가? 이것이 바로 선의 정신이고, 이것 역시 바로 '무'의 정신이다.

내 생각으로는, 이것 역시 선수행의 정신이다. 일체의 법문을 수행하는데, 모두 이런 정신이 있어야 하는 것이고, 그래야 비로소 진정한 수용을 얻을 수 있고, 비로소 진정한 효과를 볼 수 있을 것이다. 무문은 하나의 관문이고, 선을 배우고 수행하는 것 역시 하나의 관문이다. 이런 관문을 돌파하려고 생각한다면, 큰 힘을 들여 노력하지 않으면 안 되고, 큰 결심을 하지 않으면 안 된다. 반드시 한 번 필사적 투쟁을 해야, 비로소 큰 죽음(大死)에서 살아 돌아올 수 있다.

우리는 다시 '무'자의 측면에서, 그것이 불교에서 차지하고 있는 진정한 의미를 살펴보도록 하자. 선을 설명할 때 반드시 만나게 되는 하나의 문제가 있는데, 그것은 바로 우리가 지식의 측면과 실상의 측면의 관계를 어떻게 이해해야 하는가의 문제다. 예를 들자면, 내가 지금 차를 마시고 있고, 여러분들도 내가 차를 마시고 있는 것을 보고 있다. 그러나 마시는 느낌과 보는 느낌은 두 가지가 각기 다른 일이다. 보고 있는 사람은, 그가 무슨 차를 마시고 있는가? 차의 맛은 어떨까? 차가 차가울까, 뜨거울까? 등등 일련의 지식적 문제가 뇌리에서 오고갈 것이다. 이것은 보는 사람의 측면에서 말한 것이다. 그렇다면 차를 마시는 사람은 이런 문제가 없는 것인가? 당연히 없다. 왜냐하면 그는 직접적으로 차와 접촉하고 있기 때문에, 자기 스스로 차의 맛이 어떤지 아주 분명히 알 수 있다. 이것을 "사람이 물을 마셔보아야 그 물이 차가운지 따뜻한지 스스로 아는 것과 같다.[143]"라고 한다. 차갑든지 따뜻하든지, 이 '스스로 아는 차가움이나 따뜻함'이 사물의 본질, 사물의 자상自相이다. 우리가 사물을 이해할 때는 사물의 공상共相을 가지고 이해하게 된다. 공상은 지식의 측면의 문제이고, 자상은 사물의 실질이며, 사물 본래 그대로의 그 자체다. 어떤 사물을 이해하고자 하면, 그 공상의 측면을 이해해야 한다. 이것이 우리로 하여금 일체 사물의 공통된 특징을 파악할 수 있게 한다.

그러나 진정으로 하나의 구체적 사물을 이해하고자 한다면, 그 사물의 공상을 이해해야 할 뿐만 아니라, 반드시 그 사물의 자상을 이해해야 한다. 사물의 자상 혹은 개성은 이것과 저것을 구별 짓는 기준이다. 공상은 단지 일체 사물의 평등성을 파악할 수 있게 하는 것이고, 자상이 바로 일체 사물의 차별성을 이해할 수 있게 한다. 이 사물과 저 사물이 다른 이유는 그것들의 차별성에 의해서 결정된다. 이름이 서로 다른 두 사람이 있는데, 만약 특정한 이름을 부르지 않고, '사람(人)!'이라고 불렀다면, 두 사람 모두 대답을 하지 않을 것이다. 왜냐하면 '사람(人)'은 공상이기 때문이다. 오직 그들 각각의 자상 차별성이 구분되었을 때, 즉 김○○ 씨를 부르면 김○○ 씨가 대답하고, 이○○ 씨를 부르면 이○○ 씨가 대답할 것이다. 이것이 바로 제법의 자상 혹은 차별성이다. 평등성平等性과 차별성差別性, 자상自相과 공상共相, 개성個性과 공성共性 등, 이 둘을 완전히 분리하는 것은 불가능하다. 사물의 자상을 이해하는 것은 매우 중요한 일이다.

법이도리法爾道理의 측면에서 말로 설명할 수 없는 것을 체현한 것은 모두 자상自相이고, 우리가 직접 접촉한 사물이며, 말로 설명할 수 없는 것이다. 이런 말로 설명할 수 없는 것은 오직 '무'를 사용하거나, 약간의 대명사를 사용하여 표현해 낼 수 있을 뿐이다. 이런 법이도리는 대체로 부처님도 말하지 않았다. 부처님은 어떻게 말했을까? "법은 본래 이와 같다(法爾如是).", "부처님이 세상에 오셔도 이와 같고, 부처님이 세상에 오시지 않아도 이와 같다", "법은 법위法位에 있고, 세간상은 상주한다." 등등 부처님 역시 단지 이런 말을 사용하여 표현할 수밖에 없었다. 왜냐하면 만약 우리가 모든 일에서 시작도 끝도 없는 관계들을 하나하나 찾아 헤아린다면, 그것은 끝없는 잘못을 범하는 것이다. 이렇게 하면 말할 방법이 없고, 글을 쓸 방법도 없고, 일을 할 방법도 없게 되고 만다. 모든 사물에 대한 이해 역시 마찬가지인데, 반복적으로 따져 물으면, 대단히 번거롭고 귀찮게 되고 만다. 그러므로 일체는 '본래 이와 같은 것(法爾如此)'이다.

우리는 부처를 전지전능하다고 말하지만, 부처 자신은 "부처는 일곱 가지는 할 수 있고, 세 가지는 할 수 없다."[144]고 말하였다. 그가 할 수 없는 것이 있다는 것은, 그도 어쩔 수 없는 것이 있다는 말이다. 예를 들어 말하면, 중생계를 모두 구제할 수 없고, 중생의 업력을 모두 소멸시킬 수 없다고 말하였다. 부처님이 중생을 모두 제도하겠다고 말했지만, 중생을 모두 제도할 수 있을까? 부처님도 이런 현실에 직면해서는 어쩔 수 없는 것이다. 왜 그럴까? 중생 각자가 자신의 업력이 있기 때문이다. 업력이 다르기 때문에, 중생의 생사유전 역시 한날 모두 함께 극락세계에 갈 수 없고, 한날 동시에 열반을 증득할 수도 없는 것이다. 이런 상황에 당면했을 때, 부처 역시 어쩔 수 없음을 느끼고, 그저 "부처도 인연이 없는 중생은 제도하지 못한다."[145]고 말했을 뿐이었다. 왜냐하면 이런 중생의 인연은 아직 성숙하지 못했기 때문으로, 그의 업력은 계속 유전한다. 이 것 역시 일종의 법이도리이고, 이런 도리 역시 '법은 본래 이와 같은 것'이다.

사람들은 각자 자신의 문제는 자신이 해결해야 하는 것이고, 부처님은 단지 우리에게 하나의 방법을 알려주는 것이며, 이 방법을 우리가 받아들이거나 받아들이지 않거나 하는 문제는 부처님도 어쩔 수 없다. 마치 의사가 환자에게 약을 먹으라 했는데, 약을 가지고 집으로 돌아가서 먹지 않으면, 의사도 방법이 없다. 의사가 협조하지 않는 환자를 만나면 어쩔 도리가 없는 것과 마찬가지다. 그러므로 불경에서 이런 법이도리를 말하는 곳이 매우 많다.

일본에 백은白隱선사가 있었는데, 그는 16~17세기에 활동했던 분이다. 그의 시 가운데 한 수가 있는데, 이 시는 법이도리를 묘사한 것이고, 말로 할 수 없는 것을 묘사한 것이고, 사물이 포함하고 있는 본래 이와 같은 현상을 묘사한 것이다. 그는 이렇게 썼다.

화파라굴에서도 이런 경은 만들지 못하였고,
구마라습의 번역에도 이런 말이 없으니,
아난인들 어찌 이런 법문 들어보기나 했으랴.
북쪽의 찬바람은 창호지에 부딪치고,
남쪽의 기러기가 강가에 모여 앉으니 눈처럼 흰 갈대 꽃밭이 되었네.
산 위에 뜬 달은 파리하게 가엾고,
찬 구름은 추위에 땅으로 내려오려 하네.

천 분의 부처님이 이 세상에 오셔도,

여기에 하나도 보태지도 줄이지도 못한다네.¹⁴⁶

華波羅窟裏, 未結集此經, 童壽譯無語, 阿難豈得聽.

北風吹窓紙, 南雁雪蘆汀. 山月苦如瘦, 寒雲冷欲零.

千佛縱出世, 不添減一丁.

우리 모두 알고 있듯이, 불교경전의 제1차 결집은 인도의 화파라굴에서 오백아라한이 삼장三藏을 결집한 것이다. 백은선사는 이 법이도리, 즉 이 '무'자가 포함된 경전, 그런 경전은 화파라굴에서도 결집해 낼 수 없었다는 것을 말하고 있다. 왜냐하면 그것은 언어문자로 표현하는 것이 불가능하기 때문이다. 동수童壽는 구마라습으로, 매우 위대한 불교경전 번역가다. 그러나 그 역시 언어를 사용하여 이 법이여시法爾如是의 도리를 표현할 방법이 없었다. 그래서 "구마라습의 번역에도 이런 말이 없다(童壽譯無語)."고 말한다. 넷째 구절은 아난 역시 종래 한 번도 부처님이 이런 법문을 하는 것을 들어본 적이 없다는 의미다. 왜냐하면 이것은 언어문자로 표현할 수 있는 것이 아니고, 언어 밖의 도리이기 때문이다.

뒤의 몇 구절은 '법이도리'의 여러 가지 현상을 말하고 있다. 예를 들어 말하자면, "북쪽의 찬바람은 창호지에 부딪치고", 북풍이 창호지에 불어닥치니, 그 소리가 요란하고, 간간이 찬바람이 들어온다. 이런 도리를 충분히 표현해낼 수 있겠는가? 설명할 수가 없고, 이런 정경이 바로 '법이여시'다. 북풍이 창호지에 불어닥치는 것은 북방의 정경이고, 남방은 "남쪽의 기러기가 강가에 모여 앉으니 눈처럼 흰 갈대 꽃밭이 되었네." 기러기는 흰색으로, 강가 모래밭에 내려앉으면, 마치 백설처럼 흰 갈대꽃 같다. 이것은 무슨 도리인가? 왜 기러기는 흰색인가? 우리는 설명할 수 없다. "산 위에 뜬 달은 파리하게 가엾고, 찬 구름은 추위에 땅으로 내려오려 하네." 산 위에 떠오른 달은 차가워 보이기도 하고, 매우 청정하기도 하고, 매우 적막하기도 하다. 그런 정경은 오직 스스로 그 경치를 마주하고 있는 사람만 느낄 수 있을 뿐이다. 날씨가 매우 추울 때, 하늘 위의 구름이 어딘가로 흘러가는 것을 보면, 마치 조각구름들이 금방이라도 하늘에서 떨어질 것 같은 느낌이 든다. 이런 것이 '한운냉욕영寒雲冷欲零'이다.

이런 것들이 모두 법이도리다. 무엇 때문에 이런 모양인가? 사람이 어떻게 그것들을 분석할 수 있겠는가? 설사 분석해서 어떤 도리를 얻었다고 해도, 우리는 그것을 어떻게 할 수가 없다. 우리는 그저 그것을 그렇게 놓아두는 수밖에 없고, 어떤 다른 방법을 가지고도 그것을 변화시킬 수 없을 것이다.

그러므로 백은선사는 두 구절을 가지고 이 시를 마무리한다. "천 분의 부처님이 이 세상에 오셔도, 여기에 하나도 보태지도 줄이지도 못한다네." 천 분의 부처님이 이 세상에 온다 해도, 법이도리에 대하여 어떤 것도 더 증가시킬 수도 없고, 감소시킬 수도 없다. 그래서 천 분의 부처가 나오더라도 법이도리를 인정해야 하고, 또한 '무'가 표현하고 있는 경지도 인정해야 한다고 말하고 있는 것이다. 부처님들도 역시 이 사실을 인정하고, 이것이 제법의 실상이라 인식하였다.

이렇게 '무문관'을 소개하며, 실제적으로 언어문자를 사용해서 '무'의 경지를 설명했는데, '무문관'은 정말 이런 것일까? 그렇지 않다! 왜냐하면 '말로 하는 것은 모두 허망한 것'[147]으로, 모두 다 허망한 분별 속에서 빙빙 돌고 있을 뿐이기 때문이다. 그렇지만 허망한 분별도 가끔 약간의 효과가 있을 때가 있다. 마치 손가락을 이용하여 달을 가리키는 것과 같다. 만약 우리가 손가락에 그치지 않고, 그 손가락을 통해서 직접 달을 볼 수 있으면, 이 손가락은 여전히 효과가 있는 것이다. 그러나 만약 어떤 사람이 손가락을 달이라 한다면, 이것은 사람들을 해치는 것이며, 이것을 '무문관'이라고 하면, 이는 완전히 틀린 것이다. '무문관'은 우리 스스로 참구해야 하는 것이고, 우리가 스스로 깨닫는 것이며, 우리가 은산철벽 앞에서 스스로 들어갈 수 있는 틈을 찾아내야 하는 것이다.

11 생활선에 대하여

사람들이 자주 나에게 이런 질문을 한다. 어떻게 하는 것이 참선수행을 실제적으로 하는 것인가? 나는 대답했다. "당연히 참선수행과 일상생활을 유기적으로 결합해서, 생활 속에서 실제적 수행을 해야 한다."

　불교를 배우는 목적은, 우리는 세간에 살면서 여러 가지 미혹한 문제들을 가지고 있으니, 이런 문제들을 해결하는 것이다. 그렇기 때문에 우리는 불법을 배워야 한다. 수행의 목적은 우리의 생활 속에 여러 가지 번뇌와 여러 가지 고통이 있기 때문에, 이런 구체적 현실 속에서 해탈을 얻어야 하는 것이다. 사람들이 자신의 구체적인 생활환경을 떠나서, 각자 개인의 현실적인 무명번뇌를 제거하지 않는다면, 불교를 배우고 불교수행을 한다는 것은 모두 실제적 상황을 벗어난 것으로, 목적 없이 일하는 것과 같다. 그러므로 나는 항상 이렇게 강조한다.

　"불교를 배우고, 불교수행을 하는 사람은 반드시 불법으로 삶을 정화하고(모든 존재를 이롭게 하고), 사회를 정화하는(국토를 장엄하는) 정신을 온전히 생활 속에서 실천하고, 일하는 가운데 실천하고, 사람 노릇하는 일분일초의 순간에도 실천해야 한다. 그렇게 해서 불법의 정신을 구체화해야 하고, 자신의 생각과 언행이 자신의 신앙원칙과 일체가 되도록 해야 하고, 불법을 실현하는 인격체가 되어야 한다. 이렇게 생활 속에서 수행하고, 수행하는 가운데서 생활해야 한다. 우리 불제자들이 이와 같이 불교를 배우고, 불교수행을 하여 자신도 변화하고 타인도 변화하도록 도와주며, 아직 믿지 않는 자를 믿게 하고, 이미 믿고 있는 자는 더욱 신심이 돈독하게 해주어야 한다. 또한 정법正法이 현실세계에 두루 펼쳐지게 하고, 부처의 광명(佛日)이 더욱 빛나게 하고, 법륜이 항상 돌고 있게 해야 한다. 우리가 생활선을 강조하는 이유가 바로 여기에 있다."

이른바 생활선이란, 선의 정신, 선의 지혜가 보편적으로 생활 속에 용해되도록 하는 것이고, 생활 속에서 선의 초월을 실현하고, 선의 경지, 선의 정신, 선의 풍모를 구현하는 것이다. 생활선을 주장하는 목적은, 선종 정신에는 불교문화와 중국문화가 서로 융합하여 만들어 낸 중국문화의 특색이 들어 있는데, 이 매우 생기 넘치는 영성을 회복하는 것이고, 또한 사람들의 현실 생활 속에서 선의 방법을 운용하고, 현대인의 생활 속에 존재하는 각종 어려움과 번뇌, 그리고 심리장애 등을 없애고, 이로부터 우리의 정신생활을 더욱 충실하게 하고, 물질생활을 더욱 우아하게 하고, 도덕생활을 더욱 원만하게 하고, 감정생활을 더욱 순결하게 하고, 인간관계를 더욱 조화롭게 하고, 사회생활을 더욱 화목하게 하는 것이며, 우리가 지혜로운 삶, 원만한 삶으로 나아갈 수 있도록 하는 것이다.

생활의 내용은 매우 다양하고 다채롭고, 선의 내용 역시 매우 풍부하고 원만하다. 선과 생활, 혹은 생활과 선의 관계는 매우 밀접하여 둘로 나눌 수 없다. 이런 매우 밀접하여 둘로 나눌 수 없는 관계는 이 둘의 실재성을 반영하는 것이기도 하고, 동시에 이 둘의 초월성을 보여주는 것이기도 하다. 우리의 생활 속에서 선의 체험이 개입하는 대상에 포함되지 않는 것은 없다. 바로 그렇기 때문에, 우리가 여러 각도에서 선의 보편성을 분명히 보여주면, 사람들은 생활선이라는 이 법문의 실제성과 실천가능성을 인정할 수 있을 것이다.

자연현상으로부터 말하면, 눈에 보이는 모든 청산이 선禪이고, 한없이 넓은 대지도 선이다. 도도하게 흐르는 장강이 선이고, 졸졸 흐르는 시냇물도 선이다. 푸르고 푸른 대나무도 선이고, 아름답고 향기로운 국화도 선이다. 밤하늘에 가득한 별들도 선이고, 밤하늘 높이 떠 있는 밝은 달도 선이다. 불 같은 뙤약볕도 선이고, 시원한 바람이 서서히 부는 것도 선이며, 새하얀 흰 눈도 선이고, 소리 없이 내리는 가랑비도 선이다. 사회생활의 측면에서 말하면, 신임도 선이고, 관심도 선이며, 평형平衡도 선이고, 적당함도 선이다. 심리상태의 측면에서 말하면, 편안함도 선이고, 예지叡智도 선이며, 구하는 것이 없는 것도 선이고, 거짓이 없는 것도 선이다. 사람 노릇 하는 측면에서 말하면, 선의의 미소도 선이고, 열정적으로 도와주는 것도 선이며, 사심이 없는 봉사도 선이고, 성실한 노동도 선이며, 목적을 향한 올바른 노력도 선이고, 정당한 추구도 선이다. 심미의식의 측면에서 말하면, 청정함도 선이고, 용납하는 것도 선이며, 담백한 우아함도 선이고, 가장 높은 곳에 오르려고 하는 것도 선이고, 끊임없는 선善을 추구하는 것도 선이며, 초월도 선이다. 당연히 더 많은 현상을 가지고 선의 보편성을 설명할 수 있겠지만, 그러나 이것만으로도 우리는 선禪이 진眞, 선善, 미美의 총체적 구현이라는 것을 알 수 있다. 선은 확실히 없는 곳이 없다.

우리의 생활은 선의禪意와 선기禪機로 충만해 있다. 이른바 "신통과 묘용은 물 떠오고 땔감 나르는 것이다."148 그러나 대다수 사람들은 자아폐쇄로 인하여 자신이 선을 체험할 수 있는 잠재력을 가지고 있다는 것을 의식하지 못한다. 이것을 "일반 사람들은 날마다 사용하고 있는데도 알지를 못한다."149라고 한다. 여기서 옛 스님이 일상생활을 이용하여 선을 설명하고, 선의 도리를 깨닫고, 선을 수행하는 것에 대한 공안 두 개를 예로 들어보면, 생활선에 대한 이해에 좀 더 도움이 될 것이다.

당나라 말엽에 용담龍潭화상이 있었는데, 그의 스승은 천황도오天皇道悟선사였다. 그는 스승 밑에서 매우 긴 시간 동안 함께 하며 날마다 시중을 들었다. 그는 스승이 어떤 선기심요禪機心要도 가르쳐주지도 않고 그저 하루하루 시간만 보내고 있다고 생각하였다. 어느 날 용담화상은 스승에게 이렇게 말씀을 드렸다. "제가 이곳에 온 뒤로 심요心要를 가르쳐주신 적이 없습니다." 그러자 스승은 도리어 이렇게 말하였다. "네가 왔을 때부터, 너에게 심요를 결코 가르쳐주지 않은 것이 아니다." 용담이 다시 물었다. "어디에서 가르쳐주셨습니까?" 스승이 말하였다. "네가 차를 받쳐 들고 왔을 때,

나는 너를 위해 받아마셨다. 네가 밥을 가져 왔을 때, 나는 너를 위해서 받아먹었다. 네가 합장하고 인사할 때, 나는 바로 고개를 숙였다. 내가 어디서 심요를 가르치지 않았다는 것이냐?" 용담은 스승의 일깨워줌에, 고개를 숙이고 오래도록 말이 없었다. 스승이 말하였다. "볼 때는 곧바로 보라. 헤아리고 생각하면 바로 어긋난다."[150] 용담은 스승이 핍박하는 이 순간에, 자신의 어떤 생각·추측·억측 등을 허용하지 않으니, 바로 그 현장에서 마음이 열리고 의혹이 해소되어 오도견성悟道見性하였다. 여기서 용담은 스승에게 한 걸음 더 나아간 질문을 하였다. "어떻게 보임을 해야 합니까?" 스승이 대답하였다. "마음대로 아무 구속 없이 자유롭게 살고, 인연에 따르고 예속禮俗에 얽매이지 않으며 호방하게 살면서, 오직 속세에 연연하는 생각을 모두 버리기만 하면, 그 밖에 달리 믿고 따를 진리는 없다."[151]

이 공안은 아주 분명하게 우리에게 하나의 사실을 말해주고 있다. 수행자로서의 생활을 하는 사람에게는 어디에나 선기가 드러나 있으니, 선을 배우는 사람은 오직 몸과 마음을 다해서 수행하면, 곳곳에서 선기를 알아차릴 수 있고, 어디에서나 선의 경지를 실증할 수 있다. 여기서 또 하나 똑같이 중요한 것은, 이 공안이 깨달은 이후의 보임공부를 알려주고 있는 것인데, 바로 '속세에 연연하는 생각을 모두 버리기만 하면, 그 밖에 달리 믿고 따를 진리는 없다.'는 것이다.

생활 속에서 선을 체험하는 관건은 평상적인 마음을 유지하는 데 있는데, 이른바 "평상심이 도다."라고 하는 것이다. 다음에 소개하는 공안이 포함하고 있는 중요한 내용은, 생활 가운데서 어떻게 평상심을 유지할 것인가? 이 문제에 대하여 도움이 될 수 있다.

유원有源 율사가 혜해慧海 선사에게 물었다. "스님은 수도하시는 데 여전히 노력하십니까?" 혜해선사가 대답하였다. "노력한다." 유원 율사가 다시 물었다. "어떻게 노력하십니까?" 혜해선사가 대답하였다. "배고프면 밥 먹고, 잠이 오면 잠잔다."[152] 유원 율사가 다시 물었다. "모든 사람도 똑같이 항상 배고프면 밥 먹고, 잠이 오면 잠 자는데, 선사께서 노력하는 것과 같은 것 아닙니까?" 혜해선사가 대답하였다. "다르다." 유원 율사가 다시 물었다. "어떻게 다릅니까?" 혜해선사가 대답하였다. "그는 밥 먹을 때 기꺼이 밥만 먹는 것이 아니고 여러 가지 불필요한 생각을 하고, 잠자려 할 때는 기꺼이 잠만 자지 않고 수많은 망상을 한다. 그래서 다르다고 말한 것이다."[153] 참선수행을 하는 사람의 밥 먹고, 잠자려는 것과 일반 사람들이 밥 먹고 잠들려는 것은 이렇게 큰 차이가 있다. 이런 점들이 우리가 옷 입고 밥 먹는 일상생활 속에서 선의 근본을 체험할 수 없게 하는 문제점이 있는 곳이다. 만약 우리가 밥 먹을 때 하는 '여러 가지 생각'과 잠자려 할 때 하는 '무수히 많은 망상'을 없애 버리면, 이때 바로 역대 선사들과 동일한 콧구멍으로 숨을 내쉴 수 있다.

생활 속의 선이 이처럼 신속히 작동하고 현실적인데, 자연계 또한 어찌 이렇지 않겠는가? 만약 하늘 가득한 별들이 선이 아니라면, 석가모니 부처님이 밝은 별을 보고 깨달아 부처가 되는 것이 불가능했을 것이다. 만약 졸졸 흐르는 시냇물이 선이 아니었다면,

동산양개洞山良价선사는 작은 시내의 물속의 그림자를 보고 의단을 타파하여 인생을 현실화하는 것이 불가능했을 것이다. 만약 아름답고 향기로운 국화가 선이 아니라면, 영운靈雲선사 역시 복숭아꽃을 보고 깨닫는 것이 불가능했을 것이다. 대자연의 어디에나 모두 선의 청정함과 편안하고 고요함, 유원悠遠함과 초월超越, 진실과 현실을 드러내 보이고 있다. 그래서 도연명陶淵明은 "동쪽 울타리 아래 국화를 캐고, 한가로이 남산을 바라본다.[154]"라는 만고의 절창絶唱을 남길 수 있었고, 소동파蘇東坡는 "계곡 물소리는 온통 장광설이고, 산색은 청정신이 아닌 것이 없구나.[155]"라는 선원禪苑의 청음清音을 남길 수 있었다.

중국고전시사中國古典詩詞의 넓은 바다에서 선의禪意를 깊이 간직한 좋은 글귀들은 수두룩하다. 예를 들어 보면 아래와 같다. 왕유王維의 "물길 따라 끝까지 올라, 앉아서 구름 피어오르는 것을 보고 있을 때"[156]라는 시가 있고, 송나라 시대 어느 비구니 스님은 오도시에서 "온종일 봄을 찾아보았는데 봄은 보이지 않고, 짚신으로 고갯마루 구름 밟아 흩트려버리고, 돌아와 우연히 매화를 잡아 끌어 향을 맡으니, 봄은 가지에 이미 깊었네."[157]라고 읊었다. 특히 소동파의 「금시琴詩」는 직접 노승과 선에 대한 대화를 한 것인데, 청정하고 절묘하기 그지없다. "만약 거문고에 거문고의 소리가 있다면, 상자 속에 넣으면 어찌 소리가 나지 않고, 소리가 손가락에 있다고 말한다면, 그대의 손가락에서는 어찌하여 소리를 들을 수 없는가?"[158] 하늘이 만물을 만들고, 만물은 인연에 따라 생멸하니, 선의 생명을 드러내고 있지 않은 곳이 없다.

옛날 과거시험의 시험관이 남양혜충국사南陽慧忠國師에게 물었다.[159] "옛 스님이 말하길, '푸르디푸른 취죽翠竹은 모두 진여요, 아름다운 황색 국화는 반야 아닌 것이 없네.'[160] 이 시에 대해서 어떤 사람은 인정하지 않고 사설邪說이라 하였고, 어떤 사람은 믿으면서 불가사의하다고 말하였습니다. 나는 어떤지를 모르겠네요." 국사가 대답하였다. "이것은 아마 보현이나 문수 같은 대인大人의 경지로, 일반 사람들이 받아들이지는 않지만, 모두 대승의 가장 원만한 경전의 의미와 부합합니다. 그러므로『화엄경』에서 '불신佛身은 법계에 가득하고, 일체 중생 앞에 다 드러내고 있으며, 인연 따라 감응하며, 두루하지 않음이 없으나 항상 이 보리좌를 떠난 적이 없다.'[161]고 말했지요. 취죽이 법계를 떠나 있지 않는데, 어찌 법신이 아니겠습니까? 또『마하반야경』에서 '색色이 끝이 없으니, 반야도 끝이 없다.'[162]고 말했지요. 황색이 색色을 넘어서지 않았는데, 어찌 반야가 아니겠습니까? 이 뜻 깊은 말을 이해하지 못한 사람은 마음에 담아두기 어려울 것입니다."

선수행을 하는 사람의 마음에 우주는 완전한 것이고, 정신과 물질은 일체다. 그러므로 선수행자는 "어느 청산이건 도량 아닌 곳이 있겠는가?"[163]라고 생각하고, 사계절의 아름다운 풍경은 선기로 충만해 있다고 생각한다. "봄에는 온갖 꽃이 피고, 가을에는 달이 있고, 여름에는 시원한 바람이 있고, 겨울에는 눈이 있다. 만약 쓸데없는 일에 마음을 두지 않는다면, 바로 인간세상의 좋은 시절이다."[164]

우리의 생활 속에는 어디에나 선의禪意와 선경禪境이 충만해 있다. 우리는 본래부터 생활이 매우 즐겁고, 자유롭고 자연스러워야 한다. 그러나 대다수는 결코 그렇게 살지 못하고, 도리어 반대로 매우 피곤한 생활이라고 느낀다. 무슨 이유 때문인가? 사실상 우리는 자신에게 별로 중요하지 않은 너무 많은 잡다한 일들에 얽매여 있어서, '이 세상'에는 '좋은 시절'이 없다고 느끼기 때문이다. 만약 우리가 생활 속에서 선의 정신을 되살려내서(사실은 선이 생활을 벗어나 본 적이 없다), 생활과 선을 하나로 만들고 일체화시키면, 우리의 생활은 시 같고, 그림 같으며, 한가하고 편안할 것이다.

12 생활선의 4개 기본원칙

나는 여러 차례 말한 바 있는데, 선은 수행하는 것이고, 증험하는 것이고, 참구하는 것이지, 강의하거나 설명하는 것이 아니다. 비록 선을 불립문자라 하고, 언어문자가 선을 대신할 수 없다고 하지만, 그러나 선도 언어문자를 벗어날 수는 없으며, 선이 불립문자라는 도리를 잘 설명하려면 문자를 떠날 수 없다.

역사상에서 선은 각양각색의 방법이 있었다.

석가모니 부처님이 영산회상에서 꽃을 들어 보이자 가섭존자가 미소를 지으니, 그 뜻을 깨달았음을 알아보고 정법을 전수하였다. 그런 하나하나의 행동이나 말 한마디, 하나의 미소 등이 바로 방법이며, 또한 가장 간편한 방법이다. 선이 중국에 전파되어, 달마조사가 숭산 소림사에서 이조혜가에게 안심법문을 전수하였다. 많은 시간이 경과하고, 많은 수련을 거친 뒤에, 최후에 이르러 한 순간에 안심법문의 전수가 완료된 것이다. 이것 역시 하나의 방법이다. 육조혜능은 영남에서 호북 황매로 와서 오조홍인에게 법을 구하였다. 혜능이 여덟 달 동안의 행자 생활을 보낸 뒤, 오조가 『금강경』을 독송해주자, 그는 한 순간에 선의 심오한 의의를 깨달았고, 그 뒤 법을 전수받아 남쪽으로 갔는데, 이것 역시 일종의 방법이다. 후대에 이르러 선의 방법은 더욱 많아졌다. 손가락을 하나 드는 것도 하나의 방법이고, 큰 소리를 한 번 지르는 것도 하나의 방법이고, 몇 번을 몽둥이로 때리는 것 역시 하나의 방법이다.

이런 종류의 모든 방법들은 생명의 미혹과 고통으로부터 해탈하여, 생명의 각성覺醒에 도달하게 하려는 방법에 지나지 않는다. 나중에는, 만약 좀 천박한 말로 표현하자면, 선의 방법은 그야말로 각양각색의 기괴한 방법이 있었고, 만약 좀 점잖은 말로 하자면, 법문이 무량하니 선의 방법 역시 무량한 것이다.

근세에 이르러, 정토종이 모든 불교계를 석권하였기 때문에, 선사들도 어쩔 수 없이 뭔가 다른 방법을 모색하지 않을 수 없었는데, 그것이 바로 "염불하는 사람이 누구인가(念佛是誰)?"를 참구하도록 가르친 것이다. 이것이 근래 2, 3백 년 동안 사람들이 가장 많이 사용한 방법이다. 어떤 의미에서 말하면, 이것은 가장 안전하고 확실한 방법이다. "염불하는 사람이 누구인가?"라는 방법이 제시된 이후, 참선의 방법이 마치 표면상으로는 안정된 것 같았다. 그러나 선의 본질적 의의 측면에서 본다면, 선이 그 방법상에서 이미 종점에 도달한 것이라고 할 수 있지 않을까 하는 이런 의문을 갖지 않을 수 없다. 근자에 이르러 각종 법문이 발전하였지만, 선종은 여전히 선원 안에만 있고, 진정으로 선원 밖으로 나와 산문을 지나서 사회로 들어가지는 못하고 있다. 이런 상황을 감안하여, 일부 대덕거사大德居士들이 참선수행의 새로운 방법, 새로운 개념을 제시하고 있다. 예를 들자면, 대만에서 가장 많이 이야기되고, 가장 영향력 있는 것은 이경운李耕雲 선생의 '안상선安祥禪'이다. 이 선생은 중국 대륙에 다녀간 적이 있고, 안상선은 거사사회[165]에서 상당한 영향력이 있다. 특히 문화계에서 환영을 받고 있다. 문화계 인사와 젊은 청년층의 환영을 받고 있고, 많은 사람들이 학습하고 있다.

나는 18세 때부터 허운노화상虛雲老和尙[166]을 가까이서 모셨기 때문에, 당연히 전통 선법을 전수받은 사람이라고 말할 수 있다. 그러나 스스로 처한 시대상황 때문에, 사실대로 말하자면, 수행을 성실하게 잘 하지 못하였다. 비록 내가 허운노화상을 가까이에서 모신 것이 전후 합하여 10여 년 되지만, 그때 우리는 날마다 땔감 하고 물 긷고, 땅 파고 벽돌 나르고, 농사짓고 밥하며 바쁘게 지냈다. 대략 5년여 시간을 이렇게 보냈다.

내가 16, 7세 되었을 때 이미 산에 가서 땔감을 해다 시장에 가서 팔고, 그 돈으로 쌀을 사 가지고 와서 밥을 해 먹었다. 밥 먹고 난 뒤에 시간이 있으면 비로소 경전을 볼 수가 있었다. 그때는 밤에 경전을 보려면 작은 석유등을 켜야 하였다. 밤에만 경전을 볼 수 있었는데, 낮에는 시간이 없었기 때문이다. 낮에는 농사를 지어야 하고, 땔감을 마련해야 했다. 농사짓지 않고 땔감을 하지 않으면 밥을 먹을 수 없었다. 그러니 밤에 책을 볼 수밖에 없었다. 그때의 생활은 상당히 힘들었으며, 체계적으로 학습하고, 체계적으로 수행하고 싶었지만, 조건이 허락하지 않았다. 그렇게 3, 4년의 시간이 흐른 뒤에, 나는 중국불학원에 가서 공부할 수 있었는데, 갑자기 또 다시 각종 사회운동 속으로 휩쓸려 들어가 버렸다. 1959년이 되었을 때, 허운노화상이 우리를 떠나 저 세상으로 가셨고, 우리는 다시는 그분을 가까이서 볼 수가 없게 되었다. 그 후 대략 20여 년 동안 나는 각종 사회운동에서 활동하느라 이리저리 돌아다녔다. '운동원'이 되었던 것이다. 그러나 어떻든지 나는 어려서 출가를 한 승려였으니, 도를 향한 나의 생각은 잊어버릴 수가 없었다.

실제적으로, 선이 현대사회에 어떻게 적응할 것인가의 문제는, 또한 불교가 현대사회에 어떻게 적응할 것인가의 문제다. 불교가 현대사회에 적응하는 것은, 단지 하나의 지식적 문제가 아니고, 단지 불법 몇 구절을 강의하는 것만이 아니며, 일반 대중들에게 불교가 무엇을 하는 종교인지를 알려주는 것이다. 여기서 가장 중요한 것은 현대인들이 어떻게 수행에 참여할 것인지, 어떻게 자신을 변화시킬 것인지, 어떻게 불법 가운데서 안신입명의 방법을 찾을 것인지 등등을 이해할 수 있도록 하는 것이다. 이것이 바로 불교가 현대사회에 적응해야 하는 이유, 혹은 불교의 현대화가 필요한 이유를 말해준다. 복단대학교復旦大學敎 왕뢰천王雷泉 교수가 "불교가 현대화해야 하는 것은 현대를 변화시키기 위한 것이다."라고 말했는데 매우 적절한 표현이라고 할 수 있다.

어떻게 현대를 변화시킬 수 있을까? 현대인 중에서 만약 어떤 한 사람이 불법을 필요로 한다면, 불법은 그를 교화하고, 그를 인도할 책임이 있다. 이것이 바로 현대를 변화시키는 것이다. 현대를 변화시킨다는 것을 모든 것을 포함하는 것으로 이해해서는 안 된다. 마치 현대사회를 개조해야 하는 것으로 생각해서는 안 된다. 현대사회를 개조해야 한다는 그런 뜻이 아니다. 현대를 변화시킨다는 것은 현대에 불교를 믿는 사람들을 변화시킨다는 것으로, 누군가가 불교를 믿는다면 우리는 그를 교화할 책임이 있고, 정확하게 인도할 책임이 있다. 불교를 믿는 사람을 정확하게 인도해야 하고, 오직 정확하게 인도하였을 때, 불교에 대한 믿음이 적극적으로 된다. 이렇게 되어야 비로소 불교에 이익이 될 수 있고, 국가, 사회, 인민에게 이익이 될 수 있으며, 당연히 개인에게는 더욱 이익이 될 것이다. 바르게 인도하기 위해서 불교는 자기혁신을 해야 한다. 자기혁신을 하지 않으면, 현대사회에 적응하려 한다 해도 매우 어려운 일이다.

문화혁명이라는 10년간의 큰 재난이 끝난 이후 근 20년 동안, 나는 계속해서 불교문화를 선전하고 교육하는 일을 하였는데, 예를 들자면 잡지를 발간하는 일이다. 잡지를 발간하는 것만으로는 한계가 있지만, 한편으로는 매우 유리한 측면도 있다. 이런 일을 하면 여러 층의 독자들의 목소리를 들을 수 있는데, 독자들이 끊임없이 자신들의 의견과 건의사항을 보내주고, 그들의 관점을 제공해 준다. 이 일을 하는 가운데 가장 중요한 것은, 항상 현대인들이 정확하게 불교를 이해할 수 있도록 어떻게 인도할 것인가를 생각하는 것이었다.

개혁개방 이후에 선종에 관심을 갖거나, 선종을 연구하는 사람이 매우 많아졌다. 서점에는 선에 대한 토론을 하는 책이 비교적 많이 출판되어 있다. 나의 인상으로 말하자면, 공개적으로 출판된 불교 관련 서적 가운데 선과 관련된 책이 가장 많다. 당연히 그 가운데는 '여래선如來禪'도 있고, '조사선祖師禪'도 있고, '문자선文字禪'도 있고, '야호선野狐禪' 역시 있다. 사회에서 이처럼 열렬히 선을 토론하고 있으니, 불교계는 이에 침묵할 수 없는 일이다. 왜냐하면 불교 안에는 하나의 규칙이 있는데, "침묵하기 때문에, 이 일은 이와 같이 지속된다."[167] 즉 침묵한다는 것은 동의한다는 것이다. 이는 다른 사람이 그렇게 말하면, 우리는 그렇게 듣는 것이 되는 것이다. 그러므로 역시 반응이 있어야 한다. 그러나 나의 느낌으로 말하자면, 불교계의 반응은 충분하지 못하다. 음성이 너무 작고 너무 미약하며, 뿐만 아니라 매우 단조롭다. 그러므로 사회에서, 한편으로는 선에 열광하는 경향이 있고, 다른 한편으로 어떤 부분에서는 선을 왜곡하고 있다. 이런 형세에 부딪혀서, 나는 역대조사들의 어록에서, 부처님 말씀과 조사의 말씀 가운데서, 수행은 생활을 벗어날 수 없다는 것을 체득하고, '생활선生活禪'을 꺼내 들게 된 것이다.

'생활선'이란 이념은 1991년에 처음 제시되었고, 1993년 백림선사에서 제1회 생활선 여름 캠프를 열었을 때, 정식으로 이 이념을 공개적으로 사용하였다. 당시에 우리는 매우 신중했는데, 이런 이념을 제시하여 교내외 인사들의 반대에 부딪히는 것이 두려웠기 때문이며, 그렇게 되면 우리는 견뎌낼 수 없는 일이었다. 그러나 '생활선'이란 이념은 불법의 정신을 위배하지 않았고, 선종의 정신을 위배하지 않았으며, 또한 당시의 사회적 상황이 불교계에 요구하는 핵심 문제에 대해서, 불법의 정신을 보여줄 수 있었고, 선의 정신을 보여줄 수 있었다. 그래서 교내외 인사들의 관심과 중시를 받을 수 있었고, 또한 매우 커다란 공감과 지지를 얻을 수 있었다.

이런 결과 생활선 여름 캠프는 계속해서 해마다 유지되었고, 그 영향도 해마다 확대되었다.

  이것이 '생활선'을 제시하게 된 원인이다.

  생활선을 제시한 근거는 무엇인가?

  생활선을 설명하려면, 아주 많은 방법이 있을 수 있다. 왜냐하면 선은 불법의 어떤 이념과도 관련시켜서 편리하게 설명할 수 있기 때문이다. 오입민吳立民 선생(中國佛敎文化硏究所 前任 所長)이 일찍이 백림선사에서 한 달 동안 『능가경』을 강의하였다. 『능가경』의 요지는 '오법삼자성五法三自性, 팔식이무아八識二無我'였다. 그는 오법五法을 강의할 때 '오법과 생활선'이란 제목으로 강의하였다. 그의 강의는 매우 훌륭하였으며, 나는 그의 강의에 의해서 계발되었고, 그래서 나는 그의 강의에 기초해서 생활선에 대한 내용을 좀 더 잘 설명할 수 있었다. 왜 이렇게 말하는가? 왜냐하면 현대에 선을 배우는 사람은 교리를 학습하는 사람이 비교적 많은데, 교리를 떠나서 말하면 나는 거짓말쟁이 취급을 받을 수 있지만, 교의에 근거해서 말하면 마치 잘 파악하고 있는 것처럼 보이기 때문이다.

  오법五法은 『능가경』의 핵심내용 가운데 하나다. 이 경전의 '오법삼자성五法三自性, 팔식이무아八識二無我, 공불공여래장空不空如來藏' 등이 이 경의 총강령이다. 그리고 오법은 이 총강령의 핵심으로, 나는 이 오법의 차례에 근거해서 생활선을 설명하는 것은 매우 타당하다고 생각한다. 왜냐하면 달마조사가 전법할 때, 『능가경』을 가지고 인심印心[168]했기 때문이다. 내가 『선종칠경』을 편찬할 때도 『능가경』은 그중 하나로 선택했던 경전이다.

　오법五法은 무엇인가? 바로 '상相, 명名, 분별分別, 정지正智, 여여如如' 이 다섯이다. 앞의 셋은 미혹한 세계의 생활이고, 뒤의 둘은 깨달은 세계의 생활이다. '상, 명, 분별'은 생활이고, "정지, 여여"는 선이다. 또한 이렇게 말할 수도 있다. 오법은 하나하나 이렇게 배열되는 것이 아니고, 중첩되는 것이다. 오법은 하나의 사건이지, 다섯 가지 사건이 아니다. 하나의 사물은 상相이 있고, 그러면 반드시 이름(名)이 있게 된다. 이름이 있어야지 그것을 인식할 수 있다. 하나의 사물을 인식할 때, 처음에는 그 안에 망상분별이 들어 있는데, 이것은 유루적인 것이다. 만약 이 유루법을 무루지혜를 가지고 인식하면, 이것이 바로 정지正智다. 무루지혜로 인식한 결과는 진여실상에 부합하는데, 이것이 바로 '여여如如'다. 그러므로 어떤 사물에 대해서나 모두 오법을 사용하여 분석할 수 있다.

　'상相'은 우리의 인식 대상으로, 모든 객관적인 법法이며, '명名'의 소재다. '명'은 '상'의 명칭이다. 찻잔을 예로 들어보자면, 우리는 그것을 먼저 찻잔이라고 말하지 않고, 먼저 그것을 하나의 상이라고 말하며, 그 후에 다시 그것을 찻잔이라고 말한다. 이것이 바로 '명'이다. 이 '명名'과 '상相'에 근거하여, 그 사물을 이해하게 되는데, 이것이 '분별'이다. 실제적으로 '분별'이 인식이다. 이 인식을 어떤 경우에는 '망상'이라 부르기도 한다. 왜냐하면 그것은 사물의 연기법 자체를 직접 인식하는 것이 아니고, 집착의 인도에 의해 인식하기 때문이다. 그래서 그것을 '망상분별妄想分別'이라 말한다. 이는 사물의 연기무자성緣起無自性의 실상에 부합하지 않는다. 우리가 직접 사물의 본질과 실상을 이해해서, 이 찻잔은 조건의 조합이라는 것을 알고, 만약 조건을 하나하나 분리하여 해체해버리고 나면, 그 찻잔은 어디로 가버린 것일까? 찻잔은 자성이 없고, 단지 인연의 조합일 뿐이다. 이렇게 사물의 본질을 인식할 수 있고, 이렇게 인식한 것이 바로 '정지正智'다. 이렇게 인식해서 얻은 결과가 바로 '여여'이고, 이 여여는 진여이고, 진여는 진리이며, 진리는 실상이다.

'상相, 명名, 분별分別'은 생활이며, 동시에 또한 선이다. '정지正智, 여여如如'는 선이며, 동시에 또한 생활이다. 만약 이 둘을 분명히 나누어버린다면, 그 생활선은 아직 완전한 것이 아니다. 생활선은 생활이 바로 선이고, 선이 바로 생활이라는 것을 설명하고자 한다. 왜냐하면 세간의 일체 만사만물은 생활 속에 포함되지 않는 것이 없고, 또한 선 속에 포함되지 않는 것도 없기 때문이다. 그러므로 생활이 바로 선이고, 선이 바로 생활이다. 오법이 왜 선을 설명하는 데 편리한가? 오법에는 세간과 출세간, 염染과 정淨 이 두 측면을 모두 가지고 있어서, 설명하는 데 비교적 단계적 순서를 밟을 수 있기 때문이다. 생활선은 오법의 이런 단계적 순서를 이용하여 설명할 수 있다.

생활선을 설명할 때, 나는 한 걸음 한 걸음씩 몇 개의 핵심내용으로 귀결시킨다. 생활선에는 네 가지 '근본'이 있다. 첫째는 보리심菩提心, 둘째는 반야견般若見, 셋째는 식도관息道觀, 넷째는 바로 생활선生活禪이다.

이 네 가지 '근본', 이것이 바로 내가 견처에서 수행공부까지를 말한 내용이다. 보리심과 반야견은 견처라고 말할 수 있다. 식도관과 생활선은 수행공부라고 말할 수 있다. 그러나 이것은 대체적으로 이렇게 구분한 것이지, 절대로 분명하게 구분할 수는 없다. 보리심을 단지 견처라고만 말할 수 없는데, 왜냐하면 보리심이 발동한 뒤에, 모든 행동을 보아야 하는데, 그렇다면 그것은 수양공부다. 반야견은 마치 견처에 편중되어 있는 것 같지만, 반야견은 대지혜, 원만한 지혜로서, 역시 생활에서 운용해야 하고, 생활을 지도해야 한다. 그러므로 반야견 역시 수행공부다. 식도관, 생활선 역시 이와 같다.

불교의 모든 것, 특히 대승법문의 모든 것은, 모두 보리심으로 시작과 근본을 삼고 있다. 보리심을 떠나서 수행하는 일체 법문은, 이승二乘에 빠지지 않으면, 외도사견에 빠진다.

개괄해서 말하자면, 보리심은 바로 사홍서원이다.

끝없는 중생을 구제할 것을 맹세합니다.(衆生無邊誓願度)
한없는 번뇌를 끊을 것을 맹세합니다.(煩惱無盡誓願斷)
무한한 법문을 배울 것을 맹세합니다.(法門無量誓願學)
위없는 불도를 이룰 것을 맹세합니다.(佛道無上誓願成)

이것이 보리심의 구체적 실현이며, 보리심의 실질적 내용이다. 또한 보현보살의 십대원왕十大願王이 있다.

"①모든 부처님을 예경하고, ②여래를 찬미하며, ③널리 공양을 실천하고, ④업장을 참회하고, ⑤기쁜 마음으로 공덕을 쌓고, ⑥법륜을 돌려 달라 요청하고, ⑦부처님께 이 세상에 오시기를 요청하고, ⑧항상 부처님 말씀을 따르고, ⑨항상 중생에 순응하며, ⑩모든 것을 회향한다."[169]

이것 역시 보리심의 내용이다. 보리심이 없는 사람은 지혜와 자비를 갖출 수가 없으며, 특히 자비심을 일으킬 수가 없다. 왜냐하면 중생을 구제할 마음이 없는 사람은 사회, 인류, 대중에게 자신을 봉사할 마음이 없는 것이고, 일체중생을 위하여 자신의 생명까지도 포기할 생각을 해보지 않은 것이다. 이런 마음을 일으킬 수 없다면, 이런 사람이 선을 배우는 것은 일신의 안락이나, 자신만의 자유자재를 위한 것에 불과하다.

한 개인으로 말할 것 같으면, 그가 얼마나 중요한 인물이든지 간에, 무수한 중생과 비교하면 한 개인은 매우 부차적인 것이다. 그러나 현대에 선을 배우는 사람들은 이 문제를 돌파하기 매우 힘들다. 우리는 선을 배우려는 생각을 하게 되면, 종종 '나는 마땅히 어떻게 해야지? 나에게 어떨까?' 등만을 먼저 생각하게 되고, 선을 배우는 것이 보리심을 발동하는 것이란 생각도 하지 못하고, 선을 배우는 것이 일체중생의 이고득락離苦得樂을 위한 것이란 생각도 하지 못한다.

"일체중생이 고통을 벗어나 즐거워하니, 나 역시 그 가운데 있구나."[170] 이런 마음으로 선을 배우면, 보리심이 바로 발동하게 된다. 이렇게 선을 배우면 마음이 매우 넓어지고, 이렇게 선을 배우면 모든 사람이 서로간의 관심, 도우려는 마음, 이해심, 동정심 등을 일으킬 수 있다. 왜냐하면 모든 사람의 목표가 일치하고, 소원이 일치하고, 이익이 일치하기 때문이다. 보리심은 앞장서서 이끄는 선도자이고, 보리심은 목표이며, 보리심은 발심의 동력이고, 수행의 동력이며, 일하는 동력이고, 홍법弘法의 동력이다. 그러므로 선을 배우는 사람은 반드시 먼저 보리심을 발동해야 한다. 보리심의 발동에 대해서는 불경 속에 무수히 많이 있는데, 무엇 때문에 그렇게 많은 내용이 있는 것인가? 모든 부처님과 보살들, 역대조사들이 모두 반복적으로 보리심 발동의 중요성을 강조하고 있기 때문이다.

둘째는 반야견般若見이다. 보리심이 발동한 뒤에, 반야지혜를 가지고 우리의 언행을 판단하고 평가하며, 정견正見을 가지고 우리의 언행을 판단하고 평가해야 한다. 아집과 법집을 타파한 후에 드러난 정지正智, 즉 증오하여 획득한 정지, 이것이 바로 반야지般若智, 반야견般若見이다. 나 자신을 포함하여, 현재 선을 배우고 있는 사람들은 아집과 법집을 타파한 것인가? 우리의 견해는 정견인가? 이렇게 말할 수는 있다. 우리처럼 선을 배우는 사람은, 비록 누구나 즉시 이런 경지에 도달할 수는 없지만, 그러나 '비록 도달할 수는 없지만, 마음은 그곳으로 향하고 있다.'[171]는 생각을 가져야 한다. 이런 목표를 확신하고, 여기서 벗어나서는 안 된다. 일단 벗어나면 어긋나버린다. 그러나 우리의 마음이 그곳으로 향하고 있으면, 언젠가는 그 목표에 도달할 수 있다.

반야견은 안목이다. 예를 들어 말하자면, 계정혜 삼학을 '계족戒足, 정신定身, 혜목慧目'이라 부르는 것과 같다. 계戒는 우리의 두 다리고, 정定은 우리의 몸이며, 혜慧는 바로 우리의 눈이다. 계와 정만 있고 안목이 없다면, 우리는 어디로 갈 것인가? 만약 단지 안목만 있고, 몸도 없고 두 다리도 없다면, 정견은 의탁할 곳이 없고, 담을 수 있는 그릇이 없어, 구체적으로 실행할 방법이 없다. 그러므로 계정혜 삼학은 그중 하나라도 없어서는 안 된다. 일체의 수행은 모두 반야견을 떠날 수 없고, 모두 정견을 떠날 수 없다. 팔정도 가운데 정견이 첫째 위치를 점하고 있는 것은, 정견이 가장 중요하기 때문이다. 육도 가운데 반야가 가장 뒤에 위치하는 것은, 모두를 통솔하기 때문이고, 이것 역시 반야견의 중요성을 보여주는 것이다.

셋째는 식도관息道觀이다. 이 문제는 비교적 복잡해서 몇 마디 말로 분명하게 설명할 수가 없다. 석가모니 부처님으로부터 역대 조사들을 거쳐서 오늘에 이르기까지, 식도관은 끊임없이 계승되어 온 하나의 기본법문이다. 식도관은 '안나반나安那般那'라고 부르기도 하는데, '호흡을 숫자로 세다'의 의미이다. 선이란 것이 그처럼 오묘한 것이고, 그처럼 대단한 것인데도, 결국은 이런 간단한 방법을 통하여 수행한다. 이것이 바로 수준이 높은 것일수록 더욱 평범하다는 것인데, 아마 평범한 것일수록 실천하기 어려울 것이다. 마치 호흡을 세는 일처럼, 호흡은 우리에게 가장 가까이 있고, 우리와 가장 밀접하며, 우리가 시시각각 느낄 수 있는 것이니 말이다. 인간은 어떻게 생활을 할 수 있는 것일까? 생명은 어떻게 계속 유지되고 있는 것일까? 그 이유는 바로 우리의 이 한 호흡이 있기 때문이다. 노화상들이 모두 이렇게 말하고 있다. "숨 한 번 멈춰지고, 눈한 번 돌리면 바로 다음 생이다." 이 한 호흡이 우리 인간에게 얼마나 중요한지를 알 수 있다. 그러나 이렇게 중요하고, 이렇게 간단한 것이, 우리 자신과 이렇게 밀접한 상황이니, 그것을 잘 관리하고 잘 세어야 한다. 그런데 이것이 결코 쉽지가 않고, 매우 어려운 일이다.

식도관을 가장 잘 설명하고, 가장 상세히 설명한 것은 천태종이다. 천태종은 5, 6권의 책으로 선바라밀禪波羅密을 전문적으로 설명하고 있는데, 이 선바라밀의 중점이 바로 수식관數息觀을 설명하는 것이다. 우리의 수행목표는 매우 원대해야 하고, 지견은 정확해야 한다. 그러나 구체적 방법상에는 반드시 매우 확실하게 실재적이어야 하고, 매우 확실하게 타당해야 한다. 오직 이렇게 해야, 수행에서 오류가 발생하지 않고, 수행이 빈말이 되지 않는다. 『유가염구』에서 화상의 망령을 불러놓고 이렇게 말한다. "황죽이니 취죽이니 말하지만, 헛소리로 비밀스런 진리를 말하는 것일 뿐이다."[172] 우리는 공담空談을 할 수 없다. 공담으로는 생사문제를 해결할 수 없기 때문이다. 우리는 실제적인 수행을 통해서 모든 심오한 이론을 구체화해야 하고, 수행 속에서 의식이 정화되어야 한다. 이것이 수행의 근본이다.

우리의 몸과 마음은 분리할 수 없는 하나의 전체다. 생각을 정화하고, 몸과 마음을 정화하는 방법은 매우 많다. 수식관은 가장 간편하고, 가장 확실한 하나의 방법이다. 현대인들에 대해서 말하면, 선을 배우는 것도 좋고, 선을 배우지 않는 것도 좋지만, 이 방법은 종교적인 색채가 없고, 단지 수행을 하기만 해도 이익이 있고, 어떤 수확이 있다. 이것은 매우 실제적인 것이다. 선을 배우지 않는다고 해도 이 수식관을 수행할 수 있고, 수행한 뒤에 어떤 수확을 얻을 수 있다. 그 수확을 얻으면, 비로소 석가모니 부처님의 설법이 진실하고 거짓이 없다는 것을 알게 될 것이다. 이런 뒤에 선을 배워도 늦지 않다. 불법은 '자신의 생각을 정화하고자 한다면 수식관을 수행하라'고 알려주고 있다.

수식관은 가장 오래된 방법인 '오정심관'에 속한다. '오정심관五停心觀'의 '정停'은 정지停止의 의미가 아니고 안정安定의 의미로, 우리의 마음을 안정시킬 수 있는 방법이다. 산란심을 가지고 있는 중생은 수식관을 수행해야 한다. 수식관의 요령은 무엇인가? 그것은 자신의 생각과 호흡을 긴밀하게 결합시키는 것이다. 불교의 선정공부는 공통적인 것으로, 어떤 하나의 종파의 선정만 호흡을 중시한다고 말하지 않는다. 선종 역시 수식數息을 중시한다. 사조도신과 오조홍인의 법어 가운데서도 여러 차례 어떻게 호흡을 조절하는가를 설명하고 있다. 달마조사의 선법인 '내심에 헐떡임이 없게 하는 것(內心無喘)'도, 수행공부의 측면에서 말하자면 역시 수식관을 수행하는 것이다. 수식관을 수행하는 것은, 호흡의 고르지 못한 상태를 고른 상태로 변환시키는 것이다. '풍風', '천喘', '기氣' 이 셋은 '식息'이 고르지 못한 것으로, 오직 '식'의 단계에 이르러야 비로소 고른 호흡 상태다. 당연히 이 '내심무천內心無喘'은 수행공부 측면의 의미가 있지만, 또한 견처 측면의 의미도 있다. 수행공부의 측면에서 말하자면, 달마조사 역시 수식관을 수행하였다. 그래서 "이와 같이 마음을 편안히 하는 것이 벽관壁觀이다."고 말하였다. 벽관이란 것이 바로 내심에 헐떡임이 없게 하는 것(內心無喘)을 말한다.

선을 배우는 사람은 우선 숨을 한 번 들이쉬고 한 번 내쉬는 호흡의 전환 지점에서 공부를 해야 한다. 숨이 나가고 들어오고 하는데, 이것을 한 번 내쉬고 한 번 들이쉰다고 하는데, 그 중간의 전환 지점은 무엇을 말하는가? 바로 숨이 멈추는 그 순간을 말한다. 숨(息)은 날숨(出息)·들숨(入息)·숨 멈춤(住息), 이 세 단계로 구분할 수 있고, 숨 멈춤에서 공부를 해야지, 마음이 비로소 진정으로 안정될 수 있다. 참선수행에서 비교적 숙련되고, 비교적 공부가 된 사람들에게서 보면, 숨 멈춤의 시간이 길면 길수록 선정에 들어갈 가능성이 커진다. 혹은 이렇게 되면 선정을 이룰 때에 매우 가깝게 접근한 것으로, 숨의 전환 지점에 숨이 멈추어 있게 될 가능성이 매우 커지게 되어, 바로 입정入定하게 될 수 있다고 말할 수 있다. 그러므로 우리의 생각과 호흡의 일치를 유지하고, 통일을 유지해야 하는데, 이렇게 되려면 반드시 매우 분명하게 날숨·들숨·숨 멈춤을 의식하고 있어야 한다.

숨을 센다고 하는데 무엇을 센다는 것인가? 들숨(入息)을 셀 수도 있고, 날숨(出息)을 셀 수도 있다. 일반적으로 보자면, 날숨을 세는 것이 비교적 좋다. 왜냐하면 사람들의 몸속에는 많은 탁기濁氣가 있는데, 이런 탁기는 당연히 날숨으로 배출해 버려야 하기 때문이다. 생각을 날숨에 두고, 의식적으로 오장육부의 탁기를 밖으로 내보낼 수 있다. 날숨일 때 숫자를 세고, 들숨일 때는 내버려 두고, 숨 멈춤일 때도 내버려 두면 된다. 그러나 우리 자신은 숨이 들어오는 것, 숨이 멈추어 있는 것을 분명히 알고 있어야 한다.

그렇다면 숨을 어디에 멈춰야 하는가? 여기에는 순서가 있다. 처음 시작했을 때는 숨이 정확하게 단전 부위에 도달하게 하는 것은 불가능하다. 단전은 배꼽에서 손가락 두 개 혹은 세 개를 합친 거리만큼 아래쪽이다. 단련한 시간이 길어지고 공부가 숙련되면, 숨은 천천히 얕은(淺) 데서 깊게(深) 되고, 거친(粗) 데서 가늘게(細) 되고, 짧은(短) 데서 길어지게(長) 된다. 처음 시작했을 때는 숨이 가슴에 있다가, 천천히 기해(氣海), 즉 단전에 이르게 된다. 단전에 도달하면 더 아래로 내려가려고 해서는 안 된다. 이 점을 주의해야 하는데, 더 아래로 내려가려 해도 내려갈 수가 없다. 한 걸음에 목표를 달성하려 욕심을 낸다 해도, 그것은 불가능한 일이다. 진정으로 숨을 천천히 단전에 진입시키는 것은 쉬운 일이 아니고, 전문적으로 단련한 사람도 3~5개월을 경과해야만 비로소 해낼 수 있다.

곧바로 숨을 단전에 진입시킬 수 없다면 어떻게 해야 할까? 인도된 곳이 어디건 그곳으로 가도록 놓아두고, 강압적으로 해서는 안 된다. 강압적으로 하면 결함이 나올 수 있다. 그저 천천히 숨을 깊고, 가늘고, 길게 쉬고, 그리고 천천히 전체 숨을 단전으로 인도해야 한다. 단전으로 인도된 뒤에 기가 온몸으로 확산되는데, 그렇게 되면 코로 숨을 쉴 필요가 없다. 8만4천 개 털구멍이 모두 숨의 파이프가 될 수 있다. 털구멍 자체가 숨의 파이프였는데, 우리가 진정으로 단련 내지 훈련을 하지 않았기 때문에, 8만4천 개 털구멍의 뛰어난 기능을 작동시킬 수 없는 것이다.

수행이 일정한 수준에 도달하면, 온몸의 뛰어난 기능들이 모두 일깨워지고, 그 결과 마음도 안정되고, 신체의 잠재적 능력도 천천히 발휘되기 시작한다. 신체가 건강해지고, 몸과 마음의 활력이 왕성해지고, 지혜가 개발되며, 또한 자그마한 신통력도 출현할 수 있다. 만약 자그마한 신통력이 출현하면, 그것을 반드시 잘 운용해야 한다. 다른 사람의 주머니에 돈이 얼마 들어 있는지 분명히 알았다 하더라도, 마치 마술사가 마술을 부리듯이 다른 사람의 주머니돈을 슬쩍해서는 안 된다. 우리는 신통력을 이렇게 사용해서는 안 된다. 만약 신통력을 이렇게 사용하면 그 신통력은 바로 사라지고 만다. 이것은 당연히 웃자고 한 말이고, 중요한 것은 역시 선정에 드는 것이고, 지혜를 개발하는 것이며, 조금씩 번뇌를 옅어지게 해야 한다. 이것이 매우 중요한 일이다. 번뇌가 옅어지면, 지혜가 있는지 없는지, 선정이 이루어졌는지 아닌지 이런 것을 물어볼 필요도 없다. 그것은 필연적 결과이다. 오직 번뇌가 옅어졌으면, 바로 선정이고, 바로 지혜가 있는 것이다. 번뇌가 지혜를 가로막고 있기 때문에, 지혜가 발휘될 수 없는 것이다. 일단 번뇌가 옅어지게 되고, 나아가 완전히 제거되면, 우리가 본래 스스로 가지고 있던 여래의 지혜덕상이 밖으로 드러나게 된다.

처음 수식관을 시작했을 때, 숨이 매우 크고 거칠 수 있으며, 어떤 때는 코에 기가 통하지 않고, 호흡은 마치 풀무처럼 되는데, 이런 때는 바람(風)이지 숨이 아니며, 이것은 아직 숨이 고르지 못한 상태다. 어느 정도의 시간이 지나면, 이런 바람의 상태(風相)는 사라지고, 숨이 차 헐떡이는 현상이 나타난다. 헐떡이는 것은, 숨의 들고 남이 일정하지 않고, 빨랐다 느렸다 하며, 막혀서 제대로 소통되지 못하는 것으로, 이것 역시 숨이 고르지 못한 상태다. 그 다음은, 들숨과 날숨의 사이는 기본적으로 안정된 상태가 되지만, 단지 아직 숨이 비교적 거친 상태가 되는데, 이때 스스로 매우 분명하게 느낄 수 있다. 이것이 바로 기氣다. 풍風, 천喘, 기氣, 이 셋을 '숨이 고르지 못한 상태'라고 부른다. 숨이 고른 상태가 식息이고, 식息은 '숨이 있는 듯 없는 듯하며, 끊임없이 이어지는 것'[173]으로, 들숨과 날숨이 비교적 균형을 이루고 있고, 소리도 없다. 이것을 '숨이 있는 듯 없는 듯하며, 끊임없이 이어지는 것을 숨이 고른 상태'[174]라고 부른다.

숨 조절을 잘해서, 앞서 말한 세 가지 고르지 못한 상태를 조금씩 제거하여, 숨이 고른 상태로 조절이 되려면 일정한 시간이 필요하다. 숨을 조절하는 이 방법은 단지 선종을 수행하고, 선정을 수행하는 사람들만 사용하는 것이 아니고, 일체의 법문을 수행하는 데 있어서 숨고르기(調息)는 모두 하나의 전제다. 아미타불을 염하더라도 역시 숨고르기를 해야 하는데, 숨고르기를 제대로 하지 못하면, 아미타불을 염하는 데도 매우 힘이 들고, 마음도 안정되지 않는다.

식도관에 대해서는 이 정도에서 마치고자 한다.

다음은 생활선에 대해서 말하겠다.

몇 년 동안의 탐색과 실천을 통하여, 나는 생활선을 4개의 문구로 정리하였다.

첫째, "신앙을 생활 속에서 실제화한다."[175]

이것은 선을 배우는 우리에게 가장 중요한 것이다. 우리는 가끔 신앙과 생활을 연결하지 못하고, 가끔 생활 속에서 신앙을 실제화하지 못하며, 가끔 신앙과 생활을 두 가지 일로 만들고 있다. 사원에 가는 그 시간은 신앙생활이고, 집에 돌아오면 다른 생활이라고 생각하며 생활하고 있다. 집에서 참선하는 것은 선을 배우는 것이고, 길거리에서 채소를 사고, 사람을 대하는 것은 또 다른 하나의 얼굴이 된다. 이것은 신앙이 실제화되어 있지 못한 것이다. 만약 진정으로 신앙을 생활 속에 실제화한 사람이라면, 그는 하루 24시간 매시간, 매분, 매초 언제나 선을 수행 중인 것이다.

둘째, "수행을 현장에서 실제화한다."[176]

여러분은 단지 사원 안에 있는 것을 수행이라고 생각하거나, 참선하는 것만이 수행이라고 생각하거나, 오직 사원에 가서 향을 사르고 부처님께 예배하는 것만이 수행이라고 생각하거나, 아침저녁으로 경을 외우는 것만 수행이라고 생각해서는 안 된다. 만약 이렇게 생각한다면, 우리의 수행 시간은 너무나 짧다. 하루가 24시간인데, 선을 배우는 것은 겨우 한두 시간에 지나지 않기 때문이다. 나머지 시간은 어떻게 할 것인가? 나이 많은 사람은 하루 종일 염주를 들고 아미타불을 염할 수 있겠지만, 젊은 사람들은 직장에 나가야 하는데 어떻게 하란 말인가? 좋은 방법이 있다. 단지 매 순간 자신의 마음을 관조하고, 매 순간 지금 이곳을 관조하면, 바로 수행을 지금 이 현장에서 구체화시키는 것이다. 일체는 현재에서 시작하고, 영원히 언제나 현재이며, 영원히 언제나 시작인 것으로, 영원히 언제나 수행 중에 있는 것이다. 하루 24시간 매시, 매분, 매초 항상 지금 이곳에 안주하는 것으로, 바로 매분 매초 수행을 하고 있는 것이다. 오직 이렇게 해야 진정한 선수행자가 될 수 있고, 진정으로 선과 융해되어 일체가 될 수 있다.

셋째, "불법을 세간에 융화融化시킨다."[177]

불법은 사원 안에만 갇혀 있어서는 안 되고, 불법과 세간법이 둘이 되게 해서도 안 되며, 불법과 세간법을 둘로 나누어서도 안 된다. 세간법을 떠나서 따로 불법이 없다는 것을 알아야 하고, 세간법은 오직 불법의 관점을 이용해야 정화될 수 있고 초월할 수 있는 것으로, 그것 자체가 바로 불법이다. 육조혜능대사가 네 구절의 말씀을 남겼다. "불법은 세간에 있으니, 세간을 떠나서 깨달을 수 없고, 세간을 떠나서 보리를 찾는다면, 토끼의 뿔을 구하는 것과 같다."[178] 이는 세간을 떠나서 불법을 깨닫고 불법을 찾는다는 것은, 마치 토끼 머리 위에서 뿔을 찾는 것과 같은 것이라고 말하고 있다. 토끼는 본래 뿔이 없는데, 만약 그것이 뿔이 있다면 그것은 토끼가 될 수 없다. 불법이 세간을 떠나면 의탁할 곳이 없게 되고, 교화의 대상이 없어져버리는 것이다.

불법은 어디에 있는가? 불법은 바로 우리가 평상적으로 옷 입고 밥 먹고 하는 일상적인 행위 등 모든 구체적인 생활 속에 있다. 이 점은 매우 이해하기 어렵다. 우리는 종종 이것은 불법이 아니고, 세간법이라고 생각한다. 그러나 무엇이 불법인가? 이 세상에서 일어나는 일체가 세간법이지만, 그러나 그 또한 모두 불법이기도 하다. 세간법 역시 불법으로, 단지 우리가 불법으로 세간법을 이해하기만 하면, 불법을 세간에 융화시키는 것이다.

넷째, "개인을 대중에 융화시킨다."[179]

이것은 우리 모두 각자가 기억해야 한다. 왜냐하면 대중을 떠나서 개인이 있을 수 없기 때문이다. 이 도리는 누구나 당연히 이해한다고 말할 수 있다. 그러나 도리를 이해한다는 것은, 이 도리에 따라서 실천한다는 것과는 동일한 것이 아니다. 어떻게 하는 것을 개인을 대중에 융화시킨다고 할 수 있는가? 우리는 사회 속에서 생활하고, 단체 속에서 생활하고 있으며, 이 사회는 마치 하나의 그물망과 같은 것이다. 우리는 이 그물망 위의 하나의 작은 구멍에 해당되는데, 만약 우리가 이 그물망 전체를 떠난다면, 어디 가서 개인의 그물 구멍을 찾을 수 있겠는가? 우리 개인은 마치 큰 바다의 물 한 방울과 같고, 만약 한 방울 물을 큰 바다에서 분리하여 꺼내놓으면, 한 시간이 지나지 않아서 이 물 한 방울은 말라 사라져버릴 것이다. 개인은 매우 작은 존재이고, 오직 집단적 힘만이 무궁무진한 것이다. 그러므로 우리는 반드시 항상 자신은 중생 가운데 하나로, 자신은 중생을 떠날 수 없고, 대중을 떠날 수 없다는 것을 생각해야 한다고 말하는 것이다. 부처님도 "나는 승려에 속한다(我在僧數)."고 말씀하시고, "부처는 승려에 속한다(弗在僧數)."고 말씀하셨는데, 이는 부처님도 승단의 일원이라는 것이다. 부처님도 설법할 때 비유를 들어 이렇게 말씀하셨다. 즉 물 한 방울은 큰 바다를 떠날 수 없는데, 큰 바다를 떠난 물방울은 바로 말라버린다. 개인 역시 마찬가지로, 집단을 떠날 수 없고, 개인이 집단을 떠나면 아무 쓸모가 없는 것이다.

    선수행의 목적은 오직 우리의 고통을 끝내려는 것이다. 고통은 어디서 오는 것인가? 고통은 무명無明과 미혹迷惑에서 온다. 그러므로 오직 무명을 벗어나 불성의 밝은 상태(明)를 깨닫고, 오직 그런 지혜만 있으면, 고통은 있을 수 없다. 명明은 무엇인가? 명은 바로 각성覺性으로 일체 미망을 떠나서 진리의 본성을 깨달은 것이고, 또한 명은 바로 정견正見·정지正知·정념正念이다. 우리는 일상생활 속에서 끊임없이 이런 각성을 배양해야 하고, 지금 이곳을 관조하는 방식으로 우리의 각성을 배양해야 하며, 이런 관조가 연속성과 안정성을 유지하도록 해야 한다. 우리의 선수행은 반드시 이렇게 해야 하는 것으로, 일상생활 속에서 일체가 되도록 해야 한다. 일체가 된다는 것을 현대의 언어로 표현하면, 연속성과 안정성을 유지하는 것으로, 관조가 끊임없이 이어지는 것이다. 이런 선수행이 바로 생활 속에서 수행하는 생활선이다. 일상생활 속에서, 우리는 끊임없이 자기 자신의 몸과 마음의 실상을 관조하고, 자신의 일거수일투족에 대하여 찰나찰나 분명히 자각하고, 일분일초 어디서나 정견을 일으키고, 정념에 안주하고, 지금 이곳을 관조하는 것, 이것이 바로 생활선이다.

    행주좌와하는 가운데, 지금 이곳을 관조할 수 있고, 자신의 마음과 부처를 상응하게 하고, 법과 상응하게 하고, 계율과 상응하게 하면, 우리는 지금 이곳에서 바로 낙원에 살게 된다. 이런 각성을 언어의 측면에서 표현하면, 깨끗한 말, 자애로운 말, 부드러운 말 등등을 실천을 하는 것이고, 이로부터 구업口業의 청정함에 이르게 된다. 이런 각성을 행동에서 보여주면, 자비롭고, 도덕을 실천하며, 봉사하고, 남을 돕는 것을 즐거움으로 여기고, 남에게 착한 일을 하게 된다. 이로부터 신업身業의 청정함에 이르게 된다. 이런 각성은 우리의 마음을 깨끗하고 어둡지 않게 유지시켜 주고, 내재하는 탐·진·치 삼독을 깨트려버리며, 자비慈悲와 희사喜捨의 심태를 양성하고, 깨달음의 인생과 봉사하는 인생의 정신을 성취하게 한다. 이로부터 의업意業의 청정함에 이르게 된다. 삼학三學을 부지런히 수행하고, 삼독三毒을 엷게 하거나 없애고, 삼업三業을 정화하는 것, 이것이 선수행의 임무이며, 이 모든 것을 일상생활 가운데서 실제적으로 완성하는 것이다.

불법은 세간법을 떠나지 않는다. 불법의 임무는 세간법을 정화하고, 세간법을 고양시키며, 세간법을 초월하는 것이다. 똑같이, 선수행 역시 절대로 세간법을 떠날 수 없고, 절대로 생활을 떠날 수 없다. 선수행이 생활을 떠나버리거나, 세간법을 떠나버리면, 선수행의 단斷과 증證, 즉 무엇을 끊어내고, 무엇을 증득하려는 자신의 수행이 목적 없는 일이 되어 공중누각이 되어 버리고, 결국 어떤 수행의 결실도 없게 된다. 그러므로 우리는 다음과 같은 점들을 심각하게 생각해야 한다. 즉 불교는 현재 사회에 적응해야 하고, 현재 대중들이 불교를 배우고 싶어 하고, 수행을 하고 싶어 하는 요구에 부응해야 한다. 또한 불교는 교리와 중생의 근기에 따라 홍법하고, 중생을 이롭게 하며, 반드시 우리의 발걸음을 조정하여, 생활불교를 강력하게 제창하고, 생활 속에서 수행하고, 수행 속에서 생활하는 생활선을 제창해야 한다.

13 『반야심경』과 생활선

부처님은 대지혜로 우리가 깨달음의 피안, 열반의 피안에 이르도록 인도했는데, 바로 이것이 『반야심경』의 요지다.

이 장은 첫째, '『심경』은 무엇을 말하고 있는가?', 둘째, '선은 어디에 있는가?' 이 두 부분으로 이루어져 있다.

1) 『심경』은 무엇을 말하고 있는가?

『심경』은 네 가지 주제를 설명하고 있다.

(1) 대지혜: 『심경』은 대지혜를 설명하고 있다.

(2) 집착 타파: 『심경』은 우리가 철저하게 아집·법집을 타파하여 청정할 것을 요구하지만, 나아가 집착을 타파하여 청정하다는 이런 생각마저도 있어서는 안 된다는 것을 설명하고 있다.

(3) 피안 도달: 집착을 타파해 버리면 피안彼岸에 도달할 수 있다. 그러나 역시 피안에 도달했다는 마음이 있어서는 안 된다. 왜냐하면

『심경』은 우리에게 무지無智와 무득無得을 알려주고 있기 때문이다.

(4) 대자재: 대지혜의 인도에 의해서 구경열반究竟涅槃, 원만아뇩다라삼먁삼보리圓滿阿耨多羅三藐三菩提에 이른다. 원만보리圓滿菩提는 무소득無所得에 귀착되고, 일체는 모두 반야공혜般若空慧의 인도 아래, 이런 모든 수행의 이념을 실제화한다.

(1) 대지혜

이른바 대지혜는 불법의 해석에 의하면, 지智와 혜慧로 구분된다. 현상세계(有爲之事相)[180]에 통달한 것이 지智이고, 무위無爲[181]의 공리空理에 통달한 것이 혜慧다. 지는 철저하게 아는 기능이 있고, 혜는 감별하는 작용이 있다. 지는 모든 법을 분명히 아는 것이고, 혜는 미혹을 끊어내고 진리를 실증한다. 이것이 불교가 말하는 대지혜가 함축하고 있는 의미다.

『심경』은 대지혜를 말하는 경전으로, 가장 많이 독송하는 경전이며, 글자 수가 가장 적은 경전이고, 불경 가운데 가장 중요한 경전의 하나다.

옛 스님들은 '『심경』은 만법의 근원이고, 육백 권 『대반야경』의 핵심'이라고 말하였다. 『심경』의 의미는 매우 심오해서 누구나 깨달을 수 있는 것이 아니다. 오직 보살만이 지혜로 자재를 깊이 이해하고, 스스로 깨닫고 또한 남도 깨닫게 해주며, 이렇게 해서 『심경』이 말하는 대지혜를 획득하여 피안에 도달할 수 있다.

이 경전이 중요한 이유는, 다른 원인이 있는 것이 아니고, 이 경에서 말하고 있는 '반야'의 깊고 오묘한 이치가 불교이론의 핵심을 빠짐없이 보여주고 있으며, 가장 원만하기 때문이다.

불교사상의 핵심은 '연기하는 것은 자성이 없다(緣起性空).'는 것이다. 어떻게 해야 '연기성공'의 도리를 이해할 수 있는가? 반드시 매우 심오한 반야의 관조를 통해서 만법의 가상假相을 타파하고, '색·수·상·행·식' 오온이 모두 공하다는 것을 분명히 알고, 층층이 쌓인 장애를 돌파하고, 만 리의 검은 구름을 깨끗이 쓸어버리면, 맑고 깨끗한 하늘이 드러난다. 이 맑고 깨끗한 하늘이 바로 우리의 마음이다. 그런 다음 반야라는 지혜의 태양이 하늘 높이 떠오르면, 대지는 눈부시게 아름답고, 일체의 생명은 자유자재하다. 이것이 바로 우리 자신의 마음이 편안한 불국정토다. 지혜는 이처럼 효력이 있으니, 우리가 『심경』을 배우는 중요성을 여기에서 볼 수 있다.

반야사상은 불법의 근본견根本見이다. 오직 반야사상의 인도 아래 수행한 일체의 선법善法만이 바로 무위無爲, 무루無漏의 선법이다. 『대지도론』에서 이렇게 말하였다.

"이른바 반야가 세상에 있다는 것은 바로 부처가 세상에 있다는 것이다. 그 이유는 무엇인가? 반야바라밀이 모든 부처의 어머니이기 때문이다. 모든 부처는 법을 스승으로 삼는데, 이 법이란 것이 바로 반야바라밀이다. 만약 스승이 있고 어머니가 있으면, 중생이 불법의 이익을 잃었다고 말하지 않는다. 그 이유는 무엇인가? 이익의 근본이 여전히 있기 때문이다. 그러므로 반야바라밀이 세상에 있으면, 부처 역시 세상에 있다고 말하는 것이다."[182]

우리는 이 경전의 문장을 보고 반야의 중요성을 알 수 있다. 반야가 있으면 바로 부처가 있는 것이고, 반야를 볼 수 있으면 바로 부처를 보는 것이며, 바로 법을 보는 것이다. 반야는 부처의 어머니고, 특히 중생들이 미혹을 끊고 진리를 실증할 수 있는 근본적 의지처다. 그러므로 "반야를 보면, 부처를 보는 것이다."[183]라고 말한다. 이 경이 말하고 있는 반야의 오묘한 지혜는 자신의 자성 가운데 스스로 갖추고 있는 무루지혜無漏智慧이고, 완전히 진심眞心으로부터 흘러나오는 것이다. 이른바 모든 과오에서 벗어나고 악행을 근절하며, 정상적이고 진실하며, 순수하고 깨끗하여 오염이 없고, 올바르고 사악함이 없으며, 활용이 무궁무진하고, 사람들을 인도하여 이고득락 할 수 있게 하고, 생사를 초월하고, 함께 피안에 이르는 것이다. 반야의 기능, 반야의 작용은 불법 가운데 가장 중요한 위치를 차지하고 있다.

우리가 말하는 견처는 바로 반야견般若見을 말한다. 왜냐하면 반야지혜로 제법의 연기성공緣起性空의 도리를 이해하면, 아집과 법집을 타파할 수 있고, 마음속의 모든 집착과 모든 장애를 깨끗이 씻어버릴 수 있기 때문이다. 그러므로 "모든 부처와 보살은 일체를 이롭게 한다. 반야는 그 어머니로 모든 것을 낳고 양육한다. 부처는 중생의 아버지이고, 반야는 부처를 낳으며, 일체 존재와 중생의 할머니이다."[184] 반야는 부처의 어머니고, 우리 일체 중생의 할머니다. 그러므로 "모든 부처와 보살, 그리고 성문과 벽지불들은 해탈·열반의 길을 모두 반야에서 얻었다."[185]고 말한다. 반야가 있으면 부처가 있다. 왜냐하면 반야는 부처의 어머니기 때문이다. 반야는 바로 법보法寶이고, 부처는 법을 스승으로 삼고, 부처는 법으로부터 나온다. 그러므로 불법은 반야를 근본으로 삼고 있고, 반야가 세상에 있으면 바로 부처가 세상에 있는 것이라고 말한다.

이런 점에서 볼 것 같으면, 『반야바라밀다심경』은 바로 모든 부처를 낳는 경전인 것이다. 『심경』에서 "삼세三世의 모든 부처님도 반야바라밀다에 의지하였기 때문에 아뇩다라삼먁삼보리를 증득하였다."[186]라고 말한다. 아뇩다라삼먁삼보리는 부처가 증득한 '더 이상 높은 곳이 없는 평등하고 바른 깨달음(無上正等正覺)'으로, 구경원만究竟圓滿한 불과佛果를 지칭한다. 반야가 없으면 부처도 없다. 그러므로 반야는 부처의 어머니고, 성불의 근본이라고 말하는 것이다.

(2) 집착 타파

집착을 타파하는 것은 자신의 장애를 돌파하는 것이고, 생명의 한계성을 돌파하는 것이다. 우리의 생명은 여러 가지 한계들을 가지고 있고, 이런 한계들 중 어떤 것은 무시이래 자신의 선악업보들에 의한 것이고, 어떤 것은 현세에서 육근六根과 육진六塵의 접촉에 의해서 이루어진 여러 가지 분별심·집착심에 의한 것으로, 오랜 동안 형성된 매우 깊고 두터운 집착과 장애들이다.

『심경』은 우리에게 이렇게 말하고 있다. "관자재보살이 깊은 반야바라밀다를 실행할 때, 오온이 모두 공하다는 것을 지혜로 분명히 알았다."[187] "오온이 모두 공하다는 것을 지혜로 분명히 알았다."는 바로 집착을 타파한 것이다. 왜냐하면 집착의 근원은 생명이고, 집착의 토양은 생활이기 때문에, 넘어진 그 자리에서 곧바로 일어서야 한다. 일반 사람의 오염된 오온이 모두 공할 뿐만 아니라, 성현의 청정한 오온도 역시 공하다. 오온은 생명의 공통적인 모습이며, 육근으로 이루어진 자신(內根身)과 외재하는 외기계外器界의 전체 모습으로, 또한 인간의 생명활동이기도 하다.

이른바 생명활동은 바로 신·구·의 삼업과 행·주·좌·와 사위의四威儀의 표현 형태로, 즉 우리가 말하는 생활이다. 생명의 요소, 즉 색, 수, 상, 행, 식의 활동이 바로 우리가 말하는 생존이다. 이 다섯 가지 요소를 떠나서 우리가 말하는 생명, 생활은 설명할 수가 없다. 오온은 끊임없이 작용하고, 무상無常하고 무아無我한 것이다. 항상 변화하는 가운데 있고, 무상無常 가운데 있다. 그러므로 오온은 생명이고, 오온은 생존이며, 오온은 생활이라고 말한다. 그러나 이것에 집착해서는 안 된다. 생존의 내용과 형식이 아무리 다양하다고 하더라도, 개괄해서 말하면 모두 생존과 생활의 표현방식일 뿐이다. 이렇기 때문에 인간의 일체 활동은 생활 아닌 것이 없다.

『심경』의 요지를 말하는 첫 구절은, 우리의 생명의 활동을 정확히 마주보도록 제시하고 있는데, 이것은 바로 우리의 생명의 실상을 정확히 마주보라고 제시하는 것이다.『심경』에서 "관자재보살이 깊은 반야바라밀다를 실행할 때, 오온이 모두 공하다는 것을 지혜로 분명히 알았다(照見五蘊皆空)."고 하는데, 여기서 말하는 '지혜로 분명히 아는 것(照見)'은 바로 반야의 관조력觀照力, 반야의 기능이다. '오온五蘊'은 생활내용이고, '개공皆空'은 관조의 힘을 통하여 생명의 한계성(각종 번뇌)을 돌파해서 드러나는 진리로, 공이 최종적으로 함축하고 있는 것은 열반涅槃이다.

'조견오온개공照見五蘊皆空' 이 여섯 글자에 불법의 모든 내용이 농축되어 있는데, 수행공부를 말한다면 '조견照見' 두 글자이고, 견처를 말한다면 '개공皆空' 두 글자다. 뿐만 아니라 전환시켜야 할 대상 역시 매우 구체적인데, 바로 '오온五蘊' 두 글자로, 역시 우리 인간 생활의 근본을 말한다. 혹은 생활의 지금 이 현장(當下), 생명의 지금 이 현장이라고 말할 수도 있다. 불교를 배우고 불교를 수행하는 것은, 다른 요구는 없으며, 단지 우리의 생명 지금 이 현장의 곤혹, 현장의 번뇌에 어떻게 대처할 것인가 하는 것이다. 왜냐하면 지금 이 현장을 떠나서, 자신의 생명을 찾으려 하거나, 자신의 생존을 찾으려 하거나, 자신의 생활을 찾으려 한다면, 절대로 찾을 수 없다. 수많은 경전과 역대 조사들은 모두 지금 이 현장의 이 한 생각 속에서 수행을 실제화해야 한다는 점을 강조하였다.

이런 관조의 공부, 선의 공부가 해결하고자 하는 문제는, 바로 오온과 공이 둘이 아니라는 경지에 도달하는 것이다. 즉 이 심경에서 보여주고 있는 것은 "색은 공과 다르지 않고, 공은 색과 다르지 않다. 색이 곧 공이고, 공이 곧 색이다."[188] 이것이 바로 정신과 물질, 번뇌와 보리, 생사와 열반이 평등불이平等不二한 성인의 경지이다. 오직 선과 오온, 공과 오온, 조견과 오온이 고도의 통일 상태에 있게 될 때, 비로소 몸과 마음의 정화를 촉진시킬 수 있고, 몸과 마음의 번뇌를 보리로 전환시킬 수 있다. 그러므로『심경』에서 말하는 둘째 내용은 바로 집착 타파다. 집착을 타파하는 것은 매우 구체적인 것으로, 공허한 것이 아니며, 반드시 지금 이 현장(當下)의 한 생각으로부터 타파하기 시작해야 한다.

(3) 피안 도달

집착을 타파하고 드러나는 무루지혜가 바로 피안이고, 바로 열반이다. 보는 지智와 보이는 이理가 둘이 아닌 것(不二)이 바로 열반이다. 그러므로 피안이란 것이 아득히 멀리 있어서 도달할 수 없는 것이 아니고, 마음이 있는 그곳이 바로 피안일 수 있다. 우리는 절대로 차안과 피안이 8만4천 리나 멀리 떨어져 있는 것으로 생각하지 말아야 한다. 차안은 바로 지금 이 현장의 한 생각이고, 피안 역시 지금 이 현장의 한 생각이다. 한 생각 돈오頓悟하면, 중생이 바로 부처다.

'반야'라는 말은 한자어에는 그에 상당하는 용어가 없고, 가까스로 '지혜智慧'라고 번역해 볼 수 있다. 그러나 불교의 지혜는 대지혜大智慧, 묘지혜妙智慧로, 주로 이공二空[189]이 드러내는 진리를 의미하며, 무위無爲하고 무루無漏한 것이고, 일체의 집착이 타파된 것이며, 이원적 대립을 멀리 떠난 진정한 대지혜다. 바라밀은 도피안到彼岸으로 번역하였다. 도피안은 인생의 해탈, 열반의 증득이다.

『대지도론』에서 "무엇을 반야바라밀이라 하는가?"라는 질문에, 이렇게 대답하였다. "모든 보살이 초발심으로부터 일체종지一切種智[190]를 구하는데, 그 중간에 제법의 실상을 아는 지혜가 반야바라밀이다."[191] 제법의 연기성공의 실상을 분명히 아는 지혜가 바로 반야바라밀이다. 제법의 실상을 분명히 아는 지혜, 이것은 오온이 모두 공하다는 것을 지혜로 분명하게 아는 실천 속에서 체험적으로 증명하는 데서 드러난다. 불법에서 말하는 바라밀은 모두 여섯 종류가 있는데, 이것은 여섯 종류의 도피안법문이기도 하다. 이 여섯 종류의 바라밀에서 반야바라밀이 선도하고, 나머지 다섯 종류의 바라밀은 보조적 역할을 한다. 이른바 "다섯 가지는 눈이 안 보이는 것과 같고, 지혜가 눈 노릇을 하는 것이다."[192] 육바라밀은 보시布施, 지계持戒, 인욕忍辱, 정진精進, 선정禪定, 지혜智慧다. 지혜 역시 반야바라밀이다. 육도六度는 보살수행의 법문으로, 보살이 피안에 이르는 법문이다. 방금 다섯 가지는 눈이 안 보이는 것과 같다고 했는데, 마치 맹인과 같아서, 오직 반야가 있고, 오직 지혜가 있어야 비로소 눈이 있어 보게 되는 것이다. 눈이 있어야 비로소 육도가 진정으로 피안에 도달할 수 있는 법문이 된다.

어록에서 반야의 중요성을 강조할 때, 이렇게 제시한다. "만약 보시를 하는데 반야지혜가 없으면, 단지 일세의 영광을 얻을 뿐, 그 뒤에는 나머지 재앙의 빚을 받게 된다. 만약 지계를 하는데 반야지혜가 없다면, 잠시 욕계에 태어났다가 다시 지옥의 최하층으로 떨어진다. 만약 인욕을 실천하지만 반야지혜가 없으면, 단정한 모습을 보답 받겠지만, 적멸의 경지를 깨달을 수 없다. 만약 정진을 하더라도 반야지혜가 없으면, 헛되이 생멸의 공덕이 일어날 뿐이고, 진여에 도달할 수 없다. 만약 선정을 이루었는데 반야지혜가 없다면, 단지 색계 선정의 경지일 뿐, 금강삼매金剛三昧에는 들어갈 수 없다. 만약 수많은 행동을 하더라도 반야지혜가 없으면, 헛되이 유루인有漏因만 쌓고, 무위과無爲果를 이룰 수 없다."[193] 여기서 볼 것 같으면, 일체 법문을 수행하는 데는, 모두 반야지혜를 눈으로 삼아야 한다. 그러므로 내가 생활선의 정견을 제창할 때, 반복적으로 불법을 믿고, 반야지혜를 바른 믿음의 눈으로 삼아야 한다고 강조한 것이다. 우리의 신앙과 수행은 반드시 반야지혜의 인도 아래 있을 때 비로소 굽은 길을 가지 않게 되고, 유루의 인이 되지도 않는다.

일반적으로 말하면, 생사는 차안이고, 열반은 피안이며, 번뇌는 강 흐름의 한복판이고, 반야는 강 위의 배와 같다. 반야라는 배를 타고 번뇌라는 강 한복판을 넘어가서, 생사라는 이 언덕을 떠나서, 열반이라는 저 언덕에 도달하는 것이다. 이 과정은 모두 지금 이 현장의 한 생각에서 완성된다. 우리는 이 의미를 반드시 체득해야 하고, 오직 지금 이 현장의 한 생각에서 완성되었을 때, 수행은 진정으로 시시각각 온전한 체험(證量)이 있고, 시시각각 수확(受用)이 있다. 만약에 모든 것을 죽음 이후에 맡겨 버린다면, 우리는 영원히 수확이 있을 수 없게 되고, 영원히 온전한 체험이 있을 수 없게 된다. 뿐만 아니라 수행에 대한 믿음을 갖는 것 역시 쉽지 않을 것이다.

어떻게 하면 번뇌를 간파하고, 생사를 초월할 수 있는가? 반드시 일체 모든 법의 연기성공의 실상을 여실히 관찰하는 것이다. 연기성공법칙緣起性空法則의 분명한 인식에 의해서, 일체법은 영원하지도 않고, 영원하지 않는 것도 아니며(非常非無常), 고통도 아니고 즐거움도 아니며(非苦非樂), 나도 아니고 내가 없는 것도 아니며(非我非無我), 있는 것도 아니고 없는 것도 아닌(非有非無) 것 등을 확실히 알고, 일체의 대립을 해소해 버려야 한다. 또한 내가 있다는 것(有我), 내가 없다는 것(無我), 단절되는 것도 아니고(非斷), 영원한 것도 아닌 것(非常) 등 이런 관점에 집착해서도 안 된다. 만약 이런 관점에 집착하면, 역시 장애가 될 수 있는데, 이른바 법집法執이다. 아집도 장애고, 법집 역시 장애다. 그렇다면 어떻게 해야 하는가? 마땅히 "일체를 합해서 보고, 일체의 언어를 소멸하고, 모든 마음 씀을 떠나야 한다. 본래부터 불생불멸하니, 열반상涅槃相과 같고, 일체의 모든 법 역시 이와 같다. 이것을 제법실상이라고 말한다."[194] 열반은 바로 적멸이고, 적멸은 번뇌가 영원히 소멸된 것이다. 열반의 경지는 본래 누구나 모두 가지고 있지만, 단지 번뇌의 장애가 있기 때문에, 열반의 경지가 드러날 수 없을 뿐이다.

무엇 때문에 열반에 집착해서는 안 되는가? 왜냐하면 열반은 이미 본인 스스로가 가지고 있는 것으로, 밖으로부터 얻는 것이 아니기 때문이다. 그러므로 열반이 드러나는 것은 단지 본래부터 가지고 있던 것이 드러나는 것으로, 마치 거울의 광명과 같다. 우리 마음의 거울은 먼지와 때로 덮여 있기 때문에, 수행을 통하여 이 거울의 때를 벗겨내면 빛이 저절로 나온다. 그러므로 우리는 집착하지 말아야 한다. 집착이 있으면 바로 장애인 것이다. 우리는 제법실상을 충분히 볼 수 있는데, 그 실상은 본래부터 불생불멸하고, 언어와 사고의 길이 끊어진 것으로, 즉 번뇌의 본성도 공하고, 생사와 열반은 둘이 아니고, 차안과 피안도 둘이 아니다. 여기에 이르면 해결해야 할 생사도 없고, 증득할 열반도 없다. 지금 이 현장이 바로 불생불멸이고, 지금 이 현장에서 바로 생사를 초월할 수 있고, 지금 이 현장에 머물지 않으면서, 지금 이 현장에서 인연에 따라 중생을 제도한다. 중생제도에도 집착하지 않고, 제도하지만 제도한 바가 없고, 제도한 바 없다는 것도 없는 것, 이것을 진정한 제도라고 부른다. 이때에 이르면 드넓은 맑은 하늘에 한 물건도 없게 되는데,

열반의 작용, 반야의 작용이 여기에 이르면 원만의 극치(圓滿究竟)라고 부른다.

(4) 대자재

『심경』은 또한 우리에게 알려주는 것이 있는데, 대지혜가 있으면, 일체의 집착을 없애서, 피안에 도달할 수 있고, 대자재大自在를 획득할 수 있다는 것이다. 『심경』의 첫 구절은 "관자재보살이 깊은 반야바라밀다를 실행할 때(觀自在菩薩, 行深般若波羅蜜多時)"로 시작하고 있는데, 관자재보살은 한 분의 구체적인 보살의 이름으로 이해할 수도 있고, 모든 반야법문을 수행하는 사람들로 이해할 수도 있다. 우리의 삶에는 여러 가지 한계, 여러 가지 추구와 집착이 있는데, 이것 때문에 번뇌가 있고, 고통이 있고, 자재하지 못하다. 『심경』은 우리에게 이런 점을 알려주고 있다. 우리가 단지 '오온이 모두 공함(五蘊皆空)'을 분명히 알기만 하면 바로 '일체의 고난을 넘을 수 있고(度一切苦厄)', '일체의 고난을 넘으면' 바로 '마음에 장애가 없고(心無罣碍)', '무서움이나 두려움이 없고(無有恐怖)', '전도몽상을 멀리 벗어나고(遠離顚倒夢想)', '구경열반究竟涅槃'에 이를 수 있으며, 대자재·대해탈을 획득할 수 있다. 여기에 이르면 인생의 진정한 자유, 진정한 소쇄蕭洒함을 이야기할 만하다.

자재自在에 대해서는 여러 가지 해설이 있는데, 『법화경』의 의미에 근거하면, "모든 결박을 끊으면, 마음이 자재함을 얻게 된다(盡諸有結, 心得自在)." '유결有結'은 유위有爲나 유루有漏에 의한 번뇌고, 진盡은 모두 끊는 것으로, 오직 번뇌를 모두 끊어내기만 하면

'일체의 고난을 넘는 것(度一切苦厄)'을 해낼 수 있고, 이렇게 되면 바로 "마음이 자재함을 얻게 된다."

선을 배우는 최종목적은 우리의 생명이 일체의 속박을 떨쳐내고, 일체의 부담을 내려놓고, 몸과 마음이 진정으로 자유자재한 상태에서 생활할 수 있기를 희망하는 것이다. 이런 자유, 자재는 아래의 다섯 가지 측면에서 드러난다.

①수명의 자재(壽自在)

일반 사람의 수명이 길고 짧음은 자재할 수가 없다. 그러나 번뇌를 없애고, 오온이 모두 공하다는 것을 분명히 알고, 일체의 고난을 벗어난 등지登地 이상의 보살은 자신의 생사를 스스로 해결할 수 있고, 수명의 길고 짧음, 생사의 오고 감에서 자유롭다. 이른바 "만겁을 말하지만 길지 않고, 한 생각을 다그치지만 짧은 것이 아니다."[195]고 말하는 것이다. 마치 우리가 염불하는 아미타불이 수명이 무량하고, 광명이 무량하다는 것과 같다. 아미타불은 철저히 깨달았고, 원만한 깨달음을 얻어서, 시간과 공간의 장애를 벗어났기 때문에 무량한 수명, 무량한 광명을 획득한 것이다. 우리의 몸은 부자유하고 부자재하기 때문에 시간과 공간의 제한을 받는다. 유한한 생명으로 많은 것을 추구하다 보니, 추구하는 바를 이루지 못하면 번뇌가 있고 장애가 있게 되며, 구체적인 일에서 시간적·공간적 장애가 드러난다. 좋은 일을 만나게 되면, 이 좋은 일이 오래도록 지속되어 영원하기를 바라지만, 그러나 시들지 않은 꽃이 없고, 끝나지 않는 향연은 없다. 좋은 일은 덧없이 사라져버리고 만다. 뜻대로 되지 않는 많은 일들은, 영원히 다시는 만나지 않기를 바라지만, 그러나 사실상 생활 속에서 뜻대로 되지 않는 일들을 뜻밖에 언제나 만나게 된다. 이른바 "뜻대로 되지 않는 일이 여덟아홉이고, 뜻대로 되는 일은 두셋도 안 된다."[196] 어떻게 시간과 공간의 장애를 벗어나서 무량한 수명, 무량한 광명을 얻을 것인가? 관건은 바로 오온이 모두 공하다는 것을 분명히 아는 데 있다.

②태어남의 자재(生自在)

생生은 태어나는 것으로, 보살은 중생의 종류에 따라서 화생化生하며 자재하지만, 중생은 업에 따라 육도를 유전하며 자재하지 못한다. 보살은 인연에 따라 대응하니, "천 곳에서 기원하면 천 곳에 응하여 나투어서, 고통의 바다에서 항상 인간을 제도하여 건네줄 배를 만든다."[197] '태어남'의 자재가 있지만, 범부는 이런 자재를 가지고 있지 못한다. 그래서 우리는 오온이 모두 공하다는 것을 분명히 알아야, 비로소 차츰 차츰 '태어남'의 자재를 획득할 수 있다.

③물질의 자재(色自在)

색色은 물질이다. 보살은 물질에 대해서 자재할 수 있지만, 범인이 물질에 대해서 자재할 수 있는 것은 아니다. 물질은 재물로도 이해할 수 있다. 우리 누구나 많은 재물을 바라지만, 현실적으로 재물을 충분히 가지고 있는 사람은 천만 사람 가운데 한두 사람에 불과하다. 대다수 사람들은 물질을 지배할 수 있는 자유를 갈망하지만, 이것은 불가능하다. 우리는 수행을 통하여 망상과 집착을 제거하고,

정당하지 않은 물질적 추구를 없애야 한다. 만약 우리가 진정으로 물질자재(色自在)를 획득하고자 한다면, 중생의 소원을 만족시키기 위한 것이지, 개인의 물질적 추구에 연연해하는 것이 아니다. 만약 자기 개인을 위하여 물질을 추구한다면, 영원히 물질에 대해서 자재할 수가 없을 것이다.

④마음의 자재(心自在)

마음(心)은 심식心識이다. 우리가 자신의 뜻대로 심식을 지휘하고, 마음이 법法의 규칙에 따르게 하며, 보리심에 따라서 발전하고, 정화의 방향에 따라서 발전하면, 바로 마음의 자재를 획득할 수 있다. 그러나 우리 범부들은 도대체 마음이 어디에 있는지, 도대체 마음이 무슨 물건인지도 모르고 있는데, 어떻게 이 마음을 지휘할 수 있겠는가? 반드시 불법을 배우고, 반드시 『반야심경』을 배워서, 이 마음을 이해해야 비로소 이 마음을 지휘할 수 있다.

⑤지혜의 자재(智自在)

범부는 무루지無漏智가 없다. 지혜가 없으니, 자재는 더 이상 말할 것도 없다. 보살은 공의 지혜를 증득했으니, 자기 마음대로 무루지혜를 발휘할 수 있고, 설법을 하고 중생을 제도하며, 자리이타를 실천할 수 있다. 이런 자재는 모두 보살의 경지이고, 보살의 생활이며, 보살이 존재하는 방식이다.

우리도 자재를 이해할 수 있고, 일체의 고난을 넘어서 어떤 상대적 자재를 획득할 수도 있지만, 이는 결코 대자재는 아니다. '전도

몽상을 멀리 떠나고(遠離顚倒夢想)', '일체의 고난을 넘어서고(度一切苦厄)', '무서움이나 두려움이 없는(無有恐怖)' 상태가 되어야지 비로소 수명의 자재, 태어남의 자재, 물질의 자재, 마음의 자재, 지혜의 자재 등을 얻을 수 있다. 이것이 바로 대자재다.

2) 선은 어디에 있는가?

선은 어디에 있는가? 선은 생활 속에 있고, 지금 이곳에 있다. 이것이 선의 분명한 견해이고, 반야의 분명한 견해이며, 불법의 분명한 견해다. 천 분의 부처가 이 세상에 출현한다 해도 변하지 않고, 고금의 역사의 흐름 속에서도 변하지 않는다.

(1) 선은 생활 속에 있다

『심경』과 생활선이란 이 제목은 처음에 보면 어떤 관계도 없어 보일 것이다. 그러나 사실은, 『심경』의 전체 문장 가운데 어느 한 글자도 선 아닌 것이 없고, 또한 어느 한 글자도 우리에게 생명을 정화하고 생활을 정화하라는 법보 아닌 것이 없다. 선의 사명은 바로 생명을 정화하고, 생활을 정화하는 데 있다. 『심경』은 생활선과 밀접한 관계가 있을 뿐만 아니라, 『심경』은 바로 생활선의 강령이다. 생활선의 종지인 '깨달음의 삶, 봉사하는 삶'은 바로 『심경』의 "색은 공과 다르지 않고, 공은 색과 다르지 않다. 색이 바로 공이고, 공이 바로 색이다."는 사상, 즉 지혜와 자비를 함께 실천하는 정신을 실제화하는 것이다.

나는 『심경』을 생활선을 배우고 수행하는 '소의경전'의 첫째 경전으로 삼는다. 일찍이 생활선의 수행이념을 형성하기 시작할 때부터, 나는 생활선의 이념을 확실하게 대승불법의 지혜와 자비를 함께 갖추고 있는 사상의 기초 위에 건설하고, "보리심을 발하고, 반야견을 배양하고, 식도관을 수행하고, 생활선에 들어간다."[198]는 종지를 제시하였다. 이런 이유 때문에, 『심경』을 생활선 수행의 근본경전의 하나로 삼았고, 『심경』의 사상으로 생활선 수행을 지도하였다. 이것은 결코 지금 즉흥적으로 하는 말이 아니고, 생활선을 수행하는 근본 내용이다.

『심경』의 260자 가운데, '선禪'자는 하나도 없으며, '정定'자 역시 하나도 없다. 그러나 260자 가운데 선을 말하지 않는 글자나, 정定을 말하지 않는 글자는 하나도 없다. 『심경』의 첫 구절의 첫 단락은 『심경』 전체의 강령이다. "관자재보살이 깊은 반야바라밀다를 실행할 때, 오온이 모두 공하다는 것을 지혜로 분명히 알고, 일체 고난을 넘었다."[199]

이 구절 가운데, 보살은 수행하는 사람이고, 매우 깊은 반야는 수행의 방법이며, 오온이 모두 공하다는 것을 지혜로 분명히 아는 것은 마주하는 대상을 반야지혜로 깊게 보는 것을 수행한 경지다. 여기서 '지혜로 분명히 아는 것'은 공부이고, '오온'은 중생의 생명의 공상共相이고, 생활의 공상이며, 또한 우리가 수행을 해서 해결해야 할 문제이기도 하다. 만약 수행하는 가운데 오온이 공할 수 있으면, 이 문제는 바로 해결된 것이다. 오온이 공하지 않으면, 생존의 고통, 생명의 미혹은 여전히 존재한다. 오온은 생명의 공상이고, 역시 생활의 공상이기도 하다. 이른바 '선은 생활 속에 있다.'는 것은 바로 '깊은 반야바라밀다를 실천하는 것'으로, 우리가 오온으로 조성된 이 생명의 주체를 관조하고, 번뇌로 가득한 생활의 공상을 철저하게 변화시키고, 철저하게 부정하고, 철저하게 정화하고, 철저하게 제고하는 것이다. '오온이 모두 공하다(五蘊皆空)'의 '공空'자는 여기서 우리가 가장 관심을 가져야 할 가치가 있다. 오온은 색色·수受·상想·행行·식識 다섯 가지를 포함하고 있고, 이 다섯 가지 요소는 중생 생존의 정신세계와 물질세계를 조성하고 있다. 이 '색'자는 우리의 피와 살의 육체와 육체가 의존하여 생존하고 활동하는 물질세계를 구성한다. 수·상·행·식 이 네 가지는 우리 생명의 정신활동의 주체(識)와 정신활동의 보조(受, 想, 行)를 구성하는 것으로, 생명활동의 정신세계를 구성한다. 오온을 합한 것이 정신생활과 물질생활의 종합이다.

우리의 생명은 미혹한 상태에 놓여 있는데, 이런 미혹은 생명에 무시이래 누적된 무명과 번뇌로부터, 마주하는 물욕의 세계로부터, 탐욕을 일으키는 마음으로부터, 분노의 마음으로부터, 어리석은 마음으로부터 온 것들이다. 모든 생각은 하나하나가 매우 단단한 장벽으로, 본래 생명 속에 가지고 있는 광명을 차단하고 있어서, 진리의 광명을 볼 수 있는 방법이 없다. 만약 진리의 소리를 듣고, 진리의 확실성을 믿을 수 있고(信), 진리의 진실성과 실천성을 사고하고 이해하며(解), 진리의 지도를 받아들여서 자신의 생활관념과 생활방식을 바꾸면(行), 바로 생명의 각성과 생명의 원만함에 도달할 수 있다(證). 믿음(信), 이해(解), 실천(行), 증험(證) 이 넷이 바로 우리 수행의 순서다. 이 믿음, 이해, 실천, 증험 이 네 가지 절차는 생명을 개선하고 정화하는 대책으로, 우리가 『심경』의 "오온이 모두 공하다는 것을 지혜로 분명히 아는 것"에 근거한 가르침에 의해서 선택한 대책이다. 이 네 절차는 네 단계로 나누어서 하나하나 구체화할 수 있는데, 이것이 이른바 점수점오다. 또한 이 네 단계는 한 생각(一念) 속에서 동시에 실제화할 수 있는데, 이른바 "일념 속에서 만행을 수행한다(一念具修萬行)."(『대지도론』 卷80)는 것이고, 이것이 이른바 돈수돈오 혹은 돈오돈수다.

생활의 내용, 선의 내용, 생활선의 근원 등에 대하여, 『심경』 첫 단락 25개 글자가 하나도 남김없이 모두 보여주고 있다. 자재무애 自在無碍하고, 고난을 모두 없애며, 생사를 떠나지도 않고, 열반에 머무르지도 않으며, 시방세계에서 그 활동이 활발하고, 사회를 정화하고, 중생을 성숙시키며, 중생이 헤아릴 수 없이 많으니, 대원大願도 무궁무진하다. 이것이 반야바라밀, 즉 대지혜로 피안에 도달하는 궁극적 의의이고, 또한 생활선의 깨달음의 삶, 봉사하는 삶의 종지를 원만하게 실제화한 것이다.

선은 어디에 있는 것인가? 선은 생활 속에 있다. 오온이 바로 생활이고, 생활이 바로 오온이다. 생활을 떠나서 생명을 찾아낼 수 없고, 생활을 떠나서 선의 근원을 찾아낼 수 없으며, 생활을 떠나서 불법의 토양 역시 근본적으로 찾을 수가 없다. 그러므로 나는 『심경』의 내용만 생활선을 말하고 있는 것이 아니고, 모든 불경의 내용이 생활선을 말하고 있다고 생각한다. 불법의 전체 수행체계는 모두 생활을 중심에 두고 전개되고, 선을 중심에 두고 전개된다. 생활선을 붙잡으면, 이것이 바로 불법의 근본정신을 붙잡은 것이다. 이른바 불법이라는 것은 생활선이고, 이른바 생활선이라는 것은 불법의 근본이다.

(2) 선은 지금 이곳에 있다

색·수·상·행·식, 이 다섯 가지 요소에 의해서 구성된 생명의 물질세계와 정신세계는, 생명의 현실에서 말할 것 같으면, 과거에도 있지 않고, 미래에도 있지 않고, 바로 지금 이곳에 있다. 생명의 곤혹困惑과 번뇌, 생명의 고통과 쾌락, 이 모든 것은 지금 이곳의 한 생각 속에서 받아들인 것이다.

천태종의 지자智者대사는 『법화현의』에서 이렇게 말했다. "육근과 육진은 상대적인 것으로, 한 생각이 일어나면, 십계十界 가운데서 반드시 일계一界에 속하게 된다."[200] (근根은 육근六根이고, 진塵은 육진六塵이며, 육근六根과 육진六塵은 서로 대응한다.)[201] 그러므로 지금 여기서 마음이 일어나고 생각이 움직이는 것을 파악하는 일은 매우 중요하다.

이른바 선이 지금 이곳에 있다는 것은, 바로 선의 정신, 선의 방법, 선의 견처, 선의 공부 등을 이용하여, 우리가 어떻게 생명의 현장, 생활의 현장에 대처할 것인가를 지도하는 것이다. 지금 이곳에서 한 생각에 탐욕심貪慾心이 일어나면, 바로 지옥법계에 떨어진다. 지금 이곳에서 한 생각에 성내는 마음(嗔恚心)이 일어나면, 바로 아귀법계에 떨어진다. 지금 이곳에서 한 생각에 어리석은 마음(愚癡心)이 일어나면, 바로 축생법계에 떨어진다. 이상이 바로 삼악도三

惡道다. 만약 지금 이곳에서 한 생각에 질투하거나 교만한 마음이 일어나면, 바로 아수라법계에 떨어지고, 지금 이곳에서 한 생각에 인의도덕심仁義道德心이 일어나면, 바로 인법계에 떨어진다. 지금 이곳에서 한 생각에 십선업도十善業道의 마음이 일어나면, 바로 천법계에 떨어진다. 이상은 삼선도三善道다. 삼악도와 삼선도를 합하여 육도六道라고 부르는데, 바로 육범법계六凡法界다.

만약 지금 이곳의 한 생각에 생사를 벗어나려 하면(四諦法과 相應한다), 바로 성문법계에 떨어진다. 지금 이곳의 한 생각에 홀로 적멸寂滅에 드는 것을 좋아하면(십이인연법과 상응한다), 바로 연각법계에 떨어진다. 지금 이곳의 한 생각에 스스로 타인을 제도하는 마음을 일으키면(六道萬行의 마음과 상응한다), 바로 보살법계에 떨어진다. 지금 이곳의 한 생각에 평등한 마음씀을 일으키고, 자비慈悲와 희사喜捨의 마음을 일으키면, 바로 불법계佛法界에 떨어진다. 이상 넷은 사성법계四聖法界다.

사성四聖과 육범六凡을 합해서 십법계十法界라고 부른다. 우리가 한 생각을 일으킬 때마다, 반드시 하나의 법계에 떨어진다. 우리 중생들은 마음이나 생각을 일으키면 대체로 모두 육범법계에 있고, 아주 드물게 사성법계에 상응하기도 한다. 그러므로 지금 이곳의 한 생각이 일어나는 것을 장악하는 것이 수행의 근본이다. 십법계는 바로 열 종류의 생명활동의 구역이며, 그 가운데 열 종류의 생명의 주체와 시간과 공간을 포함하고 있다. 생명의 활동, 생활의 표현은 반드시 시간과 공간에 의지하고 있다.

이른바 선이 지금 이곳에 있다는 것은, 우리가 지금 이곳에서 한 생각이 일어날 때, 그 순간 모두 계정혜와 상응하고, 모두 "색은 공과 다르지 않고, 공은 색과 다르지 않다. 색이 바로 공이고, 공이 바로 색이다."의 반야공혜般若空慧와 상응하며, 모두 돈오돈수의 조사선과 상응할 것을 요구한다. 한 생각이 상응하고, 생각 생각마다 상응하여, 시간이 오래되고 수행이 깊어지면, 생활선으로부터 선생활에 이르는 수행과정이 반드시 원만한 정도에 도달하게 되고, 깨달음의 삶, 봉사하는 삶이 반드시 생명활동에서 구현되고, 생활에서 구현될 것이다. 수행 가운데서 생활하고, 생활 가운데서 수행하는 것은, 자연히 자신도 이롭고 타인도 이롭게 하는 보살의 현실생활을 구현하게 될 것이다.

이런 점에서 보면, 이른바 선이 지금 이곳의 공부라는 것은, 바로 생명의 현장을 장악하는 것이고, 생명의 미혹을 보리로 전환하는 것이며, 생명의 오염을 정화하는 것이고, 생명의 자질을 향상시키고, 생명의 품격을 원만하게 하는 것이며, 또한 생명을 청정하게 하여 스스로 깨닫고 남을 깨닫게 해주며, 스스로에게 이익이 되고 남에게도 이익이 되게 하며, 스스로를 제도하고 남도 제도하는 등등의 무한한 잠재성을 발휘하는 것이다.

선은 지금 이곳에 있는 것이니, 파악하기 쉽고, 스스로 다룰 수 있으며, 지금 이곳의 미혹을 제거하는 선의 칼, 지혜의 칼이며, 지금 이곳에서 깨달음을 성취할 수 있는 감로법우다.

(3) 생활이 바로 선이고, 선이 바로 생활이다

『심경』에서 이렇게 말한다. "색은 공과 다르지 않고, 공은 색과 다르지 않다. 색이 바로 공이고, 공이 바로 색이다." 그리고 이어서 "수상행식 또한 이와 같다."라고 말한다. 하나도 아니고, 다른 것도 아니며, 색과 공은 둘이 아니고, 수상행식과 공 역시 평등하여 둘이 아니다. 이 '공'은 바로 "연기하는 것의 본성은 공하다(緣起性空)."의 공으로, '공무空無'의 '공'이 아니다. 이 '공'은 이집二執을 타파하고, 이장二障을 단절하면 드러나는 진리다. 연기법의 현상(事相)과 연기성공의 도리(理性)는 서로 떨어져 있을 수 없는 것으로, 현상(事)을 떠나서 도리(理)가 없고, 도리를 떠나서 현상이 없으며, 현상과 도리는 원융하여 둘이 아니다. 이때 비로소 제법의 평등성과 차별성이 드러나는 것이다.

생활은 현상(事相)이고, 선은 현상의 이치(事理)다. 선과 생활, 생활과 선은 둘이 아니다. 이것은 『중론』「열반품」에서 말한 것과 같다. 즉 "열반과 세간은 약간의 구별도 없다. 세간과 열반 역시 작은 구별도 없다. 열반의 실상과 세간의 실상, 이런 두 실상은 털끝만큼의 차별도 없다."²⁰²

열반은 정법淨法이고, 무루법無漏法이다. 세간은 염법染法이고, 유루법有漏法이며, 생사生死가 있다. "열반과 세간은 약간의 구별도 없다."는 것과 같이, 선과 생활, 생활과 선 역시 약간의 구별도 없다.

선이 바로 생활이므로, 선으로 생활을 정화하며, 깨달음의 삶의 이념을 실제화한다. 생활이 바로 선이므로, 생활로 선의 작용을 체현하고, 봉사하는 삶의 이념을 현실화한다.

생활이 바로 선이라는 것, "색이 공과 다르지 않다"는 것은 문수보살의 대지법문大智法門이고, 또한 선이 바로 생활이며 "공이 색과 다르지 않다"는 것은 보현보살의 대행생활大行生活이다. 문수보살의 대지법문으로 인생을 깨닫고, 보현보살의 대행법문으로 봉사하는 삶을 살아야 한다. 이것이 바로 생활선이고, 선생활의 오묘한 뜻이며, 전체적인 용도이다.

(4) 생활이란 무엇인가?

생활이란 무엇인가? 여러 가지 서로 다른 정의가 있다. 권위 있는 사전에는, 생활은 인간의 각종 활동 혹은 생활은 바로 생존, 즉 살아 있는 것이라고 말한다. 지금 우리가 문제로 삼고, 여기서 말하고 있는 생활은 불교에서 말하는 선업, 악업의 업業에 상당한다.

불법에서 생활은 십법계의 생명이 끊임없이 지속되면서 서로 교류하는 과정이라고 말한다. 이 과정은 시작도 없고 끝도 없는데, 이것이 바로 생활이다. 이 과정은 생존과 사망, 쾌락과 고통, 오염과 정화, 속박과 해탈, 생사와 열반 등등 상대적 생활내용으로, 서로 의지하며 끊임없이 지속되는 과정이며, 생활은 이 과정과 이 과정에 대한 사색으로 이루어지는 것이다.

그렇기 때문에 우리는 다음과 같은 것들을 분명히 인식할 수 있다. 생활의 사슬에서 고립적으로 존재하는 사물은 하나도 없고, 원인이 없는 결과도 없으며, 또한 결과가 없는 원인도 없다. 이런 생활 속에서, 시간상으로 오직 무수한 이시연속異時連續의 상호연관적인 인과관계가 있을 뿐이며, 공간상으로는 오직 무수한 동시의 상호의존적인 관계만 있을 뿐이다. 부처님은 생활 속의 인과관계와 연기체계에 대해서 이런 정의를 하였다.(『中阿含經』卷21)

만약 이것이 있으면 바로 저것이 있고(若此有則彼有),
만약 이것이 생하면 바로 저것이 생한다(若此生則彼生).
만약 이것이 없으면 바로 저것이 없으며(若此無則彼無),
만약 이것이 멸하면 바로 저것이 멸한다(若此滅則彼滅).

이것이 바로 연기의 실상이며, 역시 생활의 실상이기도 하다. 신앙을 포함한 인간의 모든 활동은, 모두 일종의 생활 방식을 표출한 것이 아닌 것이 하나도 없다. 원시불교의 십이연기관, 사성제, 여기에서 발전한 대승불교의 중도관, 유식관, 그리고 중국불교 각 종파들의 수행체계, 이 모두는 실천적 의미에서 출발하여, 불교를 배우고 불도를 수행하는 사람이 생명과 생활이라는 이 주제에 어떻게 대처할 것인가를 분명히 밝히고 있다. 번뇌는 생활이고, 보리 역시 생활이다. 생활의 의의는 이처럼 보편적이고, 이처럼 중요하다. 그러므로 생활 자체가 포함하고 있는 선의禪意와 선기禪機를 보여주고, 생활 자체가 가지고 있는 법의 보편적 의의를 밝혀서, 이로부터 우리의 생활이 법의 자재와 선의 조화로 충만하게 하는 것이다. 이렇게 하면, 우리의 생활은 진정으로 의의 있게 변화되고, 우리의 생활에 다시는 억압과 부담이 없게 되며, 깨달음의 삶과 봉사하는 삶이 진정으로 우리의 자각적 행위가 될 것이다. 그렇게 되면, 우리의 생명도 마치 태양이 밤낮을 가리지 않고 광명의 빛을 발산하고 열량을 발산하지만, 또한 어떤 보답도 바라지 않고, 어떤 득실도 계산하지 않게 될 것이다. 이것이 바로 보살의 정신이고, 이것이 바로 보살의 생활이다.

우리는 『심경』의 "색은 공과 다르지 않고, 공은 색과 다르지 않다. 색이 바로 공이고, 공이 바로 색이다."와 "일체의 고난을 넘는다."는 정신으로 수많은 보살이 되고, 모두 함께 대지혜의 깨달음의 삶과 대자비의 봉사하는 삶을 살고, 위로는 보리를 구하고 아래로는 중생을 제도하며, 영원히 피곤한 줄 모르는 삶을 살아야 한다.

『심경』과 생활선의 요점은 위에서 설명한 것과 같다. 생활선의 이런 이념들이 생활의 반려가 되고, 생명의 등불이 되어, 우리와 함께 원만한 생활의 길로 나아가기를 진심으로 바란다.

❦ *14* 우리의 마음을 잘 관리한다

우리 불법은 마음을 근본으로 한다

선을 배우는 데에는 마음을 근본으로 하고, 세간법 역시 마음을 근본으로 한다. 사람노릇 하는 것, 일처리 하는 것 등 어떤 것 하나 마음을 근본으로 하지 않는 것이 없다. 선을 배우는 데 있어서는 특별히 마음의 작용, 마음의 힘을 강조한다.

불교에서 항상 말하는 한마디가 있다.

"마음이 생기면 여러 가지 법이 생기고, 마음이 소멸하면 여러 가지 법이 소멸한다."[203]

이 말의 의미는, 이 세상의 모든 사물이 존재하는 것과 존재하지 않는 것은 모두 마음과 직접적 관계가 있다는 것이다. 『대승본생심지관경』에서는 이렇게 말한다.

"청정한 마음이 선업의 근원이고, 선하지 않는 마음이 악업의 근원이다. 마음이 청정하기 때문에 세계가 청정하고, 마음이 혼잡하고 순수하지 않기 때문에 세계가 혼잡하고 순수하지 않다. 불법은 마음을 근본으로 하고, 일체 모든 법은 마음에서 비롯되지 않은 것이 없다."[204]

이 몇 마디 경전의 말은, 마음의 작용에 대하여 간단하면서도 요점을 정확히 찌르는 설명이다. 이 말이 우리에게 알려주고 있는 것은, 청정한 마음으로 사람노릇도 하고, 일도 하라는 것이며, 이렇게 한 일은 반드시 선한 일이다. 만약 불선不善한 마음으로 사람노릇 하거나 일을 한다면, 이렇게 한 일은 반드시 악한 일이다. 그러므로 청정심은 선업의 근원이고, 불선不善한 마음은 악업의 근원이다. 마음이 청정하면, 마주하는 객관세계가 청정하다. 마음이 청정하지 않으면, 마음속에 여러 가지 오염이 있게 되고, 마주하는 객관세계 역시 청정하지 않고 오염된 세계가 되어 버린다. 그러므로 불법에서는, 일체는 마음이 근본이고, 일체는 마음으로부터 생기지 않은 것이 없다고 말하는 것이다.

『화엄경』에서 이렇게 말한다.

"만약 과거·현재·미래의 모든 부처를 알고자 한다면, 마땅히 법계의 일체가 오직 마음이 만드는 것이라고 보아야 한다."[205]

여기서 말하는 '일체一切'는 선업善業, 악업惡業, 그리고 선도 아니고 악도 아닌 무기업無記業을 포함하고 있다. 인간의 마음의 활동은 세 가지로 나누어 볼 수 있다. 선심善心, 악심惡心, 그리고 선이라 할 수도 없고 악이라 할 수도 없는 것이 있는데, 이것을 불교에서는 무기심無記心이라고 한다. 이런 세 가지 마음상태로부터 만들어 낸 일에는 선업, 악업, 그리고 선도 악도 아닌 무기업이 있다. 이른바 무기無記라는 것은, 법계가 어떤 것을 선이나 악이라고 결정한 바가 없다는 것이다.

예를 들어 설명하면, 정상적으로 밥 먹고 거주하는 것에 대해서, 법계에서 그것을 선 혹은 악이라고 결정한 바가 없다는 것이다. 우리의 정상적인 식사에 대해서 말하면, 만약 값비싼 요리에 심한 낭비를 하지 않고, 혹은 어떤 특별한 목적이 없다면, 그런 식사는 일종의 무기적 상태다. 배가 고파서 밥을 먹고, 졸려서 잠을 자는 일에 대해서, 그것이 좋은 일이라고 말할 수도 없고, 나쁜 일이라고 말할 수도 없다. 그것은 단지 하나의 본능적인 욕구일 뿐이고, 그 마음상태를 선이나 악으로 규정할 수가 없는 것이며, 그 작용 역시 선이나 악으로 규정할 수 없다. 즉 특정한 목적이 없는 생각과 말과 행위는 모두 무기에 속한다.

특정한 목적이란 무슨 의미인가? 예를 들자면, 자신이 어떤 좋은 일을 생각하고 마음을 일으키면 이것은 선이고, 그런 다음에 선한 생각에 의하여 실행에 옮기면 이것 역시 선이다. 반대로, 만약 다른 사람에게 손해가 되는 생각을 하거나, 혹은 의도적으로 어떤 사람에게 정신적으로, 물질적으로, 신체적으로 상해를 입히려 하거나, 또한 이것을 행동으로 실행하면, 이런 생각과 말과 행위는 악에 속한다. 이 두 가지 상황을 제외하고, 밥 먹는 것은 밥 먹는 것이고, 잠자는 것은 잠자는 것으로, 타인에 대하여 긍정적 측면으로건 부정적 측면으로건, 정신적으로, 물질적으로, 신체적으로 영향을 미치지 않는 생각과 행위는 무기에 속한다. 생활 속에서는 대체적으로 무기적 상황이 대부분이다.

수행이란 것은, 악념을 극복하는 것이고, 또한 무기념無記念을 전환시켜서 의식적으로 선을 실천하는 것이고, 그런 뒤에 하루 24시간 속에서 일어나는 하나하나의 마음의 활동이 모두 선법과 상응하게 하는 것이다. 이것이 바로 내가 항상 강조하는 "마음을 선용하라(善用其心)"는 것이다. 마음을 선용하는 것은, 첫째는 악념을 제거하는 것이고, 둘째는 무기적 생각(無記念)을 선한 생각(善念)으로 전환시키는 것으로, 선한 마음, 선한 생각으로 모든 생각의 공간을 점거하는 것이다. 이것이 바로 수행의 기본요점이다.

우리는 누구나 자기 자신을 반성해보아야 한다. 하루 가운데 선한 생각이 많았는가, 악한 생각이 많았는가? 나는 여러분이 선한 생각은 있으나 많지는 않고, 악한 생각은 당연히 더 적을 것이고, 단지 선과 악으로 규정할 수 없는 무기적 생각이 대부분을 차지하고 있다고 생각한다. 이런 점에서 본다면, 어떻게 무기적 생각을 선한 생각으로 전환시킬 것인가? 이것이 바로 수행의 중요한 과제다.

신구의 삼업의 선, 악, 무기 삼성三性을 구별하는 데 편하도록, 불법의 원리에 근거하여, 현대적 언어 환경과 결합시켜서 간단히 설명하고자 한다. 불교에서 말하는 선은, 먼저 자신과 타인의 몸과 마음의 건강과 물질적 재물에 손해가 없다는 전제 아래서 성립된다. 만약 마음과 생각 그리고 말과 행위가 자신과 타인의 몸과 마음과 물질적 이익에 손해가 된다면, 이것은 악이고, 이와 상반되면 선이다.

선善은 세 종류가 있다. 현선現善, 후선後善, 그리고 궁극적 선(究竟善)이다. 현선은 눈앞의 이익으로 이해할 수 있고, 후선은 먼 훗날의 이익으로 이해할 수 있으며, 궁극적 선은 근본적 이익으로 이해할 수 있다. 불교에서 말하는 눈앞의 이익은 금생금세의 이익을 말하고, 먼 훗날의 이익은 내생내세 내지 영겁의 모든 미래의 이익을 말한다. 근본적 이익, 즉 궁극적 선은 해탈하여 성불하는 것을 말한다. 생사의 해탈은 불교를 배우는 근본 목적이며, 또한 우리 모두의 가장 근본적인 이익이다. 불교가 말하는 선은 이런 삼선三善, 즉 현선·후선·궁극적 선, 다시 말하면 눈앞의 이익, 먼 훗날의 이익, 근본적 이익을 포괄하고 있다. 삼선에 부합하는 생각과 언행은 바로 선법이고, 이에 반대되는 것은 악법이다. 불교에서 말하는 선과 악을 이렇게 이해하는 것이 비교적 구체적이고, 또한 그것들을 파악하고 다루는 데 있어서도 편리하다.

현선現善을 구체적으로 설명하는 것은, 단지 금생금세를 말하는 것이라 하더라도, 매우 복잡하다. 금생금세를 어떻게 이해할 것인가? 금생금세는 내일 혹은 모래를 지시하는 것이 아니라, 바로 지금 이곳을 말한다는 것을 알아야 한다. 일체는 모두 지금 이곳의 한 생각으로부터 일어나는 것으로, 현선을 장악하는 것도 이와 같고, 후선과 궁극적 선을 장악하는 것 역시 이와 같다. 모든 것은 반드시 지금 이곳의 한 생각으로부터 일어나는 것이다. 만약 우리가 지금 이곳의 한 생각을 잘 쓸 수 있으면, 우리는 삼선三善을 갖출 수 있다. 만약 잘 쓰지 못하면, 눈앞의 이익에서 손실을 보게 되고, 먼 훗날의 이익과 근본이익 역시 마찬가지로 손실을 입게 된다. 그러므로 "한 생각이 선하니(一念善) 생각 생각이 모두 선하고(念念善), 한 생각이 악하니(一念惡) 생각 생각이 모두 악하다(念念惡)"고 말하는 것이다. 여기서 우리는 마음과 생각을 어떻게 쓰느냐가 지극히 중요하다는 것을 알 수 있다.

『대승본생심지관경』에서 "마음이 청정하니 세계가 청정하고, 마음이 혼잡하고 순수하지 않기 때문에 세계가 청정하지 않고, 세계 역시 혼잡하고 순수하지 않다."고 말한다. 이 '세계'를 어떻게 이해할 것인가? 여기서 말하는 '세계'는 주로 '세계관世界觀'을 말한다. 일체의 철학적 문제, 종교적 문제는 이 하나의 근본문제로 귀결되는데, 이른바 '세계관'이다. 이른바 마음이 청정하다는 것은, 하나의 올바른, 삼선에 부합하는 세계관이며, 하나의 올바르고, 삼선에 부합하게 세계를 관찰하고 인식하는 관점, 입장, 그리고 방법이다. 어떤 입장을 취하느냐에 따라 어떤 관점을 갖게 되고, 어떤 관점을 갖느냐에 따라 어떤 방법이 있게 된다. 마음이 어떠한가에 따라, 살아가는 세계도 달라진다.

불교는 우리에게 이렇게 알려 준다. "하나의 꽃이 하나의 세계이고, 하나의 잎이 하나의 여래다."[206] 이 한 송이 꽃이 바로 우리의 이 생명이고, 이 하나의 잎이 바로 우리의 이 생명이다. 우리의 생명은 표면적으로 보면, 단지 하나의 개체이고, 매우 미미한 존재이며, 하찮아서 말할 가치도 없어 보인다. 그러나 실질적으로는 우리의 개체 생명은 바로 전체 세계이고, 우리의 개체 생명은 부처와 똑같이 존귀하고 장엄하다. 누구나 모두 이 세계를 보유하고 있고, 누구나 모두 부처를 보유하고 있다. 이른바 "마음, 부처, 중생 이 셋은 차별이 없고, 모든 부처와 중생은 동일한 법신이다."[207]라고 말하는 것도 같은 도리다. 이런 경지는 물론 직접적 체득을 필요로 하지만, 그러나 단지 조금만 다시 생각해 보면, 우리의 생각이 바로 이 세계이고, 또한 시방의 모든 부처라는 것을 깊이 인식할 수 있다. 그러므로 "하나의 꽃이 하나의 세계이고, 하나의 잎이 하나의 여래다."라고 말하는 것으로, 모든 것이 이 방촌方寸의 마음을 떠나지 않는다. 우리가 어떤 생각을 갖느냐에 따라, 바로 우리의 내심세계가 어떤 상태가 되는 것이다.

불교에서 "하나의 마음이 십법계를 갖추고 있다."[208]라고 말하는데, 이것 역시 같은 도리다. 하나의 생각이 부처의 마음이면, 내심세계가 바로 부처의 세계다. 하나의 생각이 아수라의 마음이면, 스스로 마음속에서 세계대전을 일으켜서, 자신과 자신이 투쟁을 하게 된다. 즉 어떤 사람이 자신에게 불만이 있다고 생각하면, 자신 역시 그 사람에게 불만이 있게 되고, 자신의 마음속에서 투쟁을 일으키게 된다. "한 생각에 성내는 마음이 일어나면, 팔만 장애의 문이 열리게 된다."[209]라고 말하는데, 허다한 사람들이 몸에 병이 있고, 마음에 병이 있으며, 심지어 환시·환각·환청의 세계에서 빠져 시달리기도 하는데, 이것은 모두 자신의 생각을 정상적으로 조정하지 못해서 일어나는 소극적 결과다.

불교의 관점에서 볼 것 같으면, 부처 이외의 모든 사람은 병든 사람이고, 문제가 있는 사람이다. 왜 이렇게 말할 수 있는가? 만약 병이 없다면 번뇌가 있을 수 없고, 번뇌가 있다면 그것은 병이 있다는 말이 된다. 병이 없다면, 나 자신을 포함해서 우리 모두 선을 배우지 않을 것이다. 나는 몸에 병이 있는 사람이고, 더욱이 정신에 병이 있는 사람이다. 그러므로 끊임없이 선을 배우고, 불법을 학습하며, 부단히 수행을 한다. 누구나 모두 이런 자아분석의 정신을 가지고 자신을 보아야 하며, 자신에게 병이 있다는 것을 보았으면, 스스로 방법을 찾아서 자신의 병을 치료해야 하고, 자신의 병을 치료하고자 하면, 반드시 약을 먹어야 한다. 불교의 약은 매우 많은데, 왜냐하면 중생의 병의 종류가 매우 많기 때문이다. 이른바 중생은 8만4천 종류의 번뇌가 있다고 하는데, 이 8만4천 종류의 번뇌가 바로 8만4천 종류의 병이며, 부처의 법문 역시 8만4천 종류인 것이다. 또한 이렇게 말할 수 있다. 부처는 중생의 8만4천 종류의 병에 의거해서 8만4천 종류의 약 처방을 하고, 우리는 병의 증상에 따라 약을 복용하면 된다. 단지 이렇게만 하면 진정으로 착안점을 찾을 수 있고, 적절하게 자신의 번뇌질병을 치료할 수 있다.

　선을 배우는 사람은 종종 하나의 병을 완전히 치료하기도 전에, 또 다른 병이 생기기도 한다. 선을 배우는 사람 가운데 적지 않은 사람들이 일방적으로 신비한 현상을 추구하고, 특별한 효과를 얻기를 희망하며, 약간의 특이한 경험을 획득하려고만 한다. 그들은 모든 방법을 동원하여 신구의 삼업을 정화하려고 하지를 않고, 신비한 상황으로 운명을 바꿔보려고 시도한다. 수행의 최종목적은 분명히 생명의 상황을 철저히 바꾸는 것이다. 그러나 생명의 상황을 철저히 바꾸는 것은, 때가 되면 만날 수 있는 경지이지 추구할 수 있는 경지가 아니다. 그것은 의도적으로 힘써서 개조하거나 추구하는 데 있지 않고, 자신의 생각과 언행에서 열심히 수행하는 데 있다. 자신의 생각과 언행에서 수행을 하면, 그 효과는 추구하지 않아도 스스로 얻어진다.

불교는 아주 분명하게 우리에게 알려주고 있는데, 추구하는 것은 바로 고통이라는 것이다. 세간에서도 말하기를, 어떤 일을 하든지 열심히 노력만 하고, 그 수확을 묻지 말라고 한다. 좋은 일을 하더라도 앞일을 묻지 말고, 오직 열심히 노력해서 그 일을 완수하면, 그 수확은 자연스런 일이 되니, 스스로 그 수확을 얻으려 추구하지 말아야 한다. 우리가 신비하고 기이한 것을 추구하면, 종종 매우 많은 번뇌가 증가하게 된다. 왜냐하면 신비하고 기이한 것은 추구해서 얻어지는 것이 아니고, 수행과정 속에서 주된 목적을 달성했을 때 생기는 부산물일 뿐이다. 예를 들어 말하면, 우리가 집에 돌아가고 싶을 때, 오직 집에 돌아가기만 하면 모든 것은 거기에 있다. 집에 돌아오는 것이 목적의 모든 것이고, 목적의 전체다. 집에 도착했으니, 도달하고자 하는 목적이 모두 완성된 것이다. 단편적으로 신비하고 기이한 것을 추구하면, 얻는 것은 부분적인 것으로, 전체가 아니다. 신비하고 기이한 것을 획득했다고 하더라도, 자신의 몸과 마음의 문제를 해결하는 데 어떤 도움도 되지 않고, 반대로 해악이 될 수도 있다. 함께 수행했던 동료 가운데, 어떤 사람은 단편적인 신비하고 기이한 것을 추구했는데, 결국에는 몸과 마음이 피로하게 되거나, 몸과 마음이 붕괴하기도 하고, 심지어 여러 가지 질병이 몸에 달라붙기도 하였으며, 결국 번뇌를 끊어내지도 못하고, 오히려 번뇌가 증가하였다.

    수행은 자기의 내심세계를 오랜 시간 동안 훈련하고 관리하는 과정이다. "불법에서는 마음을 근본으로 한다.", "마음이 청정하기 때문에 세계가 청정하고, 마음이 혼잡하고 순수하지 않기 때문에 세계가 혼잡하고 순수하지 않다."[210], 이런 점에서 볼 것 같으면, 마음을 어떻게 잘 관리하느냐가 근본문제다. 불교에서 말하는 일체의 법문은 마음을 잘 관리하는 것 아닌 것이 없는데, 이 마음의 관리는 관리하려고 생각한다고 해서 곧바로 관리가 되는 것이 아니니, 생각나지 않는 것은 내버려두면 된다. 생각을 관리하는 것은 하루 24시간의 일이지, 하루 가운데 몇 시간은 무엇을 하고, 몇 시간은 다른 무엇을 하는 것이 아니다. 수행은 8시간 이외에는 안 하는 것이 아니라, 24시간 하는 것으로, 수행은 출퇴근의 구별이 없고, 은퇴와 취업 대기의 구별이 없는 것으로, 수행은 항상 해야 하는 것이고, 생활화해야 하는 것이며, 수행과 생활은 당연히 거리가 없어야 한다.

    미국이 이라크에 주둔할 때, 여러 매체들이 전선의 상황을 모두 바로바로 보도하였다. 그때 신문에서 즉시 보도하는 것을 형용할 때 '영거리零距離'라는 매우 실감나는 용어를 사용하여, 사람들과 전선은 영거리, 즉 거리가 없다고 말하였다. 이때 나는 이 용어를 보고 많은 깨달음을 얻었다. 수행은 바로 수행과 생활이 마음에서 영거리를 유지하도록 해야 한다. 거리가 없는 것, 이것이 바로 '생활 속에서 수행하고, 수행 속에서 생활하는 것'이며, '생활선生活禪, 선생활禪生活'이다.

만약 수행과 생활이 영거리가 되면, 이것은 바로 수행인의 경지이며, 이로부터 정등정각正等正覺, 보살의 경지에 도달하게 된다. 보살의 경지는 바로 보살도와 생활이 영거리이고, 보살도와 생활이 일체가 된 것이다. 우리 각자는 자신이 수행과 생활을 하나로 만들어야 한다는 확고한 의지를 갖고 있으며, 하루 24시간 전체를 생활 속에서 스스로도 깨닫고, 다른 사람도 깨닫게 하며, 보살도를 실천하기 위하여 노력하고 있는지 스스로 반성해보아야 한다.

대만의 이경운 선생이 '안상선安詳禪'을 제창하고 있는데, 안상선의 요구는 '1초 1초가 편안하고 고요한 것(秒秒安詳)'이다. 즉 순간순간 모두 편안하고 고요한 것이다. 이 경지는 매우 높은 경지다. 1초 1초 모두 편안하고 고요할 수 있다면, 하루 24시간 모두 편안하고 고요한 가운데서 생활하는 것이고, 모든 시간을 헛되이 보내지 않고, 모든 시간에 바른 생각(正念)을 하고, 모든 시간에 선한 생각(善念)을 하는 것이다. 순간순간 편안하고 고요할 수 있으면, 내심세계는 청정하게 되고, 우리는 청정한 마음상태로 외재세계의 문제를 처리할 수 있고, 또한 외재세계를 점점 청정하게 변화시킬 수 있다. 사람들이 누구나 이와 같으면, 전체 사바세계는 정토세계로 변환될 것이다. 그러므로 선을 배우는 첫째 목표는 바로 선수행과 생활을 영거리로 유지해내는 것이다. 수행과 생활이 거리가 없으면, 생활은 모든 순간순간이 편안하고 고요하다.

우리의 마음을 잘 관리한다

선을 배우는 것은, 이 마음을 관리하는 것으로부터 시작한다. 이 마음을 관리하려면 시작을 어떻게 하는가? 신구의 삼업을 떠날 수 없다. 우리의 몸은 함부로 활동하고, 입은 함부로 말하며, 마음은 함부로 생각한다. 이른바 제멋대로 못된 짓을 한다는 것은 몸을 말하는 것이고, 이른바 함부로 허튼소리를 지껄인다는 것은 입을 말하는 것이고, 이른바 터무니없이 허튼 생각을 한다는 것은 마음을 말한다. 중국의 언어는 매우 풍부한데, 이 세 구절은 그야말로 우리의 오염된 신구의 삼업을 잘 표현하고 있다. 어떻게 관리해야 되는 것인가? 몸은 제멋대로 못된 짓을 못하게 하고, 입은 함부로 허튼소리를 지껄이지 못하게 하고, 마음은 터무니없는 허튼 생각을 못하게 해야 한다. 이 세 가지가 바로 마음을 관리하는 데 있어서 가장 실재적이고 가장 직접적으로 공부를 시작하는 곳이다.

우리의 마음을 잘 관리하는 것, 즉 신구의 삼업을 잘 관리하는 것이 바로 십선十善을 실천하는 것이고, 십악十惡을 저지르지 않는 것이다. 이렇게 말하면, '무슨 심오한 도리를 말해줄 것으로 생각했는데, 이런저런 말을 했지만 결국 매우 평범한 이야기들뿐이군!'이라고 생각할 수도 있다. 그러나 불법의 관점에서 볼 것 같으면, 가장 평범한 것이 가장 심오한 것이고, 가장 심오한 것은 반드시 가장 평범한 것에서 출발하여 도달하게 된다. 다른 각도에서 말해보면, 심오한 것과 평범한 것은 모두 동일한 지점에 있는 것으로, 우리가 어떻게 마음을 쓰느냐에 달려 있다.

"모든 악을 저지르지 않고, 여러 가지 선善을 실행하며, 자신의 마음을 스스로 깨끗이 한다."²¹¹라고 말하는데, 일체 모든 부처의 법은 이 세 구절에 지나지 않고, "이것이 모든 부처의 가르침이다." 이 세 구절은 일체 모든 부처가 공통적으로 가르치는 내용이다. 그래서 '칠불의 공통적인 가르침(七佛通誡)'이라고 부른다. "모든 악을 저지르지 않고, 여러 가지 선을 실행하며, 자신의 마음을 스스로 깨끗이 한다." 이 세 구절은 또한 십악을 저지르지 않고, 십선을 닦는 것이다. 이 열 가지 계율은 심오하기도 하고 평범하기도 하다. 평범한 측면에서 말하면 그것은 인천人天의 선인善因이고, 심오한 측면에서 말하면 그것은 부처가 되고 조사가 되는 출발점이고, 또한 부처가 되고 조사가 된 종점이며, 보리심을 발휘하는 기초이고, 또한 발휘한 보리심의 내용이다. 이 세 구절을 낮은 수준에서만 이해한다면, 그것은 아직까지 인식적으로 높은 수준에 도달하지 못하였기 때문이다.

십선十善이나 십악十惡에 대해서, 불교에는 상용적인 설명이 있는데, '신삼身三, 구사口四, 의삼意三'이라고 부른다.

신삼身三은 행위의 측면으로, 십선과 십악에서 세 가지를 말하며, 살생·도둑질·음행이다. 살생·도둑질·음행을 하는 것은 행위상의 세 가지 악이고, 살생하지 않는 것·도둑질하지 않는 것·음행하지 않는 것은 행위상의 세 가지 선이다.

언어의 측면에서, 언어의 부정당한 사용은 우리의 몸과 마음을 부정적 상태에 빠지게 하고, 심지어 사회활동에서 매우 난처한 인간관계를 조성하기도 하며, 악명이 세상에 퍼지기도 한다. 구사口四는 언어적 측면의 네 가지 내용이다. 악의 측면에서 말하면 양설兩舌, 악구惡口, 망언妄言, 기어綺語 네 가지다. 양설은 '이 사람에게는 저렇게 말하고, 저 사람에게는 이렇게 말하는 것이다.' 이것을 통속적으로 설명하면, 시비를 부추겨서 문제를 일으키는 것이다. 김 씨에게는 이 씨가 나쁘다고 말하고, 이 씨에게는 김 씨가 나쁘다고 말하는 것이다. 하나의 혓바닥으로 두 가지 말을 하는 것으로, 그래서 두 개의 혓바닥(兩舌)이라 부른다. 악구는 남을 욕하는 것이다. 사원 안에서도 이따금 누군가 상스러운 말을 하는 것을 들을 수 있다. 사회에서도, 도시의 길에서도, 농촌에서도 귀에 들려오는 소리 가운데 상스러운 말이 특히 많은데, 이것이 악구다. 망언은 거짓말이다. 기어는 음담패설과 같은 저급한 취미의 말이다. 양설·악구·망언·기어 등은 언어상의 네 가지 악이고, 불양설·불악구·불망언·불기어는 언어상의 네 가지 선이다. 공정한 언어로 양설을 대신하고, 자비로운 언어로 악구를 대신하고, 성실한 언어로 망언을 대신하고, 정중한 언어로 기어를 대신하는 것, 이것이 바로 선법善法이다.

생각의 측면에도 세 가지가 있다. 탐·진·치는 삼독三毒인데, 좋은 환경에 대해서는 탐욕스런 마음(貪心)이 일어나고, 좋지 않은 환경에 대해서는 화나는 마음(嗔心)이 일어나고, 좋지도 나쁘지도 않은 환경에 대해서는 어리석은 마음(癡心)이 일어나는데, 이것이 바로 생각에 있어서의 세 가지 악이다. 반대로, 좋은 환경에 대하여 지나친 욕심을 일으키지 않고, 좋지 않은 환경에 대하여 싫어하지 않고 화내지도 않으며, 좋지도 나쁘지도 않은 환경을 올바로 인식해서 어리석은 마음을 일으키지 않으면, 이것이 바로 생각에 있어서의 세 가지 선이다.

이 열 가지를 생사에 순응하여 일으키면 십악이 되고, 생사에 역행하여 일으키면 십선이 된다. 생사에 순응하여 타락하다 보면, 결국은 지옥·아귀·축생의 삼악도에 떨어지게 되고, 생사에 역행하여 향상하다 보면 천·인·아수라의 삼선도에 이르게 되며, 이것을 기반으로 해서 다시 생사의 흐름에 역행해서 더 향상하면 사성四聖에 도달할 수 있다. 사성은 성문, 연각, 보살, 부처 이 넷이다. 삼선도이건 사성도四聖道이건 모두 십선을 기반으로 한다. 마음을 관리하는 것이나, 신구의 삼업을 관리하는 것이나 모두 이 열 가지를 실천하는 데서 시작한다. 이 열 가지는 마음이 일어나 생각하는 그 순간에 있고, 입을 열어 말을 하는 그 순간에 있으며, 손을 들고 발을 움직이는 그 순간에 있다.

우리가 십악을 그치고 십선을 실행하는 문제는, 신업의 측면에서 말하면, 손을 들고 발을 움직여서 무엇을 하고 있는지 관조해야 한다. 구업의 측면에서 말하면, 입을 열어 말을 하는데 무슨 말을 하고 있는지 관조해야 한다. 의업의 측면에서 말하면, 마음이 일어나고 생각이 움직이는 사이에 무엇을 생각하고 있는지를 보아야 한다. 손발을 움직이고, 입을 열어 말하고, 마음이 일어나고 생각이 움직이는 것은 모두 지금 이곳의 일이다. 그러므로 마음을 잘 관리하고 삼업을 관리하려면 반드시 지금 이곳에서 실행해야 하는 것이지, 지금 이곳에서 실행하지 않는다면 모든 것은 허사가 되고 만다.

인생의 수양공부는 신비한 일도 아니고, 아주 요원한 일도 아니다. 인생의 수양공부는 매우 실재적이고, 매우 현실적이다. 우리는 이런 기준으로 자신의 마음과 생각을 반성해야 하고, 자신의 수양 공부가 어떠한지 잘 살펴보아야 한다. 우리는 손을 들고 발이 움직이는 사이에 관조해낼 수 있는가? 입 열고 말하는 사이에 지각하는가? 마음이 일어나고 생각이 움직이는 사이에 하나하나의 모든 생각이 어디를 향하고 있는지 알고 있는가? 선법으로 향하고 있는가, 악법으로 향하고 있는가, 무기로 향하고 있는가? 이렇게 자신을 안으로 반성하며 들여다보면, 수행공부는 매우 쉽게 진보하고, 또한 완전하게 해낼 수 있다.

종종 말은 아주 심오하게 할 수 있지만, 실천해내기는 매우 어려운 것이다. 만약 신구의 삼업을 수행하여 십악을 그치고, 십선을 실천하는 것, 이렇게 자신을 관리하고, 이렇게 수행하면, 당장에서 현실화된다. 그러므로 수행은 오묘한 것을 요구하는 것이 아니며, 일상생활 속에서 가장 쉽게 해낼 수 있는 것이지만, 또한 가장 해내기 쉽지 않은 일이기도 하다. 이 수행의 어려움과 쉬움의 구별은, 우리가 이 일에 대하여 결심을 하였는지, 믿음이 있는지, 수행을 할 생각이 있는지 없는지, 자신을 잘 관리하려는 생각이 있는지 없는지 등을 보면 된다. 이 일은 이렇게 간단하다.

마음과 생각을 잘 관리하고자 생각한다면 방법이 있다. 우리의 마음으로 하여금 의지할 곳, 의탁할 곳이 있게 하면 되는데, 여기에는 많은 방법이 있다. 선禪을 배우는 사람들 역시 모두 이런 방법들을 사용하고 있다. 그러나 종종 이런 방법들을 사용할 때 이런 방법들과 실제적 생활이 관련이 없게 되고, 거리가 있게 된다. 우리가 가장 흔하게 사용하는 방법이 아미타불을 염하는 것이다. 아미타불을 염할 때, 만약 왜 아미타불을 염하는지를 분명히 알지 못하고, 어떤 목적에 도달하고자 하는지 분명히 알지 못하면, 아미타불을 염하는 것과 일상생활이 관련이 없게 되어 버린다. 아미타불을 염하는 것이 어떻게 극락왕생의 밑천이 되는가? 그것은 반드시 일상생활 속에서, 아미타불을 염하는 것을 통하여 악을 멈추고 선을 실행하는 목적을 이루면, 비로소 극락왕생의 밑천이 될 수 있는 것이다.

그러나 우리는 염불을 할 때, 종종 자신의 마음상태와 생활을 결합하지 못하고 아미타불을 염하여, 염불은 그저 염불일 뿐이고, 망상은 다시 망상으로 돌아가 버린다. 그래서 "입으로는 아미타불을 염하고 마음이 산란하면, 목구멍이 터져라 외쳐도 허사일 뿐이다."[212]라고 말하였다. 이렇게 하면 '염불念佛, 염심念心, 심염불心念佛'의 효과는 얻을 수 없다. 염심은 자신의 마음을 관리하는 것으로, 부처님 명호가 언제나 마음에서 나오고, 그런 다음 다시 자신의 마음으로 되돌아가야 한다. 이렇게 해야 삼업청정三業淸淨의 목적에 도달할 수 있을 뿐만 아니라, 또한 매우 빨리 망념을 제거하고, 명심견성明心見性하고, 지혜를 개발할 수 있다. 만약 자신의 마음에서 출발하여 자신의 마음으로 되돌아가지 못하고, 관조를 잃어버리게 되면, 염불의 효과는 매우 적다.

수행에서 가장 쉽게 나타나는 오류는, 오직 공덕만을 추구하고 명심견성을 추구하지 않는 것이다. 불법의 관점에서 말하면, 개오는 불교를 배우는 가장 근본적 목적이다. 만약 이 목적을 달성할 수 없다면, 더 높은 목적은 말할 수도 없다. 개오開悟는 대승이나, 소승이나 모두 견도見道라고 부른다. 무슨 도를 보았다는 것인가?

자신이 가고자 하는 그 길을 보았기 때문에 견도라고 부른다. 수행의 법문을 이해하는 것이 견도의 첫째 의미다. 도道는 통할 수 있는 것으로, 열반피안으로 통하는 길이다. 견도의 둘째 의미는 진리를 본 것이다. 진리는 무엇인가? 진리는 일체법의 진실상이다. 견도는 바로 견법見法이고, 견법은 바로 진리를 본 것이며, 진리를 본 것은 바로 부처를 본 것이다. 이것이 견도의 둘째 의미다. 견도의 셋째 의미는, 수행이 일정한 경지에 도달해서, 더 높은 경지에 들어가고자 하는 더 높은 요구의 기반이 마련된 것이다. 그러므로 견도를 간단히 설명하면, 수행에서 반드시 경과해야 할 길을 본 것이고, 진리를 본 것이며, 수행이 일정한 경지에 도달한 것이다. 견도는 이 세 측면의 내용을 포함하고 있다.

견도見道는 어려운 것인가, 어렵지 않은 것인가? 부처님이 세상에 계실 때, 허다한 제자들이 부처의 형상을 직접 보았기 때문에 견도를 하였다. 어떤 제자는 부처님의 고집멸도苦集滅道의 도리를 듣고 견도를 하였다. 어떤 제자는 부처님의 행주좌와의 위의를 보고 견도할 수 있었다. 왜냐하면 부처님이 세상에 계실 때, 부처님을 볼 수 있었던 사람들은 모두 대선근이 있는 사람들이었기 때문이다. 그래서 견도는 매우 쉬운 것이었다. 견도는 찰나의 순간에 일어나는 것이고, 순간의 비약으로, 과정이 아니다. 견도 이후의 수도修道가 비교적 장기간의 과정이다. 견도는 마음을 관리하는 임무를 완성한 것이 아니라, 단지 마음을 어떻게 관리할 것인가를 안 것뿐이고, 마음을 진정으로 잘 관리하려면, 수도의 과정 속에서 완성해야 한다. 소승의 수행의 측면에서 말하면, 견도는 초과初果이고, 수도는 이과二果와 삼과三果이고, 사과四果인 아라한이 비로소 무학도無學道이다. 즉 견도는 단지 하나의 단계가 있을 뿐이고, 수도는 두 단계에서 세 단계까지 있다. 대승의 측면에서 말하면, 그 요구가 매우 엄격한데, 견도는 초지初地이고, 수도는 초지에서 팔지까지가 있다.

이 마음을 관리한다는 것은 매우 긴 시간의 과정이다. 그러나 그 관건은 이 마음을 어떻게 관리할 것인가를 아는 데 있다. 이 마음을 어떻게 관리할 것인가를 알고자 하면, 반드시 개오를 해야 한다. 개오하지 않고, 이 마음을 관리할 수 있다고 말하는 것은 현실적인 말이 아니다. 내가 이렇게 말하는 것은, 여기 앉아 있는 많은 사람들이 아마도 수행에 대한 믿음을 잃어버렸을 것이라 생각하기 때문이다. '아! 하늘이여! 나는 언제 개오할 수 있을까요? 나는 개오하지 못하였으니, 하는 일 모두가 헛수고 아닌가?' 이렇게 생각하더라도 서두르지 마십시오. 점수로도 돈오할 수 있습니다.

우리는 먼저 점수를 하고, 그 뒤에 돈오할 수 있다. 당연히 먼저 돈오하고 다시 점수할 수도 있다. 점수돈오도, 깨달은 뒤에 진실한 수행을 해야 하고, 돈오점수 역시 깨달은 뒤에 진실한 수행을 해야 한다. 우리가 현재 하고 있는 일체의 것은 모두 개오를 위한 준비이며, 여기에는 아미타불을 염하는 사람들도 포함된다. 개오는 선을 배우는 데 있어서 최소한의 요구이며, 또한 보편적인 요구다. 선을 배우는 사람은 개오에 대한 믿음과 포부를 가져야 하고, 그래야지 수행에 있어서 진정한 목표가 있게 된다. 이 마음을 관리하는 데 있어서도 역시 개오에 도달해야 하고, 개오를 한 뒤에 다시 이 마음을 관리하면 더욱 효과가 있다.

15 소를 길들이듯이 마음을 수행한다
-「십우도송十牛圖頌」에 대한 설명

우리의 마음을 잘 관리하는 데 있어서, 마음을 구체적으로 다루는 것은 마음수련(調心)의 문제다. 여기서는 마음을 소에 비유하여 설명한다. 농민이었던 사람은 모두 알고 있겠지만, 소는 처음에는 말을 듣지 않고, 논밭도 갈지 못하고, 일도 하지 못한다. 소가 말을 듣고, 일하고, 논밭을 갈게 하려면 길들이는 시간이 필요하다. 소를 조복하려면 훈련을 시켜야 한다. 소를 훈련시키는 일은 결코 쉬운 일이 아니어서, 상당히 힘든 노력을 해야 한다.

옛날 사람들은 마음소(心牛)를 조복調伏 받는 과정을 열 단계로 나누었고, 열 폭의 그림으로 만들었다. 한 폭씩 차례차례 모아서 한 벌로 만들어서, 한 번에 열 폭을 모두 볼 수 있게 하여 그 내용을 분명히 알 수 있게 하였다. 백림사柏林寺의 문선료問禪寮 응접실에도 현대인이 그린「십우도十牛圖」를 하나 걸어 놓았다. 한 독일인 천주교 신부는 일흔 살이 넘었는데 선을 배웠다. 그는 인도와 일본에서 20년을 배웠다. 그가 백림사의 벽에 걸려 있는「십우도」를 보더니 이렇게 말하였다. "아! 이것은 우리에게 어떻게 공부하는가를 알려주고 있군요." 그는 독일말로 몇 마디 했는데, 한 번 보고 분명히 알았던 것이다. 그림으로 형상화한 것은 사람들에게 쉽게 깊은 인상을 준다.

「십우도」에는 열 수의 시詩도 함께 쓰여 있다. 각 한 수의 시는 각 한 폭의 그림의 내용을 설명하고 있다. 즉 각 단계에서 공부하는 방법과 경지가 무엇인지를 설명하고 있다. 「십우도」에는 공부와 견처의 내용이 있고, 또한 문학적 의의도 있는데, 문화인들이 선수련에 참여하도록 인도하는 데 매우 큰 작용을 한다. 송나라 때부터 20여 분의 선사들이 모두 시가詩歌를 사용하여 「십우도」를 묘사하였다. 가장 일찍 나온 「십우도송」은 송나라 때의 곽암선사廓庵禪師가 쓴 것이고, 그 이후의 선사들은 모두 곽암선사의 시에 화답한 것이다.

우리는 순수하게 문학적 측면에서 이 시를 보지 말고, 반드시 공부와 견처를 결합하여 읽어야 한다. 이렇게 해야 마음을 어떻게 관리할 것인가에 대해서 매우 구체적인 이해를 할 수 있다.

1) 소 찾기 (尋牛)

「십우도송」에는 열 가지 단계가 있는데, 그 첫째가 '소 찾기'로, 마음속의 이 소를 찾는 것이다. 이 마음소(心牛)는 이미 어디론가 사라져버렸으니 그것이 어디에 숨어 있는지 알 수가 없다. 풀숲에 숨어 있는가? 아니면 나무숲에 숨어 있는가? 산 절벽 아래 숨어 있는가? 풀숲에 숨어 있다는 것은, 이 마음이 사견邪見에 의해서 막혀 있다는 비유이고, 높은 산에 숨어 있다는 것은, 이 마음이 거만하고 뽐내는 아만에 의해서 가려져 있는 것을 비유한 것이다. 수렁에 숨어 있다는 것은, 마치 소가 수렁으로 들어가서 머리만 내놓고 몸통은 모두 진흙 속에 들어 있어서, 물소의 색깔과 진흙이 똑같아서 찾아내려 해도 매우 곤란하다는 것을 비유한 것이다. 수렁은 우리의 정욕을 비유한 것으로, 정욕이 마음소를 매몰시켜버린 것이다. 그러므로 우리는 반드시 이 마음소를 찾아내야 한다! 어디에서 찾을 것인가? 바로 시비득실의 사이에 있는 것이니, 우리가 어떻게 마음을 쓰느냐에 달려 있다. 그래서 이 마음소를 찾아야 한다. 곽암선사의 시는 이렇다.

> 아득한 풀숲을 헤치며 찾아보지만,
> 물은 넓고 산은 멀어 찾을 길이 더욱 요원하구나.
> 힘은 다하고 몸은 피로하여 찾을 길이 없는데,
> 석양에 단풍나무에서 매미 우는 소리만 들린다.
> 茫茫撥草去追尋, 水闊山遙路更深.
> 力盡身疲無處覓, 但聞楓樹晩蟬吟.

소는 어디에 있는 것인가? 풀숲에서도 찾아보고, 나무숲에서도 찾아보고, 물가에서도 찾아보았지만, 힘도 다하고 정신마저 피로할 뿐, 찾지를 못하였다. 아침부터 밤까지 소의 종적은 보지도 못했는데, 단지 나무 위의 매미 우는 소리만 들릴 뿐이다. 마음은 아득하고 소가 어디에 있는지 알 수 없으니, 마음이 편안하지 못하다.

"이 공정안空淨眼으로, 주의해서 하나의 대상만 본다." "그 마음이 만약 느슨하게 흩어지면, 신속하게 붙잡아 와야 한다. 마치 새끼 줄로 새의 다리를 묶어놓고, 날아가려고 하면 잡아당기는 것처럼 해야 한다."²¹³ 이 구절은 모두 마음을 관리하고, 마음을 찾는 과정을 설명하고 있는 것으로, 이것이 수행의 첫째 단계다. 무슨 의미일까? 방법을 사용할 수 없다는 의미다. 이 방법도 옳지 않고, 저 방법도 옳지 않다고 생각하면, 결국 마음은 안정될 수가 없고, 망상만 피우게 될 뿐이다. '스님! 저는 염불을 하는 것이 좋을까요? 주문呪文을 하는 것이 좋을까요? 아니면 참선을 하는 것이 좋을까요?' 이렇게 묻는다면 아직 마음을 다스리는 방법을 찾지 못한 것이다. 그러나 실제적으로 일체는 모두 눈앞에 드러나 있다. 단지 열심히 수행하고, 방법에 따라서 노력하여, 시간이 지나 공부가 깊어지면, 자연히 입처入處가 있게 된다. 그러므로 우리는 중간에서 포기해서는 안 되고, 결심을 단단히 해야 한다. 일정한 규칙에 따라서 인내심을 가지고 노력하면, 자연히 결과가 있게 된다.

2) 소의 흔적을 보다(見迹)

목심牧心의 둘째 단계는 '견적見迹'이다. 소는 보지 못했지만, 소가 지나간 발자취는 본 것이다. 발자취가 있는 것으로 보아서, 소가 여기를 지나간 것이 틀림없고, 발자취를 따라가다 보면, 소를 찾은 좋은 소식이 눈앞에 있을 것이다. 견적은 우리가 법문이나 경을 듣고서 처음으로 불교의 교리를 이해한 것을 비유한 것이다. 어떤 과정을 거쳐야 더럽게 오염된 마음을 정화할 수 있는지를 알게 된 것으로, 수행할 방법을 찾아낸 것이다. 송頌은 이렇다.

> 물가에도 숲 아래도 흔적은 많은데,
> 방초가 흩트려 놓았으니 무엇이 보이랴?
> 설사 깊은 산 더 깊은 곳이라도,
> 위풍당당 뽐내니 어찌 자신을 숨길 수 있으랴?
> 水邊林下迹偏多, 芳草離披見也麼?
> 縱是深山更深處, 遼天鼻孔怎藏他?

물가에서도, 숲 아래에서도 소의 발자취를 보았는데, 하나둘이 아니고 매우 많이 있었다. "방초가 흩트려 놓았으니 무엇이 보이랴?" 이 구절의 의미는, 풀덤불 속에도 발자취가 있는데, 바람에 풀들이 넘어져 버렸으니, 소의 흔적이 풀에 가려져버린 것이다. 물가나 숲 아래의 발자취는 찾기가 쉬운데, 방초芳草가 그곳에 있는 소의 흔적을 흩트려버렸으니, 쉽게 찾을 수가 없는 것이다. 다시 말하면, 어떤 때는 분명하고, 어떤 때는 모호하다는 의미다. "설사 깊은 산 더 깊은 곳이라도, 위풍당당 뽐내니 어찌 자신을 숨길 수 있으랴?" 설사 산이 매우 깊다 하더라도, 소는 매우 큰 짐승이고, 콧구멍을 하늘로 향하는 오만함이 있으니, 숨으려 해도 숨을 수 없다. 이것은 단지 우리가 결심만 하고, 신심信心이 있기만 하면, 이 청정한 마음은 본래 가지고 있는 것이니, 언제나 드러날 수 있다. 단지 집중하고 소홀히 하지만 않으면, 자연스레 마음소(心牛)를 찾을 때가 있게 된다.

3) 소를 보다(見牛)

셋째 단계는 소를 보는 것이다. 소를 본 것은 공부가 매우 숙련된 경지에 오른 것을 비유하고 있다. 선종의 수행공부에서 '파본참파本參'[214]이라 부르기도 하고, 혹은 개오開悟라 부르기도 하고, 혹은 견도見道라 부르기도 한다. 이른바 견우見牛는, 불법을 듣고 수행한 공부에 의해서 자신이 본래 가지고 있는 마음소를 본 것을 비유한 것이다. 소를 본 것은 바로 법을 본 것이고, 마음을 본 것이다. 법을 본 것은 부처를 본 것이다. 그런데 여기에 이르렀다고 모든 것이 원만히 완성된 것일까? 아직은 아니다. 이것은 단지 소를 찾아낸 것에 불과한 것일 뿐이고, 한 걸음 더 나아가 소를 조복시키는 공부가 아직 남아 있다. 송은 이렇다.

> 앵무새는 나뭇가지 위에서 노래하고,
> 햇볕은 따사롭고 바람은 산들 불고 언덕 위 버드나무는 푸르러라.
> 오직 여기뿐 더 이상 피할 곳은 없고,
> 경이롭고 위엄 있는 소뿔은 그림 그리기도 어렵구나.
> 黃鶯枝上一聲聲, 日暖風和岸柳青.
> 只此更無回避處, 森森頭角畫難成.

바람은 산들 불고 햇볕은 따사롭고, 버드나무는 푸르고 또 푸르다. 이것은 우리의 내심이 청정하고 편안함을 표현하고 있다. 홀연히 소의 콧구멍을 움켜쥐었고, 자신의 마음소를 보았으니, 이때의 기쁨은 표현할 방법이 없다. 그래서 "경이롭고 위엄 있는 소뿔은 그림 그리기도 어렵구나."라고 표현하였다. 이때의 심정은 '마치 물을 마셔본 사람만이 그 물이 차가운지 따뜻한지를 스스로 알 수 있는 것과 같다.' 어떤 사람이 말하기를, 마음을 본 그 순간은, 마치 높은 낭떠러지 위에 아주 오래오래 머물러 있던 청개구리가, 홀연히 흘러넘치는 맑은 물을 발견하고, 물속으로 풍덩 뛰어 들어가는 것과 같다고 하였다. 청개구리는 물속에서 헤엄치며 노래한다. 그런 즐거움, 그런 만족스러움, 그런 자유자재는 오직 청개구리 자신만 알 수 있고, 우리가 그 느낌을 느끼는 것은 매우 어렵고, 단지 청개구리가 매우 즐거워한다고 생각할 뿐이다.

이것은 무엇을 설명하는 것일까? 이것은 어떤 사람이 진정으로 개오하고, 이 마음을 보았다면, 이런 체득은 다른 사람이 함께할 수도 없는 것이며, 다른 사람과 나누어 가질 수도 없다는 것을 설명한 것이다. 다른 사람들은 오직 그 사람의 밖으로 드러나는 기쁨만을 함께할 수 있을 뿐이고, 그 사람의 마음속의 편안함과 자유자재함을 나누어 가질 수는 없다. 수행하는 사람들은, 어떤 경우 아주 짧은 편안함을 가질 수 있는데, 그런 편안함 역시 다른 사람과 함께할 수 없다. 외재적인 재물은 잃어버릴 수도 있고, 남이 빌려가서 되갚지 않을 수도 있고, 남에게 사기를 당할 수도 있지만, 우리 마음속의 재물, 개오의 재물은 누구도 빼앗아갈 수 없고, 거짓말해서 훔쳐갈 수도 없다. 그러므로 마음속의 재물은 외재적 재물보다 중요하고, 내재적 재물은 일단 확보하면 영원히 잃어버리지 않는 것이다.

4) 소를 얻다(得牛)

넷째 단계는 '득우得牛'이다. 소를 얻은 것이다. 소를 얻었으니, 이제 소를 조복시킬 수 있고, 훈련시킬 수 있다. 비록 마음소를 얻었다지만, 여전히 번뇌와 습기習氣는 존재한다. 만약 조복시키지 못하면 훈련을 잘 시킬 수 없으니, 그것은 여전히 반복될 것이다. 일부 참선하는 사람이 개오 이후에 보임공부를 하지 않았기 때문에, 역시 반복적 현상이 있기도 하다. 선종 역사상 이런 기록이 있다. 그러므로 개오 이후의 보임공부는 매우 중요하다. 진리는 순간에 볼 수 있지만, 습기는 점차적으로 제거되는 것이다. 진리를 순간에 보는 것이 개오이고, 습기를 점차적으로 제거하는 것이 보임공부다. 송은 이렇다.

온 정신을 쏟아서 마음을 얻었는데,
마음이 강력하니 군대로도 제거하기 어렵다.
어느 때는 고원 위로 올라가버리고,
또 안개구름 깊은 곳에 들어가 머물기도 한다.
竭盡精神獲得渠, 心强力將卒難除.
有時才到高原上, 又入煙雲深處居.

'거渠'는 '그것(它)'이고, 바로 마음(心)을 지시한다. 우리가 천신만고 끝에 이 마음소를 찾아냈지만, 그러나 무시이래의 번뇌와 습기가 매우 무겁기 때문에, 여전히 항상 수련을 해서 습기를 제거하고, 복과 지혜의 밭을 닦고, 과거의 죄업을 참회해야 한다. 이렇게 해야 비로소 이미 획득한 성과를 유지할 수 있다. 이 상황에서, 공부하는 도중에 어떤 때는 길을 잃어버리고, 마음소가 달아나 버리는 때가 있기도 하다. 어디로 달아났을까? 아만의 고원으로 달아났거나, 정욕의 안개구름 속으로 달아난 것이다. 그러나 이미 그것을 획득했기 때문에, 잠시 잃어버린 것에 너무 긴장할 것은 없다. 왜냐하면 우리의 공부에는 이미 기초를 마련했기 때문에, 소를 얻었던 일을 항상 깨달은 마음으로 관조할 수 있고, 설사 잠시 잃어버렸다 하더라도, 다시 각조해내기만 하면, 완전히 마음소를 보지 못했던 무명의 단계와는 같지 않다.

　그러므로 소를 얻었다고 해서 만사가 모두 잘된 것은 아니고, 아직도 공부가 남아 있는 것이다. 견도 이후에 반드시 수도의 단계로 들어가야 한다. 견도는 쉽지만 수도는 어렵고, 수도가 제대로 되지 않거나, 혹은 힘이 부족하면, 반복해서 노력해야 한다. 우리는 참선을 매우 열심히 수행한 사람이 말할 때 견처는 매우 훌륭한데, 구체적인 상황에 부딪히면 무명의 불꽃이 크게 타오르는 경우를 볼 수 있다. 이렇게 무명의 불꽃이 크게 되는 경우는 무엇 때문인가? 바로 각조가 미치지 못하기 때문이다. 또한 수행도 잘하고, 견처도 좋은 사람이 정욕의 관문을 넘지 못해서 다시 퇴보하는 경우도 있다.

5) 소를 기르다(牧牛)

마음을 다스리는 다섯째 단계가 '목우牧牛'로, 이 마음소를 정성들여 키우는 것이다. 이 그림은 한 사람이 소고삐를 쥐고, 소를 자세히 들여다보고 있다. 이 소가 농작물을 해치지 않도록 하고, 소가 '본래 먹이풀(本分草料)'을 먹게 하기 위해서다. 이른바 '본래 먹이풀'의 의미는 일체의 모든 일은 규율에 의거해서 하고, 마음이 하고 싶은 대로 따라 해도 규율을 어기지 않는 것이다. 이때의 경지는 이렇다.

> 채찍과 고삐를 항상 꼭 쥐고 있는 것은,
> 소가 풀려서 다시 진애에 들어갈까 염려해서라네.
> 함께 잘 길들여져 순해지면,
> 굴레로 구속하지 않아도 스스로 주인을 따른다네.
> 鞭索時時不離身, 恐伊縱步入埃塵.
> 相將牧得純和也, 羈鎖無拘自逐人.

무엇 때문에 고삐를 그렇게 꼭 잡고 있는가? 그것은 이 마음소가 다른 사람의 논밭에 들어가 피해를 주고, 다시 진애塵埃의 세계에 들어가는 것을 두려워하기 때문이다. "함께 잘 길들여져 순해지면, 굴레로 구속하지 않아도 스스로 주인을 따른다." 이 의미는, 소 길들이는 일이 순조롭게 잘 되어서, 고삐를 사용하지 않아도 말을 잘 듣고 주인을 제대로 따라오면, 이것이 바로 공부가 숙련된 것이고, '노력이 필요 없이 자연스럽게 이루진 행위(無功用行)'의 단계에 도달한 것이다. 즉 마음을 쓰는 행위(有心用)로부터 마음을 쓰지 않는 행위(無心用)에 이른 것이고, 의식적으로 마음을 조정하여, 그 조정이 숙련된 단계에 도달할 때, 조정하지만 조정이 아니고, 조정하지 않지만 조정인 그런 경지에 도달한 것이다. 이런 경지에 도달하면, 이것이 바로 생활선에서 선생활로 진입한 것으로, 시시각각 모두 도 속에 있는 것으로, "걸을 때도 선이고, 앉아 있을 때도 선이며, 어묵동정에서도 심신이 자유자재하고 평온하다."[215]

6) 소를 타고 집으로 돌아오다(騎牛歸家)

여섯째 단계는 "소를 타고 집으로 돌아오다."라고 부른다. 공부가 더욱 진일보하였으니, 눈을 뜨고 소의 코를 잡아끌지 않고, 그저 소 등에 올라타서 집으로 돌아온다. 이것은 망상을 벗어나서, 본래 가지고 있는 마음소를 올라타고, 자신의 본래 고향으로 돌아온 것이고, 자신이 본래 가지고 있는 극락세계, 장엄한 국토에 돌아온 것이다. 이때에 오염되고 혼탁한 오탁악세는 이미 철저하게 바뀌게 된다. 즉 청정하고 장엄하여 번뇌도 없고, 전쟁도 없는 세계로 바뀐 것이다. 마음속의 전쟁은 무엇인가? 자기와 자기가 싸우는 것이다. 정념正念과 사념邪念이 싸우고, 청정과 오염이 싸우고, 계정혜와 탐진치가 싸우는 것이다. 투전승불鬪戰勝佛이라고 불리는 부처님 한 분은 자신의 정욕과의 전쟁에서 승리하여 부처가 될 수 있었다. 송은 이렇다.

소 타고 구불구불 집으로 돌아오려는데,
오랑캐 피리소리가 저녁노을을 전송하네.
한 박자 한 곡조에도 무한한 의미가 담겨 있는데,
지음이 무엇 하러 입을 놀리겠는가?

騎牛迤邐欲還家, 羌笛聲聲送晚霞.

一拍一歌無限意, 知音何必鼓脣牙.

이때에 도달해서 행위한 것은 일체가 모두 규칙에 맞는다. 이때에 도달하면, 산은 푸르고, 물은 파랗고, 꽃은 아름답고, 달은 둥글고, 일체의 것들이 모두 그렇게 아름답다. 왜냐하면 마음이 청정하니 세계와 온 국토가 청정하게 되는 것이다. 마음이 청정하면 일체 모두가 청정해진다. 부처의 눈으로 만사만물을 대하니, 만사만물이 모두 부처와 둘이 아니고, 구별도 없다. 중생의 눈으로 만사만물을 대하면, 만사만물은 모두 자신과 대립적이 된다. 부처의 눈으로 만사만물을 대하면, 만사만물은 모두 부처와 동체다. 이것은 매우 기묘한 일이기도 하고, 또한 매우 일상적인 일이기도 하다. 우리 자신이 관찰해보고 반성해보면 스스로 알 수 있다. 마음이 괴로울 때는 집안의 무엇을 보아도 모두 눈에 거슬리는 듯하고, 사람들을 보면 모두 자신에게 무언가 다른 뜻이 있는 것 같아 보인다. 마음이 청정하고 즐거울 때, 꽃을 보면 그 꽃들이 모두 아름답고, 아이를 보면 아이들이 모두 귀엽고, 자신의 서재도 거실도 모두 밝고 깨끗하고, 모든 것이 잘 되어 있다. 이것이 바로 마음이 일체를 주재하는 것이다. 마음이 좋으면 대상이 모두 좋게 보이고, 마음이 좋지 못하면 모든 것이 좋게 보이지 않는다. 우리가 마음에 번뇌가 있을 때 항상 하는 한마디가 있다. 즉 '나 귀찮아 죽겠네!' 마음속이 괴로울 때는, 설사 매우 친한 친구가 찾아와서 한마디 하거나, 무얼 하나 물어보면, 그의 대답은 어떨까? '너 가버려, 나 귀찮아 죽겠어!' 라고 한다.

일체의 번뇌는 모두 자기 스스로 만들어 내는 것이라고 말할 수 있다. 어떤 일이 괴로워할 만한 가치가 있는가? 하나도 없다. 왜 이렇게 말하는가? 우리가 이리저리 괴로워하더라도, 자신을 괴롭히는 것을 제외하고, 다른 사람에게나 모든 사물에 대해서 어떤 영향도 줄 수 없기 때문이다. 우리가 괴로울 때 화분의 꽃을 보면, 그 꽃은 좋게 보이지 않는다. 그러나 실제적으로 그 꽃은 여전히 그 상태인 것이다. 우리가 괴롭지 않을 때, 그 화분의 꽃을 보면 매우 아름다워 보이지만, 실제적으로는 그 꽃은 어떤 변화도 없는 것이고, 단지 자신의 심리상태가 변한 것뿐이다. 자신이 괴로운 것은 그래도 괜찮지만, 종종 그 괴로움을 다른 사람에게도 덮어씌워 그 사람까지 괴롭게 하는 경우가 있다. 그래서 스스로 부스럼을 만들고, 다른 사람까지 연루시킨다. 우리는 누구나 시시각각 자신의 마음을 되돌아보고, 맑고 아름다운 산수 속에서 생활하고, 새가 울고 꽃이 미소 짓는 자연환경 속에서 생활하여, 자신의 마음으로 하여금 평화가 가득하고, 노래가 가득하고, 웃는 말이 가득하고, 지혜와 자비가 충만하게 하면, 마음속의 번뇌는 자연히 점점 사라질 것이다. 그렇게 아름다운 곳, 꽃이 향기를 품어내고, 새가 지저귀고, 꾀꼬리가 노래하며, 제비가 춤추는 곳, 이런 곳은 바로 자신의 마음속의 극락세계이며, 바로 우리의 집이다. 그러므로 우리는 밖을 떠돌지 말고, 빨리 집으로 돌아가야 한다.

7) 소는 잊고 사람은 남는다(忘牛存人)

집에 돌아온 뒤에는 어떻게 해야 하는가? 집에 돌아온 뒤에 또 다시 시시각각 '여기가 바로 내 집이구나, 여기가 바로 내 집이구나'라는 생각을 하지 말아야 한다. 그렇게 되면 그것도 일종의 집착이고, 여전히 일종의 장애다. 그러므로 일곱째 단계에 도달했으면, "소는 잊고 사람은 남는다."는 경지다. 소를 보고 관리하던 그 마음을 내려놓고, 자신의 지혜로 하여금 홀로 비추게 해야 한다. '지혜의 홀로 비춤(智慧獨照)'은 무슨 문제를 설명하는 것인가? 이는 관리가 필요한 대상이 없어졌다는 것을 설명하는 것으로, 이때가 바로 커다란 광명장光明藏[216]이고, 아무것도 존재하지 않는다. 마치 음력 15일 보름달이 밤중에 이르면, 밝은 달은 머리 위에서 빛나고, 모든 것이 고요하고 아무 소리도 없으며, 모든 정경이 달빛 속에 녹아든 것처럼 된다. 이것을 "소는 잊고 사람은 남는다."라고 부른다. 오직 지혜만 있을 뿐, 대상(境)은 사라진 것이다. 오직 비추는 지혜만 있을 뿐이고, 비춰지는 대상은 없는 것이다. 이것은 만약 본각무위本覺無爲의 고향에 돌아왔다면, 더 이상 수련이 필요 없고, 무사평안無事平安하여, 무사도인無事道人이 된 것을 비유하고 있다.

그러나 이 단계는 잠시적인 것에 불과하다. 『유마경』에서 이것을 '무위無爲'라고 불렀고, 어떤 경전에서는 '현법열반現法涅槃'이라고 불렀다. 보살의 경지가 이 단계에 도달하면, 마땅히 어떻게 하는가? "무위에 머무르지도 않고, 유위를 다하지도 않는다."[217]를 실천해야 하고, 본체로부터 작용을 일으켜야 중생을 널리 제도할 수 있는 것이다. 그러나 만약 이 단계에 머물러버리면, 그것은 단지 소승의 무여열반無餘涅槃일 뿐이다. 만약 여기에 머무르지 않으면 대승의 무주열반無住涅槃을 증험하게 된다. 이때의 경지는 이렇다.

소를 타고 이미 고향집 산에 돌아오니,
소도 편안하고 주인도 한가하네.
붉은 해는 이미 중천에 떴는데 여전히 꿈속이고,
채찍과 고삐 줄은 그냥 초당 안에 두었네.
騎牛已得到家山, 牛也空兮人也閑.
紅日三竿猶作夢, 鞭繩空頓草堂間.

집으로 돌아온 것이고, 보물이 있는 곳으로 돌아온 것이며, 열반산涅槃山에 돌아온 것이다. 소를 타고 이미 고향집 뒷산에 도착했으니, 소도 할 일이 없고 주인도 한가하니, 그저 한숨 푹 잠이나 자며, 아침 해가 중천에 오를 때까지 꿈속에 있는 것이다. 이는 무사도인이 되었기 때문이다. 무사도인, 즉 일이 없는 도인이니, 이런 경지에 도달하면 일체의 방법이 필요 없어진다. 채찍도 필요 없고, 고삐 줄도 필요 없다. 이것들을 어디에 놓아둘까? 여러 잡동사니를 넣어두는 창고에 넣어두면 된다. 그러므로 "채찍과 고삐 줄은 그냥 초당 안에 두었네."라고 말한 것이다. 소승을 수행하는 사람은 여기서 수행을 정지하고, 더 이상 앞으로 나아가지 않는다. "붉은 해는 이미 중천에 떴는데 여전히 꿈속이다." 이 얼마나 즐거운 일인가! 당연히 이것은 그 경지를 형용하는 것에 불과한 것으로, 소승이 무여열반을 증득하였고, 그는 여전히 꿈속에 있다고 말하는 것은 아니다. 그는 꿈을 꾸지 않았다. 단지 세간 사람들이 근심걱정 없이 잠자는 모습을 가지고 무여열반의 경지를 비유한 것이다.

8) 사람과 소를 모두 잊다(人牛俱忘)

소는 잊고 사람은 남은 경우는 아직 최종적 경지가 아니며, 한 걸음 더 나아가야 한다. 여덟째 단계에 이르러야 비로소 '사람과 소를 모두 잊은 경지'에 도달한 것으로, 법도 공하고 사람도 공하다. 이는 세속적인 감정이나 욕망이 모두 떨어져 나가고, 진리도 존재하지 않고, 중생과 부처도 모두 공하다는 것을 비유한 것이다. 이때의 그림은 커다란 원만 하나 그려져 있고, 그 원 안에는 아무것도 없다. 사람도 공하고, 소도 공하고, 아집·법집을 모두 떨쳐버린 것이다. 이것이 소승의 무여열반으로부터 대승의 무주열반 가운데로 진입해 들어온 것으로, 이런 휴식처가 있다. 그래서 이 송은 이렇게 말한다.

채찍도 고삐도 사람도 소도 모두 공하고,
파란 하늘만 아득하니 소식 전하기도 어렵네.
붉은 화롯불에 어찌 눈송이가 용납되랴.

여기에 이르러 비로소 조종과 하나 되었네.

鞭索人牛盡屬空, 碧天遙闊信難通.

紅爐焰上爭容雪, 到此方能合祖宗.

여기에 도달하면, 비로소 부처님과 동등하게 같은 콧구멍으로 숨을 쉴 수 있다. 여기에 도달하면, 불타는 화로 위에 눈송이가 용납되지 않는 것과 같다. 눈송이가 불타는 화로 위로 날아들면, 바로 녹아버린다. 이 말은, 이때의 지혜는 마치 불타는 화로의 불꽃과 같아서 부처가 오면 부처를 베고, 마귀가 오면 마귀를 베어버리는 것을 말하고 있다. 불타는 화로의 불은 들어오는 것은 무엇이든지 태워버리니, 이것이 바로 대지혜이며, 일체의 것은 모두 청정함에 용해되어 버린다. 이때에 이르러서야 비로소 큰일(大事)을 끝마쳤다고 할 수 있다.

9) 본원으로 돌아감(返本還源)

아홉째 단계는 '반본환원返本還源'이라 한다. 녹수청산을 그리고, 그 속에 하나의 티끌도 하나의 먼지도 남지 않은 한 폭의 그림으로, 진심이 본래 청정하고, 번뇌망상이 없으며, 본체가 바로 제법실상이라는 것을 비유하고 있다. 본원에 돌아왔다는 것은, 완전히 집으로 돌아와서 흔들림 없이 편안히 앉아 있는 것이다. 송은 이렇게 말한다.

본원으로 돌아가는 데 많은 힘을 쏟았지만,
장님이나 귀머거리처럼 된 것은 아니네.
암자 방에 앉아 있으면 암자 밖 사물을 볼 수 없지만,
여전히 문 밖 시내는 졸졸 흐르고, 꽃은 스스로 붉게 피어 있네.
返本還源已費功, 爭如直下若盲聾.
庵中不見庵前物, 水自茫茫花自紅.

선종의 세 가지 경지를 가지고 설명하면, 이 경지에 도달하면, 산을 보니 여전히 산이고, 물을 보니 여전히 물이다. 배고프면 밥 먹고, 졸리면 잠자는 것으로, 본원에 돌아왔으니, 모든 것은 눈앞에 펼쳐져 있는 그대로이니, 말할 법도 없고, 해야 할 일도 없다. 그러나 여기에서 멈춰야 하는 것일까? 만약 여기에 도달해서 멈춰버리면, 역시 개인적 깨달음에 지나지 않으니, 그리 대단할 것도 없다. 만약에 여기까지만 수행하고, 더 이상 앞으로 나아가지 않는다면, 이런 사람은 단지 신도들의 시주나 공양만 허비하고, 어떤 작용도 하지 못하며, 그저 자신의 개인적인 즐거운 생활만 누리려는 것일 뿐이다.

10) 거리에서 중생을 교화한다(入廛垂手)

마지막 단계는 "거리에서 중생을 교화한다."라고 한다. 이제는 마땅히 방향을 바꿔서 자비심의 여행을 해야 하고, 고난의 현실세계로 되돌아와서 고통 받는 중생을 구제해야 한다. '전廛'은 무엇인

가? '시전市廛'은 물건을 사고파는 가게들이 있는 거리로, 이런 거리로 나가서 중생을 교화하는 것을 '입전수수入廛垂手'라고 부른다. '입전'은 가게가 있는 거리에 나가는 것이고, '수수'는 중생을 교화하는 것이다.

    태허대사가 쓴 대련이 하나 있다. "願將佛手双垂下, 摩得人心一樣平.(원컨대 부처의 두 손을 아래로 내려 뻗어, 평등하게 중생마음을 어루만져 주소서)" 아미타불의 손은 하나는 아래로 내려 뻗어 있고, 다른 하나는 연화대를 받쳐 들고 있다. 태허대사는 아미타불의 다른 하나의 손까지 아래로 내려 뻗기를, 즉 양손을 모두 내려 뻗으면, 더욱 많은 중생을 도와줄 수 있게 되기 때문에, 그렇게 되기를 바랐던 것이다. 중생을 제도하려고 자비의 손을 내려 뻗고, 시정市井의 현실세계로 들어간다는 것은, 우리의 수행이 깨달음을 얻고자 하는 향상向上에만 편중되지 않을 뿐만 아니라, 더욱더 낮은 쪽으로 향하여(向下) 남을 돕는 일을 하는 것을 비유한 것이다. 이때에 도달하면, 비로소 세간을 떠난 정신(出世精神)으로 세간의 일을 하는 것(入世事業)이라고 말할 수 있다. 우리는 평소에 이것을 소리 높여 말하고, 또한 출세정신으로 입세사업을 한다고 말하지만, 그러나 실제적으로는 이 경지에 도달하지 못한 것이다. 출세出世의 정신으로 하지 않으면 입세入世의 사업도 잘 해낼 수 없다. 왜냐하면 탐·진·치 삼독이 있고, 평등하게 일하지 못하고, 편파적이기 때문이다. 이때의 경지는 당연히 이와 같다.

가슴을 내놓고 맨발로 시가에 나와서,
흙먼지 뒤집어쓴 얼굴엔 미소만 가득하네.
신선의 신묘한 비결도 사용하지도 않고,
바로 마른나무 위에 꽃 피어나게 하네.
露胸跣足入廛來, 抹土塗灰笑滿腮.
不用神仙眞秘訣, 直教枯木放花開.

이 그림은 대단히 커다란 배를 가진 포대화상으로, 가슴과 배를 드러내놓고 돌아다니며, 먼지와 흙을 뒤덮어쓴 얼굴을 하고 있지만, 그러나 항상 미소를 짓고 있다. 이때에 무슨 신비한 비결을 쓸 필요도 없이, 고목에서 꽃을 피게 하고, 불 속에서 연꽃이 피어나게 하였다. 물론 이것은 모두 비유이다. 고목에서 꽃이 피는 것은, 할 수 없는 일을 그가 해냈다는 것이고, 불속에서 연꽃이 피었다는 것은, 무슨 고난이 있는 곳이건, 그가 가서 중생을 대신해서 고난을 견디었다는 것이다. '수수垂手'는 중생을 제도하는 것이고, 중생을 인도하는 것이고, 중생을 교화는 것이며, 중생이 해탈을 할 수 있게 돕는 것이다. 마음을 다스리는 최종적 목적은, 이 마음을 조복 받아서 무명을 없애고, 번뇌를 없애고, 욕심을 없애고, 어리석은 마음을 없애고, 마지막으로 온 마음을 다해서 사회대중을 위하여 봉사하는 것으로, 대중을 위하여 말이 되고 소가 되는 것이다.

여기까지 이야기하니, 조주화상의 공안 하나가 생각난다. 어떤 학인이 조주화상에게 물었다. "무엇이 불법입니까?" 조주화상이 말했다. "조주교趙州橋니라!" 학인이 한 걸음 더 나아가 물었다. "왜 조주교입니까?" 조주화상이 말했다. "나귀도 건네주고, 말도 건네준다!"²¹⁸ 이것이 바로 길거리 교화(入廛垂手)의 정신이고, 이것이 바로 보살의 정신이다. 보살의 정신은 무엇인가? 보살의 정신은 대지大地 정신이고, 다리(橋) 정신이다!

16 신앙, 인과, 양심, 도덕

선수행은 사람노릇과 일하는 것으로부터 분리될 수 없는 것이다.

먼저 어떻게 사람노릇을 하는 것인지 말해보겠다. 한자에서 '일一'자가 가장 간단하고, 그 다음이 '인人'자다. 한 획은 왼쪽으로 삐치고, 한 획은 오른쪽으로 삐치면 바로 '인人'자다. 한 획으로 쓰는 '일一'은 무궁한 오묘함이 있다. 이른바 "일一이 이二를 생하고, 이二가 삼三을 생하고, 삼三이 만물을 생한다."[219] 여기서 일一은 우주의 만사만물의 근원과 귀착歸着을 대표하고 있다. 그래서 공자가 "나의 도는 하나로 관통해 있다."[220]라고 말하였다.

'인人'자는 두 획으로 매우 간단하다. 그러나 인간은 정신이 있고, 사상이 있고, 무엇인가 발명하며, 무엇인가 창조하는데, 이런 것들이 어디에서 나오는 것인가? 인人자의 구조를 자세히 생각해 보면, 만약 단지 왼쪽 삐침만 있다 해도 글자가 되지 못하고, 단지 오른쪽 삐침만 있다고 하더라도 글자가 되지 못한다. 이 왼쪽 삐침과 오른쪽 삐침이 만약에 적당한 위치에 있지 않다면, 인人자가 되지 않고, '팔八'자가 될 수도 있고, '입入'자가 될 수도 있다. 반드시 약속된 규정에 의거해서 일一자 두 획을 배치해야 비로소 "인人"자가 된다. 더 많아서도 안 되고, 적어서도 안 되며, 위로 해서도 안 되고, 아래로 해서도 안 된다. 고립시켜서도 안 되고, 또한 완전히 규칙도 없이 두 획을 놓아서도 안 된다.

이로부터 우리는 생각해 볼 수 있다. 이 세상에서 살아가는 일이 결코 쉬운 일이 아니니, 구체적인 시간과 공간 환경 가운데서 자신의 위치를 제대로 확보하고, 좋은 기회가 오면 장악을 해야 한다. 그렇지 못하면 사람의 일생은 어리둥절 그저 지나가버리고 만다. 인생의 일체 활동은 모두 동일하지 않은 시간과 공간에서 이루어진다. 시간 보내는 것을 제대로 장악하지 못하면, 사업의 성취에도 영향을 미치고, 인생의 성취에도 영향을 미친다. 똑같이, 공간적 위치를 장악하지 못하면, 사업의 성취나 인생의 성취에 지대한 영향을 받게 된다. 좋은 기회가 오면 이를 장악할 수 있고, 올바른 자신의 위치를 차지했다는 전제 아래서, 잠재능력과 지혜를 발휘하면, 인생과 사업의 성취도 그 가운데 있다.

불교에서 누구나 잘 알고 있고, 친숙한 부처로 아미타불이 있는데, 불교를 접한 사람이면 거의 모두 그 불호佛號를 부를 줄 안다. 아미타불은 범어이고, 한문으로 번역하면 중요한 두 가지 의미가 있다. 하나는 한없는 광명(無量光)이고, 하나는 한없는 수명(無量壽)이다. 무량광·무량수는 아미타불 이 네 글자의 본래 의미로, 아미타불은 수명이 무량하고, 광명이 무량함을 뜻한다. 수명은 시간을 뜻하고, 광명은 공간을 뜻한다. 깨달아 부처가 된 사람은 시간의 한계를 벗어났으므로 그 수명이 무량하고, 공간의 한계를 벗어났으므로 광명이 무량하다. 인생에서는 항상 자유롭지 못하고, 자재하지 못함을 느끼게 되는데, 어떤 경우에는 자신의 능력이 충분하지 못하다거나, 혹은 자신의 재력이 충분하지 못하다고 구체적으로 말하며, 이렇기 때문에 자유롭지 못하고, 자재하지 못한 느낌이 있다는 것이다. 그러나 사람으로 하여금 가장 자유롭지 못하게 하고, 가장 자재하지 못하게 하는 것은, 바로 시간과 공간의 한계다. 우리는 시간과 공간의 한계를 돌파할 수 없기 때문에, 그래서 자유롭지 못하고 자재하지 못한 것이다.

인생의 수양, 특히 불교의 수양은, 시간과 공간의 한계를 타파하고, 철저한 깨달음과 자유를 획득하고자 하는 것이다. 시간과 공간의 한계를 돌파해낼 수 있으면, 우리의 이 짧은 생명과 유한한 능력을 무한하게 확충할 수 있다.

내 생각으로는, 불교를 믿는 사람이나 믿지 않는 사람이나 모두 시간과 공간의 자유자재를 획득하고자 하는데, 당연히 이런 마음은 모두 같다. 이 목표를 달성하고자 하면 반드시 일정한 수양공부를 거쳐야 한다. 즉 도덕적 통제를 하고, 신앙의 규범을 지키며, 양심을 양성하는 등의 수양공부다.

사람노릇 한다는 문제에서, 나는 네 단어를 제시하였다. 즉 신앙, 인과, 양심, 도덕이다. 사람노릇 하는 데 있어서 이 네 단어를 이해하고 장악하여, 이 네 측면으로부터 생명을 정화하고, 생명을 제고하면, 이것이 바로 한 걸음 한 걸음 무한한 시간과 공간을 획득해 가는 구체적 방법과 순서가 될 것이다.

1) 신앙

인간이 이 세상에 와서 부딪히고, 해결해야 할 문제는 매우 많다. 일상적으로 사람들의 주의를 끄는 일, 항상 접촉하는 일, 심지어 언제나 없어서는 안 되는 일, 이것은 바로 이른바 밥 먹는 일과 남녀의 일이다. 이것은 일상적 문제이고, 많은 문제 가운데 하나다. 이 밖에 인생의 목적, 가치 문제, 귀착점 문제 등이 있다. 귀착점 문제는 또한 이른바 궁극적 관심 문제인데, 인간은 이 세상에 와서 무엇을 하는 것인가? 몇 십 년 이후에는 또 어떻게 될까? 이것이 바로 이른바 궁극적 관심이다. 이 문제들은 모두 신앙과 관련이 있다. 만약 인간이 만물의 영장(靈)이라고 말한다면, 이 '영靈'자는 주로 인간에게 강력한 궁극적 관심의 요구가 있다는 것을 드러내는 것이다. 인간이 인간이 되는 이유는, 인간이 신앙을 추구하기 때문이지, 다른 생명체에 비교해서 보다 탁월한 능력이 있기 때문에 하는 말은 아니다. 신앙문제는 인생의 근본문제로, 인생이 밝고 깨끗한가, 아니면 혼미한가? 허망한가, 아니면 충실한가? 희망이 충만한가, 아니면 절망적인가? 가치가 있는가, 아니면 환멸적인가? 이런 모든 문제가 신앙이라는 근본문제와 관련되어 있다.

인생에서 신앙이 없을 수 없다. 인생에 신앙이 없다면, 마치 사람이 영혼이 없는 것과 같고, 모든 일을 하는 데 나침판이 없는 것과 같아서, 선법善法과 부합하는 내재적 기준이 없게 되고, 자리이타에 부합하는 기준이 없게 된다. 사람이 올바르고 건전한 신앙을 선택하면, 인생의 길과 방향이 진실로 확고하게 된다. 만약 인생의 방향이 확고하게 잡히지 않으면, 사람노릇을 하고 일을 하는 목적이 분명하지 못하게 되어 맹목적이 된다.

신앙은 각 개인의 서로 다른 흥미와 요구에 따라서 자유롭게 선택할 수 있다. 불교에서는 한 사람이 신앙을 선택하는 데 있어서, 그 자신의 과거의 선근善根이나 혜근慧根과 직접적인 관계가 있다고 말한다. 혜근이 깊고 두터운 사람, 이런 사람은 최고 수준의 신앙, 매우 올바르고 건전한 신앙을 선택하고, 그래서 신앙의 잘못된 구렁텅이에 빠지지 않고, 신앙에 있어서나 인생의 목표에 있어서 문제를 일으키지 않는다.

나는 불교가 현대에, 중국에서나 세계 어디서나, 상당히 유리한 상황과 조건을 가지고 인류에게 불변하는 정신적 의지처를 제공하고 있다고 생각한다. 부처님의 가르침 가운데, 우리의 주의를 끄는 특별한 점이 몇 가지 있다.

첫째, 부처님은 우리를 가르치고 인도하기 위하여 이렇게 말한다. 즉 우리의 생명은 매우 길고, 무궁무진하며, 인과의 유전과정으로, 이것이 '12인연'이다. 12인연이 바로 생명의 유전과정이다. 생명은 무한하기 때문에, 사람은 결코 한 번 죽는다고 그것으로 모든 것이 끝나는 것은 아니다. 생生은 사람에게 있어서는 영원히 희망이 충만한 것이지만, 그러나 죽음(死)도 사람에게 있어서 결코 공포스러운 것은 아니다. 생명은 무상한 것으로, 결코 고정불변의 실체로 있는 것은 아니다. 그러므로 우리에게 비로소 개조와 해탈의 가능성이 있는 것이다. 만약 인간이 진실로 바꿀 수 없는 운명을 가지고 있다면 우리는 절망적인 생활 상태에 놓여 있게 될 것이고,

운명을 개조할 수 없다면, 역시 해탈의 희망도 없는 것이다. 그렇다면 일체의 노력도 모두 헛수고가 되고 말 것이다. 그러므로 불교가 제시한 '무상無常' 관념은 하나의 매우 적극적 사상이다.

나는 이전에 진독수陳獨秀가 태허대사에게 써준 한 폭의 글씨를 본 적이 있는데, 그가 쓴 것은 무엇이었는가? '제행무상諸行無常'을 쓰고, 그 다음에 유물론적 관점을 사용하여, 그 뒤에 '만법불공萬法不空' 네 자를 보태서 썼다. "제행은 무상한 것이고, 만법은 공하지 않다."는 의미다. 그의 불교 이해의 관점에서 말한다면, 만법불공 역시 통한다고 말할 수 있고, 통하지 않는 말은 아니다. 왜냐하면 어떤 사람들은 불교의 '공空'에 대한 이해에서 편차가 있기 때문인데, 결국 '없음'을 공이라고 생각하거나, 어떤 사물이 존재하지 않는 것을 공이라고 생각한다. 그러나 불교의 입장은 사물의 본체가 공하다는 것이다.

경전에 매우 적극적인 구절이 하나 있는데, '공'을 이해하는 데 도움이 될 것이다. 즉 "공의 도리가 있기 때문에 일체법이 존재한다(以有空義故, 一切法得成)."고 말한다. 공은 일체법을 소멸시키기 위해서가 아니고, 일체법이 성사되도록 하기 위한 것이다. 생명은 무상無常한 것인데, 이것이 우리에게 생명을 개조하고, 생명을 해탈할 수 있는 기회를 제공해 준다. 만약 생명이 불변하는 것이라면, 생명은 변화하여 바뀔 수 없는 것이 되고 만다. 이 세상에 한 번 생성했는데 변하지 않는 것은 없다. 우리가 불변하는 것을 찾아볼 수는 있겠지만, 불변하는 것을 찾아낼 수 있을까? 찾아낼 수 없다. 인간이 무상한 생명을 마주하고 있기 때문에, 인간에게 무한한 창조의 기회가 주어지는 것이다.

둘째, 불교는 "만법은 오직 마음에 의해서 조성되고, 인연에 의해서 존재한다(萬法唯心所造, 因緣而起)."고 주장한다. 이 명제는 일반 사람들이 쉽게 받아들일 수 없을 것이다. 일반적으로 물질의 존재가 제일성第一性이고, 정신은 제이성第二性이라고 알고 있는데, 그렇다면 어떻게 만법을 모두 마음이 조성했다고 말할 수 있겠는가? 우리는 이 '조造'자에 주의를 해야 한다. 이것은 창조創造의 조造가 아닌데, 그렇다면 무슨 조造인가? 이것은 변화의 의미로, 이 '조造'는 '변變'의 의미다. 유식종唯識宗은 제법은 유식소변唯識所變이라고 말한다. 변變은 변현變現[221]이고, 변현은, 결코 이 생각이, 마치 마술에서 변환시키는 것처럼, 변환해서 찻잔을 보여주는 것과는 다른 것이다. 그렇다면 무엇을 변현하는 것인가? 개인의 주관의식에서 말하자면, 불교는 반영론反映論을 주장하는데, 육근六根과 육진六塵이 서로 접촉을 일으킬 때, 중간의 육식六識은 외계의 사물을 받아들이고, 마음속에서 인식되는 외계의 사물을 변현하는 능력이다. 이렇게 해서 찻잔이라는 인식을 변현해낸다. 그래서 만법은 오직 마음에 의해서 조성되고, 인연에 의해서 존재한다. 일체의 사물은 모두 인因과 연緣이 있고, 인과 연이 없는 사물은 없다.

인연은 무엇인가? 인因은 일체 사물이 존재하고 발전하는 내재적 근거이고, 연緣은 외재적 조건이다. 만약 단지 내재적 근거만 있고 외재적 조건이 없다면, 사물이 존재하고 발전한다는 것은 불가능하다. 이런 의미에서 말하자면, 일체의 제법은 모두 조건으로 이루어진 존재이다. 한 번 생각해보자. 어떤 조건도 필요로 하지 않고, 독립적으로 존재하는 사물이 있는가, 없는가? 다 함께 찾아보자. 인연에 의지하지 않고 존재하는 것, 조건에 의지하지 않고 존재하는 것, 이런 것을 찾을 수 있는가?

어떤 사람은 어머니의 사랑을 말한다. 어머니가 있는 것, 어머니의 사랑이 있는 것이 바로 조건이 있는 것을 말한다. 왜 어머니가 있는가? 왜냐하면 자녀가 있으니까 비로소 어머니가 있는 것이니, 이것이 바로 조건이다. 어떤 사람은 기독교의 신을 말한다. 기독교의 관점을 사용하여 말하자면, 신神은 무조건적 존재로, 그는 이 세상 일체 사물의 제일 원인이다. 불교의 관점에서 말하면, 이 세계에 첫째 원인은 없고, 첫째 원인은 찾을 수가 없다. 닭이 먼저인가, 아니면 달걀이 먼저인가? 이것은 하나의 패러독스로, 분명히 설명할 수가 없다. 그러나 기독교에서는 분명히 설명할 수 있는데, 최초의 첫째 닭은 달걀에서 나온 것이 아니라고 말하는데, 이것은 마치 최초의 첫째 인간이 어머니가 낳은 것이 아닌 것과 같다.

불교는 이 문제를 분명히 설명할 수 없는 것으로 인식하며, 이것을 인연법이라고 한다. 인연은 하나의 둥근 원과 같은 것으로, 어디가 시작점이고, 어디가 끝점인지 찾을 수가 없다. 존재하는 사물의 본래 모습은 이와 같은데, 우리는 존재하는 사물의 본래면목 이외에 반드시 하나의 원인을 찾고자 한다. 이것을 불교에서는 아집 혹은 법집으로, 집착을 일으키는 것이라고 인식한다. 우리의 일체 문제는 대부분 여기서 시작되는데, 객관사물의 본래면목을 인식하지 못하면, 반드시 객관사물 위에 무엇인가 하나를 더 보태려고 하기 때문이다.

불교에서는 일체법은 인연에 의해서 존재한다고 말하고, "마음이 깨끗하면 세상도 깨끗해지고, 마음이 더러우면 세상도 더럽게 된다.", "한 생각이 선하면 바로 천당이고, 한 생각이 악하면 바로 지옥이다.", "한 생각이 미혹하면 바로 중생이고, 한 생각에 깨달으면 바로 해탈이다." 등을 말한다.[222] 즉 우리 인간이 살고 있는 세상의 더러움과 깨끗함, 오온으로 이루어진 몸과 마음의 미美와 추醜, 강强과 약弱, 현명함(賢)과 어리석음(愚), 그리고 수명의 길고(長) 짧음(短), 운명의 고난(窮)과 행운(通), 득得과 실失 등등 이 모든 것은 선천적으로 결정된 것이 아니고, 모든 것이 어떤 외재적인 힘에 의해서 우리에게 더해진 것도 아니며, 모든 것은 각자 개인의 마음이 각자의 업력의 작용 아래서 감응하여 나온 것이다. 이렇기 때문에, 초월과 해탈의 근거는 바로 지금 이곳에 있는 것으로, 지금 이곳에서 깨달으면 바로 천당이다.

일심一心이 나뉘어서 십법계가 되는 것인데, 십법계는 어디에 있는가? 이것은 손으로 만질 수 없이 아주 먼 곳에 있는 것이 아니고, 바로 우리의 마음 가운데에 있고, 바로 지금 이 한 생각 속에 있다. 피안세계가 결코 아득히 멀리 있는 것이 아니고, 피안세계가 바로 여기(此岸)에 있고, 여기를 떠나서 피안이 따로 있지 않다. 더러운 땅(穢土)을 떠나서 어디에서 깨끗한 땅(淨土)을 찾는다는 것인가? 불교의 이런 적극적 정신은 완전히 지금 이곳의 한 생각 위에서 만들어진다. 왜냐하면 과거의 것을 장악하려 한다면 아마도 망상일 것이며, 미래의 것은 아직 오지 않은 것이니 장악할 수가 없고, 가장 현실적인 것은 바로 지금 이곳의 한 생각이다. 지금 이곳의 한 생각, 이 한 생각이 바로 영원한 것이다. 언제나 지금 이곳의 이 한 생각을 모두 장악할 수 있는 사람이면, 이 사람의 수행은 이미 최고조에 도달한 것이다.

셋째, 부처님은 "사람은 누구나 불성을 가지고 있고, 사람은 누구나 성불할 수 있다."[223]고 가르쳤다. 이 관념 역시 매우 특별한 것이다. 이 관점에서 출발하여, 인성人性을 한 단계 더 높였고, 우리에게 무한한 창조와 노력의 기회와 목표를 제공해 주었다. 왜냐하면 우리는 대부분 자신을 매우 미미한 존재로 생각하며, 희망도 없이 모두 그저 절망 속에서 한 평생을 보내는데, 불교는 우리에게 최대의 희망을 제공하여, 누구나 사람이면 성불할 수 있으며, 사람은 누구나 모두 자신의 인격이 지고무상의 인격이 될 수 있다고 말하기 때문이다. 이런 불교의 사상은 당연히 유가에서 말하는 "사람은 누구나 모두 성현이 될 수 있다.", "사람은 누구나 모두 요순이 될 수 있다."[224]는 사상과 서로 유사한 점이 있으며, 중국인들은 불교의 이런 관점을 가장 좋아하였고, 쉽게 받아들였던 것이다.

불교는 중생과 부처가 본성상 평등하다고 말한다. 이 본성이 바로 불성이며, 우리는 누구나 모두 성불의 가능성이 있다. 인간은 이 가능성을 본래 스스로 가지고 있는 것으로, 이것이 바로 인간의 탁월한 점이다. 부처와 중생의 관계는, 구세주와 구원을 받는 자의 관계가 아니고, 선생님과 학생의 관계, 스승과 제자의 관계와 같다. 여러분이 석가모니불을 염할 때, 앞에다 '본사本師' 두 자를 붙이는데, 본사는 우리 각자의 스승으로, 우리가 가장 직접적으로 전승을 이어받은 스승이라는 의미다. 그러므로 부처님과 중생의 관계는 스승과 제자의 관계이고, 그것은 자비롭고 조화로운 관계다. 중생도 부처의 자비, 지혜, 그리고 복덕 등을 가질 수 있다. 바로 『화엄경』에서 "일체중생은 모두 여래의 지혜와 덕상을 갖추고 있는데, 단지 망상과 집착으로 인해서 증득할 수 없을 뿐이다."[225]고 말한 것과 같다. 우리도 일단 망상과 집착을 제거하고 깨끗해지면, 자신이 본래 여래의 공덕을 갖추고 있다는 것을 알 수 있다.

넷째, 불교는 우리에게 성불의 길을 제공하고 있다. 이 성불의 길이 수행해서 해탈하는 방법이다. 이런 해탈의 방법들은 근거 없이 꾸며낸 것들이 아니고, 석가모니 부처님이 수행 과정에서 실천을 해본 것이고, 또한 일체의 불보살과 역대의 조사대덕들이 실천적으로 검증한 것들이다. 그것들은 진실한 것들로, 절대로 추측하거나 짐작한 방법이 아니고, 무수한 실례와 검증이 있었던 것으로, 실천하면 효과가 있는 방법이다. 당연히 삼학三學도 좋고, 육도六度도 좋은데, 사실상 이것의 실질적 내용은 바로 모든 악을 저지르지 않고, 모든 선을 실천하고, 자리이타하고, 스스로 깨닫고 남도 깨닫게 해주고, 마음을 정화하는 것이 중점이라는 것을 강조한다. 또한 자신의 마음을 관조하는 것을 마음을 정화하는 방법으로 삼고, 자비와 지혜를 자리이타의 최고의 방편적 수단으로 삼는다. 그러므로 불교의 해탈방법은 실제적으로 이미 인생의 궁극적 관심과 도덕적 실천, 개체의 해탈과 사회적 완선 등등을 모두 원만하게 융합하였다. 여기서, 위로는 불도를 추구하고(上求菩提), 아래로는 중생을 제도하며(下化衆生), 자신도 깨닫고 타인도 깨닫게 도와주고(自覺覺他), 깨달은 행동이 원만한 것, 이것들은 개인의 사회적 존재가치를 원만히 실현하는 일뿐만이 아니라, 동시에 개인의 궁극적 해탈을 이루는 데 있어서도 반드시 거쳐 가야 할 길이다.

위에서 말한 불교의 관점은, 당연히 우리 각자의 불변의 인생의 가치체계와 궁극적 관심의 이념을 구성하고 있다고 말할 수 있다. 이는 현실적인 인생에 발을 딛고, 인류를 위하여 진정한 자주성을 확립한 것이고, 개체생명의 유한성과 무한성, 개인해탈의 피안성彼岸性과 차안성此岸性, 개체성과 사회성, 현실성과 초월성 등등, 이런 문제들의 일련의 관계를 원만하게 통일한 것이다. 이 통일은 이론적인 문제일 뿐만 아니라 실천적인 문제이기도 하며, 이는 실증성을 갖고 있는 것으로, 순수한 형이상학적인 가설은 아니다. 이런 특징들이 불교의 인생의 가치이념을 보증하고, 한편으로는 현실사회와 상응할 수 있고, 다른 한편으로는 자연과학 내지 인본주의 철학과 서로 다투지 않고 평화롭게 공존할 수 있게 한다.

2) 인과

세상의 만사만물萬事萬物은 모두 인因이 있고, 과果가 있다. 어떤 인因을 심느냐에 따라 어떤 과果가 나오는데, 이것은 봄에 어떤 씨앗을 심느냐에 따라 가을에 어떤 결실을 얻는 것과 같은 것이다. 이른바 이런 인이 있으니 이런 과가 있고, 오이를 심으면 오이가 나오고, 콩을 심으면 콩이 나오며, 선악도 결국에는 보답이 있는 것으로, 단지 빨리 오느냐 늦게 오느냐의 차이가 있을 뿐이다. 인생에서 모든 일을 할 때, 가장 근본적인 출발점은 인과의 도리를 분명히 아는 것이다. 우리가 올바르고, 건강하고, 궁극적인 신앙을 가지고 있으면, 일을 할 때 반드시 매우 구체적인 선악의 표준이 있게 된다. 선악의 표준이 있으면, 우리가 마음 쓰고 생각하며 하는 모든 일 가운데서 선인善因을 심어서 선과善果를 얻고, 악인惡因을 심는 것은 힘껏 피하게 된다. 악인을 심지 않으면, 악과惡果는 나올 수가 없다.

인생에서 만나는 일은 각양각색으로, 어떤 사람은 모든 일에서 순풍을 만난 듯 마음대로 일이 성사되는가 하면, 어떤 사람은 모든 일에서 갖가지 장애를 만나고, 일이 마음대로 되지 않기도 한다. 인생에서 다양하게 만나는 일들은 모두 우연적인 것이 아니고, 모두 인과의 원리에 따라 일어나는 것이다.

어떤 경우에, 우리는 인과의 작용을 고정불변하는 것으로 간주하기도 한다. 당연히 어떤 인을 심느냐에 따라 어떤 과를 얻게 되는데, 분명한 것은 일정한 규칙성이 있다는 것이다. 그러나 단지 우리가 건강한 신앙을 갖기만 한다면, 결과를 자신이 선택할 수는 없지만, 인因을 심는 데 있어서는 자신이 주도권을 가지고 있다. 어떤 과보를 선택할 수는 없겠지만, 그러나 어떤 인을 심을 것인가는 선택할 수 있다. 우리는 타인에게 손해를 입히거나, 자신의 이익만을 추구하는 일을 하지 말고, 사람으로서 해서는 안 될 짓을 하지 말아야 한다. 부단히 노력하여 그 결과가 쌓이면, 우리의 인생을 변화시킬 수 있다.

우리가 결과를 변화시킬 방법은 없지만, 그러나 일체의 선인선연善因善緣을 창조할 수 있기 때문에, 악과는 나중에 오게 하고, 선과는 앞서 오게 할 수 있다. 이런 일이 불가능한 것이 아니며, 이런 일이 인생의 주체성이다.

인생에 있어서 인과가 피동적인 것 같이 보인다. 그러나 실제적으로 선을 실천하고, 악을 저지르는 것은, 여전히 우리 자신의 선택이다. 우리가 선택할 수 있는 것이라면, 과거의 일은 되돌릴 수 없겠지만, 선한 일을 많이 실천할 수는 있다. 선인선연을 많이 만들어서, 과거의 결함이나 과거의 유감스러운 점들에 대해서 보완할 수가 있다.

불교에서는 시간을 과거, 현재, 미래 삼세三世로 나눈다. 우리의 생명은 시간 속에서 존재하고 있기 때문에 우리의 생명 역시 과거, 현재, 미래로 나누어진다. 이 삼세의 생활 상태가 어떠한가? 생존의 상황은 어떠한가? 등을 삼세인과三世因果라고 부른다.

삼세는 한 생각 안에 있을 수 있다. 왜냐하면 모든 한 생각은 시간적으로 과거, 현재, 미래로 구분할 수 있기 때문이다. 또한 과거, 현재, 미래를 생명의 매우 요원한 과거나 매우 요원한 미래까지 길게 늘여낼 수 있다. 이것이 불교의 생명에 대한 기본적 관점이다.

우리의 생명은 절대로 몇 십 년 전에 우연히 발생한 현상이 아니다. 불교에서는 생명을 앞으로 소급해도 시작이 없고(無始), 뒤로 나아가도 끝이 없는 것(無終)으로 인식한다. 생명이란 것이 이런 현상인데, 그렇다면 어떻게 우리 각자는 이런 생명의 시작도 끝도 없는 흐름 속에서 자신을 수양하고, 자신을 상승시킬 것인가? 이것이 가장 심각하고 관건이 되는 문제다.

현대인들은 일반적으로 단지 금생금세今生今世의 생명현상만을 인정하는데, 모든 종교는 이런 관점과 생명의 현실은 부합되지 않는다고 인식한다. 왜냐하면 생명은 매우 복잡한 정신상태와 물질 상태의 복합물이고, 생명은 물질적인 존재일 뿐만 아니라, 순수한 정신 현상도 함께 갖고 있는 것으로, 생명은 정신과 물질의 종합체이기 때문이다.

이 세상에서 가장 귀중한 것 가운데 생명보다 더 귀중한 것이 없고, 이 세상에서 가장 가치를 개발해야 하는 것 가운데 생명보다 더 중요한 것은 없다. 어떤 재물이나 보물도 생명보다 진귀하지 않고, 어떤 권력도 생명만큼 중요하지 않다. 이제 가장 진귀한 보물을 눈앞에 마주하며, 오늘 자신이 이런 사람의 몸을 얻은 행운을 받았으니, 절대로 헛되이 그냥 보내지 말고, 마땅히 자신의 생명을 열심히 수양해서, 자신의 생명을 끊임없이 정화하고, 자신의 생명을 끊임없이 향상시키며, 끊임없이 무량광명과 무량수명을 얻을 수 있도록 해야 할 것이다.

3) 양심

인과의 원리가 우리의 일상생활 속에서 현실화된다는 것을 어떻게 보증할 수 있을까? 양심良心이 바로 보증이다. 양심이 있는 사람은, 반드시 자신의 이익과 타인의 이익이 일치한다고 생각하고, 반드시 타인에게 손해를 주면 동시에 자신에게도 손해라는 것을 생각한다.

이른바 양심은 무엇인가? 양심은 매우 오묘한 것이다. 단지 측은

지심惻隱之心을 일으키고, 선善을 향한 마음을 일으키고, 자비심을 일으키고, 사랑의 마음을 일으키기만 하면, 그 사람의 양심이 작용을 하고 있다고 말한다. 양심을 유가사상에서는 '천리양심天理良心'이라고 말하는데, 양심과 천天이 규정한 근본도리가 일치한다는 의미다.

위로는 천리가 있고, 아래로는 양심이 있다. 천리는 우주만물의 자연법칙이고, 양심은 우리 인간의 양지양능良知良能이다. 인간은 양지양능이 있기 때문에 옛날부터 현재까지 선한 일을 쌓았고, 좋은 일을 쌓았으며, 공덕을 쌓았기 때문에 결국 이 세상에서 중요한 위치를 차지하고 있는데, 이것이 바로 양심이 현실화한 것이다. 만약 양심이 빗나가게 되면, 양지양능은 발휘될 수 없고, 그렇게 되면 인간의 나쁜 성질이 작용하게 된다. 그러므로 인류의 역사상, 과거는 물론이고 현재에도 어두운 면이 많이 있고, 추악한 면이 많이 있는 것이다. 이것이 우리 인류가 고대에서 현대까지 항상 반드시 마주치는 현실이다.

어떻게 하면 인간의 밝은 면이 우세한 위치에 있게 할 수 있을까? 추악하고 어두운 면을 가능한 줄이는 것인데, 이것은 인간의 양지양능의 양성에 의지해야 하는 것이고, 양심의 현실화·실제화에 의지하는 것이다. 보통 사람들의 측면에서 말하자면, 무엇이 인과인지도 알지 못하고, 무엇이 신앙인지도 알지 못하지만, 그러나 어떤 사람이 양심이 있는지 없는지는 알고 있다. 보통사람들은 그 사람이 양심이 있나 없나를 가지고, 그 사람의 시비선악을 판단할 수 있다. 여기서 우리가 알 수 있는 것은, 인성의 선량한 측면을 양성하고 발휘해서, 인성의 추악하고 어두운 면을 억제하고 소멸시켜야 한다는 점이다. 이것이 인간의 양지양능을 끊임없이 배양하는 과정이다.

4) 도덕

양심은 가정, 사회, 그리고 개인의 도덕적 수양 과정 속에서 구체적으로 드러나는 것이다. 도덕道德은 공허한 개념이 아니고, 도덕은 윤리체계이고, 사회관계다. 두 사람 이상이 있어야 비로소 이른바 윤리라는 것이 있고, 이른바 도덕이라는 것이 있다. 여기서 우리가 알 수 있는 것은, 우리는 이 세상에 살면서 어느 한 순간도 고립되어 있지 않고, 언제나 서로 다른 사회구성원들과 각양각색의 관계를 발생시키며 살고 있는데, 어떻게 이런 관계를 올바르게 처리할 것인가? 하는 문제에 부딪히게 될 때, 바로 도덕적 관념을 사용하여 자신의 언행을 이끌어야 한다는 것이다.

국가의 측면에서 말하면, 국가는 법률의 힘을 사용해서 국민의 언행을 통제하여, 국민 각자의 언행이 국가의 이익, 사회의 이익, 그리고 국민의 이익에 부합하도록 한다. 국가의 법률은 무엇을 기초로 하고 있는가? 도덕을 기초로 하고 있다. 도덕의 내용이 법제法制를 만드는 가운데 드러나고, 법률의 조문 속에서 드러난다. 법치의 목적은 인간의 도덕을 현실화·실제화 하는 것으로, 법치가 완성되면, 덕치는 그 가운데 있는 것이다.

하나의 사회단체를 결성하거나, 기업체를 만들거나, 공장을 건설하거나, 사원을 설립할 때, 모두 국가의 법률과 각 단체 자신의 필요에 근거해서, 많은 구체적인 규범과 제도를 제정하는데, 이것들 역시 도덕생활을 구성하는 부분이 된다.

구체적으로 불교의 도덕을 설명하면, 그것은 불교의 청규와 계율을 실천하는 것이다. 청규와 계율을 최소한의 범위로 줄이면, 바로 삼귀오계三歸五戒다. 오계의 내용은 매우 구체적이다. 생명체를 죽이지 마라(不殺生), 도둑질하지 마라(不偸盜), 사음하지 마라(不邪淫), 망령된 말을 하지 마라(不妄語), 술 마시지 마라(不飮酒) 등이다. 인생에서 자신과 다른 사람들에게 좋은 일도 하고, 혹은 나쁜 일도 하게 되는데, 이 다섯 가지 계율의 연장선에 있지 않은 것이 없다.

이른바 살생殺生은, 인간의 생명에 대한 상해와 모든 동물의 생명에 대한 무고한 상해를 포함하며, 이것의 반대는 불살생不殺生이다. 불살생을 실천하는 것은 생명을 중시하는 것이다. 피차彼此가 모두 생명인데, 단지 인간이 잠시 주도적 위치에 있을 뿐이다. 기타 동물들, 날짐승, 일반 짐승 모두 생명을 가지고 있지만, 단지 피동적 위치에 있는 것에 불과하다. 동물이 자신을 보호하는 것은 본능이고, 오직 인간이 자신을 보호하는 것은 자각적 행위다. 그러므로 인간은 자신을 존중하는 것을 배워야 하고, 우리는 자신을 자각적으로 보호하는 것과 동시에, 마땅히 다른 생명들도 매우 가엾다는 것을 생각해야 한다. 그들은 단지 본능에 의지해서만 자신의 안전을 확보할 수 있을 뿐이므로, 인간은 기타 생명들이 모두 안전을 확보할 수 있도록 협조해야 할 책임이 있다. 이것이 생명존중이다.

생명의 형태는, 각각의 개체생명에 대해서 말하면, 모두 고정불변한 것이 아니고, 모두 윤회 가운데 있다. 우리는 이 생애에서 인간이라는 생명의 형태를 갖게 되었는데, 우리가 과거생에서 많은 좋은 일을 하였고, 인간의 생명의 요구에 합당한 선한 일을 하였기 때문에, 잠시 인간의 생명을 얻게 된 것이다. 만약에 이 생애에서 무엇을 소중하게 여겨야 하는 줄 모르고, 자주 기타 생명에 상해를 입히면, 다음 생에는 아마도 인간생명을 상실하게 되고, 기타 다른 생명의 형태로 이 세상에 출현하게 되며, 자신이 기타 생명에게 가한 상해는 때가 되면 사람들이 자신을 존경하지 않는 상황으로 드러나고, 사람들에 의해서 가지가지 박해를 받게 될 것이다. 이런 형태로, 생명의 윤회는 서로 잔혹하고 무정한 비극을 시작도 끝도 없이 반복한다. 우리는 오늘 이런 도리를 알았고, 깨달은 바가 있으니, 다른 기타 생명의 안전과 자유를 자각적으로 존중해야 한다. 마치 인간이 자신의 안전과 자유를 존중하는 것과 같이 동일하게 해야 한다.

불교에서 말하는 오계는 모두 생명의 상호존중, 상호사랑에서 출발하여 제정한 것이고, 모두 피차의 생명의 안전과 자유를 위하여 방편과 조건을 제시하는 데서 출발하여 제정한 것이다.

예를 들자면, 도둑질 하지 마라(不偸盜)는, 타인의 재물을 훔치지 말라는 것을 지적하는 것으로, 주지 않는 것을 가지려 하지 말라는 것이다. 생명의 안전, 생명의 유지는 무엇에 의지하는가? 물질적 재물에 의지한다. 물질적 재물이 있어야 생명의 안전과 생명의 유지가 가능하다. 사람은 누구나 자신의 생존조건을 개선할 수 있는 권리와 요구가 있다고 하지만, 반드시 상호존중해야 하고, 자신의 생명의 요구를 위해서 타인의 생명의 요구를 고려하지 않거나, 타인의 물질적 재물을 자기 것으로 만들어서는 안 된다. 그것은 일종의 부도덕한 행위다.

사음하지 마라(不邪淫)를 예로 들어 보자. 불사음은 정당한 부부생활과 부부관계 이외에, 정당하지 않은 혼외관계를 갖지 말라는 것이다. 이것 역시 타인에 대한 일종의 존중이며, 또한 타인의 인격과 가정의 행복, 자녀들의 존엄에 대한 일종의 존중이다. 만약 옳지 않은 혼외관계가 있다면, 비록 일시적인 어떤 만족이 있을 수 있지만, 실제적으로는 자신만의 찰나적인 만족일 뿐이고, 얼마나 많은 사람들의 고통이 그 안에 포함되어 있는지를 모르는 것이다. 가장 직접적인 것은, 양쪽 모두의 가족관계에 손해가 있고, 가정이 파괴된다. 이렇게 보면, 불교의 이런 계율들은 매우 실재적實在的이고, 매우 실제적實際的이며, 매우 실용적實用的이다.

오계의 넷째는 불망어不妄語로, 남을 욕하지 않고(不惡口), 시비로 분쟁을 일으키지 않고(不兩舌), 저속한 말을 하지 않고(不綺語), 없는 것을 있는 것처럼 말하지 않는 것(不妄言)을 포함하고 있다. 불망어계는 좋은 인간관계를 양성하는 보증이다. 인간관계가 좋은가 나쁜가 하는 문제에 있어서, 가장 큰 원인은 바로 우리의 언어에 의해서 조성된 것이다. 불교에서는 언어를 구업口業이라고 부른다. 구덕口德이 좋지 못하면, 구업이 청정하지 않고, 알게 모르게 인간관계의 부조화와 악화를 조성한다. 불망어, 이 계율은 우리가 인간관계를 잘하고, 기업 경영에서의 조화와 사회적 조화를 촉진하는 데 있어서 매우 중요한 것이다.

다섯째는 불음주不飮酒다. 본래 음주는 국가의 법률에서는 금지된 것이 아니며, 불교에서 술이 인간의 본성을 혼란하게 만드는 것을 고려해서, 술을 많이 마시면, 앞의 네 가지 계율을 모두 범할 가능성이 매우 높기 때문에 술을 금지한 것이다. 왜냐하면 술 마신 뒤에 정신이 혼미해지면, 타인의 생명에 대한 상해를 조성할 가능성이 매우 높고, 또는 타인의 남편이나 아내와 법도를 벗어난 행위를 할 가능성이 매우 높으며, 또는 타인에게 인간관계의 조화에 영향을 줄 수 있는 말을 할 가능성도 매우 높아진다. 그러므로 불음주의 계율은 불살생, 불투도, 불사음, 불망어 이 네 가지 계율을 청정하게 지킬 수 있게 하기 위하여 제정한 것이다. 위의 네 가지는 성계性戒라고 부르는데, 그 의미는 그 자체의 성질이 불법佛法의 측면에서만 부도덕한 행위인 것이 아니라, 국법의 측면에서도 역시 부도덕한 행위로 인식한다는 것이다.

국가의 법률은 매우 많지만, 몇 가지 요점으로 귀결되는데, 역시 불교의 오계가 말하는 그런 내용을 벗어나지 않는다. 그러므로 불교의 오계는 사회도덕의 기본원칙이고, 또한 우리가 몸과 마음의 수양, 신앙의 실제화, 인과와 양심 등의 기본준칙이다.

사람노릇 하는 데 있어서 '신앙, 인과, 양심, 도덕', 이 네 가지를 자신에게 요구하면, 행복하고, 원만하고, 존귀한 인생을 누리게 될 것이다. 반대로, 인생의 갖가지 결함은 모두 이 네 가지를 잘 실천하지 못했기 때문에 조성된 것이다.

17 감사, 포용, 나눔, 결연

앞에서 사람노릇에 필요한 신앙, 인과, 양심, 도덕, 네 가지 요소를 말하였다. 이제 일하는 데 필요한 네 가지 요소, 즉 감사, 포용, 나눔(分享), 결연結緣 등을 설명하고자 한다.

사람노릇과 일하는 것은 당연히 일체로, 칼로 자르듯 분명히 나눌 수 없다. 사람노릇이 바로 일하는 것이고, 일하는 것이 바로 사람노릇이다. 이렇게 해야 우리의 인격이 분열적 인격이 되지 않고, 비로소 온전한 인격이 된다. 우리는 많은 문제가 있고, 많은 사회적 결함이 있는데, 그것은 일할 때 사람노릇을 제대로 하지 못했기 때문이다. 옳은 사람노릇을 못하거나, 혹은 사람노릇 할 때 열심히 일하지 않으면, 많은 좋은 이념들을 생활 속에서, 직장에서, 사업상에서 실제화할 수 없고, 결국 직장이나 단체 혹은 기업의 여러 가지 결함을 조성하게 된다.

사람노릇과 일을 긴밀히 연결시켜서, 사람노릇 하는 가운데 일하고, 일하는 가운데 사람노릇 하고, 사람노릇을 잘하면, 일도 그

안에서 잘되는 것이다. 이렇게 보면, 사람노릇이 첫째로 중요하다. 여기서 말하는 일하는 데 필요한 네 가지 요소는, 실제적으로는 사람노릇을 말하는 것이고, 인격이 일하는 가운데서 부단히 승화昇華하고 원만해진다. 감사건, 포용이건, 분향이건, 결연이건 모두 사람이 직접 실제화하는 것이다. 사람이 일을 하는 데 있어서 어떤 이념, 어떤 심태를 가지고 실제적으로 일을 하는가, 이것이 지극히 중요한 문제다.

일의 네 가지 요소는 사람노릇의 네 가지 요소이고, 사람노릇의 네 가지 요소 역시 일의 네 가지 요소이며, 비록 치중하는 것이 각각 다를 수는 있지만, 실질적으로는 모두 수양을 통하여 인격의 완선完善함과 원만함을 완성하려는 것이다. 인격의 원만함의 극치는 유가의 말을 빌려서 말하면, 성인聖人이 되는 것이고 현인賢人이 되는 것이다. 이른바 성현은 인격수양에 있어서 순선무악純善無惡의 경지에 도달한 것이다. 불교의 관점으로 말하면, 인격 수양이 원만해진 것은, 바로 부처가 되고 조사가 된 것이며, 부처와 조사는 인격에 있어서 가장 초월적이고 가장 원만한 깨달음을 획득하신 분이다.

1) 감사: 네 가지 은혜에 감사하다

불교에서는 우리가 마땅히 그 은혜에 감사해야 할 것은 천지만물이라고 인식한다. 그러나 그것을 귀납하면 네 가지를 벗어나지 않는다. 첫째는 부모의 은혜에 감사하고, 둘째는 일체중생의 은혜에 감사하고, 셋째는 국가의 은혜에 감사하고, 넷째는 삼보三寶의 은혜에 감사하는 것이다. 이 네 가지 마음으로 세계와 천지만물을 대하면, 이런 인생은 깊은 깨달음이 있는 인생이고, 이 마음은 바로 매우 상서롭고 화목한 마음이다. 왜냐하면 우리는 종종 질투하는 마음, 원한을 품은 마음, 평정하지 못한 마음, 보복하려는 마음 등으로 이 세상과 마주하고, 결국 이 세상이 나에게 불공평하다고 느끼고, 이 세상이 나에게 가장 좋은 기회는 주지 않았다고 느끼는데, 이렇게 되면 우리의 마음은 매우 심각하게 분열되고, 천지만물이 항상 우리에게 주고 있는 은혜를 느끼지 못하고, 부모, 중생, 국가, 삼보가 항상 우리에게 관심을 보여주는 것을 느끼지 못하지만, 그러나 사실상 부모의 따뜻한 사랑, 중생의 상호협조, 국가의 보호, 삼보의 자비 등이 우리 각자의 생명을 보호하고 있기 때문이다.

우리는 부모의 은혜에 대해서는 매우 쉽게 이해하지만, 중생의 은혜에 대해서는 대체로 쉽게 이해하지 못한다. 오늘 우리 모두가 여기에 앉아 있는데, 평소에는 여기 대부분의 사람들이 서로 만난 적도 없고, 서로 알지도 못할 것으로 나는 생각한다. 오늘 독서인 모임의 배려로 여러분을 여기에 초청하여 함께 선의 지혜, 선의 화목하고 상서로운 마음을 나눌 수 있게 되었다. 그래서 오늘 우리가 여기에 함께 온 것이다. 마치 우리의 관계가 지금 이 시간부터 성립된 것 같지만, 그러나 이 문제의 본질에서 볼 것 같으면, 우리의 관계, 우리 사이의 인연은 석가모니 부처님이 영산회상에서 꽃을 들고 미소 지은 그 시간까지 거슬러 올라갈 수 있다. 염화미소의 그 순간이 없었다면, 현재 말하고 있는 선종도 없다. 그렇다면 우리의 일체 인연은 그때부터 시작된 것인가? 그렇지 않다. 왜냐하면 석가모니 부처님도 결코 자신의 금생금세에 수련해서 부처가 된 것이 아니고, 무량겁 이전, 매우 오랜 과거에서부터 부단히 자신을 수련하였고, 부단히 중생을 위해서 자신을 봉사하고, 자신을 깨닫고자 했기 때문이다. 그러므로 오늘 이 한 번의 모임도, 그 인연을 따라 올라가보면 무시無始 이전까지 이르니, 이 인연도 가볍지 않다고 말하는 것이다.

그렇다면 우리의 오늘 인연은 우리 몇 사람들 사이로 국한되는 것인가? 절대로 그렇지 않다. 가장 간단히 설명하자면, 몇 부문의 상호 협력과 성과가 없었다면 이번 강연회는 불가능했을 것이기 때문이다. 그리고 그 몇 부문의 협력 역시 고립적인 것이 아니고, 전체 국가의 정책과 문화, 대내외 각 방면의 요구들과 모두 관련이 있다. 그러므로 한 사건이건, 한 사람이건, 그와 그 주변 사람, 아는 사람과 알지 못하는 사람, 생각해본 사람과 생각하지 못한 사람, 모두가 밀접한 관계, 밀접한 관련이 있다고 말하는 것이다. 왜냐하면 주변 사람이 없다면, 전체 우주의 존재가 없다면, 이 산하대지의 존재가 없다면, 어디에 나 개인의 존재가 있을 수 있겠는가? 그러므로 한 개인의 존재는 전체 산하대지와 일체라고 말하는 것이다.

불교는 이런 관념을 가지고 있는데, 일반 학문에서는 여기까지는 설명하지 못한다. 그러므로 우리는 중생의 은혜에 감사해야 하고, 산하대지에 대하여 은혜를 느끼고 감사해야 하며, 일체의 생명에 대하여도 은혜를 느끼고 감사해야 하고, 모든 알고 지내는 사람, 모르는 사람들에게도 은혜를 느끼고 감사해야 하고, 자신이 좋아하는 사람에 대해서도 은혜를 느끼고 감사하고, 자신과 별로 큰 관계가 없는 사람에게도 은혜를 느끼고 감사해야 한다. 심지어 이렇게 말해야 한다. 인간이 생활을 하는 데 있어서 인간관계가 모두 특별히 원만할 수가 없고, 결국 어떤 점에서 조금은 자신이나 타인이 의견이 다를 수도 있고, 불만이 있을 수도 있다. 이런 경우에는 어떻게 할 것인가? 역시 감사해야 한다! 감사를 진실로 이해하는 사람은 용서하지 못할 사람이 없고, 믿을 수 없는 사람이 없으며, 감사하지 말아야 할 사람이 없다.

　만약 우리 각자가 모두 이런 넓은 아량의 마음을 가지고 있으면, 무슨 문제를 해결할 수가 없겠으며, 무슨 일을 성사시키지 못하겠는가? 그러므로 우리는 중생의 은혜에 감사하고, 국가의 은혜에 감사해야 한다고 말한다. 내가 말하는 이 국가는, 우리의 국토를 포함하고, 현재 국가체제, 사회제도, 그리고 현재의 모든 국가 지도자들을 포함한다. 왜 이렇게 말하는가? 오직 이런 사람과 조직이 함께 있어야 비로소 국가라는 형식이 나타날 수 있기 때문이다. 우리나라는 평상적이지 않은 일, 평상적이지 않은 과거를 거쳐 왔기 때문에, 우리나라 역시 일부 평상적이지 못한 문화의 축적이 있었고, 이런 문화의 축적은 당연히 중요한 측면은 좋다고 말할 수 있지만, 또한 일부 부정적인 것들이 있는데, 시간의 흐름에 따라, 역사의 흐름에 따라, 인간들의 한 세대 한 세대의 전승에 따라, 일부 건전하지 못한 것들이 현재까지 전승되고 있다. 이것들이 아마도 일반 사람들에게, 국가에게, 정부에게 어떤 부정적 영향을 발생시킬 수도 있을 것이다. 그러나 나는 우리가 이런 일을 충분히 양해할 수 있으리라고 생각한다. 이것은 역사의 발전과정이고, 일부 부정적 측면은 우리 각자가 양해해야 하고, 동시에 우리 역시 자신을 반성해 보아야 한다. 나는 책임이 없는가? 만약 나에게도 책임이 있다고 한다면, 나는 어떻게 해야 하는 것인가? 그래서 감사를 생각하는 사람이 되어서, 일체를 적극적으로 좋은 측면을 보고, 좋은 측면을 생각하고, 그런 다음 온 힘을 기울여서 좋은 점은 더욱 발양시키고, 부정적인 것들은 지양하도록 해야 한다고 말하는 것이다. 이렇게 하는 것이 바로 우리가 국가를 대하고, 국가에 감사하는 하나의 적극적인 태도다.

여기서 삼보三寶에 감사하는 문제를 말해보자면, 삼보는 불보佛寶·법보法寶·승보僧寶다. 불교를 믿지 않는 사람이 삼보에 감사해야 하는가, 그렇지 않아도 되는가? 만약 문화의 측면에서, 사상의 측면에서, 역사 전승의 측면에서 본다면, 당연히 삼보에 대해서 감사해야 한다. 삼보는 단지 신앙만 전승한 것이 아니고, 인류가 축적한 정신적 재산 역시 전승하였다. 만약 삼보가 없었다면, 오늘 이 강연회도 있을 수 없다. 오늘 내가 한 강연의 내용이 여러분에게 얼마나 의미가 있을지는 그만두고라도, 적어도 우리의 생활 속에서 하나의 또 다른 음성을 들을 수 있었을 것이다. 이 음성은 어디에서 나온 것인가? 삼보에서 나온 것이다. 그러므로 삼보에 감사해야 한다.

감사는 네 가지 것에 해야 한다. 부모에게 감사하고, 중생에게 감사하고, 국가에 감사하고, 삼보에 감사해야 한다.

2) 포용: 사행四行과 불이不二

사람노릇에서 가장 소박한 최소한의 도덕적 요구는 포용이다.

우리가 생활하고, 일하고, 사업하는 가운데, 항상 서로 다른 의견이 있을 수 있고, 서로 다른 목소리, 서로 다른 이익의 요구가 있을 수 있다. 이런 때 우리는 어떤 태도를 취해야 하는가? 포용할 것인가, 아니면 배척할 것인가? 각종 의견의 완전한 통일을 요구하는 것은 가정에서도 불가능할 뿐만 아니라, 사회에서도 불가능하고, 사업에서도 불가능하고, 국가에서도 역시 불가능하다. 단지 어떤 의견, 생각, 일 처리하는 방법 등이 단체의 상대적 안정에 영향을 미치지 않고, 또한 발전적 추세를 지향하고 있다면, 서로 다른 의견은 상호적으로 존중과 포용을 하는 것이 바로 가장 좋은 처리 방법이다. 대동大同을 추구하고, 작은 차이는 용납하면, 조화롭고 평화적인 공존이 가능한 것이다.

각종 서로 다른 의견에 대해서, 모두들 생각해 보아야 한다. 어느 단체이거나 모두 일정한 조건 아래서 생존하고 발전하는데, 누구나 각자 자각적으로 자신을 통제하고, 자신의 행위나 주장이 단체나 가정, 혹은 기업의 발전에 손해가 되지 않게 해야 한다. 각자가 자각적으로 자신을 통제하는 것, 이것이 바로 기업의 조화로운 발전, 사회의 조화로운 안정, 가정의 화목한 공존 등을 위하여 가장 유익한 조건을 창조한다.

이른바 포용은, 한편으로는 우리가 서로 다른 의견과 이익에 대하여 어떤 마음으로 대처해야 하는가를 말하고, 한편으로는 우리가 자신의 마음, 사상, 주장, 이익을 생존의 구체적 환경과 어떻게 대체적으로 일치시킬 것인가를 말하는 것으로, 우리가 소속한 단체의 발전과 진보에 방해가 되지 않게 하는 것이다. 이렇게 해야 진정으로 조화로운 환경을 창조할 수 있고, 포용의 이념을 상호간의 양해와 존중 아래서 실제화시킬 수 있다.

포용에 대해서 말하자면, 달마조사는 네 가지 행위를 알려준다. 앞에서 말했는데, 달마조사의 주요 사상은 『이입사행관』의 오백여 자의 문장 속에 들어 있다. 이입二入은 이입理入과 행입行入이고, 행입은 사행四行을 포함하는데, 이른바 보원행・수연행・무소구행과 칭법행이다. 우리가 만사만물에 대처하는 데 있어서, 이 네 가지 행위, 네 가지 수행의 목표를 가지고 처리하라는 말이다.

우리의 생활 속에서 포용할 수 없는 것이 무엇인가? 바로 우리의 원수, 끊을 수 없는 악연은 포용할 수가 없다. 달마조사가 우리에게 알려주는 것은, 이것도 포용하라는 것이다. 왜냐하면 원수의 악연도 우연히 발생한 것이 아니며, 또한 금생금세에서 이렇게 많은 원수의 악연이 생겼을 까닭도 없으니, 아마도 그것은 과거생에서 누적되어 나온 것이다. 이 생애에서 누군가가 나에게 곤란한 일을 저지른다면, 한 번 반성해 보아야 할 것이다. 지난 생애에서 내가 그에게 곤란한 일을 저지른 일이 있지 않은가? 만약 이 생애에서 각자 감정적으로 융화되지 못한 사람이 있다면, 이것은 쌍방 모두에게 책임이 있는 것인지 아닌지 돌이켜 생각해 보아야 하고, 반성해 보아야 한다. 돌이켜 생각해 본 뒤에, 자신의 측면에서 보다 많이 검토해 보고, 상대방에 대한 오해를 제거하고, 상대방의 우호적이지 못했던 행위에 대해서 양해를 해야 한다. 이런 행위를 '덕으로 원한을 갚는다'고 한다. 어떤 계산도 하지 말아야 한다. 우리가 이렇게 해낸다면, 우리는 포용할 수 있다.

또 수연행隨緣行이 있다. 우리의 인생에서는 좋지 못한 경우를 만날 수도 있고, 어떤 때는 좋은 환경을 만날 때도 있다. 불쾌한 일이 있기도 하지만, 그래도 인생에서는 역시 즐거운 일이 많으며, 이 즐거운 일은 중요한 것이다. 우리가 유리한 일들을 만났을 때, 예를 들자면, 월급이 올랐다든지, 상여금이 나왔다든지, 집을 샀다든지, 승진했다든지, 이런 것들은 모두 좋은 일이다. 옛 날에는 인생에서 네 가지 좋은 일이 있다고 했는데, 이것들이 이상적인 것이라고 볼 수는 없지만, 매우 실제적인 일들이었다. 즉 '오랜 가뭄에 단비를 만난 것, 타향에서 옛 친구를 만난 것, 촛불 밝힌 결혼 첫날밤, 과거 시험에 급제한 것' 등을 말한다. 인생에 있어서 이 네 가지 일이 가장 즐거운 일이다. 그렇다면 인생에서 가장 즐거운 이 네 가지 일에 어떻게 대처할 것인가? 만약 제대로 대처하지 못하면, 좋은 일이 나쁜 일로 변해버릴 수도 있다. 『유림외사』라는 중국 고대의 소설에, 범진范進이라는 사람이 있었는데, 거의 일생 동안 과거에 합격을 하지 못하여 오랜 세월 시험을 보았는데, 최후에는 마침내 합격을 하였다. 그는 이 소식을 듣고 "음, 합격이라, 합격이라, 합격이라……"고 중얼거렸다. 그러나 너무 즐거워하다 결국 미쳐버린 것이다! 왜냐하면 그는 이 상황에 올바르게 대처하지 못했기 때문이다. 걱정도 너무 심하면 몸과 마음에 상처를 입히고, 기쁨도 너무 심하면 역시 몸에도 해를 끼치고 마음에도 장애를 일으킨다. 그러므로 수연행을 수행해야 한다. 일체는 모두 인연에 의해서 일어난다. 우리는 오직 감사하는 마음으로, 포용하는 마음으로 생활하면, 이것이 바로 좋은 일이다.

셋째는 무소구행無所求行이다. 우리가 무슨 일을 하든지, 목표가 지나치게 현실적이지 않아야 한다. 목표가 지나치게 현실적이면 압박이 되는데, 성공하지 못하면 압박이 되는 것이다. 좀 더 심해지면 실의에 빠지게 된다. 자신의 요구가 바로 효과가 있거나, 바로 성취된다고 생각할 수는 없다. 무엇 때문인가? 왜냐하면 세간의 만사만물은 결코 반드시 자신의 의지에 따라서 움직이지 않고, 모두 여러 가지 인연 조건의 작용 아래서 이루어지기 때문이다. 만약 지나치게 추구하다가 그 일에서 성공하지 못하면 결국에는 실의에 빠지게 될 것이다. 여기 앉아 있는 대부분의 사람은, 아마도 모두 대학 입학 시험을 경험해 보았을 것이다. 현재의 대학생이나 중학생이나, 이제 방금 시험을 끝낸 각 가정의 부모나 학생 누구나, 그들은 모두 매우 높은 기대를 가지고 있고, 자신이 시험을 잘 보았기를 기대한다. 전국에서 얼마나 많은 사람이 시험을 보았는지 나는 모른다. 몇 사람이 합격할 수 있고, 그 점수가 얼마인지, 이것들은 모두 규정에 의해서 결정된다. 그러므로 시험 본 사람 모두가 합격된다고 생각할 수는 없다. 만약 부모의 기대가 너무 높으면, 당사자 본인도 지나치게 집착하게 되는데, 결국 낙방하게 되면, 어떻게 할 것인가? 이로 인해서 발생해서는 안 될 비극이 너무 많이 일어난다. 어떤 부모는 실의에 빠지게 되는데, 부모가 실의에 빠지면, 그 실의가 돌아서 자녀에게는 압력으로 작용하고, 자녀들이 견디지를 못하게 되면, 인생의 각종 비극을 만들어 낸다. 달마조사는 우리에게 일체의 일을 하는 데 요구하는 바가 없어야 한다고 알려주고 있다. 요구하는 바가 없어야 한다고 하는 것은, 아무 일도 하지 말라는 것이 아니고, 일은 열심히 잘해야 하지만, 그러나 목표를 지나치게 현실적으로, 지나치게 구체적으로 잡지 말라는 것이다. 목표가 지나치게 현실적이거나, 지나치게 구체적이면, 매우 큰 부작용을 일으킬 수 있기 때문이다.

넷째로, 포용은 칭법행稱法行을 수행해야 한다. 이 법法은 무엇인가? 법은 진리의 의미다. 칭稱은 이 진리에 따라서 일하는 것이고, 진리에 따라서 행위하는 것이다. 이렇게 하면, 마땅히 해야 할 일은 더욱 잘할 수 있고, 해서는 안 될 일은 조금도 하지 않게 된다. 마땅히 해야 할 일은 진리에 따르는 일이다. 진리에 따르는 일은, 선법善法에 따르는 일이고, 진리에 따르지 않는 일은 선법에 따르지 않는 일이다. 진리에 따르지 않고, 선법에 따르지 않는 일은, 조금도 저지르지 말아야 한다. 이것은 해야 할 일이 있고, 해서는 안 되는 일이 있다는 것을 말한다. 무슨 일이건 마음대로 해서는 안 되는 것이다.

우리가 포용할 수 있고, 보원행·수연행·무소구행·칭법행을 수행하면, 일체를 수용할 수 있어서, 자신과 타인이 조화롭고, 생활하는 가운데, 일하는 가운데 일어나는 일체의 관계를 잘해 낼 수 있다. 특별히 자신과 타인의 조화 문제에 대해서, 불교에서는 자신과 타인이 눌이 아니다(自他不二)라고 말한다. 너와 나는 일체인 것이다. 불교는 자비를 말하는데, 동체대비同體大悲를 말한다. 너와 나는 같고, 너의 고통이 바로 나의 고통이다. 그러므로 '동체', '자타불이'라고 부른다. 또한 불교에서는 의정불이依正不二를 말한다. 의依는 산하대지 및 모든 시설施設을 말하는 것으로, 우리가 생존하기 위해서 의탁하는 환경을 말한다. 정正은 자신의 생명, 신체를 말한다. 의依는 의보依報라고 부르고, 정正은 정보正報라고 부른다. 생명주체는 정보고, 생명이 의지해서 생존하는 환경은 의보다. 역으로 말하면, 무슨 의보가 있느냐에 의해서, 정보가 어떻게 되는가가 결정된다.

현재 우리가 조화로운 사회 건설을 말할 때, 이 문제는 인간과 자연의 조화로운 공생으로 귀결되는데, 불교에서는 의정불이依正不二로 설명한다. 이 두 가지 일은 인간 주체와 이것이 의지하고 있는 생존환경인데, 이것을 두 가지 일로 볼 수 없고, 반드시 하나의 일로 보아야 한다. 이른바 환경보호, 생태평형유지, 동물애호, 이런 활동의 목적은 모두 우리의 생존환경이 인류의 생존활동에 이익이 되도록 어떻게 보장할 것인가 하는 것이다. 그러나 인류의 생명은 하루하루 생태의 불균형, 환경파괴, 대기오염 등 여러 측면의 위협을 받고 있다. 이런 위협은 어디에서 오는 것인가? 이런 위협이 있게 된 것에 우리 모두는 책임이 없는 것인가? 나는 우리 모두 책임이 있다고 생각한다. 비록 작은 쓰레기라도 아무렇게나 던져버리고, 침을 아무렇게나 뱉어 버리면, 모두 환경을 오염시키는 것이다. 그러므로 자신과 타자의 조화는 인간의 사회관계, 가족관계, 친구관계, 직장동료관계, 그리고 인간과 기타 생명들과의 관계, 인간과 전체 천지만물과의 관계 등을 포괄하고 있다. 이런 측면들이 모두 조화롭게 되면, 우리의 포용정신이 진정으로 실현되는 것이다.

3) 나눔(分享): 사섭법四攝法

셋째는 나눔으로, 나눔의 마음으로 친구를 얻는다. 우리는 모두 친구가 있기를 희망하지만, 종종 분향의 정신이 충분하지 못하다. 예를 하나 들어보자. 두 어린이가 있는데, 한 어린이는 집에서 먹을 것을 주면, 그는 곧바로 다른 아이들과 나누어 먹는데, 그래서 그에게는 친구가 많이 있고, 학교에서 매우 좋은 친구관계를 유지할 수 있었다. 동시에, 여기에는 부모의 책임도 있다. 부모는 자식이 간식을 먹을 때, 다른 친구들에게도 나누어주고, 특히 가정이 비교적 곤란하여 간식을 사먹을 수 없는 친구들을 잘 배려해주라고 가르쳐야 한다. 이렇게 하면, 이 학생은 매우 좋은 분위기에서 성장하게 되고, 그는 나눔의 정신을 갖게 되고, 많은 친구도 얻을 수 있다.

또한 적지 않은 아이들은 어려서부터 욕심이 매우 많아서, 그가 손에 쥐고 있는 물건을 그 손에서 빼앗으려고 해도, 그것은 불가능한 일이다. 그에게 준 물건을 다른 친구들과 나누어 가지라고 해도 역시 불가능하다. 먹는 것이건, 장난감이건, 그는 자신의 물건을 매우 철저하게 보호한다. 이런 어린이는 매우 내향적이고, 친구가 없다. 왜냐하면 모두가 그를 상대해 주지 않기 때문이다. 먹는 것도 혼자 먹을 뿐 아무에게도 나누어 주지 않고, 장난감도 함께 가지고 놀지 않으면, 누가 그를 상대해 주겠는가? 아무도 상대해 주지 않는다. 아마도 그의 부모도 어떤 경우 그 아이의 이런 사심을 조장

했을 것이다. "너의 장난감을 잘 보호하고, 다른 아이들과 함께 놀지 마라. 다른 아이들과 놀다가 장난감이 부서지면 다시는 장난감을 사주지 않겠다." 이렇게 어려서부터 이기적이고, 괴팍하고, 내향적 습관을 기르게 되면, 그가 성장하여 어른이 되고, 공부하고, 일하고, 가정을 꾸리는 데 있어서 매우 불리하게 된다. 왜냐하면 그는 친구가 없고, 다른 사람들과 교류하고 소통할 방법이 없으며, 책에서 얻는 지식 이외에는 어떤 것도 얻기 어렵고, 부모에게서 얻을 수 없었던 좋은 소양을 양성하기는 매우 어렵기 때문이다. 그러므로 나눔의 정신이 있고, 포용의 정신이 있으면, 친구가 있게 되고, 사람들의 마음을 얻을 수 있다고 말하는 것이다.

그렇다면 나눔에는 어떤 요구사항이 있는가? 불교에서는 전적으로 나눔을 설명하는 네 가지 법문이 있는데, 사섭법四攝法이라고 부른다. 섭攝은 파악의 의미로, 사섭은 마주치는 상황을 파악해서 처리하는 네 가지 방법이다. 무슨 네 가지 방법인가? 보시布施, 애어愛語, 이행利行, 동사同事 네 가지다. 보시심이 있으면 친구가 있게 된다. 예절 바르게 말하면 친구가 있게 된다. 대중에게 이익이 되는 사람노릇을 하면 친구가 있게 되고, 모든 사람과 협동해서 함께 일을 잘하는 사람노릇을 하면 친구가 있게 된다. 이와 반대로 하면, 친구가 없을 것이다. 보시, 애어, 이행, 동사 등 상황을 파악해서 처리하는 이 네 가지 방법을 일본사람들은 경영관리자가 인간관계를 처리하는 네 가지 준칙이라고 부른다.

보시는 네 가지 측면을 포함하고 있다. 재물의 보시, 지식의 보시, 무외無畏의 보시, 그리고 동희同喜의 보시 등이다. 동희는 다른 사람에게 좋은 일이 있을 때, 직장동료에게 좋은 일이 있을 때, 그의 기쁨을 함께 할 수 있고, 그의 성취를 함께할 수 있으면, 이것 역시 하나의 보시다. 총체적으로 말하면, 외보시와 내보시 둘로 나눌 수 있다. 외보시는 재물을 말하고, 내보시는 법시法施·무외시無畏施·동희시同喜施를 말한다. 내시內施는 정감적 보시, 정신적 보시이다. 어떤 경우에는 정감적 보시가 재물보시보다 더 중요하다. 특히 현대사회에서 봉급생활자 계층은 먹는 것도 부족하지 않고, 입는 것도 부족하지 않고, 결핍된 것은 사람들이 그를 이해하고, 그에게 관심을 가져주고, 그에게 정신적으로 힘을 주고, 그에게 용기를 주는 것이다. 그러므로 어떤 경우는 재보시가 중요하고, 어떤 경우는 법의 보시, 무외의 보시, 동희의 보시가 더 중요하다고 말하는 것이다.

애어愛語는 불교 고유의 명사로, 현대에 우리가 바꾼 것이 아니고, 원래 불교에 있던 용어다. 애어는 사랑하는 마음이 있는 언어다. 애어는 유연한 언어, 온화한 언어, 성실한 언어, 신용이 있는 언어를 포함한다.

공공관계에 능숙한 사람들은 언어 방면의 기교와 수양이 있기 때문에, 다른 사람이 처리하지 못한 일을 공공관계 사람과 더불어 일 처리에 성공할 수 있다. 반대로, 공공관계에 능숙하지 못한 사람은 본래 매우 쉽게 처리할 수 있었던 일인 데도 몇 마디 말로 서로 틀어져서, 좋게 일을 성사시키지 못하고, 모든 노력이 물거품이 되게 한다. 그렇다면 여기서 관건이 되는 것은 무엇인가? 관건이 되는 것은 겸허한 정신으로, 자신을 좀 낮추고, 상대방을 좀 높이 보아주고, 성심성의껏 일을 처리하고, 가식적이어서는 안 된다. 가식적인 사람은 친구로 사귈 수 없다. 우리가 성심성의껏 일을 하고, 우리가 겸허하고, 사람들이 우리를 매우 겸허한 사람이라고 느끼면, 서로 교제할 수 있고, 일도 성사되며, 우리의 협력 동반자가 될 수 있다. 이 점은 매우 중요하다.

이행利行은 모든 것이 대중들에게 이익이 되는 일을 하는 것이다.

동사同事는 지도자이건 직원이건, 모두 평등하게 함께 일하는 것이다. 함께 성취한 것을 서로 나누어 가지려면, 공동의 책임도 져야 하고, 당연히 공동으로 노동을 해야 하는 것도 감당해야 한다. 이렇게 하면 좋은 상황을 만들어 낼 수 있고, 모든 일이 나눔 가운데 있게 하면, 사람의 마음을 얻고, 친구를 얻고, 사업의 성취를 얻을 수 있다. 정치가는 사람의 마음을 얻는 자가 천하를 얻는다고 말한다. 학문하는 사람, 장사하는 사람, 사업하는 사람 역시 모두 이와 같다. 사람의 마음을 얻지 못하면, 사업을 성공하기가 어렵다. 사람의 마음을 얻지 못하면, 학문이 있는 사람이라 하더라도, 그의 책은 팔리지 않는다. 이런 일은 매우 많은데, 어떤 사람이 연구 성과는 매우 좋은데, 인간관계가 좋지 못하고, 사람의 마음을 얻지 못해서 종종 일생의 연구 성과가 매몰되어 버리기도 한다. 이런 연구 성과가 매몰되어 버리면, 그 사람 개인의 손실만이 아니고, 사회 전체의 손실이 된다. 만약 어떤 연구 성과가 국가 경제와 국민의 생활에 도움이 된다면, 국가와 사회에 그것이 공헌할 수 있게 해야 한다. 이것이 모두에게 이익이 되는 일이다. 그러므로 나눔을 말할 때, 반드시 모든 일을 성취하려고 생각한다면, 단지 개인의 노력에만 의지하려 해서는 안 되고, 대중의 성취에도 의지해야 한다.

4) 결연結緣: 네 종류의 인연을 맺는다

선禪을 배우는 사람은 마땅히 결연의 마음으로 선인선연을 이루어야 한다. 결연은 네 가지 종류의 연을 맺는 것이다. 사람과의 인연(人緣)을 맺고, 좋은 인연(善緣)을 맺고, 법연法緣을 맺고, 불연佛緣을 맺는 것이다. 이른바 연은 조건으로, 결연은 조건을 창조하는 것이다. 좋은 인연을 맺는 것은 우리의 일체의 일이 모두 좌절을 피할 수 있게 하고, 좋은 관계 속에서 성공하고 발전할 수 있게 하는 것이다.

결연은 동시에 다른 의미가 하나 있는데, 우리가 선인선연善因善緣을 맺을 때, 동시에 악인악연惡因惡緣을 피하는 것이다. 우리가 선인선연을 증가시킬 수 있으면, 선과선보善果善報도 보다 빨리 성숙될 수 있다. 시시각각 선과선보가 성숙되면, 악인악과는 성숙하는 시간이 미루어진다. 만약 선인선연이 생명의 모든 공간을 차지하게 되면, 피할 수 있는 악인악과는 발생하여 작용하지 않는다. 우리는 한평생 무슨 일을 할 수 있을까? 단지 한 가지 일을 할 수 있다. 즉 자신의 성취와 발전에 이익이 되는 조건은 창조하고, 자신의 성취와 발전에 불리한 조건은 피하는 것, 단지 이 한 가지 일을 할 수 있을 뿐이다. 기타 모든 일에 대해서 우리는 아무것도 할 수 없고, 오직 조건을 창조하는 이 일만 할 수 있다. 그러므로 우리는 결연의 마음으로 사업을 성취한다는 이런 생각 속에서, 이 마음과 이

연緣으로 선인선과善因善果를 창조하고, 선인선과를 성취하며, 세간과 출세간의 모든 대사인연大事因緣을 창조하고 성취해야 한다고 말하는 것이다.

18 생활 속에서 수행하고, 수행 속에서 생활한다

결국 나는 누구인가?

일반 사람들이 느끼는 '나(我)'는 무슨 요소로 조성되어 있는가? 날마다 이 '나'에 집착하고, 날마다 '나'를 키우고 보호하는데, '나'는 도대체 무슨 물건인가?

불교에서는 비록 '나(我)'를 부정하지만, 그러나 또한 색色·심心 이법二法, 또는 색·수·상·행·식 오온으로 조성된 가아假我는 여전히 존재한다. 이 가아가 없으면, 가짜를 빌려서 진짜를 수행할 방법이 없고, 진정한 자아를 찾을 방법이 없다. 우리가 평소에 집착하는 '아我'는 색·심 이법으로 조성된 '가아'인데, 또는 색·수·상·행·식 오온으로 조성된 '가아'라고도 말한다.

세계는 매우 복잡한데, 만약 전체 세계를 좀 더 귀납시켜 말하면, 크게 두 가지 요소 아닌 것이 없다. 한 부분은 정신이고, 다른 한 부분은 물질이다. 이것은 현대인의 설명 방법이다. 불교의 설명 방법은, 물질적 부분은 색色이라 부르고, 정신적 부분은 심心이라고 부른다.

색법色法은 인체에서는 안, 이, 비, 설, 신 오근五根을 포함한다. 심법心法은 오온 가운데 수·상·행·식을 말하는데, 혹은 육식六識 전체를 말하기도 한다. 즉 안식, 이식, 비식, 설식, 신식, 의식 등이다. 인체 이외의 물질적 부분은 육진六塵으로, 색진·성진·향진·미진·촉진·법진 등이다. 이 육진 안에 우주의 물질 전체가 포함된다.

왜 오온으로 조성된 아我는 '가아假我'라고 말하는가? 왜냐하면 오직 색·수·상·행·식 이 다섯 부분이 모여서 하나의 전체를 이룰 때, 이 '가아'가 비로소 성립되기 때문이다. 그러나 이 오온은 결코 고정불변하는 것이 아니고, 매우 안정적이지 못하며, 오온은 분리되는 성질을 가지고 있고, 무상성을 가지고 있으며, 공성을 가지고 있고, 임시성을 가지고 있다. 만약 좀 더 분석하여, 하나의 실재하는 아我를 찾으려 해도 절대 찾을 수 없다. 그러므로 불교는 오온으로 조성된 아我를 '가아'로 인식한다.

'가아假我'의 의미는 무엇인가? 불교에서는 본래 '아我'가 없다고 말한다. 그러나 인간의 교류와 소통의 편리함을 위해서 너, 나, 그 등의 관념을 설정해서 사용한다. 너, 나, 그는 모두 설정하여 만든 것으로, 본래부터 있는 것이 아니다.

본래부터 있는 것은 무엇인가? 오온의 불확정성不確定性, 가설성假設性, 가정성假定性, 공성空性이다. 이 성질은 본래부터 가지고 있는 것이고, 변할 수 없는 것이다. 이 세상의 일체의 사물 가운데, 변하지 않는 것은 하나도 없다. 오직 "일체 사물은 모두 변한다."라는 원리만 불변하는 것이다. 불교에서는 이 불변하는 원리를 '공' 혹은 '공성'이라고 부른다.

평소에 우리가 볼 수 있는 것들은 모두 표상일 뿐이고, 공성은 볼 수 없다. 예를 들어, 한 사람을 본다면, 먼저 남자인가 여자인가를 분별하고, 그리고 늙은이인가 젊은이인가를 분별하며, 계속해서 분별을 하게 된다. 상이 있게 된 뒤에 분별이 있게 되고, 분별이 있은 뒤에 망상을 일으키게 된다. 분별 자체 역시 망상이고, 분별에서부터 나온 탐·진·치는 더욱 망상이다. 망상이 일어나면 바로 번뇌가 일어난다. 탐도 번뇌고, 진도 번뇌고, 치도 번뇌다. 탐貪의 전체 과정, 즉 마음과 생각을 일으키는 데서부터, 욕심내는 일이 뜻대로 성취되는 데까지 전체 과정에서, 어느 하나 번뇌 아닌 것이 없다. 왜냐하면 설사 욕심내는 물건을 손에 넣었다 하더라도, 욕심낸 물건 역시 변동성 혹은 변동성의 요소를 가지고 있다고 말할 수 있는데, 욕심낸 물건 역시 항상 변하고 있기 때문이다. 탐을 낸 물건도 항상 변하고 있기 때문에, 마음속의 번뇌, 마음속의 공포, 마음속의 불안전 등을 일으키게 된다. 그러므로 얻든지 잃든지 모두 번뇌라고 말하는 것이다.

어떻게 그것을 간파할 수 있는가? 일체를 인연에 따르는 것이다. 얻는 것도 인연에 따르고, 잃는 것도 인연에 따른다. 인연에 따른다는 의미는 무엇인가? 일체의 사물은 모두 인연에 의해서 생긴 것으로, 인연이 모이면 존재하게 되고, 인연이 흩어지면 무無다. 인연이 모일 때도 지나치게 탐욕을 부리지 말고, 인연이 흩어질 때도 지나치게 실망하지 말아야 한다. 왜냐하면 세상의 일은 모두 이와 같이, 일체의 사물은 조건이 모여서 된 존재로, 어떤 조건도 필요로 하지 않고 독립적으로 존재할 수 있는 것은 하나도 없기 때문이다. 얻고 잃는 것을 인연에 따르면 마음이 안정된다.

　이런 종류의 인식은 이해의 측면에서 인식한 것으로, 바로 점수 漸修를 통해서 이해한 것이고, 우주인생의 대도리를 해오解悟한 것이다. 선수행의 측면에서 깨닫게 되는 것은 한 걸음 한 걸음씩 나아가 증오證悟하고, 조금씩 우주인생의 진리를 체득하게 된다.

　우리는 오온으로 조성된 '가아假我'에 집착하지 말아야 한다. 그러나 설사 '가아'라 하더라도, 역시 인연에 따라 대응하고, 집착하지 말고, 학대해서도 안 된다. 이 '가아'를 학대하면, 자신이 '가아'를 다스리려 해도 말을 듣지 않을 것이다. 자신이 동쪽으로 가려고 해도 움직이지 않고, 서쪽으로 가려고 해도 움직이지 않고, 자신이 좀 오래 앉아 있으려 하는데 금방 힘들어지고, 좀 더 서 있으려 해도 역시 힘들어진다. 이런 것이 인생에서 자유로울 수 없고, 자재할 수 없는 것이다. 이 '가아'를 잘 대우해야 한다. 인연에 따르지만 변하지 않고(隨緣不變), 변하지 않으면서 인연에 따르는(不變隨緣) 대원칙 아래서 '가아'를 잘 대우해야 한다. 이른바 잘 대우한다는 것은, 고립적으로 잘 대우하라는 말이 아니고, 인연에 따르는 가운데 잘 대우하라는 것이다. 가아를 잘 대우하면, 진정한 아我를 인식할 수 있는 조건이 갖추어진다.

　진정한 나(我)는 무엇인가? 변화하고, 무상하고, 조건적인 이런 '가아假我'를 제거하면, 바로 '진아眞我'다. 그 '나'는 무엇일까? 그 '나'는 공성이고, 억지로 이름을 붙여서 '나'라고 부른다. 이름(名)

이 있는 것은 모두 실재하지 않는다. 예를 들면, 일체의 사물은 모두 변화한다. 이것이 진리이고, 이 진리는 변화할 수 없다. 그러나 만약에 우리가 이 진리를 집착에 의해서 하나의 실재적인 것으로 인식하고, 하나의 이름을 만들면, 그것도 여전히 상대적인 것이다. 공성은 절대적이고, 공성은 이름이 없다. 공성은 직각적直覺的인 것으로, 단지 체득할 수 있을 뿐, 타인에게 설명할 수 없다. 일단 한 번 설명하기만 하면, 아무런 가치가 없다. 왜 그런가? 그저 '음!' 이 한 마디 하는 것, 이렇게 매우 간단한 일이다! 일반 사람들은 결코 수행의 체험을 가지고 있는 것이 아니고, 단지 지성적 인식만 있을 뿐으로, 이런 지성적 인식으로는 번뇌를 당해낼 수 없다. 오직 번뇌를 당해낼 수 있는 그런 인식, 바로 이것만이 진정한 체득이다.

불교는 실천을 말하고, 체득을 말하며, 생사관두生死關頭에서 간파하고, 내려놓으라고 말한다. 오온으로 이루어진 '가아'는 반드시 지혜의 관조를 통하여, 깊은 반야를 실행해야, 비로소 오온이 모두 공空하다는 것을 훤히 알 수 있다. 오온이 모두 공하다는 것은, 오온이 모두 공하다는 이 불변의 진리, 즉 공성을 본 것이다. 이 공성을 보아버리면 일체 고액을 건널 수 있다. 일체 고액은 번뇌이고, 공성을 보았으니 바로 번뇌를 끊을 수 있다. 그러므로 선수행은 반드시 아집을 깨트리는 것에서부터 시작해야 한다. 아집은 어디서부터 깨트리는 것인가? 생활 속에서 깨트리고, 수행 속에서 깨트리는 것이다. 어디에서 수행을 하는 것인가? 수행 속에서 생활하고, 생활 속에서 수행하는 것이다.

선은 생명의 자재해탈이다

생활선의 학습과 수행, 그 목적은 선의 생활 속으로 자신이 용해되어 들어가게 하는 것이다. 선은 본래 분명하고 명확하게 설명할 수 있는 것이 아니고, 또한 말할 수 있는 것도 아니다. 선은 실천하는 것이고, 체득하는 것이며, 일종의 실제적 경험이다. 선은 생명의 경험, 생활의 경험이고, 인생승화의 경험이며, 개오의 경험이다. 경험이라는 것은, 자기 자신이 직접 체득을 해야 하는 것이고, 그래야 비로소 확실한 효용성을 느낄 수 있다.

고대의 조사들은 모두 선의 경지에 대하여 직접적으로 설명하지 않고, 여러 가지 방법을 사용하여 선을 상징적으로 드러냈다. 고대의 선사들이 가장 많이 제시한 문제는 바로 "조사가 서쪽에서 온 뜻은 무엇인가(如何是祖師西來意)?"라는 것이다. 서쪽에서 온 뜻이 무엇인가? 서쪽에서 온 뜻이 바로 선의 본질이다. 이 문제는 천 사람도 더 질문한 문제이고, 또한 천 가지 이상의 대답하는 방법도 있다. 제시한 문제는 하나인데, 대답의 방법은 도리어 천차만별이다. 만약 우리가 자세히 이해해 보면, 이 천여 종의 대답이 모두 맞는 것 같기도 하지만, 그러나 또한 모두 분명하게 말하지 않은 것 같기도 하다.

어떤 사람이 조주화상에게 물었다. "조사가 서쪽에서 온 뜻이 무엇입니까?" 조주화상이 말했다. "뜰 앞의 측백나무다." 뜰 앞의 측백나무와 조사가 서쪽에서 온 뜻이 무슨 관련이 있다는 것인가? 상식적으로 이해해 보면 아무런 관련도 없다. 그러나 우리가 반드시 알아야 할 것이 있는데, 선은 본질적으로 상식을 초월한 것이고, 완전한 생명의 일체감―體感이며, 진리의 파악이고, 불성의 원융이라는 것이다. 조사가 서쪽에서 온 뜻이나, 뜰 앞의 측백나무나, 만약에 곧 개오하려는 사람이, 조사와 일문일답을 하는 중이라면, 그는 이해할 수 있을 것이고, 그는 조주화상이 문제를 분명하게 설명했다고 느끼고, 바로 이런 일이었구나 하고 깨달았을 것이다. 그러나 우리처럼 길 잃고 헤매는 방관자들이 보기에는, 분명하지가 않다. 그러므로 선 자체로 말할 것 같으면, 수행하지 않거나, 진정으로 철저한 깨달음을 통과하지 않으면, 선의 진실한 의미를 이해할 방법이 없다.

현대인들은 선을 어떻게 이해해야 하는 것인가? 내 생각으로는, 세 가지 측면에서 이해해 볼 수 있을 것 같다. 첫째, 선은 생명의 자재함이다. 이것은 신앙의 각도, 수행의 각도에서 선을 파악하는 것이다. 둘째, 선은 생활의 소쇄蕭洒함이다. 이것은 개오 이후에 생활 속에서 어떻게 선을 운용할 것인가를 설명한 것으로, 선수행자가 화광동진和光同塵의 풍모로 중생을 교화하는 생활실천이다. 셋째, 선은 또한 사상이 청정한 것(空靈)이다. 이것은 문화적 측면에서 선을 파악한 것이다. 역대의 많은 문학가나 예술가들의 작품 속에서, 선의 영향을 볼 수 있다. 이 영향의 실질적 내용이 바로 사상의 청정함이다. 청정한 사상이 있어야 그의 작품이 저속하지 않고, 그의 작품이 마치 산속에서 흘러나오는 샘물처럼 맑고 깨끗하고, 생기 넘치며, 끊임이 없이 계속되고, 어떤 격조가 있으며, 그 맛이 있는 것이다. 선은 생명의 자재함이고, 선은 생활의 소쇄함이며, 선은 사상의 청정함이다.

생활선을 배우고 수행해서, 도달하고자 하는 목표는 바로 생명의 자재해탈이다. 생명의 자재해탈에 도달하면, 자연스럽게 생활은 소쇄하고, 화광동진하고, 입전수수하며, 중생을 교화하고, 신통을 크게 일으킨다. 이 자재해탈은 본체이고, 나머지는 작용이다. 만약 문화적 각도에서 선의 청정함을 체득했다면, 어떤 사람들은 반드시 선을 수행하지 않았지만 지식, 문화, 사상, 수양 등의 측면에서 선의 표층에 진입했을 수 있으며, 그들 역시 많은 체득하였을 수 있다. 한 사람의 시인, 한 사람의 문학가, 한 사람의 화가가, 일단 선과 접촉하고, 선과 자신의 창작 영감을 결합하기만 하면, 사상의 청정성(空靈性)이 작품 속에서 표출되어 나올 수 있다. 당송 이래의 문학가, 시인, 화가 등이 모두 이런 측면의 작품을 아주 많이 남기고 있다. 이것이 선문화의 영역이다. 선 생명, 선 생활, 선 문화 이 서로 다른 세 영역에서 모두 선의 정신을 체현하였다. 그러나 근본적으로 말하면, 우리가 선을 배우는 목적은 역시 생명의 자재해탈을 획득하는 것이다.

생명이 자재한 선수행자는, 생활에서 소쇄할 수 있고, 사상이 청정할 수 있지만, 또한 아닐 수도 있다. 선사들은 생활환경이 서로 달랐기 때문에 각자 받은 교육도 다르고, 처한 시대 배경도 다르며, 활동시기의 나이도 달랐지만, 대부분 선의 이 세 가지 측면에서 생명의 자재함을 이루어냈다. 또한 일부분의 선사들 역시 생활의 소쇄함을 이루어냈고, 어떤 대선사들은 선의 정신을 생활 속에서 모두 실천하였다. 단지 비교적 적은 숫자의 사람들이 선문화의 측면에서 큰 성취를 이루었고, 사상의 청정성을 얻을 수 있었다. 당연히 이 세 가지를 확실히 나누어서 구분할 수는 없고, 다만 표면적 형식으로 구분한 것일 뿐이다. 왜냐하면 각각의 선사들은 그 자신의 풍격이 있고, 교화의 영역에서도 각기 치중하는 측면이 다르기 때문이다. 그러나 선의 눈으로 보면, 사상의 청정성을 획득한 사람은 선문화의 영역에서 성취가 있었다. 한편으로, 그의 생활이 소쇄했는지, 생명이 자재했는지, 이런 것들은 일정하지 않다. 그러므로 선수행은 반드시 근본에서 시작해야 하고, 신앙에서부터 시작해야 하고, 실천에서부터 시작해야 한다. 그래야 진실한 체득을 얻을 수 있다. 우리가 선을 수행하는 데 있어서, 이것이 근본이다.

그러나 우리가 생각해 보아야 할 문제가 있다. 얼마나 많은 사람들이 선수행의 기회를 갖게 되는가? 또 얼마나 많은 사람들이 선수행을 경험해본 뒤에 진실한 이익을 얻었는가? 고차원의 것일수록, 궁극적인 것일수록, 그것의 한계성이 더욱 클 수 있다. 선문화는 여러 가지 형식을 이용하여 표출해 낼 수 있고, 사회에서 비교적 광범위하게 전파할 수 있다. 그러므로 선문화가 생산하는 영향이라는 것이, 비록 반드시 심각한 것은 아닐지라도, 일종의 청정한 문화, 초연한 문화, 참신한 문화 등을 전파할 수 있고, 또한 이 시대에 대하여, 인간들의 생활에 대하여 매우 큰 영향을 만들어 낼 수 있다. 그러므로 문자선 혹은 구두선이라고 하는 것들도 모두 쓸모가 있는 것으로, 우리 시대의 문화 내용을 풍부하게 할 수 있고, 우리 시대 사람들의 마음을 정화할 수 있으며, 직접 혹은 간접으로 불법을 널리 펼치는 작용을 일으킬 수 있다. 선문화를 전파하는 것이 불교문화 측면의 잡지 편찬 사업을 하는 목적이다. 선문화 전파의 결과로 사회의 많은 인사들이 선에 관심을 갖게 되고, 선에 들어오고, 선을 체득하고, 선을 실천하게 될 것이다. 그러므로 선은 근본에서 말단으로 갈 수도 있고, 또한 말단에서 근본으로 갈 수도 있다. 가장자리에서 중심으로 갈 수도 있고, 중심에서 가장자리로 갈 수도 있다. 이 세 가지 영역에서 어느 하나를 소홀히 할 수는 없고, 반드시 동시에 중시해야 한다. 선문화 전파의 사회적 효과의 측면에서 말하면, 그것의 거대한 영향은 좌선과 같은 일종의 전문적 수행활동으로 해낼 수 있는 그런 것이 아니다.

그러나 생명의 근본문제의 해결이라는 측면에서 말하면, 선을 배우는 데 있어서는 반드시 발보리심에서 시작해야 한다는 것을 중시해야 하고, 진실하게 수행하고, 선의 핵심으로 들어가서 생명의 해탈을 증득하는 것, 이것이 근본문제다. 오직 이 문제만 실제화되고, 현실화되고, 사회적 인정을 받게 되면, 선은 비로소 진정한 의의가 있다. 그렇지 못하면, 어떤 의의도 없다. 우리가 선을 배우는데, 아침부터 밤까지 잠도 안 자고 밥도 안 먹고, 게으름피우지 않고 열심히 정진해서 도대체 무엇을 구하는 것인가? 최종적 목적은 바로 생명의 해탈을 얻는 것이다. 일부 사람들에 대해서 말하면, 만약 생명의 해탈과 동시에, 생활의 소쇄함과 사상의 청정성도 함께 얻을 수 있다면, 이것은 선의 전면적인 발전이다.

마음을 잘 쓰고, 모든 것을 잘 대한다

『화엄경』은 우주만물이 조화롭게 공존하고 원융무애함을 기술한 경전이다. 이 경전은 인성을 고양하고, 중생과 부처는 평등하고, 중생이 어떻게 선지식과 친근하게 지내고, 발보리심하고 보살도를 수련하며, 사회를 정화하고 유정을 이롭게 하여 즐거움을 주어서, 이렇게 해서 인격의 완선함에 도달하고, 마침내 성불할 수 있다는 것 등을 가르치고 있다.

「정행품淨行品」은 『화엄경』 삼십구품 가운데 한 품으로 보살도를 실행하고 보살도를 수행하는 사람이 일상생활 속에서 부딪히는 일체의 환경에 대하여, 어떻게 '마음을 잘 쓰고', '어떻게 모든 것을 잘 대할 것인가'를 기술하고 있다. 이 품은 141개 게송으로 되어 있고, 각 게송은 하나의 사건을 말하고 있으며, 각 사건은 거의 모두 일상생활 속의 작은 일들이다. 경문은 보살도를 수행하는 사람은 각각의 작은 일에서 '마음을 잘 쓰고', 언제나 어디서나 중생을 안아주고, 타인을 제일로 하며, 신구의 삼업을 청정하게 해야 한다고 강조하고 있다.

불법의 관점으로 관찰하면, 인간존재의 가장 큰 문제는 자신을 숭심으로 여기고, 모든 것을 자신으로부터 출발시키는 것이다. 이것이 인생의 방향을 잃어버리게 하는 근본 원인이고, 일체의 시비분쟁을 일으키고, 서로 속고 속이며, 약육강식하고, 더 나아가서 전쟁이 끊임이 없고, 쟁탈이 사라지지 않는 총근원이다. 불법은 우주의 만사만물의 존재는 인과상속因果相續적이고, 피차에 상호의존적인 존재로 본다. 어떤 사물(有情世間과 器世間²²⁶을 포함하여)이든지, 모두 홀로 존재할 수는 없다. 진정한 '자아自我'는 무엇인가? 위로는 하늘이요, 아래로는 황천까지, 쇠 신발이 닳도록 찾아다녀 보아도 찾을 곳이 없는 것이다. 불법은 단지 중생이 있을 뿐 '나(我)'는 없다고 알려준다. '나'는 어디에 있는 것인가? '나'는 중생 가운데 있다. '중생'은 일체 생명체의 총칭이다. 이른바 중생이라는 것은, 많은 인연이 결합하여 생生하고, 중생들은 서로 간에 존재의 전제가 되며, 진정한 개체, 독립적 생명은 존재하지 않는다. 중생의 실상이 이와 같고, 생명의 실상이 이와 같으며, 서로 간에 적대시하면 반드시 둘 모두 패배하고 상처 입고, 서로 간에 사랑하면 반드시 둘 모두에게 좋다. 이런 관점에서 말하면, 중생의 생명존재는 하나의 집합체이고, 각각의 중생은 모두 무량무변의 친구가 있고, 각각의 중생은 모두 자신이 자각하거나 혹은 자각하지 못하는 가운데, 자기 이외의 중생들을 위하여 일을 하거나 혹은 상해를 입히고 있다.

불교는 우리를 이렇게 가르친다. "모든 악은 저지르지 말고, 모든 선은 실행하고, 자신의 생각을 스스로 깨끗이 해야 한다." 이것이 불교수행의 총강령이고, 또한 마땅히 인간행위의 준칙으로 보아야 한다. 「정행품」은 '각종 선행 실천(衆善奉行)'의 사상을 더욱 구체화하고, 또한 일상생활 속에서 하나하나 실천하는 불법 공부의 교과서다. 또한 진정한 의미에서 생활선의 교과서라고 말할 수 있다.

「정행품」 염송을 통해서, 일상생활에 운용하고, 차츰차츰 마음을 잘 쓰고, 모든 것을 잘 대하는 성격과 자질을 양성하면, 불법을 배우는 것이 언어문자에만 머무르지 않고, 모든 악을 저지르지 않고, 각종 선행善行을 실행하는 것이 바로 생활의 실제적 내용이 될 것이다.

「정행품」을 읽으라고 강조하고, '마음을 잘 쓰고, 모든 것을 잘 대하라.'고 강조하는 것은, 대중들을 위하여 더욱 넓은 사상 공간을 제공하기 위한 것이다. '생활선'의 종지는 깨달음의 인생(覺悟人生), 봉사하는 인생(奉獻人生)이다. 「정행품」에서 이런 대지혜, 대자비의 숭고한 보살정신을 심각하고 생동감 있게 체현하고 있다. 구체적으로 말하면, 마음을 잘 쓰는 것은 대지혜를 사용하여 인생을 깨닫는 것이고, 모든 것을 잘 대하는 것은 대자비를 사용하여 인생을 봉사하는 것이다. 항상 마음을 잘 쓰면 끊임없이 자신의 자질을 높일 수 있고, 무슨 일에서나 어디에서나 모든 것을 잘 대하면 계속해서 자신과 타인의 관계를 조화롭게 할 수 있다. 자신의 자질을 끊임없이 높이고, 자신과 타인의 관계를 끊임없이 조화롭게 하면, 인간이 대대손손 꿈속에서도 잊지 못하고 추구했던 최고도의 문명과 조화롭고 행복한 사회생활이, 이상에서 현실로 다가올 수 있고, 문자적 기술에서 실재적인 생존환경으로 전환될 수 있을 것이다.

여래선, 조사선, 생활선

선종의 선을 생명의 해탈, 생활의 소쇄, 사상의 청정 세 측면으로 나누었고, 또한 다른 측면으로부터 이해하고, 수행하고, 수용하였다.

　불교의 교의에 의할 것 같으면, 선은 세간선世間禪과 출세간선出

世間禪 두 종류로 크게 나눌 수 있다. 세간선은 사선팔정을 포함하고, 출세간선에는 여래선과 조사선이 있다. 세간선과 출세간선의 구별은 무엇인가? 세간선은 모든 외도의 선이라고도 부른다. 일체의 선정수양의 도를 배우는 사람들, 예를 들어 말하면, 부처님이 세상에 계시던 때의 인도의 육사외도, 중국의 도가·선가 등 그들도 역시 선정을 필요로 하고, 선정이 없다면 불로장생의 목적에 도달할 수 없다. 그러나 그들의 선정은 세간선의 형식으로 존재한다. 무엇 때문에 세간선이라고 말하는가? 세간과 출세간의 차별은 유루와 무루에 있다. 유루는 삼계를 벗어나지 않는 것이고, 삼계를 벗어나야 비로소 무루가 된다. 어디에 빠져든 것(漏)인가? 생사 속으로 빠져든 것이고, 번뇌 속으로 빠져든 것이며, 윤회 속으로 빠져든 것이다.

왜 유루와 무루의 차별이 있는가? 그 관건은 어디에 있는가? 그 관건은 출세出世의 보리심이 있는가 없는가에 있다. 세간선을 수련하는 것은 기뻐하고 싫어하는 마음으로 수련을 진행하고, 세간의 번뇌가 싫어서 버리고, 신선이 되고, 승천하기를 희망하는 것이다. 천天 또한 삼계 안에 있는 것이다. 삼계는 욕계, 색계, 무색계다. 욕계에는 선정이 없고, 오직 색계·무색계에만 선정이 있다. 선정이 있으면 색계천·무색계천에 오를 수 있고, 선정이 없으면 오직 욕계에 있을 수밖에 없다. 그러나 설사 가장 높은 무색계의 비상비비상처정非想非非想處定을 수행했다 하더라도, 선정의 공덕을 다 소진하고, 천계의 즐거움을 모두 누리고 나면, 또 다시 윤회의 생사에 빠지게 된다. 그러므로 유루의 선정이라 부르고, 세간의 선정이라고 부르는 것이다.

여래선은 불교의 경론에서 제시한 요구에 의거할 것 같으면, 한 걸음 한 걸음 차례대로 수행하는 선정으로, 발보리심을 기초로 하고, 식도관을 수양공부로 한다. 이른바 여래선은 부처가 말하는 선정수련의 법문이며, 또한 불교 경론에서 가르치는 선정수련의 방법이다. 당연히 이런 법문은 무수히 많고, 천태종에서 제창하는 대소지관大小止觀 가운데서 예시하는 각종 법문은 모두 여래선에 속한다. 왜냐하면 천태종의 지관법문 역시 경전에 근거해서 확립한 선수행 방법이기 때문이다.

이른바 조사선은 보리달마가 동쪽으로 온 이후, 육대조사들이 차례차례 전심傳心한 역사를 통과한 것으로, "언교 이외에 별도로 전하는 것으로, 문자로는 설명할 수 없는 것이니, 곧바로 사람의 마음을 가리켜서, 본성을 깨달아 실현하여 성불하게 한다(不立文字 敎外別傳 直指人心 見性成佛)."는 것을 특징으로 하고, 반야견을 견처로 하여, 생활 속으로 융화되어 들어가고, 지금 이곳에서 세속의 욕망과 성스러운 진리(凡情聖解) 모두를 없애는 것을 공부로 하는 선이다. 이것은 직접 조사로부터 전해 내려오는 선이기 때문에 조사선이라 부른다.

여래선과 조사선의 구별에 있어서 주요한 점은 두 가지 측면이 있다. 하나는 점漸과 돈頓이고, 하나는 정定과 혜慧다. 예를 들어 말하면, 신수대사가 제창한 점수법문은 여래선에 해당한다. 혜능대사가 주장한 돈수돈오의 법문이 바로 조사선이다. 조사선의 특징은, 특별히 정定을 중시하지 않고, 정과 혜를 순서대로 수행하는 것이 아니며, 반야견을 견지로 하고, 생활 속에서 지금 이곳의 대립을 없애는 것을 공부로 삼는다. 그러므로 이것이 돈수돈오다.

내가 생활선의 이념을 제시한 지 10여 년 되었다. 생활선의 '깨달음의 인생, 봉사하는 인생'의 수행이념을 차츰차츰 불교계와 사회 인사들이 이해와 수용을 하고 있고, 또한 적지 않은 사람들이 '생활 속에서 수행하고, 수행 속에서 생활하며, 생활선에서 선생활로 진입한다.'는 생각을 근거로 하여 수행실천을 하고 있고, 끊임없이 점검하고, 끊임없이 향상하고 있다. 생활선의 이념은 현대의 생활리듬과 시대인연에 적응하기 위해서 제시한 불교 수행실천의 새로운 이념이다. 이 방법은 여래선이나 조사선의 정신을 떠나지 않았다. 생활선은 보리심을 출발점으로 하고, 반야견을 견지로 삼으며, 식도관을 선정수행의 방법으로 해서, 생활 속으로 융화되어 들어가는 것이며, 번뇌를 녹여 없애는 것을 일상적인 실천의 공부로 삼는다.

현재는 시장경제의 사회이고, 사람들의 생활리듬은 긴장되고, 신속하며, 바쁘기 때문에, 많은 시간을 할애해서 선방에 앉아 있을 수도 없고, 집에서 선정수행을 할 수도 없다. 그러나 시대가 얼마나 진보하든지, 과학기술이 얼마나 발전하든지, 경제가 얼마나 번영하든지 간에 인간의 번뇌나 고통은 조금도 줄어들지 않는다. 줄어들지 않을 뿐만 아니라, 끊임없이 새로운 번뇌, 새로운 고통이 생산되고 있다. 사람들이 이런 생활현실에 부딪혔을 때, 정신적인 출구가 무엇이겠는가? 사람들에게 종교를 믿지 말라고 할 수도 없고, 사람들에게 정신적 해탈을 추구하지 말라고는 더더욱 할 수 없는 일이다. 각 종교들은 모두 이 문제에 대하여 대답해야 하고, 불교는 더더욱 이 문제에 대하여 대답해야 한다. 선종이란 중국문화, 중국사회, 중국인민의 상황 등의 기초 위에서 생겨난 것으로, 중국화된 불교종파이니, 선종은 당연히 오늘날 이 시대가 제기하는 문제에 대하여 대답을 해야만 한다. 생활선은 바로 이 문제에 대답하는 하나의 법문이고, 하나의 방편이다. 십 몇 년의 노력을 통하여, 이 법문은 불교계 인사들의 인정을 받았을 뿐만 아니라, 사회에서도 비교적 큰 반향을 일으켰다. 특히 '깨달음의 인생, 봉사하는 인생', 이 개념은 불교에 대해서 제시한 새로운 개념인데, 이것은 점차적으로 불교계의 공동이념이 될 것이다.

'覺悟人生(깨달음의 인생)', '奉獻人生(봉사하는 인생)', 이 내용은 과거에 모두 누군가 제시했던 것이지만, 이 여덟 글자를 함께 제시한 것은 새로운 것이며, 아무도 제시한 적이 없다. 이 여덟 글자가, 비록 신선해 보이지 않지만, 그러나 만약 우리가 불법을 이해하고, 세간법을 이해하고, 철학을 이해하고, 종교를 이해하고, 또한 이 두 구절 여덟 글자를 체득하게 되면, 이것이 철학·종교·문화·사회·인생 각 방면의 최고의 요구, 최신의 요구이며, 또한 가장 기본적인 요구라는 것을 알게 될 것이다. 일체의 문화, 종교, 철학은 이 두 문제를 해결하려고 하지 않은 것이 없다. 무슨 깨달음인가? 무슨 봉사인가? 불교의 그 수많은 경론 역시 오직 이 두 가지 일을 말하고 있고, 이 두 가지 일이 바로 대승불교의 기본정신이다. 깨달음은 지혜이고, 봉사는 자비이다. 대지혜로 인생을 깨닫고, 대자비로 인생을 봉사한다. 불법의 가장 근본적인 정신은 이 여덟 글자를 통하여 표출되는 것으로, 현대 사회의 사람들이 모두 이해할 수 있고, 모두 받아들일 수 있다.

불교가 도달하고자 하는 목표이거나, 사회가 실현하고자 하는 이념이거나, 모두 '깨달음의 인생'이라는 전제 아래서 우리 자신의 자질을 완선하게 하고, 향상시키고, 최적화해야 하고, '봉사하는 인생'의 마음으로 나와 타인의 관계에서 보시하고, 봉사하고, 감사하고, 조화로워야 한다. 깨달음은 자신의 깨달음(自覺), 남을 깨닫게 도와줌(覺他), 깨달음의 행위가 원만함(覺行圓滿)의 세 가지 측면이 있다. 자각은 성문이고, 자각각타는 보살이며, 자각각타하여 각행원만覺行圓滿한 것은 부처가 된 것(成佛)이다. 그러므로 '깨달음의 인생'에는 이 삼각三覺의 정신이 모두 들어 있다. '봉사하는 인생'은 대자대비하고, 일체중생을 널리 구제하는 것이다. "내가 지옥에 들어가지 않으면, 누가 지옥에 들어가겠는가?"[227] 이것이 바로 봉사하는 인생의 정신으로, 바로 보살정신이다. 부처가 되어서 무엇을 하는가? 보살이 되어서는 무엇을 하는가? 바로 이 일을 하는 것이다. 그러므로 생활선의 이념이 바로 전체 불교의 정신이 있는 곳이라고 말하는 것이다.

『화엄경』「정행품」에 근거해서, 내가 "마음을 잘 쓰고, 모든 것을 잘 대한다."는 이념을 제시하였다. "마음을 잘 쓴다."는 「정행품」의 사상이고, "모든 것을 잘 대한다."는 「정행품」의 실천이다. 이 두 구절은 '깨달음의 인생, 봉사하는 인생'을 보충해주는 것으로 삼을 수 있고, 혹은 좀 더 구체적인 요구라고 말할 수도 있다. 어떻게 인생을 깨달을 것인가? '마음을 잘 쓰면' 되는 것이다. 어떻게 봉사하는 인생을 살 것인가? '모든 것을 잘 대하면' 되는 것이다. '마음을 잘 쓰지 못하면', 인생을 깨닫는다는 것은 말할 수도 없고, '모든 것을 잘 대하지 못하면', 봉사하는 인생을 말할 수도 없다.

이런 기초 위에서, 나는 "끊임없이 자신의 자질을 최적화하고, 끊임없이 나와 타인의 관계를 조화롭게 해야 한다."는 수행의 요구를 제시하였다. 끊임없이 자신의 자질을 최적화하는 것은 끊임없이 각오, 자각, 타각, 각행원만을 향상시키는 것이다. 끊임없이 나와 타인의 관계를 조화롭게 한다는 것은 사섭법四攝法[228]과 육바라밀을 널리 수행하는 것이며, 우리의 인간관계를 화목하고, 조화롭고, 우호적인 상태에서 끊임없이 정화하고 개조하는 것이며, 인간을 진정으로 평화로 나아가게 하고, 인생을 진정으로 행복과 광명이 충만하도록 하는 것이다.

생활선의 실천은 한편으로는 선정을 잘 수행하는 것이고, 한편으로는 "자신의 자질을 최적화하고, 나와 타인의 관계를 조화롭게 한다."는 것과 "마음을 잘 쓰고, 모든 것을 잘 대한다." 등의 이념을 실제화하고, 자신의 인격이 완선하도록 하고, 인간관계가 조화롭도록 하는 것이다. 나아가서 전체 사회와 인간의 끊임없는 정화, 진보, 화목을 촉진하는 것이다. 생활선의 근본적 요구는 "생활 속에서 수행을 실제화하고, 수행을 실제화하는 가운데 생활하는 것"이며, 수행이 지금 이곳에서 현실이 되게 하는 것이다.

물질생활은 소박하게 하고, 정신생활은 고상하게 한다

수행과 생활은 일치한다. 어떤 형태의 생활이 있으면, 어떤 형태의 수행이 있는 것이고, 어떤 형태의 생활이 있으면, 어떤 형태의 마음이 있는 것이다. 반대로 어떤 형태의 마음이 있으면, 어떤 형태의 생활이 있다고 말할 수 있다. 그러므로 몸과 마음은 일치하고, 내외內外도 일치한다. 세상의 모든 물체는 지地·수水·화火·풍風 사대四大로 구성되어 있는데, 외재적 세계도 지·수·화·풍으로 구성되어 있고, 인간의 신체 역시 지·수·화·풍으로 구성되어 있다. 사대는 모든 물체를 구성하는 기본요소다. 이것은 인도 고대철학의 물질세계에 대한 기본적 분석이다. 중국의 고대철학자들은 물질세계를 금金·목木·수水·화火·토土 오행五行으로 분석하였다. '사대'와 '오행'은 하나가 많거나 하나가 적은데, 실제적으로 기본요소는 많지도 않고 적지도 않다.

신체는 건강해야 하는데, 반드시 사대가 조화로워야 한다. 사대가 조화롭지 못하면, 인간은 바로 병이 생긴다. 불교도가 안부를 묻는 이런 인사말이 있다. "사대가 평안하십니까? 병도 없어지고, 고민도 없어졌습니까?"[229] 사대가 조화롭지 못하면, 백 가지 병을 갖고 있는 중생이 된다. 만약 사대가 조화롭지 못하면, 사백 가지 병이 생기고, 더해서 사대 자체도 각각 병을 하나씩 앓게 되어, 모두 합해서 사백네 가지 병이 생긴다는 말이 있다. 사대의 조화가 신체 건강에 얼마나 중요한지를 알 수 있다.

외부의 사대가 평형을 잃으면, 신체 내부의 사대도 따라서 평형을 잃게 된다. 예를 들어 말하면, 날씨가 갑자기 추웠다 더웠다 하면, 내부 사대가 바로 적응하지 못하고 곧 반응을 하게 되어, 감기가 들어 열이 나고 콧물을 흘리거나 배가 아프게 된다. 내부사대와 외부사대가 밀접한 관계라는 것을 알 수 있다. 우리가 자세히 살펴보면, 내부사대의 건강 상태는 일정 정도 외부사대의 상황에 따라 영향을 받는다는 것을 알 수 있다. 만약 우리가 처해 있는 환경이 극도로 나쁘다면, 즉 황사가 매우 심하거나, 비가 너무 많이 오거나, 혹은 가뭄이 너무 심하거나, 기온이 너무 높으면, 우리의 신체는 적응할 방법이 없고, 여러 가지 질병을 일으키게 된다. 내부사대가 외부사대에 적응할 수 있으려면, 반드시 오랜 시간의 단련이 필요하고, 내외사대가 조화를 이루도록 해야 한다.

 인간의 생존이 갈수록 위협을 받고 있는데, 외부사대의 변화가 너무 극렬하게 일어나기 때문이다. 여러 가지 원인이 외부사대의 격렬한 변화를 일으키게 한다. 과학기술의 발달, 환경의 오염, 산하대지에 대한 인간들의 파괴, 모든 광물질의 과다 채취, 생명자원이 날로 감소하고, 녹색지역이 날마다 축소되고, 기후의 가뭄과 고온현상 등등 여러 가지 원인들이 외부 세계가 하루하루 인간의 생존과 생활에 적합하지 않게 변화하고, 그로 인해서 인간들이 각종 질병에 시달리고 있다. 과거에 한 번도 들어보지 못한 질병이, 현대에 들어 하나씩 발생하고 있다. 의약이 발전하고 있지만, 질병의 발전 속도를 따라잡지 못하고 있다. 그러나 인간은 이런 환경 속에서 생존의 중요성을 느껴서, 각종 약품을 사용하여 신체의 건강을 유지하고, 여러 가지 방법을 모색하여 자신들이 편리하고 편안하도록 노력한다. 그러나 모르고 있는 점이 있는데, 편안한 생활을 누리려고 생각하면 할수록 자원에 대한 파괴가 더욱 심해지고, 대지에서 채취해오는 것이 더욱 많아지며, 환경파괴 역시 더욱 심하게 된다는 것이다. 생활을 조금만 간단히 하면, 환경보호에 더 이익이 되고, 인간이 좀 더 오랜 시간을 생존하는 데 이익이 될 것이다. 생활자원의 낭비가 커질수록 개발이 더욱 많아질 것이며, 인간이 생존할 수 있는 시간은 더욱 짧아질 것이다. 인간이 앞으로 한 걸음 나아갈 때마다 한 걸음 더 발전하면, 지구 멸망의 시간에 한 걸음 더 가까워지는 것이다. 이것은 하나의 객관적 사실이고, 과학자들의 예측으로, 결코 종교인들의 기우가 아니고, 과장해서 사람들을 놀라게 하려는 것도 아니다.

이런 시절인연 아래서 수행을 하면서, 고상한 정신생활, 간단한 물질생활을 제창하는 것은, 인류의 생사존망에 대하여 매우 중대한 의의가 있다고 생각한다. 정신생활이 좀 고상해지면, 물질생활의 욕망도 좀 줄어들 것이다. 그러나 반대로, 정신이 허전한 사람은 허전하면 허전할수록 더욱 외재적 물질로 자신의 허영과 욕망을 만족시키려 할 것이고, 자원의 낭비도 더욱 심해질 것이다.

선을 배우는 사람들은 이 점을 고려해야 한다. 만약 이런 점을 고려하지 않는다면, 우리의 자비심을 어디서부터 실천할 것인가? 우리는 중생에 대한 관심, 인간의 미래에 대한 관심을 어디서부터 실천할 것인가? 우리가 말하는 '봉사하는 인생', 이 이념은 빈말이 되고 말 것이다. 선을 배우는 사람은 일체 중생의 은혜에 감사하기 위하여 먼저 자신이 소박한 생활, 청정한 생활, 단순한 생활을 해야 한다. 생활은 단순할수록 좋다. 생활이 단순하면 단순할수록, 자연에 대한 수탈이 줄어들고, 자주성은 더욱 강력해지며, 자력갱생의 정신을 갖게 되고, 온갖 고난과 싸워서 승리할 수 있게 된다. 지나치게 외재적 세계에 의지하는 사람은 틀림없이 능력이 없는 사람이다. 선을 배우는 사람들은 의지를 단련해서, 정신생활을 충실하게 하고, 물질생활은 단순하고, 건강하며, 위생적으로 해야 한다. 생활이 단순한 사람은, 쉽게 청결한 위생을 유지한다. 그런데 집안에 온갖 물건이 쌓여 있고, 도처에 먼지가 수북이 쌓여 있으며, 세균이 득실거리는 집이 많다. 왜냐하면 시간이 없어서 정리를 못하였고, 시간이 없어서 햇볕에 말리지 않았으며, 시간이 없어서 세척을 하지 않았기 때문이다.

부처님이 이 세상에 계실 때, 출가한 사람은 옷 세 벌과 바리때 하나(三衣一鉢)라고 규정하였다. 생활이 얼마나 단순한가! 그러므로 단순소박하고, 청결하고 깔끔한 것이 매우 좋다. 지나치게 호화스럽고, 지나치게 현대화하면, 자원을 낭비하는 것이고, 도와 상응하지 않게 된다.

가정이 도량이고, 생활이 불사佛事다

근대 일본의 선사 영목정삼鈴木正三이 우렁찬 구호를 하나 외쳤다. "작업장이 도량이다." 이 이념이 일본 기업정신의 원천이 되었다. 기업을 선의 정신으로 관리하는 것이다. 선의 희열로 노동자를 상대하고, 선의 안심법문으로 노동자가 자신의 직무에서 편안하게 하고, 자신의 총명함과 재주를 기꺼이 내놓고 봉사하게 해야 한다. 선의 이념으로 모든 노동자들이 누구나 비교적 충분한 보답을 받을 수 있도록 해야 한다. 진실하고 사심이 없는 봉사는 반드시 충분한 보답이 있는 것이다.

가정은, 일반 사람들에게 있어서는 일생 동안의 학습, 일, 생활의 근거로, 이른바 '결혼하고 직업을 갖는다(成家立業).'는 의미다. 집에서 수행하는 사람이 만약 가정을 도량으로 간주하지 않으면, 수행의 이념이 실제화될 수 없다. 『유마경』에서 이렇게 말한다. "번뇌가 도량이니, 실상을 알았기 때문이다. 모든 중생이 도량이니, 무아를 알았기 때문이다. 일체법이 도량이니, 공적空寂을 알았기 때문이다."[230] 그러므로 "가정이 도량이다."라는 의미도, 역시 불법에 당연히 들어 있는 의미다. 불법의 수행은 반드시 생활의 모든 측면을 포함해야 한다. 만약 어디 한 곳이 도량이 아니라면, 그곳은 법륜이 도달하지 못한 곳이다. 법륜이 도달하지 못한 곳은 부처가 없는 곳이다. 부처가 없는 곳은 광명이 없는 곳이다. 가정이 도량이니 가정에 불법이 있다. 사회가 도량이니 사회에 불법이 있고, 어디나 도량이니 어디에나 불법이 있다. 특히 『유마경』에서 "번뇌가 도량이다."라고 말하는데, 그 의의는 매우 심오한 것이다. 왜냐하면 불법은 번뇌를 끊는 것이고, 번뇌를 끊는 과정으로, 바로 수도의 과정이고, 성불의 과정이기 때문이다.

가정은 도량이고, 생활은 불사佛事다. 자비·감사·화목은 귀중한 것이고, 인욕과 포용은 묘방妙方이다. 신체는 사원이고, 마음은 불상이며, 두 귀는 종과 북이 울리는 것이고, 호흡은 부처와 보살의 음성이 맑게 울리는 것이다. 우리가 가정을 이렇게 생각하고, 생활을 이렇게 생각하면, 어디에서 불사를 못하겠는가? 어디인들 도량이 아닌 곳이 있겠는가? 우리는 날마다 허다한 소리를 듣게 되는데, 종종 그 소리들이 수행에 방해가 된다고 느낀다. 우리가 사원에 들어갔을 때, 밤은 깊고 고요한데, 종과 북 소리가 들리면 특별히 좋아하게 된다. 종과 북의 소리는 맑고 깨끗하고 듣기 좋고, 마음속 깊이 스며들어 감동을 준다. 우리는 자동차의 소음이나 경적 소리를 종이나 북 소리로 생각할 수는 없을까? 수행을 해서 일정한 수준에 이르게 되면, 무슨 소리를 듣건 매우 듣기 좋고, 무슨 소리를 듣건 전혀 방해가 되지 않는다. 특히 선정수행에서 삼선三禪에 들어간 이후에는 소리도 들리지 않는다.

"가정이 도량이다."라는 이 이념은, 우리가 진지하게 사고한 뒤에 확실하게 실제화해야 한다. 진정으로 자신의 가정을 도량으로 간주하면, 그 의의는 매우 크다. 이 이념은 또한 과거에 태허대사가 제창한 "불교화 가정(佛化家庭)"과 같다. 우리는 사회도 현대화해야 하고, 가정도 현대화해야 한다고 말하고 있지만, 내 생각으로는, 비록 가정의 현대화도 필요하지만 가정의 불교화가 더욱 중요하다. 가정이 불교화가 되어야, 비로소 가정의 현대화가 진정으로 우리의 인생에 편리함과 행복을 주게 될 것이다.

만약 고상한 정신수양이 없다면, 욕망이란 골짜기는 메우기가 어렵다. 어떻게 현대화하든지 간에, 욕망을 만족시키는 것은 어려운 일이다. 어떤 사람이 수행에 대해서 영원히 만족하지 못한다면, 그것은 좋은 일이다. 공공사업에 대해서 영원히 만족하지 못하면,

그것은 좋은 일이다. 봉사에 대해서 영원히 만족하지 못하면, 그것은 좋은 일이다. 만약 사욕私欲에 대해서 영원히 만족하지 못하면, 그것은 하늘만큼이나 큰 나쁜 일이다. 욕망이라는 골짜기는 메우기 어려운 것이고, 탐욕은 영원히 만족하기 어렵다. 이것은 인생의 타락을 의미하는 것이고, 인생의 승화를 의미하는 것이 아니다. 왜냐하면 사람들은 정신이 공허하면, 결국 물질로 보충하려는 생각을 하는데, 실제적으로 정신의 공허함은 물질로는 영원히 메울 수가 없다. 정신의 공허함은 반드시 정신의 힘, 정신적 자원으로 메워야 하고, 지혜와 자비심으로, 봉사의 정신으로 메워야 한다.

　가정은 도량이다. 그렇다면 가정이라는 도량을 어떻게 다루어야 하는가? 가정이 도량인 데는 어떤 원칙이 있는가? 여전히 여덟 가지가 있는데, 사람노릇 하는 데 네 가지로 신앙·인과·양심·도덕이 있고, 나머지는 일하는 데 네 가지로 감은感恩·포용包容·분향分享·결연結緣이 있다고 설명하였다.

19 번뇌를 처리하는 방법

고대의 선사들이 번뇌를 다루는 문제를 언급할 때, 항상 '단斷'과 '전轉' 두 글자를 사용하였다. 우리는 어떤 일에 대해서 '처리한다'는 말을 사용한다. 여러분이 좀 더 쉽게 이해할 수 있도록, 나도 여기서 '처리處理'라는 단어를 사용하는데, 내가 여기서 사용하는 '처리'는 두 가지 의미가 있다. 첫째 의미는, 번뇌를 어떻게 해결할 것인가? 둘째 의미는, 번뇌를 무엇으로 생각해야 할 것인가?이다. 만약 우리가 이제 번뇌를 필요 없는 처리품으로 생각한다면, 누구나 틀림없이 스스로 번뇌를 하지 않을 것이다.

내가 보기에, 우리는 모두 번뇌를 소용없으니 처리해야 할 물품으로 생각하지 않고, 그래서 결국 끌어안고 내려놓지 못하며, 스스로 번뇌를 좋은 것이라고 생각한다. 그래서 번뇌가 매우 많다. 여러분도 과연 이 같이 생각하는지, 그렇지 않은지 한 번 잘 생각해 보아야 한다. 만약 번뇌를 보배로 생각한다면, 이 보배는 천천히 처리하며, 조금씩 다른 사람에게 나누어주고, 혼자만 갖고 즐겨서는 안 된다. 만약 이 도리를 분명히 알게 되었다면, 번뇌는 처리해야 할 것에 불과하고, 자신과는 아무 관계도 없다는 것을 알게 되고, 당연히 이 처리할 것은 갖고 있지 않아야 한다는 것을 자연히 인식하게 되고, 당연히 자기가 본래 가지고 있는 지혜를 발굴하게 될 것이다.

내가 번뇌를 보배로 생각하고, 아까워서 버리지도 못한다고 말했는데, 여러분은 웃기는 이야기라고 생각하지 않기를 바란다. 이것은 실제 상황으로, 나 자신도 이 안에 포함되어 있다. 나 역시 완전히 번뇌를 처리할 물품이라고 생각하지 못하고, 종종 자각하거나, 자각하지 못하는 가운데 번뇌를 보배로 간주하고, 아까워서 버리지를 못한다. 만약 우리가 정말 번뇌를 처리할 물품으로 간주한다면, 우리 누구나 일찍이 번뇌장煩惱障·소지장所知障을 끊어버렸을 것이고, 하늘 끝 저 멀리로 던져버렸을 것이다. 우리가 무량겁 이래 윤회생사를 거듭하고, 육도 속에서 이리저리 출몰해 왔는데, 이 문제의 핵심은 바로 죽어라 번뇌를 끌어안고 내려놓지를 못하고, 번뇌를 처리품으로 생각하지 않고, 보배로 생각하는 것이다. 여러분이 이런 각도에서 번뇌를 이해하고, 번뇌를 취급하면, 번뇌를 보리로 전화시키는 일이 좀 쉬워질 것이다.

우리는 종종 자신과 자신이 갈등하여 번뇌를 만드는데, 일반 사람들은 이것을 자신이 스스로를 괴롭히는 일이라고 말한다. 그러나 이런 일은 일상생활 속에서 누구나 모두 똑같다. 법률의 각도에서 말하면, 자신과 자신의 갈등에서 번뇌를 만들어 내는 것은 어떤 법적 책임도 없다. 그러나 선禪의 각도에서 말하면, 자신과 자신이 갈등하여 번뇌를 만들어 내는 것은 매우 어리석은 일이다. 왜냐하면 그것 역시 번뇌고, 또한 생사의 근본이며, 역시 전화하고, 제거해야 할 대상이기 때문이다.

오늘 번뇌를 처리하는 방법을 말하고 있는데, 중점은 인간관계 속에서 항상 만나게 되는 번뇌에 대한 것이다. 왜냐하면 인간관계 속에서 일어나는 번뇌는 자신에게 영향을 줄 뿐만 아니라, 가정, 사회, 그리고 국가에도 영향을 미치기 때문이다.

일반 사람들은 한 가지 일에 부딪혔을 때, 상대방을 똑바로 뚫어지게 쳐다보고, 상대가 자신을 어떻게 대우하는가, 공평한가 불공평한가, 결국 항상 이런 문제를 생각한다. 종종 일반 사람들은 자신에 대한 요구는 아주 적게 하는데, 즉 어떻게 자신의 위치를 바르게 놓을 것인가, 어떻게 팔풍八風 앞에서 마음이 움직이지 않을 것인가, 이런 문제는 아주 적게 생각하는 것이다. 일반 사람이 이런 점을 해내기 어려운데, 설사 출가한 사람이 10년, 8년을 수행했다고 하더라도, 역시 이런 점을 해내기 어렵다. 이것은 바로 앞에서 그 요지를 밝힌 것처럼, 번뇌를 보배로 간주하고, 필요 없는 처리품으로 간주하지 않기 때문이다.

번뇌는 바로 '팔풍八風'이다. 팔풍은 이利, 쇠衰, 예譽, 훼毀, 칭稱, 기譏, 고苦, 낙樂 등이다. 이 '팔풍'에 일체의 번뇌가 모두 포함되어 있다. '팔풍'은 이와 쇠, 예와 훼, 칭과 기, 고와 낙 등 쌍으로 되어 있는데, 일반 사람들은 모두 이利를 좋은 것으로 보고, 낙樂을 좋은 것으로 보고, 칭稱과 예譽를 좋은 것으로 본다. 내가 좋은 것을 바라면, 다른 사람도 똑같이 그것을 욕심내고, 결과적으로 모순이 발생한다. 분배가 불공평하다고 느끼거나, 표창이 불공평하다고 느끼거나, 칭찬이 불공평하다고 느끼거나, 자신이 손해 보았다고 느낀다. 어디서나 자신을 맨 앞에 놓고, 무슨 일이건 자신을 가장 우선시하며, 근본적으로 다른 사람은 고려하지 않는다. 이것이 바로 번뇌의 근본 소재다.

'나(我)'가 있기 때문에 번뇌가 있는 것이다. 이런 번뇌들은 단지 집에 있는 사람들에게만 있는 것이 아니다. 많은 젊은 출가자들, 15~6세, 17~8세, 20여 세 되는 승려들, 이들은 세상 물정을 잘 모르고, 마음씨도 비교적 청정하지만, 그러나 '팔풍' 앞에서는 여전히 이 관문을 넘어서지 못하는 것을 나는 너무나 많이 보아왔다. 왜 그런가? 왜냐하면 '나'의 이익과 '나'의 체면과 밀접한 관계가 있다고 느끼고, '나'를 처리품으로 생각하지 못하기 때문이다. 만약 '나'를 처리품으로 생각하면, 바로 '아집我執'을 없애버릴 수 있다. 만약 '아집'을 처리해 버리면, 바로 성과聖果를 증득할 수 있다. 그러나 우리는 이것을 내려놓지 못한다.

승려이거나 속인이거나, 이미 하나의 자연인에서 사회인이 된 것이다. 왜냐하면 우리는 외딴 섬에서 혼자 살 수 있는 것이 아니고, 사람들 속에서, 인간관계 속에서 생활하고, 어떤 순간에도 모두 자타관계自他關係가 있는 것이다. 일체의 문제는 모두 자타관계 속에서 표출되어 나오는데, 가장 잘 드러나는 표출은 피차가 모두 자신이 제일이라고 하는 것으로, '나'를 가장 우선적으로 고려하는 것이다.

번뇌를 처리하는 첫째 방법은 먼저 자신에게 요구하는 것이다.

어떻게 자신에게 요구할 것인가? 자신에게 요구하는 법을 배워야 한다. 이익 앞에서, 명예 앞에서, 모든 좋은 일이나 나쁜 일이나, 고통을 당하거나 행복을 즐기거나 등등의 경우에, 다른 사람을 쳐다보지 말고, 먼저 자신을 점검해보고, 손해보거나 속임을 당하는 일에는 자신이 먼저 나서고, 좋은 일은 남에게 주는 행위를 자신에게 요구해야 한다. 이것이 선수행자의 행위다. '아집我執'을 어떻게 처리할 것인가? 이것은 하나의 자질문제다. 이런 실천을 하면, 천천히 '아집'이 희미해지고, 천천히 '나(我)'를 처리할 수 있게 된다. 이런 실천은 처음 시작할 때에는 매우 힘들여서 해야 하지만, 오래오래 계속하면 일종의 자각적 행위로 변하게 된다. 나는 이런 행위를 "자질의 최적화"라고 부르거나, 혹은 "자신의 자질을 최적화한다."고 부른다.

현재 중국 전체가 자질교육을 제창하고, 전체 민족의 자질을 향상시키고자 한다. 선을 배우는 사람들 역시 끊임없이 자질을 최적화하려고 노력하고 있다. 자질을 최적화하는 것은, 실제적으로는 깨달음(覺悟)을 제고하고, 지혜를 신장시키는 것이고, '팔풍' 앞에서 천천히 여여부동如如不動할 수 있게 하는 것이다. '팔풍' 앞에서 여여부동하게 되면, 우리의 자질이 진정으로 최적화의 표준에 도달한 것이다.

자신에게 요구하는 것이 쉬운 일이 아니다. 가끔 우리가 어떤 일에 부딪혔을 때, 결국 자아에서 출발하여, 자신이 손해를 입을까 두려워하고, 자신이 속임을 당할까 두려워하고, 자신의 체면을 잃을까 두려워한다. 어떤 경우 잇속을 좀 차렸는데, 이익을 충분히 차지하지 못했다고 느끼고, 갖가지 이유를 들어서 좀 더 차지하려고 하고, 좀 더 차지하지 못하면 자신은 마치 손해보고 속임을 당한 것으로 생각한다. 나는 하방下放을 당하여 노동을 할 때, 이런 사람들을 특별히 많이 보았다.

예를 들어 말하면, 요즈음 북쪽 지방에서는 밀을 수확하면 밀짚은 모두 버린다. 내가 남방으로 하방을 당하여 노동을 할 때, 밀짚을 사람들에게 나누어 주었다. 그들은 그 밀짚을 연료로 밥을 했는데, 밀짚을 나누어 줄 때 저울을 사용하였다. 그때 저울이 좀 올라가거나 내려가면, 부녀자들이 소리를 어찌나 지르는지 정말 대단하였다. 지금 나이가 40여 살 되는 사람이 만약 농촌에서 출생했다면, 모두 이런 일을 경험했을 것이다. 이것은 분명히 나의 어려운 상황의 표현이지만, 또한 사람이 이익 앞에서는 작은 일에도 지나치게 따지고 든다는 것을 설명하는 것이다. 그런 비교적 빈곤한 생활환경 속에서는 사람이 그렇게 옹졸해질 수밖에 없을 수도 있고, 만약 대범했다면 굶주려야 했을 수도 있다. 당연히 이것은 경제상황이 비교적 어려웠던 시기에 작은 일에도 지나치게 따지는 현상이었을 뿐이다.

이제는 생활환경도 좋아졌고, 생활수준도 많이 올랐으니, 따지는 형식도 달라졌다. 그러나 여전히 번뇌를 일으키는데, 이 병의 근원은 동일한 것으로, 역시 '아집'이 문제를 일으키는 것이고, 또한 우리의 자질이 진정으로 최적화의 요구에 미치지 못한 것이며, 또한 지혜가 결핍된 것이다. 그래서 내 생각으로는, 인간관계에 대처할 때, 번뇌를 없애야 하고, 번뇌가 자신을 지배해서 괴롭게 하지 못하도록 해야 하는데, 여기서 가장 우선적인 일 한 가지는 무엇이든 자신에게 먼저 요구하고, 자신을 최적화하는 것이다.

둘째 방법은 타인을 이해하는 것을 배우는 것이다.

타인을 이해하는 것은 무엇이든지 자신에게 먼저 요구하는 것만큼 실천하기 어렵다. 우리는 모든 수단방법을 동원하여 상대방의 잘못을 찾아내려 하고, 결국 상대방은 자신과 함께할 수 없다고 느끼게 되고, 그리하여 누구나 모두 자신의 적이라고 생각한다. 많은 일들이 본래 별 의미가 없는데, 옹졸한 사람은 반드시 자신의 위치를 확보하려 하고, 스스로 번뇌를 찾는다. 옛사람이 이렇게 말하였다. "세상에는 본래 일이 없는데, 범인凡人이 스스로 세상을 어지럽힌다."[231] 천하는 본래 평화롭고 안정된 곳인데, 우리가 굳이 일을 찾아내고, 스스로 번뇌를 찾아내는데, 그것은 바로 타인을 이해할 수 없는 데서 기인한다. 인간의 일생의 시간은 지극히 유한하니, 우리는 이 세상에서 평범하고 즐겁게 한평생을 보내면 되고, 설사 상대방이 자신에게 무슨 잘못을 하였다 하더라도, 상호 간의 관대한 마음과 애정으로 양해를 해야 한다. 이런 사람은 화목한 인간관계를 맺을 수 있다.

번뇌를 처리하지 못하는 사람은, 도처에서 스스로 번뇌를 찾고, 결국은 모든 사람이 자신에게 불만을 가지고 있다는 느낌 속에서 생활한다. 이것은 실제적인 심리작용으로, 어떻게 자신에게 요구해야 하는지를 알지 못하는 것이다. 그런데 어떻게 타인을 이해할 수 있겠는가? 타인을 이해할 줄 모르는 사람은 생활이 매우 고통스럽다. 현실에서 이런 사람은 곳곳에 있다. 어쩌다 한 마디 무의식 중에 튀어나온 말을 트집 잡기 좋아하는 사람이 들으면, 자신을 그

말 속에 넣어서, 자신을 풍자하고 비꼬았다고 생각하고, 스스로 견디지 못하고, 번뇌를 일으키고, 시간이 더 지나면서 한 번 두 번 점차 증가하여 흥분하면, 마지막에는 결국 폭발하게 되고, 싸움을 일으키게 된다. 심지어는 살인사건을 일으키기도 한다. 신문의 사회면에서 가끔 보게 되는 기사에, 돈 몇 푼에 사람을 죽이는 사건도 있고, 우스갯말 한마디가 비극을 만들어 낸 사건도 있다.

　타인을 이해하지 못하는 사람은 자기 자신을 잘 대하지 못하는 사람이라고 말할 수 있는데, 스스로 자신을 잘 대하는 사람은 타인을 잘 이해하는 사람이다. 왜 그럴까? 왜냐하면 사람은 누구나 성현이 아니고, 누구나 잘못이 있는 것인데, 자신은 항상 남의 과실을 주의해 보면서, 무엇 때문에 자신에게 과실이 있는지 없는지 반성하지 못하고, 무엇 때문에 자신이 한 말이 타인에게 상처를 주었는지 아닌지 스스로 반성하지 못하는가? 그러므로 항상 자신을 반성할 수 있는 사람은 타인을 이해할 수 있는 사람이다. 항상 타인을 이해하는 마음으로 주위 사람들이나 일을 마주하게 되면, 많은 번뇌를 줄일 수 있고, 많은 번뇌를 처리품으로 간주하고 보배로 간주하지 않게 된다. 그러므로 인간관계 속의 번뇌를 처리하는 둘째 방법은 바로 타인을 잘 이해하는 것이다.

　셋째 방법은 감사할 줄 알고, 봉사할 줄 아는 것이다.

　우리가 타인과 교류하는 때, 감사의 마음이 있어야 하고, 봉사의 정신이 있어야 한다. 왜냐하면 한 개인의 존재는 주위의 모든 사람, 세상의 모든 사람의 존재와 분리될 수 없기 때문이다. 우리 각각의 개체 생명이 존재할 수 있는 것은 전체 우주와 분리되어 있지 않기 때문이다. 한번 생각해 보면, 만약 이 세상에 나 혼자 남아 있다면, 나는 여전히 존재할 수 있을까? 틀림없이 불가능한 일이다. 누구나 모두 이렇게 자신을 반성해 보자. 즉 이 세상에서 모든 인간이 없어졌는데, 단지 나 혼자서 남아서, 이 몸이 천하제일이라고 생각하고 있다. 이미 모든 사람이 없어져 버렸다면, 어떻게 제일이 될 수 있겠는가? 그러므로 항상 모든 사람에게 감사해야 하는데, 왜냐하면 모든 사람의 존재가 한 개인의 존재를 위해서 전제를 제공하고, 조건을 제공하고, 모든 것을 제공하며, 그 안에는 한 개인의 생명도 포함되어 있기 때문이다. 이렇게 말하는데, 감사를 하겠는가, 아니 하겠는가? 이런 마음으로 자타관계에서 드러나는 모순에 대처할 수 있으면, 마음은 자연히 편안해지고, 자연히 감사의 마음으로, 보은의 마음으로, 봉사의 마음으로 모든 사람을 대하고, 모든 일을 대하고, 일체 중생을 대하고, 우주대지를 대하게 된다.

  인간의 존재와 전체 산하대지는 분리될 수 없을 뿐만 아니라, 또한 협조하고 조화롭게 존재해야 한다. 오직 인간과 자연이 조화롭게 존재하기만 하면 인간은 생존할 수 있으며, 반면 부조화가 출현하면 인간의 생존에 바로 위기가 출현한다. 무엇 때문에 9·11 테러사건 때 미국의 세계무역센터가 붕괴하여 그렇게 많은 사람이 사망했는가? 바로 세계무역센터에 불이 났던 그 시각에, 생존환경이 바뀌어 버린 것인데, 왜냐하면 인간의 생존은 조건의 제약을 받기 때문에, 생존환경이 달라져 버리면, 생존에 바로 문제가 발생하는 것이다. 그러므로 우리는 감사해야 한다. 왜냐하면 만약 우주대지 위의 일체가 모두 조화롭게 존재하지 못한다면, 우리의 생명 역시 존재할 수가 없기 때문이다.

요즈음 많은 사람들이 환경보호의식을 말한다. 만약 환경보호의식을 감사의 마음 정도까지 제고하여 이해하고, 인간의 존재, 개인의 존재는 모든 중생(有情, 無情)의 존재와 분리될 수 없다는 정도까지 제고하여 이해하면, 나는 개인이 자각적으로 환경보호의 일에 참여하게 되고, 자각적으로 생태계의 평형을 보호하는 일에 참여하게 될 것이라고 생각한다. 불교에 "유정과 무정 모두 일체종지를 갖추고 있다."²³²는 관념이 있다. 만약 환경보호의 각도에서 말한다면, 이것은 최고의 환경보호의식이다. 유정과 무정은 모두 법계 안에 있고, 하나의 법계에 단지 '유정'만 있으면 '법계'라고 부르지를 않고, 당연히 단지 '무정'만 있어도 '법계'라고 부르지 않는다. 오직 '유정'과 '무정'이 동시에 균형 있게 존재할 때, 이 대지혜는 비로소 원만해지는 것이다. 만약 균형 있게 존재하지 못하면 원만할 수가 없다. 그러므로 불교의 이 이론을 가장 원만한 환경보호이론이라고 말할 수 있다. 사실상 이 이론은 어디에 사용을 하든지 모두 원융무애圓融無碍하다.

넷째 방법은 인연을 소중히 여기고, 복을 소중히 여기는 것이다.

우리는 감사와 봉사를 이해해야 하고, 또한 우리가 모두 같은 인간이고, 동시에 이 지구, 이 우주, 이 공간에서 생존하고 있는 것이 모두 무상無上의 인연이며, 모두 과거생에서 심어 놓은 많은 선근이 있었기 때문에 이런 무상의 인연이 있다는 것을 알아야 한다. 그러므로 반드시 이 연분緣分을 소중히 여겨야 한다. 특히 오늘 함께 불법을 듣고, 함께 선을 배우는 이 연분은 진실로 불가사의한 것이다. 그러므로 출가를 했거나, 출가를 하지 않고 집에 있거나, 서로 간에 만나기 쉽지 않은 인연인 불연佛緣·법연法緣·선연善緣·인연人緣 등을 소중히 여겨야 한다. 이것은 내가 과거에 배웠던 모택동 주석의 어록인 "우리는 모두 여러 지방에서 왔는데, 하나의 공통목표를 위하여 함께 온 것이다."[233]를 연상하게 한다. 이 말은 매우 좋아서, 우리 모두 선을 배우고, 인연을 소중히 여기고, 복을 소중히 여기며 열심히 노력하는 데 힘이 될 수 있다.

 인연을 소중히 여기는 것은 사람과 사람 사이의 연분을 소중히 여기는 것이고, 복을 소중히 여기는 것은 사람과 물건 사이의 연분을 소중하게 여기는 것이다. 왜냐하면 일체의 물질적 재화는 힘든 노력을 통하여 창조한 것일 뿐만 아니라, 그것 자체가 또한 지구의 자원이기도 하기 때문이다. 지구의 자원 중에 일부는 재생을 할 수 있지만, 일부는 재생할 수 없는 것도 있다. 재생이 가능하다 하더라도 역시 단시간 안에 재생할 수 있는 것이 아니다. 석탄이나 석유 같은 것은 채굴한 뒤에는 재생하는 것이 불가능하고, 설사 재생이 된다 해도 우리 세대나 2대 이후, 10대 이후, 100대 이후의 사람들이 사용할 수 있는 것이 아니다. 이런 재생이 불가능한 자원, 혹은 단기간 안에 재생할 수 없는 자원은 좀 더 소중하게 여기고 적게 사용하는 수밖에 없다. 그러므로 우리는 절약할 줄 알아야 하고, 복을 소중히 여길 줄 알아야 한다.

 몇 십 년 전에, 만약 물에 문제가 발생할 수 있다고 말하면, 대부분 믿지를 않았다. 만약 누군가 미래의 인간은 먹을 물이 없어질 수 있다고 말하면, 그 사람을 아예 정신병자라고 말했을 것이다. 그러나 오늘날 보면, 인간이 마실 물을 구하기 어렵게 될 날이 그렇게 멀리 있는 것이 아니다. 북경에서 기차를 타고 석가장石家莊까지 가는데 여러 개의 하천을 건너게 된다. 다리가 있는 곳은 모두 하천이 있기 때문이다. 이 하천의 물은 몇 십 년 전만 해도 파도치며 세차게 굽이쳐 흘렀다. 그런데 현재는 어떤가? 사막이 되어 버렸다. 1952년에 나는 처음 기차를 타고 황하를 건너갔다. 그때 황하의 물은 다리의 높이와 거의 같았고, 기차가 마치 물위를 지나가는 것 같았다. 50년이 지나서, 지금 기차가 황하를 건너면, 마치 사막 위를 지나가는 것 같은데, 황하의 물이 기본적으로 말라버린 것이다. 과거에 누군가 황하의 물이 말라버릴 것이라 말했다면, 그것은 완전히 웃음거리가 되었을 것이다. 그러나 그것은 이제 현실이 되어 버렸다. 도대체 원인이 어디에 있는 것인가? 바로 인간이 자원을 소중히 해야 한다는 것을 알지 못했고, 자원을 보호하고 이 지구를 사랑해야 한다는 것을 알지 못했고, 복을 소중히 해야 하는 것을 알지 못했기 때문이다. 대자연을 지나치게 수탈하고, 과도한 낭비를 하여 하천이 말라버리게 되었으며, 마침내는 대자연의 징벌을 받게 된 것이다.

　우리 중국은 과도한 낭비를 하고, 과도하게 대자연을 파괴하고 있는데, 당연히 1958년 대련강철운동 때부터 시작된 것이다. 그때 거의 대부분의 오래된 나무들은 벌목하여 강철 제련의 연료로 사용하였다. 이것이 산림의 대재난이었고, 또한 모든 철로 만든 문물·가구·그릇들의 대재난이었다. 그때, 일체의 철로 된 문고리와 집집마다 가지고 있는 철냄비도 모두 깨트려서 가져다가 강철 제련에 사용하였다. 그때는 한 마을에 하나의 식당이 있었고, 모두 다 식당에서 공동 식사를 하였다. 요즈음 사람들이 생각하면 웃음이 나오겠지만, 당시 우리 역시 매우 적극적으로 이런 어리석은 짓을 하였다. 그때 우리는 법원사중국불학원法源寺中國佛學院에서 공부를 하고 있었는데, 나는 우리 학우들이 어리석은 짓을 한 사건 하나를 기억하고 있다. 법원사에 철로 만든 솥이 하나 있었는데, 아마도 청나라 시대의 것으로, 시대가 아주 오래된 것은 아니었다. 강철제련에 많은 것을 사용했는데, 그 솥도 가져다 제련하여 강철로 만들어 버렸다. 비록 이것은 한 시대의 비극이지만, 그러나 우리 개인들도 역시 책임이 있다. 이것이 우스갯말 같지만, 실제적으로는 우스갯말이 아니고, 분명한 사실이다. 인류는 자원절약을 모르고, 지구를 사랑할 줄 몰랐기 때문에, 지구자원의 결핍을 초래한 것이다. 우리는 사람과 사람 사이의 번뇌를 잘 처리해야 하고, 인연을 소중히 여길 줄 알아야 하고, 또한 복을 소중히 여기는 것을 이해하고, 복이 있다고 모두 다 써버려서는 안 될 것이다. 항상 절약정신이 있어야 하고, 항상 지구의 자원이 유한하다는 것을 생각하며, 인간이 지나치게 누리려고 해서는 안 된다. 언젠가는 지구상의 먹을 수 있는 것, 마실 수 있는 것, 사용할 수 있는 것들이 끝나는 날이 올 수도 있기 때문이다.

  내가 운수행각을 할 때, 어떤 지방에 쓰여 있는 매우 좋은 표어 하나를 본 적이 있다. "한 평의 땅이라도 소중히 하고, 그것을 남겨서 자손들이 농사짓게 하자." 만약 이런 정신을 모든 측면에 널리 적용한다면, 우리 인간에게 오늘이 있지만 또한 내일도 있다는 것을 생각하게 될 것이다. 오늘의 인간도 생존해야 하고, 내일의 인간도 역시 생존해야 한다. 우리 자신도 생존해야 하고, 다른 사람도 역시 생존해야 한다. 우리 인간도 생존해야 하고, 기타 일체 중생도, 일체 동물도 역시 생존해야 한다. 우리가 재화를 존중하고, 생명을 존중하는 정신을 가지고 생활하면, 아주 많은 번뇌를 감소시킬 수 있고, 우리의 생활을 더욱 안정되고, 더욱 화목하고, 더욱 행복하게 할 수 있다.

이상에서 말한 것 가운데 첫째는 자신에게 요구하는 것으로, "자신의 자질을 최적화한다."라고 부르고, 둘째는 타인을 이해하는 것이고, 셋째는 감사와 봉사이고, 넷째는 인연을 소중히 여기고, 복을 소중히 여기는 것이다. 이것들을 합쳐서 "자타관계를 조화롭게 한다."라고 부른다. 이런 방법들을 합해 놓으면, 바로 불교의 지혜와 자비다. 자신의 자질을 최적화하려면, 지혜에 의존해야 한다. 자타관계를 조화롭게 하려면, 자비에 의존해야 한다. 지혜가 있으면 인생을 깨달을 수 있고, 자비가 있으면 인생에 봉사할 수 있다. 깨달음의 인생, 봉사하는 인생, 이것이 바로 우리가 번뇌를 없앨 수 있는 가장 좋은 방법이다.

20 생활과 생사

인간의 생사문제

인간의 생사문제는 '인간의 생명은 어디서 온 것이고, 어디로 가는 것인가'의 문제다. 불교는 궁극적 문제는 말하지 않고, 단지 생사문제만 말한다. 인간에 대해서 말하면, 범인이건 성인이건, 생사는 시작이 없다. 언제부터 생명이 있기 시작했는가? 불교는 이 문제에 대답하지 않는다. 그렇다면 생명의 미래는 어떻게 될까? 두 종류의 상황이 있다. 만약 육도六道를 윤회하게 되면, 생사는 끝이 없다. 만약 범인을 벗어나서 성인이 되면, 생사는 해결된 것이다.

  범인에 대해서 말하면, 생사는 시작도 끝도 없다. 성인에 대해서 말하면, 생사는 시작은 없지만 끝은 있다. 이것이 이른바 생사를 해결한 것이고, 생사대사生死大事를 끝마친 것이다. 성인의 생명과 범부의 생명에는 두 종류의 생사가 있다. 하나는 분단생사分段生死라 부르고, 하나는 변역생사變易生死라고 부른다.

이른바 분단생사는 다음과 같다. 우리 범부는 육도를 윤회하는 가운데, 자신의 유루의 선악인과가 동일하지 않은 데서, 번뇌에 의한 감응에 의해서, 자신이 최후로 얻게 되는 과보가 있다. 바로 이 과보에 의해서 신체 수명이 각각 다르게 되고, 형체상의 구분이 있게 되며, 시간상의 한계가 있게 되는데, 이것을 분단생사라고 부른다.

아라한, 대력보살은 무루업을 인因으로 하고, 원력을 연緣으로 하여 태어나기 때문에, 감응으로 받은 계외생사界外生死[234] 역시 각각 서로 다르다. 계외界外의 신신身을 의생신意生身이라고 부르고, 의생신은 신체적 형질이 없고, 단지 생명의 활동만 있다. 의생신은 생각(意念)에 의해서 태어난 신체로, 변화가 무궁하고, 크게도 변할 수 있고, 작게도 변할 수 있다. 이것은 몸의 형체로 말한 것이다. 수명으로 말하면, 길 수도 있고, 짧을 수도 있다. 모든 것은 원력에 의해서 결정된다. 이로부터 얻은 신체를 변역신變易身이라고 부르며, 이런 신체의 수명은 어느 때는 있고, 어느 때는 없는데, 이것은 인연에 의해서 결정된다. 이것을 변역생사라고 부른다. 이것은 계외성인界外聖人이 자신의 원력과 중생의 인연에 근거해서 갖게 되는 일종의 생사다. 범부의 입장에서 말하면, 현재 받은 생사는 분단생사이고, 우리가 해결해야 할 문제도 바로 분단생사다.

생명은 어디서 오는 것이고, 죽으면 어디로 가는 것인가? 이것이 생사문제다. 일반적인 철학이나 종교에서는 이것을 궁극적 문제라고 부른다. 이 문제에 대해서 탐구하고, 관심을 갖는 것을 궁극적 관심라고 부른다.

인생의 가치는 인간의 전체적인 생명 활동 가운데서 드러난다. 인간은 태어나서 죽을 때까지 당연히 관심과 사랑을 받아야 하고, 존중과 보호를 받아야 한다. 즉 생존의 권리가 옹호되어야 한다. 한 인간의 생명이 끝맺으려 할 때를 당하였다면, 이미 인생의 종점에 도달하였으니, 타인들은 그에게 반드시 관심과 사랑을 주어야 한다. 왜냐하면 인간이 이 사회에 와서, 이 인간 세상에 와서 수많은 고난을 받았고, 자신을 위하여, 타인을 위하여 여러 가지 봉사도 하였으니, 사람은 누구나 죽음을 눈앞에 둔 때에 이르면, 위로와 관심과 도움을 바라고, 또한 생명이 위독한 때에 받는 여러 가지 고통을 해소하기를 희망한다. 우리는 그에게 도움을 주고, 좋은 방향으로 이끌어 주고, 좋은 방향을 제시해서, 그가 좋은 곳에 태어나도록 해주어야 한다. 일반적인 궁극적 관심은 여기가 끝이다.

불교는 생사를 초월하는 것을 말하는데, 이것이 가장 철저한 궁극적 관심사이다. 많은 노인들이 나에게 이렇게 말한다. "나는 극락세계에 가고 싶고, 다시는 인간세계에 오고 싶지 않다! 인간 세상에는 고난이 너무 너무 많다. ……" 이런 실제 상황은 절대다수의 사람들이 직접 느끼는 것이다. 이것은 '생명이 어디로 가는지의 문제를 어떻게 해결할 것인가?'라는 문제와 관련되어 있다.

우리의 이 생명은 마치 기름때가 가득 묻은 한 장의 천 조각 같다. 천에 묻은 기름때를 씻어내려고 하면, 반드시 방법을 찾아야 한다. 현실 속의 천 조각은 세탁비누나 혹은 다양한 세제를 사용하여 오염물질을 씻어낼 수 있다. 생명의 때는 무엇인가? 하나는 번뇌장煩惱障이라고 부르고, 하나는 소지장所知障이라고 부른다. 장障은 마치 장벽과 같은 것으로, 사람이 앞으로 나아가려는 길을 막고 있는 것이다. 그래서 장障이라 부른다. 이른바 번뇌장은 날마다 번뇌가 일어나서 우리에게 장애가 되고 있는 것이다. 번뇌라는 장벽은 우리의 생명을 두 부분으로 나눈다. 하나는 오염된 부분이고, 하나는 청정한 부분이다.

어떻게 하면 생명 속의 번뇌를 천천히 희미하게 만들어서, 날마다 조금씩 줄어들게 할 수 있을까? 어떻게 하면 이 장벽을 무너뜨릴 수 있을까? 이때 방법을 사용해야 한다. 번뇌의 장벽을 무너뜨리고, 소지所知의 장애를 희미하게 만들어서, 우리가 본래 가지고 있는 광명이 드러나게 하는 것, 그것은 바로 진여불성眞如佛性이다. 이 진여불성을 법신혜명法身慧命이라 부르기도 하고, 또는 본래면목本來面目이라 부르기도 한다.

이 번뇌의 장벽이 해탈로 가는 길을 가로막고 있어서, 우리는 날마다 호미로 파고, 손으로 밀어보고, 물로 씻고, 물줄기를 세차게 뿌리기도 하는데, 이것이 바로 번뇌의 장벽을 제거하려는 것이다. 번뇌의 장벽이 얼마나 견고하든지 간에, '우공이산愚公移山'의 정신을 가지고, 날마다 부지런히 쉬지 않고 노력하고, 전심전력으로 공부하고, 하나에 집중하고 다른 생각이 없어야 한다(守一不移).

선원으로 가는 길의 벽 위에 세 단어를 써 붙여 놓았다. 즉 집중(專注), 청명淸明, 면밀綿密, 이 세 단어가 바로 하나에 집중하는 것(守一)이다. 청명은 각조覺照이고, 면밀은 집중과 각조가 끊임없이 지속되는 것이다. 다시 말하면, 번뇌장을 무너뜨리는 작업을 하려면, 부단히 큰 힘을 더해야 하고, 중단해서는 안 된다. 한 번 중단하면 번뇌는 바로 되살아나고 만다.

"생사문제는 중대하고, 무상한 생명은 매우 빠르게 죽음에 이른다."[235] 이 문제를 어떻게 항상 마음속에 가지고 있으면서, 인생의 큰 일로 삼아서 처리할 것인가. 이것이 우리 눈앞의 근본적인 임무다.

생활과 생사

부처님은 주로 두 가지 문제를 말하였다. 하나는 생활이고, 하나는 생사다. 간단히 말하면, 생활문제는 만약 정신생활의 문제를 포함하지 않는다면, 대부분 물질에 의지해서 해결한다. 생사문제는 정신에 의지해서 해결해야 한다. 어떤 때, 불교는 이 두 문제를 함께 묶어서 동일한 위치, 동일한 지점에 놓고서 사고하고 처리한다.

이 두 문제에 대해서 분석할 때, 두 가지 점으로 분석하는 것이 가능하다. 그러나 문제를 해결할 때, 이 둘을 따로 나누어 가지고 해결할 수는 없다. 왜냐하면 생사문제를 해결하는 것이 바로 생활문제를 해결하는 것이고, 생활문제를 해결하는 것이 바로 생사문제를 해결하는 것이기 때문이다. 왜 그런가? 왜냐하면 중생 혹은 인간의 일체 활동, 즉 생활은 신구의 삼업의 활동인데, 이는 생활문제를 포함하고 있고, 역시 생사문제도 포함하고 있기 때문이다. 생사문제는 생활 속에 존재하고 있는 것이다.

일반 사람들은 생사문제를 토론할 때, 대체적으로 생사를 확연하게 구분하여 하나의 고정된 시간 위에 놓아두는데, 생生은 어머니의 뱃속에서 빠져나오는 그 순간으로, 사死는 목구멍에서 숨이 끊어지는 그 순간으로 인식하고 있다. 이런 관점은 단편적인 것이다. 생과 사는 실제적으로 생활 속의 하나하나의 생각 속에 관통되어 있다. 이른바 "생각 생각이 생사다(念念生死)."라고 말하는 것이다. 생활 속에서 하나하나의 생각의 생사가 없으면, 단계적인 생사도 있을 수 없다. 만약 단지 생사를 생의 순간, 사의 순간으로만 간주한다면, 인과의 상속도 없다. 생사는 인과의 찰나찰나의 상속(念念相續)의 과정으로, 불교에서는 생활문제·생사문제를 처리할 때, 이 두 가지를 동일지점에 놓고 통일적으로 사고하고, 통일적으로 처리한다. 이 동일지점은 바로 역대 조사들이 말한 "지금 이곳의 한 생각(當下一念)"이다. "지금 이곳의 한 생각"은 생활문제이면서 또한 생사문제이니, "지금 이 현장의 이 한 생각"을 잘 처리하면, 생활문제도 해결되고, 생사문제도 해결된 것이다.

이렇게 말하면, 혹 어떤 사람은 좀 현묘하여 이해하기 어렵다고 느낄 수도 있다. 그러나 자세히 생각해보면, 실제적으로 이 문제는 이렇게 직접적이다. 절에서 저녁 예불을 드릴 때, 『몽산시식』의 의규儀規를 염송하는데, 그 첫 구절이 "만약 삼세의 모든 부처를 분명히 알고 싶으면, 마땅히 법계성法界性 일체가 오직 마음이 만든 것으로 보아야 한다."[236]이다. 무엇이 법계성인가? 이것은 생사문제와 생활문제를 포함하고 있다. 생사문제, 생활문제의 본질이 바로 법계성이다. 법계성은 어디에 있는가? 일체는 오직 마음이 조성한 것이다. 심에는 범심凡心과 성심聖心이 있고, 생사심과 보리심이 있는데, 어떻게 구별하는가? 한 생각의 미혹과 깨달음에 의한 구별이다. 한 생각이 미혹하면 바로 생사심生死心이고, 한 생각이 깨달았으면 바로 성현심聖賢心이다. 그러므로 부처님이 가르치시기를, 선 수행을 배울 때 길을 빙빙 돌아가지 말고, 단순명쾌하게 '지금 이곳의 한 생각'으로부터 수행해야 한다고 하였다. 지금 이곳의 한 생각을 잘 쓰게 되면, 생활 속에서 생사를 마무리할 수 있다. 지금 이곳의 한 생각을 잘 쓰면, 생활 속에서 생사를 마무리할 수 있고, 생사를 마무리한 가운데 생활할 수 있다. 이것이 바로 "수행 속에서 생활하고, 생활 속에서 수행하는 것"이다.

우리가 마주하고 있는 이 세계는 얼기설기 뒤엉켜 있고, 우리가 마주하고 있는 자신의 마음 역시 얼기설기 뒤엉켜 있다. 여러 문제를 개괄해보면 결국 생활문제이고 생사문제다. 또는 미혹의 문제와 깨달음의 문제라고 말할 수 있다. 이 두 문제의 존재와 표현은 시간과 공간의 제한을 받지 않고, 어떤 조건의 제한도 받지 않는다. 미혹은 바로 번뇌다. 그러나 번뇌도 양보할 수 있는데, 그것은 깨달은 사람 앞에서만 가능하다. 깨달은 사람은 번뇌를 보리로 전환할 수 있고, 생사를 열반으로 전환시킬 수 있다. 불교경전에서 이것을 "번뇌를 소멸시킨다(滅除煩惱)", 혹은 "번뇌를 끊는다(斷煩惱)"라고 부른다. 소멸시킨다(滅)고 하든지, 끊는다(斷)라고 하든지, 실제적으로는 모두 전환의 의미다. 깨달은 사람은 번뇌가 번뇌로 되지 않게 하고, 바로 번뇌를 끊어버린다.

번뇌가 번뇌로 되지 않게 하는 것은, 결코 간단한 일이 아니다. 옛날에 한 조사가 있었는데, 황제가 수도로 오라고 불렀지만 그는 병이 났다고 말하고 가지 않았다. 황제가 세 번째로 파견한 사람이 노스님에게 말하였다. "스님께서는 호의를 받아 주셔야지요! 황제께서 세 번이나 수도로 오라고 하셨는데 가시지 않았지요. 그 후과가 무엇인지를 스님께서는 아시지요? 스님께서 가시지 않으면, 스님의 머리를 잘라서 가져다가 황제를 뵙게 해야 합니다." 조사가 말하였다. "그거 참 좋습니다." 그리고 곧바로 게송을 하나 말하였다. "사대는 원래 무아이고, 오온은 본래 공한데, 머리가 시퍼런 칼날 앞에 있겠지만, 칼로 봄바람 자르듯 하리."[237] 이 조사가 보기에는 칼로 목을 자르는 것이 마치 칼로 바람 자르는 것과 같은 것이다. 바람은 통증도 모르고, 가려움도 모른다. 조사는 이미 자신의 생사를 도외시하고 있는 것이다. 이것이 바로 번뇌를 전환시킨 것이고, 생사를 전환시킨 것이다. 번뇌는 보리가 되었고, 생사는 열반이 된 것이다.

『금강경』을 읽어 본 사람은 모두 알고 있는데, 부처님이 전생에 수행 중에 있을 때, 가리왕에 의해서 신체가 여러 부분으로 토막이 났었는데, 부처님은 그때 원망하는 마음도 없고, 더욱이 번뇌도 없었다. 그는 철저히 생사를 알고 있었다. 어디에서 생사를 마무리하는가? 바로 생활 속에서 생사를 마무리하는 것이다. 칼로 그의 머리를 자르려 하는 것, 이것이 그가 마주한 생활이다. 그러나 그는 번뇌를 일으키지 않았고, 생각도 움직이지 않았다. 선을 배우는 사람은 번뇌가 없는 것인가? 번뇌는 수단도 가리지 않고, 상황도 따지지 않는다. 관건은 선을 배우는 사람이 어떤 마음으로 마주하고, 어떤 방법으로 처리하는가를 보는 것이다. 처리를 잘하면 번뇌는 바로 보리고, 처리를 잘 못하면 번뇌는 생사가 되어 버린다.

번뇌는 생명의 하나의 생각 속에 있고, 하나의 생각은 모두 생사가 있으니, 번뇌는 "찰나찰나 계속되는 것으로, 중단이 없다." 그러므로 수행에서도 역시 "찰나찰나 계속하여, 중단이 없어야 하고", 또한 "싫증나지 않아야 하며", 만족감이 있어서도 안 된다. 선을 배우는 사람은 나이가 많거나 적거나, 출가한 스님이거나 집에 있는 거사이거나, 모두 반드시 생사문제와 생활문제를 동시에 해결해야 한다. 생활 속에서 생사문제를 해결해야 하고, 생사문제를 해결하는 것과 동시에 생활해야 한다. 이것이 바로 선을 배우는 사람의 생활이다. 만약 이렇게 한다면, 하루 24시간을 모두 자신을 관조할 수 있으니, 이것이 바로 항상 원만하고, 행복하고, 편안한 가운데 생활하는 것이다.

생활 속에서 생사를 해결하는 것, 이 법문이 바로 '생활선'이다. 생활선을 수행하는 것은 생활 속에서 선의 즐거움(禪悅)을 체득하는 것이다. 이것은 결코 쉬운 일이 아니다. 그러나 만약 진정으로 수행을 하면, 이것은 가장 맛있고, 가장 살아 있는 법문이며, 언제나 어디서나 항상 사용할 수 있다.

생사문제·생활문제를 해결하려면, 무슨 방법을 사용하는 것이 가장 좋은가? 그것은 바로 시시각각 각조(覺照)하고, 모든 생각을 각조하는 것이다. 단지 잘 체득하기만 하면, "생활 속의 수행, 수행 속의 생활", "생활 속에서 생사 해결, 생사 해결 속에서 생활"을 실현할 수 있다.

생활선의 궁극적 관심

무엇을 궁극적 관심이라고 부르는가? 불교에서는 그것을 "생사를 초월하는 것", "해탈열반"이라 부르는데, 현대의 용어로는 "궁극적 관심"이라 한다. 인생의 마지막 역에 도착하고, 극한점에 도착해서 이제 더 이상 나아갈 곳이 없게 되었기 때문에 '궁극적'이라고 부른다.

불교의 각도에서 말하면, 인간의 죽음은 결코 생명의 끝이 아니고, 단지 한 번의 생명의 종점일 뿐, 절대적 의미의 종점이 아니며, 다시 가는 곳이 있다. 이생의 결말은 다음 생의 시작을 의미한다. 불교의 궁극적 관심은 사람들이 이번 인생의 한 생명 여정을 끝마칠 때, 관련된 여러 일을 잘 처리할 수 있도록 도와주는 것이다. 불교의 궁극적 관심에서 가장 바라는 것은 무주열반無住涅槃에 도달하는 것이다.

선을 배우는 목적은 일반적으로 말하면, 생生을 해결하고 사死를 벗어나는 것으로, 생사의 초월이다. 생을 해결하는 것은 인생의 여정 속에서 어떻게 보다 잘 살 것인가 하는 문제고, 사를 벗어나는 것은 인생의 여정을 모두 끝낸 뒤에, 어떻게 잘 죽을 것인가 하는 문제다. 인간이 보다 잘 살고자 생각하는 것이 생을 해결하는 것이고, 표표하게 죽고자 생각하는 것이 사死를 벗어나는 것이다. 사를 벗어나는 것은 죽지 않는다는 것이 아니고, 생을 해결한 기초 위에서, 소쇄하고 자재하고 편안하게 죽고자 하는 것이다. 많은 선사들이 임종할 때 죽을 것을 이미 알고, 오가는 것을 자유롭게 하였다.

이런 것이 바로 '생을 해결하고 죽음에서 벗어나는 것'의 본보기다.

생활선을 수행하면, 죽음에 어떻게 대처하게 되는가? 죽음은 인생에서 피할 수 없는 일이고, 일생 중에 언제라도 발생할 수 있는 일이다. 예를 들자면, 강을 건너는 사람이 대나무 뗏목을 타고 가다 만약 뗏목이 뒤집히면, 헤엄치지 못하는 사람은 물속에 빠져 죽을 가능성이 높다. 또 차를 타고 산길을 가다, 구불구불한 산길에서 사고라도 나면 차가 전복할 가능성도 있다. 죽음의 신은 이렇게 언제라도 우리에게 올 준비를 하고 기다리고 있다. 죽음이라는 것을 가만히 생각해보면 매우 공포스럽고, 죽음과 우리의 생명의 거리는 너무너무 가깝게 있어 지척지간이다. 이른바 "마음을 잘 쓰고, 모든 것을 잘 대한다."는 이 말 속에 어떻게 죽음에 잘 대처할 수 있는가의 문제도 들어 있다. 생활선을 수행하면, 어떻게 죽음에 잘 대처할 수 있는가? 사조도신스님의 관점에 의할 것 같으면, 임종할 때에 한 생각도 일으키지 않고, 지금 이곳에 편안히 있고, 조용히 마주하며, 생사가 하나가 되게 해야 한다. 이것이 바로 선종의 방안이다. 생과 사는 두 가지가 아니다. 사가 바로 생이고, 생이 바로 사다. 생도 여실하게 오고, 사도 여실하게 간다(生如來, 死如去). 즉 여실히 오고간다. 이것이 바로 생사가 하나인 것이다(生死一如).

이 방안을 잘 실제화하려면, 역시 생을 해결하는 가운데 실제화해야 한다. 삶(生)을 잘못 살면, 죽음(死) 역시 좋지 않다. 오직 삶을 잘 살았을 때, 비로소 죽음도 좋은 것이다. 살아 있는 동안에 생을 해결해야 한다. 어떻게 해결할 것인가? 생은 번뇌를 의미하고, 여러 가지 고통을 의미하며, 각종 책임과 의무를 의미하고, 각종 추구와 목표를 의미한다. 이 모든 것을 어떻게 대처할 것인가? 마땅히 다해야 할 모든 책임과 의무를 모두 끝까지 다하는 것, 이것이 생을 해결하는 것이다. 일부 해서는 안 될 추구와 생각은 모두 버리는 것, 이것 역시 생을 해결하는 것이다. 이 두 부분을 합쳐서 말하면, 우리가 평소에 하는 말인 "악은 끊고, 선은 실행한다."는 것이다. "악은 끊고, 선은 실행하는 것"이 생生을 해결하는 데 있어서 가장 좋은 선택이다. 악을 끊는 것을 알지 못하고, 선을 실행하는 것을 알지 못하고서는 생을 해결할 수가 없다. 악을 끊는 것을 알지 못하고, 선을 실행하는 것을 알지 못하고서는, 사에서 벗어나는 것 역시 불가능하다. 왜냐하면 생을 해결하지 못하면, 사에서 벗어날 수가 없기 때문이다.

궁극적 관심, 이 문제는 인생에 있어서 큰일이다. 예부터 지금까지 영웅호걸이건, 평범한 사람이건, 성현이건 모두 다 이 문제에서 벗어날 수는 없었다. 단지 성현은 깨달음으로 이번 세상의 생명을 마감해서, 편안히 자재하여, 어떤 분은 무여열반에 드셨을 것이고, 어떤 분은 무주열반에 드셨을 것이다. 소승의 성인은 무여열반에 들어가는데, 그 후 다시는 새로운 몸을 받지 않고, 다시는 세상에 오기 위해서 태중에 들어가지도 않는다. 그는 다시는 전세轉世해서 태중에 들어가는 약간의 습기도 남기지 않고, 완전히 청정 자재한 상태에 들어가 버린다. 대승의 보살은 무주열반에 들어간다. 무주열반이란 생사에도 머무르지 않고, 또한 열반에도 머무르지 않는 것이다. 무주열반은 두 가지를 가지고 있다. 대지혜가 있으면 생사에 머무르지 않고, 대자비가 있으면 열반에 머무르지 않는다. 왜냐하면 자비심이 있기 때문에 열반의 경지에 머무르지 않고, 약간의 습기를 남겨서, 전세하여 태중에 들어가고, 다시 출생하여 보살도를 실행하는 것을 좋아한다.

불교의 궁극적 관심은 생명이 살아 있는 지금 이곳에서 시작하는 것이지, 생명이 끝날 때를 기다렸다가 다시 하는 것이 아니다. 그러므로 생을 해결하고 죽음에서 벗어날 수 있는 일이 있다는 것을 알았으면, 한결같이 생각하고 이 일을 잊어버려서는 안 된다. 어떻게 하면 이 일을 잊지 않을 수 있는가? 언제 어디서나 정념正念을 일으키고, 언제 어디서나 각조覺照를 분발시키고, 언제 어디서나 악을 끊고 선을 실행하며, 언제 어디서나 깨달음의 인생, 봉사하는 인생을 살고, 마음을 잘 쓰고, 모든 것을 잘 대해야 한다. 만약 이런 선심善心과 선념善念이 끊임없이 중단되지 않고, 자신의 마음의 공간을 차지하고 있으면, 일단 죽음이 오더라도 침착하게 대처할 수 있고, 생사일여가 된다.

생사는 인생의 큰일이다. 모든 종교가 해결하고자 한 문제가 바로 이 문제이고, 일체의 철학이 해결하고자 했던 문제도 이 문제다. 세속의 학문 역시 정신과 물질 두 측면으로부터 인간의 궁극적 관심을 해결하려고 하고, 인간의 생사대사를 해결하려고 한다.

세속의 문화는 어떻게 우리의 생을 해결하고 죽음에서 벗어나는 일을 도와줄 수 있을까? 인간이 살아있을 때, 생활이 아름답고 원만하기를 바란다. 거주할 집이 있고, 쓸 돈이 있고, 의료보험이 있으면, 이 정도면 생을 해결할 수 있다. 여기서 생을 해결한다는 의미는 이생을 근심걱정 없이 만년을 보낼 수 있다는 것이다. 물질적

보장이 제공되면, 생활에서 결핍이 없고, 정신적으로도 낙관적이 되고, 일부 번뇌도 줄어들고, 일부 근심걱정도 줄어든다. 사망한 뒤에, 이른바 '부모, 조상을 추모한다.'는 의미에서, 고별의식을 하고, 화환을 보내고, 그리고 난 뒤 뼛가루를 추모공원에 모시면, 이것 역시 궁극적 관심의 표현이다. 이것은 세속적 측면에서 생사를 해결하는 것이다.

여기까지 말하니, 일상적인 수행, 일상적인 예불, 일상적인 경계警戒와 깨달음 등등의 중요성을 느끼게 된다. 반드시 알아야 될 것은 생을 해결하고 죽음을 벗어나는 일이 지금 이곳의 일이고, 지금 이곳의 한 생각의 일이라는 것이다. 인간의 생명은 호흡 사이에 있다. 이른바 호흡이라는 것은 숨을 내쉬고 들이쉬는 것이다. 한 번 내쉬었는데 다시 들이마시지 못하면, 이것은 숨이 끊어진 것이고, 바로 죽었다고 말한다. 내쉬었는데 다시 들이마시지 못하거나, 혹은 들이마셨는데 다시 내쉬지 못하는 것은 무엇 때문인가? 내재하는 힘이 모두 소모되어 버렸기 때문이다.

이 힘은 무엇인가? 열량이다. 열량은 체내의 풍대風大를 도와서, 숨 혹은 기를 기해氣海에서 밀어 올려 준다. 그런 뒤에 다시 내재하는 풍대의 역량을 통하여, 외재하는 공기를 들이마신다. 들이마시고 내쉬고, 내쉬고 들이마시는데, 이 모든 것은 내외의 사대의 힘이 밀접하게 협력하고 있기 때문이며, 이렇게 해야 호흡이 원활한 것이다. 일반적 상황에서는 진공적 환경을 제외하고는, 외재적 힘이 단절되지 않고, 우주공간에 존재하며, 항상 존재하고 있다. 우리의 내부사대의 힘은 유한하다. 내부사대가 조화롭지 못하면, 바로 호흡이 원활하지 않게 된다.

이른바 사대의 부조화는 그 가운데 어느 하나의 힘이 너무 많거나 혹은 부족하기 때문이다. 젊은 사람은 종종 화풍이대火風二大가 지수이대地水二大를 초과하고, 나이가 많은 사람은 종종 지수이대가 화풍이대를 초과한다. 화풍이대는 위로 올라가려는 성질이 있고 들떠서 움직이며, 지수이대는 아래로 내려가려는 성질이 있고 무겁다. 오직 사대의 활동이 매우 협조적이고 조화로운 상황에 있을 때, 바로 신체가 건강한 사람이 된다. 신체가 건강한 사람은 사대가 조화로운 사람이다. 그러므로 날마다 적당한 물을 마시고, 충분한 휴식을 취하고, 신선한 공기를 마시고, 옷을 너무 많이 입지도 말고 너무 적게 입지도 말아야 하며, 밥도 너무 많이 먹어서는 안 되고 또한 너무 적게 먹어서도 안 된다. 인체는 마치 하나의 기계와 같으니, 항상 원료를 보충해 주어야 하는데, 음식을 먹는 것이 원료를 보충하는 것이다. 원료의 보충은 제때에 적당히 해야지 신체가 건강하고, 원료의 보충을 제때에 하지 않고, 조화롭지 않고, 적당하지 않으면 바로 병이 생긴다.

많은 의사들이 몸조리에 대한 아주 많은 과학적인 이론을 알고 있다. 특히 나이가 많은 한의사들은 일반적으로 신체가 매우 건강하다. 왜냐하면 그들은 자신의 신체를 어떻게 양생해야 하는지를 잘 이해하고 있기 때문이다. 즉 신체의 사대를 조화롭게 하는 것이다. 만약 이 사대를 합해서 한 글자로 말하면, 그것은 바로 색色이다. 정신현상이 비록 매우 다양하지만, 귀납하면 역시 한 글자가 되는데, 그것은 바로 심心이다. 우리의 생명은 색심이법色心二法의 조합이다. 어떻게 하면 색심이법이 조화로운 상태에 있게 할 수 있을까? 이것은 수행이 해결해야 할 문제이고, 역시 의사들이 해결해야 할 문제이기도 하다. 의사의 책임은 우리의 신체가 건강하고 편안하도록 도와주는 것이다. 종교의 책임은 우리의 신체가 건강하고 편안하다는 전제 아래서, 어떻게 하면 좀 더 높은 깨달음에 이르고, 좀 더 편안하고 자재하게 될 수 있는가를 도와주는 것이다.

종교는 인간이 인생의 질병을 치료하는 데 없어서는 안 될 하나의 좋은 약이다. 인간은 모두 병을 가지고 있는 생명체인데, 누가 약을 갖고 있으면서 치료를 해줄 수 있는가? 종교라는 이 약은 인간의 생명과정에서 절대로 없어서는 안 될 것이다. 종교가 없는 사회는 영혼이 없는 사회다. 종교가 없는 사회는 인류도덕이 보장되지 않는 사회다. 종교가 없는 사회는 인간이 궁극적으로 추구하는 목표가 없는 사회다.

인간은 모두 궁극적으로 추구하는 목표가 있다. 기독교는 사람들이 신을 만날 수 있도록 격려해 준다. 신은 인간의 주재자이고, 신을 보아야 비로소 인생이 가치 있게 되고, 비로소 생명이 죽지 않게 되어 영생을 얻게 된다고 말한다. 불교는 인간은 누구나 불성이 있고, 그래서 누구나 모두 성불할 수 있다고 말한다. 사람은 누구나 성불할 수 있으니, 신을 만나볼 필요가 없고, 가까운 것을 버리고, 멀리 있는 것을 구할 필요가 없다. 뿐만 아니라 사람은 누구나 모두 성불할 수 있다는 것은 바로 지금 이곳에서 체험할 수 있다. 도교는 신선이 되는 것으로, 신선이 되는 것이 천인합일이고, 불로장생이다. 그러므로 인간에게 있어서 종교의 의미를 말한다면, 이런 궁극적인 것을 추구하든지 안 하든지 상관없이, 종교적인 의식이 없는 사람은 한 사람도 없을 것이다.

생활선은 우리가 어떻게 인생의 종점을 마주할 것인가 하는 문제에 도움을 준다. 인간은 반드시 죽는데, 이것은 일체법이 무상하기 때문에 가지고 있는 필연적 원리이므로 두려워할 필요가 없다. 만약 진실한 신앙을 가지고 있다면, 마음 편히 마주할 수 있고, 생사가 하나이니, 바로 지금 이곳에서 여실히 오고 여실히 가는 것(如來如去)을 체득할 수 있다. 이렇게 되면 우리는 확실히 죽음은 되돌아가는 것이라는 것을 알 수 있고, 진정으로 무주열반無住涅槃에 들어갈 수 있다. 나의 주장은 이렇다, 즉 죽음에 직면할 때나 아니면 살아 있는 지금이나, 사람들이 모두 "지금 이곳에 편안히 있고, 한 생각도 일어나지 않고, 조용히 마주하며, 생사가 하나다."라는 경지를 구현하는 것이다. 언제나 이런 일종의 현법열반現法涅槃 속에 안주하는 것, 이것이 바로 진정으로 생사를 해결하는 것이고, 또한 이것이 바로 선종 혹은 생활선이 제공하는 궁극적 관심 문제에 대한 해결방법이다.

미주

1 '도度'는 산스크리트어 '바라밀婆羅密'의 의역이다. 사람이 생사의 차안此岸에서 열반의 피안彼岸으로 갈 수 있는 여섯 가지 법문을 말한다. 즉 보시普施, 지계持戒, 인욕忍辱, 정진精進, 선정禪定, 지혜智慧(반야) 등 육바라밀이다.

2 "吾有正法眼藏, 涅槃妙心, 實相無相, 微妙法門, 不立文字, 教外別傳, 付屬摩訶迦葉."(『大梵天王問佛疑經, 拈華品』)

3 "如人飲水, 冷暖自知": 이 어구는 당나라 시대 배휴裵休가 편집한 『黃蘗山斷際禪師傳心法要』에서 "明于言下忽然默契, 便禮拜云, 如人飲水, 冷暖自知"라고 먼저 나오고, 『六祖壇經』에서도 나온다.(역자)

4 "行亦禪, 坐亦禪, 語默動靜體安然."(『永嘉證道歌』)

5 "那伽常在定, 無有不定時."(『華嚴經』)

6 "心佛衆生三無差別."(『華嚴經』 卷10, 夜摩天宮菩薩說偈品)

7 "人人避暑走如狂, 獨有禪師不出房. 不是禪師無熱惱, 只緣心靜自然凉."(白居易의 詩)

8 "不以死法與人."

9 "幸爲福田衣下僧, 乾坤贏得一閑人. 有緣卽住無緣去, 一任清風送白雲."

10 한국에서는 백수자柏樹子를 대부분 잣나무로 번역하였다. 백柏을 자전에서는 측백나무라고도 하고, 잣나무라고도 하였으니, 잣나무로 번역한 것이 잘못이라고 말할 수 없을지 모른다. 그러나 조주선사가 주석했다는 현재의 백림선사에 가보면, 그 정원에 잣나무가 아니라 천여 년 된 측백나무가 여러 그루 있고, 새로 조성한 정원에는 모두 측백나무를 심어놓았다. 누군가 백림선사에 가서 잣나무를 찾아보려 한다면 불가능한 일이다. 이 공안으로 말하자면, 잣나무건 측백나무건 차별이 없다고 말할 수

있겠지만, 사실을 확인해 보는 것도 나름의 의미가 있을지 모르겠다. 현대 중국어 사전에도 백수백수(栢樹)를 측백나무로 번역하였다. 그래서 "뜰 앞의 측백나무다"로 번역하였다.(역자)

11 "佛語心爲宗, 無門爲法門."(『無門關』)

12 설법을 할 때 언행이나 사물로 교의를 암시하여 주는 비결.(『불교사전』)

13 "如是安心者, 壁觀.", "如是發行者, 四行.", "如是順物者, 防護譏嫌.", "如是方便者, 遣其不著."(『景德傳燈錄』卷30)

14 "外息諸緣, 內心無喘, 心如墻壁, 可以入道."(『景德傳燈錄』卷30)

15 "天下本無事, 庸人自擾之."(『唐書』卷116)

16 풍풍(風風): 거칠게 소리가 나는 호흡. 천喘: 색색거리는 숨소리가 들리는 호흡. 기氣: 숨소리도 나지 않고, 가쁘지도 않은 호흡으로서 좋은 호흡이지만 아직 거칠다. 식息: 기를 갈 수 있는 곳(단전)까지 가게 하는 완전한 호흡이다. 출과 입이 면면히 호흡하기 때문에 호흡하고 있는지 않은지 분간할 수가 없다.(『참선교육(대한불교조계종 수선회 편)』21쪽)

17 "緣生無自性, 無自性故空."(『中論』卷2)

18 隨緣不變, 不變隨緣.

19 "善知方便度衆生, 巧把塵勞爲佛事."

20 "(菩提達磨) 遠涉山海, 遊化漢魏. 亡心之士, 莫不歸信, 存見之流, 乃生譏謗. 于時唯有道育, 慧可, 此二沙門年雖後生, 俊志高遠. 幸奉法師, 事之數載. 謙恭咨啓, 善蒙師意. 法師感其精誠, 誨以眞道. 令如是安心, 如是發行, 如是順物, 如是方便. 此是大乘安心之法, 令無錯謬. 如是安心者, 壁觀; 如是發行者, 四行; 如是順物者, 防護譏嫌; 如是方便者, 遣其不著."『景德傳燈錄』卷30.

21 "及至歸來無一事, 始知空費草鞋錢."

22 "理入者, 謂藉敎悟宗."(『景德傳燈錄』卷30)

23 "舍妄歸眞, 凝住壁觀, 無自無他, 無凡無聖, 聖凡等一, 堅住不移, 更不隨于言敎."(『景德傳燈錄』卷30)

24 "與理冥符, 無有分別, 寂然無爲."(『景德傳燈錄』卷30)

25 "藉教悟宗, 深信含生同一眞性."(『景德傳燈錄』卷30)

26 "無自無他, 凡聖等一, 堅住不移, 不隨文教."(『景德傳燈錄』卷30)

27 "行入者, 謂四行. 其余諸行, 悉入此中."(『景德傳燈錄』卷30)

28 "云何名報冤行? 謂修道行人, 若受苦時, 當自念言, 我從往昔無數劫中, 棄本從末, 流浪諸有, 多起怨憎, 違害無限. 今雖無犯, 是我宿殃惡業果熟, 非天非人所與. 甘心忍受, 都無冤訴. 經云: "逢苦不憂"何以故? 識達故. 此心生時, 與理相應, 體冤進道, 故說言報冤行."

29 "隨緣行者: 衆生無我, 并緣業所轉. 苦樂齊受, 皆從緣生. 若得勝報榮譽等事, 是我過去宿因所感, 今方得之, 緣盡還無, 何喜之有? 得失從緣, 心無增減, 喜風不動, 冥順于道. 是故說言隨緣行也."

30 "无天日好, 花无百日紅.","天下沒有不散的宴席."

31 "得一口食, 以療飢瘡."

32 "諸法因緣生, 諸法因緣減.","緣聚則有, 緣散則無."

33 팔풍八風: 이利; 원하는 것을 얻는 것. 쇠衰; 원하는 것을 잃는 것. 예譽; 뒤에서 칭찬하는 것. 훼毀; 뒤에서 비난하는 것. 칭稱; 눈앞에서 칭찬하는 것. 기譏; 눈앞에서 비난하는 것. 고苦; 몸과 마음이 핍박 받는 것. 낙樂; 몸과 마음이 즐거운 것.(『한어대사전』)

34 "無所求行者: 世人長迷, 處處貪著, 名之爲求. 智者悟眞, 理將俗反, 安心無爲, 形隨運轉. 萬有斯空, 無所願樂. 功德黑暗, 常相隨逐. 三界久居, 猶如火宅, 有身皆苦, 誰得而安? 了達此處, 故舍諸有, 息〔止〕想無求. 經云:'有求皆苦, 無求乃樂'判知無求, 眞爲道行, 故言無所求行也."

35 "稱法行者: 性淨之理, 目之爲法. 此理衆相斯空, 無染無著, 無此無彼. 經云: "法無衆生, 離衆生垢故; 法無有我, 離我垢故."智者若能信解此理, 應當稱法而行. 法體無慳, 于身命財, 行檀施舍, 心無慳惜. 達解三空, 不倚不著, 但爲去垢, 感化衆生, 亦無化相. 此爲自利, 復能利他, 亦能莊嚴菩提之道. 檀施旣爾, 餘五亦然. 除妄修眞, 行于六度而無所行, 是爲稱法行也."

36 "法無衆生, 離衆生垢故; 法無有我, 離我垢故."

37　"系念一佛, 專稱名號."(『文殊師利所說般若波羅蜜經』卷下)

38　"隨佛方所, 端身正向, 能于一佛, 念念相續."(『文殊師利所說般若波羅蜜經』卷下)

39　"都攝六根, 淨念相繼."

40　"一切業障海, 皆從妄想生, 若欲懺悔者, 端坐念實相."

41　"觀一切法, 緣生而性空."

42　"是法住法位, 世間相常住."(『法華經』方便品) 法位는 眞如의 다른 이름이다. 진여는 諸法이 안주하는 자리이기 때문에 法位라고 한다.(『불학사전』)

43　"罪從心起將心懺, 心若滅時罪亦亡, 心亡罪滅兩俱空, 是則名爲眞懺悔."(『無異禪師廣錄』卷22)

44　"無所念者, 是名念佛.", "卽念佛心, 名無所念.", "就此念佛之心, 名爲無所念."(『楞伽師資記』)

45　"離心別無有佛, 離佛別無有心; 念佛卽是念心, 求心卽是求佛."(『楞伽師資記』)

46　"是心是佛, 是心作佛."(『佛說觀無量壽佛經』)

47　"百千法門, 同歸方寸. 河沙妙德, 總在心源. 一切戒門, 定門, 慧門, 神通變化, 悉自具足, 不離汝心."(『景德傳燈錄』卷4)

48　"對一切境緣, 但莫分別, 卽自如如."

49　"境緣無好丑, 好丑起于心."(『景德傳燈錄』卷4)

50　"心若不强名, 妄情從何起?"(『景德傳燈錄』卷4)

51　"見緣起者見法, 見法者見佛."

52　"妄情旣不起, 眞心任遍之."(『景德傳燈錄』卷4)

53　"守一不移者, 以此空淨眼, 注意看一物; 無問晝夜時, 專精常不動; 其心欲馳散, 急手還攝來; 如繩系鳥足, 欲飛還掣取; 終日看不已, 泯然心自定."(『楞伽師資記』)

54　"孝名爲戒."(『梵網經, 舍那佛說菩薩心地戒品』卷10下)

55　"吾早年來積學問, 亦曾討疏尋經論. 分別名相不知休, 入海算沙徒自困. 却被如來苦呵責, 數他珍寶有何益."(『證道歌』)

56　태허대사(1890~1947): 법명은 유심唯心이고, 법호는 태허太虛다. 그는 16세에 출가하여 열심히 수행하면서, 한편으로는 현실적인 사회개혁운동에도 참여하였다. 이런 경험이 바탕이 되어 중국근대불교운동에서 탁월한 이론가이자 실천가가 되었다. 그는 자신의 일생을 불교의 발전과 새로운 불교문화운동에 바쳤다.(역자)

57　당시 불교의 부동산을 처분하여 학교를 설립하는 등 개혁을 하였다.(역자)

58　인간불교: 여기서 중국어 인간人間은 한국어에서의 인간과 동일한 의미가 아니고, 인간사회, 세속사회, 민간民間 등의 의미를 갖고 있다. 번역한다면 '세간불교世間佛教' 혹은 '사회불교'가 가능할 것이다.(역자)

59　"我此法門, 從上以來, 先立無念爲宗, 無相爲體, 無住爲本."(『六曹大師法寶壇經, 定慧品』第4)

60　"無所念者, 是名念佛. 何等名無所念? 卽念佛心名無所念."(『楞伽師資記』)

61　"不應住色生心, 不應住聲香味觸法生心, 應無所住而生其心."(『金剛般若波羅密經』)

62　"念起卽覺, 覺之卽無, 此卽修行之妙法, 故雖備修萬行, 而以無念爲宗."

63　삼륜상은 보시에 대해서 말하는 것으로, 주는 자, 받는 자, 주는 물건 이 셋을 삼륜이라고 한다. 삼륜체공은 이 세 가지 모두 그 자성이 공하다는 의미다.(역자)

64　경境: 마음의 대상이 되는 세계.(『한어대사전』) 경은 만법이다(境爲萬法).(『불학사전』)

65　"衆生根有無量故, 所以說法無量; 說法無量故, 義亦名無量義; 無量義者, 從一法生."(『楞伽師資記』)

66　"從無住本, 立一切法."(『維摩詰所說經, 觀衆生品』第7)

67　"法無自性, 緣感而起, 當其未起, 莫知所寄. 莫知所寄, 故無所住. 無所住故, 則非有非無, 非有無而爲有無之本."(『注維摩詰經』卷6)

68　"識自本心, 見自本性."(『六曹大師法寶壇經, 行由品』第1)

69 "善知識, 世人終日口念般若, 不識自性般若, 猶如說食不飽. 口但說空, 萬劫不得見性, 終無有益."

70 "把握當下, 坐斷三際."

71 "自性能含萬法, 萬法盡在自性中."(『六曹大師法寶壇經』 般若品 第2)

72 "一切萬法, 不離自性." "一切萬法, 不離自心."

73 "心量廣大, 猶如虛空, 能藏萬法."(『六曹大師法寶壇經』 般若品 第2) "何期自性能生萬法."(『六曹大師法寶壇經』 行由品 第2) "萬法在自性中."(『六曹大師法寶壇經』 行由品 第2)

74 "若人欲了知, 三世一切佛, 應觀法界性, 一切唯心造."(『華嚴經』 十九)

75 念念自覺, 念念自主, 念念不離當下, 念念淸淨無染.

76 "善知識, 摩訶般若波羅蜜是梵語, 此言大知慧到彼岸. 此須心行, 不在口念. 口念心不行, 如幻如化, 如露如電. 口念心行 則心口相應."(『六曹大師法寶壇經』 般若品 第2)

77 "菩提心爲因, 大悲爲根本, 方便爲究竟."

78 사섭四攝은 사섭법四攝法으로, ①재물을 보시하는 보시섭布施攝, ②중생의 근기에 따라 말로 잘 위로해주는 애어섭愛語攝, ③신구의身口意의 선행善行으로 중생을 이롭게 하는 이행섭利行攝, ④법안으로 중생의 근기를 살펴서, 그 중생에 합당한 여러 가지 형태를 드러내서 그를 이롭게 하는 동사섭同事攝 등이다.(『불학사전』)

79 사무량심四無量心은 십이문선十二門禪 가운데 사선四禪을 말하는 것으로, ①즐거움을 주는 마음인 자무량심慈無量心 ②고통을 제거해주는 마음인 비무량심悲無量心, ③사람들이 이고득락離苦得樂하는 것을 보고 일어나는 즐거운 마음인 희무량심喜無量心, ④위의 세 가지 마음을 모두 버려서 원수와 사랑하는 사람에 대해서도 평등한 마음인 사무량심舍無量心 등을 말한다.(『불학사전』)

80 "理則頓悟, 事非頓除."(『楞嚴經』 卷10)

81 "迷來經累劫, 悟則刹那間."(『六曹大師法寶壇經』 般若品 第2)

82　"三際坐斷, 豁然開朗."
83　보임保任: 선종에서는 인간이 본래 가지고 있는 망령妄靈되지도 않고 변하지도 않는 심체心體를 함양하여 그것을 운용하는 것을 말한다.(『한어대사전』) 망령되지 않은 것을 진眞이라고 하고, 변하지 않는 것을 성性이라 한다. 이것이 우리 인간이 본래 가지고 있는 심체다.(『불학사전』)
84　삼계三界의 모든 미혹을 단절하고, 진제眞諦를 증오하여서, 더 이상 수행이 필요 없는 원만한 지혜이다. 즉 아라한의 무루지無漏智이다.(『불학사전』)
85　근기根器: 사람의 품부稟賦, 기질氣質 등을 말한다.(『한어대사전』)
86　"法無頓漸, 人有利鈍."(『六曹大師法寶壇經, 頓漸品』第8)
87　"所謂不立文字, 幷非不用文字."
88　"執空之人有謗經, 直言不用文字; 旣云不用文字, 人亦不合語言, 只此語言, 便是文字之相." "直道不立文字, 卽此不立兩字, 亦是文字. 見人所說, 便卽謗他言著文字. 汝等須知, 自迷猶可, 又謗佛經, 不要謗經, 罪障無數."(『六曹大師法寶壇經, 付囑品』第10)
89　"自覺覺他, 覺行圓滿."(『華嚴經』卷16)
90　"憶佛念佛, 現前當來一定見佛."(『首楞嚴經』卷5)
91　"三業淸淨, 都攝六根."
92　"生則決定生, 去則實不去." "唯心淨土, 自性彌陀."
93　"不思善, 不思惡, 誰是你本來面目."
94　"自覺覺他, 自利利他, 自度度他."(『無量壽經』卷上)
95　"不爲自己求安樂, 但愿衆生得離苦."(『華嚴經, 廻向品』第25-1)
96　"我不入地獄, 誰入地獄."(『景德傳燈錄』卷10)
97　"老和尙, 您修行這麽好, 功德這麽大, 百年之後, 您準備去哪兒呢?" "我到地獄裏面去." "噢, 您老人家這麽有修行, 還要下地獄?" "我不下地獄, 誰來度你呢?"(『景德傳燈錄』卷10)
98　佛見: 부처의 바른 지견이다. 『범망경』에서 이렇게 말하였다. "일체의

견해를 전환하여 불견에 들어가게 하고, 불견으로 일체 견해에 들어간다.(轉一切見入佛見, 佛見入一切見)"(『불학사전』)

法見: 하나의 법에 집착하여 그것만 옳고 다른 것은 그르다고 하는 것, 이것을 법견이라고 한다.(『불학사전』)

99 "有一廢院, 名臨濟院."

100 "溥沱嫡旨, 祖道眞傳."

101 "有一無位眞人, 在汝諸人面前放光動地!"

102 無多子: 沒有多少. 직역하면 "얼마 되지 않다."라 할 수 있다.(『한어대사전』) 한국에서는 대체로 "원래 황벽스님의 불법도 별것 아니군!"이라고 번역하고 있다. 정혜스님은 "원래 황벽스님의 불법도 역시 이와 같구나!"라고 이해했는데, 이는 임제스님이 황벽스님의 불법이 부처님의 불법과 같음을 깨달았다는 의미라고 할 수 있다.(역자)

103 "如經蠱毒之鄕, 不得沾着一滴水."

104 "我這裏無此閑家具."

105 임제종의 교상이다(臨濟宗之教相也).(『(불학사전)』)

106 "口開神氣散, 舌動是非生."(『西遊記』第2回)

107 "發一言不足以利益衆生."

108 "祖云: 大凡學人, 先要明悟自己眞正見解. 若悟得自己見解, 則不被生死所染, 去往自由, 而殊勝自備."(『禪海十珍, 臨濟元祖法語』第7)

109 현교顯敎: 언어와 문자로 교의敎義를 천명할 수 있다고 보는 불교의 교파로 밀교의 상대적 개념이다. 천태종, 화엄종, 정토종 등이 현교에 속한다.(『불학사전』)

110 "子不語怪力亂神."(『論語, 述而』)

111 "然今不得者, 病在不自信耳. 自信不及, 卽便忙忙, 徇一切世境, 滯惑積業."(『禪海十珍, 臨濟元祖法語』第7)

112 "諸仁者! 若能歇得念念馳求心, 便與佛祖不別."(『禪海十珍, 臨濟元祖法語』第7)

113 "汝欲識佛祖麼? 卽汝目前聽法底是."(『禪海十珍, 臨濟元祖法語』第7)

114 "由汝自信不及, 便向外馳求. 就得者, 只是文字禪, 與佛祖大遠在."(『禪海十珍, 臨濟元祖法語』第7)

115 "凡所有相, 皆是虛妄. 若見諸相非相, 卽見如來."

116 "諸大德! 此時不求眞悟, 萬劫千生輪回三界, 徇好惡境, 向驢牛胞胎去也."(『禪海十珍, 臨濟元祖法語』第7)

117 "汝若自信得及, 欠少什麼? 六道神光, 未曾間歇."(『禪海十珍, 臨濟元祖法語』第7)

118 "有一無位眞人, 在汝六根門頭放光動地."(『無異禪師廣錄』卷28)

119 "一念淨光, 是汝法身佛; 一念無分別光, 是汝報身佛; 一念無差別光, 是汝化身佛. 此三身, 卽今目前聽法底人."(『禪海十珍, 臨濟元祖法語』第7)

120 "心, 佛及衆生, 是三無差別."(『華嚴經』)

121 "大千世界一空室, 嶒嶸焦枯都歸無. 處世時時都無我, 極樂世界多一佛." "禪到深處明空現, 月照山河朦朧間. 也無痛苦也無樂, 蓮花座上成佛陀."

122 "爲不向外求, 有此三種功用. 然此三種, 亦只是名言."(『禪海十珍, 臨濟元祖法語』第7)

123 "故云: 身依義而立, 土据體而論. 法性身, 法性土, 明知是光影. 諸大德! 切要識取弄光影人. 是諸法本源, 是一切法根本."(『禪海十珍, 臨濟元祖法語』第7)

124 "諸大德! 四大色身不解說法, 聽法, 虛空不解說法, 聽法. 是汝目前歷歷孤明, 勿形段者, 解說法聽法."(『禪海十珍, 臨濟元祖法語』第7)

125 和光同塵: 빛을 감추고 티끌 속에 섞여 있다는 뜻. 화광혼속(和光混俗: 빛을 감추고 세속에 섞임)과 같은 의미로, 자신의 지덕과 재기를 감추고 속세와 어울린다는 의미이다. 불교에서는 부처나 보살이 중생을 제도하기 위하여 본색을 감추고 인간계에 나투어서 중생을 제도하는 것을 의미한다.(『한어대사전』)

126 "所以山僧向汝道: 五蘊身田內, 有無位眞人堂堂顯露, 無絲毫許間隔. 何不識取?"(『禪海十珍, 臨濟元祖法語』第7)

127 "心法無形, 通貫十方. 在眼曰見, 在耳曰聞, 在手執捉, 在足運奔. 心若不生, 隨處解脫."(『禪海十珍, 臨濟元祖法語』第7)

128 "山僧見處, 坐斷報, 化佛頭."(『禪海十珍, 臨濟元祖法語』第7)

129 "十地滿心, 如客作兒; 等, 妙 二覺, 如帶枷鎖; 羅漢, 辟支, 如著泥土; 菩提, 涅槃, 如系驢橛."(『禪海十珍, 臨濟元祖法語』第7)

130 "蓋謂作佛念經, 縱然自在還爲妄; 度生心切, 須信慈悲也是貪."(『禪海十珍, 臨濟元祖法語』第7)

131 "釋曰: 臨濟法語, 禪書互載. 此篇同異, 未知誰正, 俟高明者辯之. 然此篇是入道捷徑. 若領悟不眞, 妄認識神, 墮于古人所訶, 非祖之咎, 在會與不會耳."(『禪海十珍, 臨濟元祖法語』第7)

132 "百姓日用而不知."(『周易, 繫辭傳上』)

133 "老僧只以本分事接人."(『古尊宿語錄, 卷13, 趙州眞際禪師語錄, 上卷』)

134 집단集團은 한국의 재벌재벌財閥과 같은 의미다.(역자)

135 "凡有言說, 皆是虛妄."(『大寶積經』卷4)

136 "阿字本不生."(『大毘盧遮那經阿闍梨眞實智品阿闍梨住阿字觀門』卷1)

137 "無始終, 無內外, 强立名, 爲法界."

138 "以有空義故, 一切法得成."(『中論』卷4)

139 법이도리法爾道理: 네 가지 도리 가운데 하나로, 태어나면 반드시 죽고, 원인이 있으면 반드시 결과가 있는 것을 말하는 것으로, 바로 자연의 도리다(四種道理之一. 謂有生必有死, 有因必有果, 乃天然自然之道理也).(『불학사전』)

140 "猿抱子歸青嶂後, 鳥銜花落碧巖前."

141 "參禪需透祖師關, 妙悟要窮心路絶. 祖關不透, 心路不絶, 盡是依草附木精靈. 且道如何是祖師關? 只這一箇'無'字, 乃宗門第一關也. 遂目之曰: 禪宗無門關也."(『無門關』卷1)

142 선칠禪七: 선칠은 1주일 단위로 7주일, 49일까지 하는 참선수행 방법이다.(역자)

143 "如人飮水, 冷暖自知."(『傳燈錄』卷4)

144 "佛有七能三不能."(『傳燈錄』卷4)

145 "佛不度無緣衆生."(『淨土生無生論』卷1)

146 『白隱和尙心經著語(毒語心經)』卷1.

147 "凡有言說, 皆是虛妄."

148 "神通及妙用, 運水與搬柴."(『傳燈錄』卷8)

149 "百姓日用而不知."(『周易, 繫辭傳上』)

150 "某自到來, 不蒙指示心要." "自汝到來, 吾未嘗不指示心要." "何處指示?" "汝擎茶來, 吾爲汝接; 汝行食來, 吾爲汝受; 汝和南時, 吾便低首. 何處不指示心要?" "見則直下便見, 擬思卽差."

151 "如何保任?" "任性逍遙, 隨緣放曠, 但盡凡心, 無別勝解."(『傳燈錄』卷14)

152 "饑來吃飯, 困來卽眠."

153 "他吃飯時不肯吃飯, 百種須索, 睡時不肯睡, 千般計較. 所以不同."(『傳燈錄』卷6)

154 "采菊東籬下, 悠然見南山."

155 "溪聲盡是廣長舌, 山色無非淸淨身."

156 "行到水窮處, 坐看雲起時."

157 "盡日尋春不見春, 芒鞋踏破嶺頭雲. 歸來偶捻梅花嗅, 春在枝頭已十分."

158 "若言琴上有琴音, 放在匣中何不鳴? 若言聲在指頭上, 何不于君指上聽?"

159 『大慧普覺禪師語錄』卷15.

160 '靑靑翠竹, 盡是眞如, 郁郁黃花, 無非般若.'

161 '佛身允滿于法界, 普現一切衆生前, 隨緣赴感靡不周, 而恒處此菩提座.'

162 "色無邊故, 般若無邊."

163 "何處靑山不道場."(『傳燈錄』卷10)

164 "春有百花秋有月, 夏有凉風冬有雪, 若無閑事挂心頭, 便是人間好時節."(『無門關』卷1)

165 居士: 중국에서 거사는 모든 재가 신도를 의미한다. 한국에서는 거사는

남자신도, 보살은 여자신도로 구별되고 있는데, 중국에서는 남녀 구별 없이 모두 거사로 호칭하고 있다.(역자)

166 허운화상(1840~1959)은 19세에 출가하여 120세에 입적한 근현대 중국 불교계의 대표적 스님이다. 그는 열심히 수행하였으며, 많은 훌륭한 스님들과 거사들을 배출하였다. 또한 중국 선종을 중흥하였고, 95세에는 조계曹溪로 돌아가서 남화사와 운문사를 중건하였으며, 그 밖에도 많은 역사적인 사찰들을 중건하였다. 이 모든 일은 근현대 중국불교발전의 기반이 되었으며, 근현대 중국불교를 대표하는 스님으로 인정하게 되었다. 스님은 찻잔에 뜨거운 물을 붓다가 실수로 손에 흘리게 되어 찻잔을 떨어뜨리게 되었다. 이때 그는 깨닫게 되었고, 이런 게송을 남겼다. "찻잔이 땅에 떨어지니(杯子撲落地), 그 소리가 분명히 뚜렷하구나(響聲明歷歷). 허공이 조각조각 부서지니(虛空粉碎也), 미처 날뛰던 마음이 바로 사라지네(狂心當下息)."(역자)

167 "默然故, 是事如是持."(『五分律』卷5)

168 印心: 心印과 같은 의미다. 선의 본래 의미는 문자로 설명할 수 없는 것으로, 직접 마음(심)으로 확인하고 인정하는 것이다. 그러므로 심인이라 한다. 심心은 불심佛心을 말하고, 인印은 인가印可, 인정印定의 의미다. 이 인印은 불법의 실의實義를 인가 혹은 인정하는 것이다. 이것을 이심전심以心傳心이라고 한다.(『불학사전』)

169 "一者禮敬諸佛, 二者稱贊如來, 三者廣修供養, 四者懺悔業障, 五者隨喜功德, 六者請轉法輪, 七者請佛住世, 八者常隨佛學, 九者恒順衆生, 十者普皆回向."(『華嚴經』卷40)

170 "一切衆生離苦得樂, 我在其中矣."

171 "雖不能至, 心向往之."(『史記』卷47)

172 "黃竹翠竹, 空談秘密眞詮."(『瑜伽焰口註集纂要儀軌』卷2)

173 "若有若無, 綿綿密密."

174 "若有若無, 綿綿密密, 爲息調相."(『修習止觀坐禪法要』卷1)

175 "將信仰落實于生活."

176 "將修行落實于當下."

177 "將佛法融化于世間."

178 "佛法在世間, 不離世間覺, 離世覓菩提, 恰如求兔角."(『六曹大師法寶壇經』卷1)

179 "將個人融化于大衆."

180 有爲: 인연에 의해서 존재하는 것으로, 무상無常하고 변환變幻하는 현상세계를 말한다.(『한어대사전』)

181 無爲: 인연에 의한 조작造作이 없는 것을 말하는 것으로, 생주이멸生住異滅의 사상四相의 조작造作이 없는 것이 무위다.(『한어대사전』)

182 "所謂有般若在世, 卽爲佛在. 所以者何? 般若波羅蜜是諸佛母. 諸佛以法爲師, 法者, 卽是般若波羅蜜. 若師在, 母在, 不名爲失利. 所以者何? 利本在故, 是故說般若波羅蜜在世, 佛亦在世."(『大智度論』卷100)

183 "得見般若, 卽爲見佛."(『大智度論』卷18)

184 "諸佛及菩薩, 能利益一切. 般若爲之母, 能出生養育. 弗爲衆生父, 般若能生佛, 是則爲一切, 衆生之祖母."(『大智度論』卷18)

185 "諸佛及菩薩, 聲聞辟支佛, 解脫涅槃道, 皆從般若得."(『大智度論』卷18)

186 "三世諸佛依般若波羅蜜多故, 得阿耨多羅三藐三菩提."(『般若心經』)

187 "觀自在菩薩, 行深般若波羅蜜多時, 照見五蘊皆空."(『般若心經』)

188 "色不異空, 空不異色; 色卽是空, 空卽是色."(『般若心經』)

189 이공二空: 일반적으로 아공我空과 법공法空을 말한다. 또는 성공性空과 상공相空을 밀하는 경우도 있다. 성공은 법法은 실성이 없다는 의미이고, 상공은 법이 실성이 없지만, 가명假名의 상이 있는데, 이 상 역시 실재가 아니다. 그러므로 상공相空이라 한다.(『불학사전』)

190 일체종지一切種智: ①넓은 의미에서는 일체지一切智와 같은 의미로, 모르는 것이 없는 불지佛智를 말한다. ②삼지三智의 하나로 일체지에 대한 상대적 의미로, 총상總相·별상別相에 대하여 전체적으로 아는 것이다. 일

체지一切智: 삼지의 하나로 일체종지에 대한 상대적 의미로, 총상總相(즉 현상의 공성共性, 또는 공성空性, 진여眞如라고도 지칭한다)에 대해서 아는 것.(『한어대사전』)

191 "云何名爲般若波羅蜜? 答曰: 諸菩薩從初發心求一切種智, 于其中間, 知諸法實相慧, 是般若波羅蜜."(『大智度論』卷18)

192 "五度如盲, 智慧爲眼目."

193 "若布施無般若, 唯得一世榮, 後受余殃債; 若持戒無般若, 暫生上欲界, 還墮泥犁中; 若忍辱無般若, 報得端正形, 不證寂滅忍; 若精進無般若, 徒興生滅功, 不趣眞常海; 若禪定無般若, 但行色界禪, 不入金剛定; 若萬行無般若, 空成有漏因, 不契無爲果."(『宗鏡錄』卷90)

194 "合一切觀, 滅一切言語, 離諸心行, 從本以來不生不滅, 如涅槃相, 一切諸法亦如是, 是名諸法實相."(『大智度論』卷18)

195 "言萬劫而不長, 促一念而非短."

196 "不如意事常八九, 可與人言無二三."(『秋崖集, 卷4. 別子才司令』)

197 "千處祈求千處應, 苦海常作度人舟."

198 "發菩提心, 樹般若見, 修息道觀, 入生活禪."

199 "觀自在菩薩, 行深般若波羅蜜多時, 照見五蘊皆空, 度一切苦厄."(『般若心經』)

200 "根塵相對, 一念心起, 于十界中, 必屬一界."(『法華玄義』卷2上)

201 六根은 眼, 耳, 鼻, 舌, 身, 意. 六塵은 色, 聲, 香, 味, 觸, 法의 六境.

202 "涅槃與世間, 無有少分別; 世間與涅槃, 亦無少分別. 涅槃之實際, 及與世間際, 如是二際者, 無毫釐差別."(『中論』卷4)

203 "心生種種法生, 心滅種種法滅."(『傳燈錄』卷5)

204 "以淸淨心爲善業根, 以不善心爲惡業根; 心淸淨故世界淸淨, 心雜穢故世界雜穢. 我佛法中以心爲主, 一切諸法無不由心."(『大乘本生心地觀經』卷4)

205 "若人欲了知, 三世一切佛, 應觀法界性, 一切唯心造."(『華嚴經』卷19)

206 "一花一世界, 一葉一如來."(『憨山老人夢遊集』卷37)

207 "心佛衆生, 三無差別, 諸佛衆生, 同一法身."(『大乘止觀法門』卷2)

208 "一心具足十法界."(『摩訶止觀』卷5)
209 "一念嗔心起, 八萬障門開."(『華嚴經隨疏演義鈔』卷3)
210 "心淸淨故世界淸淨, 心雜穢故世界雜穢."
211 "諸惡莫作, 衆善奉行, 自淨其意."(『觀經疏傳通記』卷2)
212 "口念彌陀心散亂, 喉嚨喊破也徒然."
213 "以此空淨眼, 注意看一物.","其心若弛散, 急手還攝來, 如繩系鳥足, 欲飛還掣取."(『楞伽師資記, 道信禪師』)
214 가장 큰 의문, 혹은 가장 중요한 의문을 해결했다는 의미다.(역자)
215 "行也禪, 坐也禪, 語默動靜體安然."(『證道歌』)
216 광명장光明藏: 불성佛性, 불법佛法의 소재所在를 지시한다.(『한어대사전』)
217 "不住無爲, 不盡有爲."(『維摩詰所說經, 菩薩行品』)
218 "如何是佛法?""趙州橋!""如何是趙州橋啊?""度驢度馬!"(『景德傳燈錄』卷10)
219 "一生二, 二生三, 三生萬物."(『老子, 42장』)
220 "吾道一以貫之."(『論語, 里仁篇, 衛靈公篇』)
221 본래의 모양을 변화시켜서 드러내는 것.(『한어대사전』)
222 "心淨則國土淨, 心穢則國土穢.""一念善卽天堂, 一念惡卽地獄.""一念迷卽衆生, 一念悟卽解脫."
223 "人人皆有佛性, 人人皆可成佛."
224 "人人皆可以成聖賢.""人人皆可以爲堯舜."(『通書(周敦頤), 聖學章』)
225 "一切衆生皆具如來智慧德相, 只因妄想執著而不能證得."(『華嚴經, 如來出現品』)
226 유정세간은 오온의 결합에 의한 존재로 감각과 지식이 있다. 귀신, 축생, 인천 등의 구별이 있다. 기세간은 지수화풍 사대로 이루어진 것으로 산하대지, 국토, 가옥 등의 구별이 있다. 즉 유정이 거주하는 국토세간國土世間이다.(역자)
227 "我不入地獄, 誰入地獄?"

228 四攝은 ①보시섭布施攝, ②애어섭愛語攝, ③이행섭利行攝, ④동사섭同事攝이다.(『불학사전』)

229 "四大輕安否? 少病少惱否?"

230 "煩惱是道場, 知如實故. 諸衆生是道場, 知無我故. 一切法是道場, 知空寂故."(『維摩詰所說經, 菩薩品』)

231 "天下本無事, 庸人自擾之."(『新唐書(歐陽修)』卷116)

232 "情與無情, 同圓種智."(『치문경훈緇門警訓(여근如㢞)』卷6)

233 "我們都是來自五湖四海, 爲了一個共同的目標走到一起來了."(『毛澤東選集』卷3, 爲人民服務)

234 계외界外: 욕계·색계·무색계 삼계三界 이외의 국토로, 모든 불보살의 정토淨土를 계외라고 한다.(『불학사전』)

235 生死事大, 無常迅速.

236 "若人欲了知, 三世一切佛, 應觀法界性, 一切唯心造."(『華嚴經』卷19)

237 "四大原無我, 五蘊本來空. 將頭臨白刃, 猶如斬春風."(『景德傳燈錄』卷27에 나오는 승조법사僧肇法師의 게송)

역자 후기

이 책의 저자인 정혜淨慧 스님이 제창하고 있는 생활선은 중국의 전통적인 조사선이 현대에 다시 재현된 개념이라고 볼 수 있다. 생활선에서의 '생활'은 하나의 부호에 지나지 않는다. 그것은 이 세간의 일체, 즉 시대, 사회. 가정, 일, 세간, 번뇌 등등을 이르는 말이다.

이 생활선의 연원을 살펴보면, 현대 중국 불교 발전의 기초를 닦았던 태허 큰스님이 있다. 태허 스님은 교단을 대폭으로 개혁하고자 '세간불교世間佛敎'를 제창하였다. 다시 말하면 불교활동은 사회와 단절된 사원에만 머무르지 않고, 세속적인 대중 속으로 나아가야 한다는 것이다.

20세기 불교의 중요한 동향 가운데 하나는 '사회참여불교'라고 할 수 있는데, 중국의 '세간불교'야말로 바로 중국식의 '사회참여불교'라 하겠다. 정혜 스님은 이 태허 스님의 '세간불교'의 이념을 정통으로 계승하였다.

변화무쌍한 중국의 운명으로 인하여 근현대 중국 불교는 오직 두 가지 문제를 중심에 두고 탐색하는 데 주력하였다.

첫째, 허운대사虛雲大師를 중심으로 외래문화의 충격과 격변하는 사회에서 불교의 전통을 어떻게 계승하고 발전시킬 것인가?

둘째, 태허대사太虛大師를 중심으로 사회 환경의 변화에 순응하여 불교를 어떻게 혁신할 것인가?

이 두 분의 근대 고승이 정혜 스님에게 지대한 영향을 끼쳤던 것이다.

정혜 스님은 1933년 호북성湖北省 신주新洲의 가난한 농촌에서 태어났다. 한 살 반이 되었을 때 부모님이 그를 암자에 맡겼고, 두 비구니 스님이 그를 보살피며 키웠다. 14세 되던 해에 무창武昌 삼불각三佛閣에서 초법樵法 스님을 은사스님으로 해서 정식으로 수계하였고 정혜라는 법명을 얻었다. 1951년 18세 되던 해에 광동성廣東省 유원乳源 운문사雲門寺에 있던 허운 스님에게 구족계를 받았다. 그리고 허운 스님을 가까이 모시며 중국 선종 오가五家 법맥을 전승하였다. 1956년에 중국불학원에 들어가서 불교공부에 매진하였으나, 1963년에 우파로 분류되어 승적을 박탈당하였다. 문화혁명이 끝날 때까지 갖은 고초를 겪다가 1978년에야 우파의 딱지를 떼고, 북경北京 광제사廣濟寺에 있는 중국불교협회에서 일하게 되었다.

정혜 스님의 생애에서 전반부는 중국불교협회에 모든 정력을 쏟아 일을 하였고, 후반부는 남북 각지에서 사원을 재건하고, 승단을 조직하고, 인재를 양성하고, 생활선을 제창하는 데 노력하였다.

정혜 스님은 중국의 개혁개방이 가져다준 사회적·경제적 번영을 기반으로, 오랜 시간에 걸쳐 호북성과 하북성에 있는 십여 개의 사원들을 재건하는 데 힘썼다. 정혜스님이 계셨던 백림선사白林禪寺는 천년고찰이다. 역사의 소용돌이 속에 폐허로 변해버린 이곳을 재건하기 위해 정혜스님이 처음 백림선사에 오셨을 때는 몇 그루의 오래된 측백나무와 불탑 하나가 그곳이 고찰이라는 것을 말해 주고 있을 뿐이었다. 모든 것을 새로 시작해야 했다. 스님은 설계사가 되어 밤낮을 가리지 않고 모든 과정을 직접 지휘하였다. 그렇게 2년 동안의 노력 끝에 현재의 규모를 갖춘 사찰로 개축하였다. 폐허에 불과했던 고찰을 불과 2년 만에 장엄하고 정결한 수양의 도량으로 바꾸어 놓은 것이다.

이 백림선사는 중국 하북성河北省 석가장시石家庄市 조현趙縣에 있으며, 조현의 옛 이름은 조주趙州이다. 그 유명한 조주 스님이 활동하시던 곳이다. 중국 선종의 위대한 조사스님 중 한 분인 '조주 스님; 하면, 우리는 바로 그 유명한 공안을 떠올리게 된다.

"달마가 동쪽으로 온 까닭은 무엇입니까?"

"뜰 앞의 측백나무다."

지금도 백림선사의 뜰에는 천년이 넘은 측백나무가 여러 그루 당당히 서서 유구한 역사를 말하고 있는 듯하고, 절 입구에는 근래에 조성한 측백나무 정원이 아름답게 서서 사람들을 맞이한다. 정혜스님은 생활선을 널리 퍼트리기 위해 1993년부터 백림선사에서 청년들을 위한 여름캠프를 발기하였으며, 그 후 20년이 넘도록 지금까지 한 번도 거르지 않고 매년 이 행사가 이루어지고 있다. 백림선사가 생활선 보급의 전초기지가 된 것이다. 그 후에는 호북성 湖北省 황매현黃梅縣에 있는 사조사四祖寺에서도 '선문화 야영캠프'가 해마다 열리고 있다.

이 책의 2장부터 10장까지는 생활선의 전제가 되는 '선의 역사'에 대하여 서술하고 있다.

선의 이론적인 측면뿐만 아니라, 실천적인 측면에 대해서도 함께 서술하고 있다. 만일 선종사에 대해서 별다른 흥미가 없는 독자라면 1장을 읽은 후에 바로 11장으로 넘어가도 무방하다. 그리고 선에 대한 지식을 조금씩 이해한 후에 2장에서 10장을 읽어 보는 것도 좋은 방법이라 할 수 있겠다.

이 책의 11장, 12장, 13장에서는 '생활선'에 대해서 비교적 자세히 설명하고 있다. 즉 선은 사원 안에서 일반대중과 차단된 곳에서만 이루어지는 것이 아니라, 개방된 사회에서 날마다의 일상생활 속에서 선의 정신을 발휘해야 한다는 점을 강조하고 있다.

끝으로 이 책의 한국어 출판을 위해 서문을 써 주신 정혜 스님의 제자이자 현재 백림선사白林禪寺의 방장으로 계시는 명해明海 스님께 감사드리고, 아울러 여러 가지로 도움을 주신 사조사四祖寺 방장 명기明基 스님께도 감사드린다. 또한 이 책을 번역하는 데 큰 도움을 주신 호북성湖北省 황강시黃岡市 안국사安國寺 주지인 숭제崇諦 스님(정혜 스님의 제자)과 그의 제자인 성현聖玄 스님께도 감사드린다. 그리고 번역 원고를 세심히 읽고 좋은 지적을 해 주어서 원고의 완성도를 높이는 데 큰 도움을 주신 목우牧愚 스님께 깊은 감사드리며, 원고를 잘 읽고 의견을 준 박승현 선생에게도 감사드린다. 끝으로 출판계의 어려운 사정 속에서도 과감하게 출판을 결정하여, 이 책이 대중의 손에 놓일 수 있게 노력해준 도서출판 운주사 김시열 대표님께 깊이 감사드린다.

2018년 12월 역자

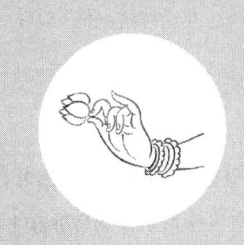

지은이 정혜법사(1933~2013)

법명은 묘종妙宗. 근대 중국 선문禪門의 태두泰斗인 허운虛雲 스님의 법맥을 이어받은 제자 가운데 한 분이다. 개혁개방 후에 『법음法音』이라는 불교잡지의 주간을 맡아서 운영하였다. 그 후 백림사柏林寺, 사조사四祖寺, 옥천사玉泉寺의 방장을 역임하였으며, 중국불교협회 부회장, 하북성불교협회 회장 등을 역임하였다.

스님은 '생활선'을 제창하며 "생활 속에서 수행하고, 수행 속에서 생활하자!"라는 기치를 내걸고 매년 '생활선캠프' 등을 열어 많은 젊은 인재들을 선의 세계로 인도하고 양성하였다.

2013년 호북성 황매현 사조사에서 열반하였으니, 세수 81세, 법랍 63년이다.

저서로는 『入禪之門』, 『壇經一滴』, 『雙峯神話』, 『中國佛敎與生活禪』, 『做人的佛法』, 『心經禪解』, 『禪堂夜話』, 『生活禪語』 등이 있다.

옮긴이 이명한

중앙대학교 철학과를 졸업하고, 국립대만대 철학연구소에서 석사를, 중국 문화대 철학연구소에서 철학박사 학위를 취득하였다.

현재 중앙대학교 철학과 명예교수이며, 역서로는 『논어』, 『맹자』, 『대학』, 『중용』(공역)이 있고, 논문으로 「양명 양지 개념의 형성과 그 의의 연구」 등 다수가 있다.

옮긴이 안영주

중앙대학교 철학과를 졸업하고, 국립대만대 철학연구소에서 석사학위를 취득하였다.

광운대학교, 한양여자대학교 등에서 강사를 역임하였으며, 현재 연세대학교 공자아카데미 전문연구원을 맡고 있다. 저서로 『이야기가 있는 중국문화기행』(공저)이 있다.

생활선의 열쇠

초판 1쇄 인쇄 2019년 1월 8일 | **초판 1쇄 발행** 2019년 1월 16일
지은이 정혜 | **옮긴이** 이명한·안영주 | **펴낸이** 김시열
펴낸곳 도서출판 운주사

(02832) 서울시 성북구 동소문로 67-1 성심빌딩 3층
전화 (02) 926-8361 | 팩스 0505-115-8361
ISBN 978-89-5746-534-9 03220   값 25,000원
http://cafe.daum.net/unjubooks 〈다음카페: 도서출판 운주사〉